Georg Friedrich Kempter

Erlebte Architektur

Georg Friedrich Kempter

Erlebte Architektur

Gedanken und Erinnerungen
eines Denkmalpflegers

Centaurus Verlag & Media UG

Die Deutsche Bibliothek – CIP-Einheitsaufnahme

Die Deutsche Nationalbibliothek verzeichnet diese Publikation
in der Deutschen Nationalbibliografie; detaillierte bibliografische
Daten sind im Internet über http://dnb.d-nb.de abrufbar.

Gedruckt auf säurefreiem und chlorfrei gebleichtem Papier.

ISBN 978-3-86226-109-3   ISBN 978-3-86226-977-8
DOI 10.1007/978-3-86226-977-8

Umschlagabbildung: Wappen des Königreichs Württemberg von 1817.
                   www.commonswikipedia.org, abgerufen am 11.11.2011.
Umschlaggestaltung: Jasmin Morgenthaler
Satz: Vorlage des Autors

Meiner lieben Frau

Motto:
„Denkmalschutz ist
der Dank an die Vergangenheit
die Freude an der Gegenwart
und unser Geschenk an die Zukunft. "
(Gottfried Kiesow)

Inhalt

Vorwort

Von Tag zu Tag wird es offensichtlicher, dass wir uns in einer Zeit der Krise befinden. Das aus der griechischen Sprache stammende Wort „Krise" bedeutet so viel wie „Entscheidung" oder „Wendepunkt". Die chinesische Sprache hat hierfür den Begriff „wei – ji", was die Doppeldeutigkeit zum Ausdruck bringt: einerseits „Chance" – andererseits „Gefahr".

Auf drei Ebenen erleben wir heute Krisen: auf dem Gebiet der Finanzen, im krisenhaften Verhältnis der westlichen Welt in bezug auf den Islam und in einer Krise der Demokratie. Die Zukunft unserer globalisierten Welt ist nur mit hoher Unsicherheit vorherzusagen. Es steht jedoch fest, dass das Niederreißen der politischen und moralischen Grenzen die Konflikte verschärfen und zu kaltem oder auch heißem Bürgerkrieg führen kann. Neue Hilfen müssen daher gesucht und genutzt werden, denn nur rückwärts gewandte Nostalgie ist hilf- und heillos. Ein Wort des großen Kulturhistorikers Jacob Burckhardt mag hier weiterhelfen, der schon Ende des 19. Jahrhunderts schrieb: „Alle geistigen Entwicklungen sind krisenhaft, nämlich ruck- und stoßweise, wie im Individuum so in jeder vorstellbaren Gesamtheit. Die Krise ist der Entwicklungsknoten der Weltgeschichte."

Joachim Gauck empfahl in seiner ersten Rede als Bundespräsident, dass wir uns „auf das konzentrieren sollen, was wir schon einmal konnten". Freilich in der Form, dass wir unsere Fähigkeit zur Selektion und zur Übernahme von Verantwortung bewahren, dass wir uns bildlich gesprochen unserer Wurzeln bewusst werden und nicht die Asche, sondern die Glut aus dem einstigen Feuer zu erhalten trachten.

In einer Zeit also, in der sich die kulturellen, die politischen und die sozialen Horizonte verdunkeln, mag es hilfreich sein, grundlegende Gedanken über die Architektur zusammenzufassen. Dies wird im vorliegenden Werk versucht. Es handelt sich dabei meist um Texte, die aus verschiedenen Anlässen schon einmal erschienen, die aber unabhängig von ihrem zeitlichen und räumlichen Erscheinen so zusammengefügt wurden, dass ein Gesamtbild entsteht, das nebenbei den Lebenslauf des Autors in schlaglichtartiger Form festhält. Ausschlaggebend für die Platzierung der Texte war stets ihre thematische Nähe zum vorausgehenden und zum folgenden. Querverweise erleichtern, den Zusammenhang des Ganzen zu erfassen.

Die Texte, welche die weltzugewandte Haltung des Autors sowohl auf fachlichem als auch auf gesellschaftlichem Gebiet wiederspiegeln, verweisen sowohl auf die Wurzeln seiner Persönlichkeit als auch auf diejenigen unserer Gesellschaft. Sie sollen vor allem jedoch die Fundamente der Denkmalpflege stärken, indem dieselben bewusst gemacht werden. So verschaffen sie allgemeine Orientierung und lassen gleichzeitig die Identität des Autors erkennen.

Das Bildmaterial stammt aus vielfältigen Quellen. Gewöhnlich erschließt sich dessen Herkunft aus den Werken, die in den Anmerkungen zitiert sind. Viele Bilder wurden dem Verfasser auch von Freunden und Bekannten ohne nähere Quellenangaben zur Verfügung gestellt. Schließlich wurden zum Teil eigene Fotos wiedergegeben.

im März 2012

Einleitung

Zu erleben, wie im Strom der Zeit die menschlichen Werke entstehen, sich verändern und schließlich auch vergehen – denn nichts Irdisches ist ewig – gehört zu den Grunderfahrungen menschlichen Daseins. Im Bereich der Kunst erleben wir dies besonders in der Architektur, denn dies ist eine Kunstform, die den Lebensbedürfnissen und Lebensbedingungen des Menschen besonders nahe steht. Architektonische Werke können die Absichten und Ideale einer Epoche oder auch eines bestimmten Menschen, der diese Epoche geprägt hat, in anschaulicher Weise spiegeln. Man nannte die Architektur daher „gebaute Sprache", freilich eine Sprache, deren Vokabular wir erlernen müssen, wenn wir sie verstehen wollen, wie dies bei anderen Sprachen auch der Fall ist. Die nachfolgenden Ausführungen sind ein Versuch in dieser Richtung.

Zu diesem Lernprozess gehört es, zu erkennen, welche Sachen, Sachgesamtheiten und Gesamtanlagen aus der vielfältigen Bebauung in der Form herausragen, dass für sie ein „öffentliches Erhaltungsinteresse" besteht, denn dann handelt es sich um „Denk-Male". Solche Male müssen „aus künstlerischen, wissenschaftlichen oder heimatgeschichtlichen Gründen" bedeutungsvoll sein. Um im Einzelfall zu entscheiden, ob mindestens einer dieser Gründe vorliegt, wird eine „Listenerfassung" der Kulturdenkmale durchgeführt. Sie ist für unser Land Baden-Württemberg bis heute noch nicht abgeschlossen.

Wenn man nun von diesem Land, dem man angehört, beauftragt wird, dessen kulturelles Erbe zu schützen und zu pflegen, also dessen bedeutende bauliche Strukturen im Rahmen des Zumutbaren auf eine gewisse Zeit zu erhalten, ist diese Arbeit grundsätzlich schön, erfüllend und somit erstrebenswert. Daher ist „Denkmalpfleger" ein „Traumberuf" – so wird er nicht zu Unrecht oft genannt. Da man jedoch einen Traumberuf nicht erlernen kann, ist auch die Bezeichnung „Denkmalpfleger" ein Deckname für einen ungelernten Beruf. Jedenfalls gab es zu der Zeit, als ich mich für denselben bewarb, noch keine Studienrichtung „Denkmalpflege". Man akzeptierte als Voraussetzung für einen Denkmalpfleger entweder ein abgeschlossenes Studium der Architektur oder der Kunstgeschichte. Diese Zeit liegt nun freilich schon eine Generation zurück und inzwischen hat sich erfreulicherweise einiges geändert.

Nach wie vor gilt freilich, dass Denkmalpflege nicht nur darin besteht, tote Substanz zu konservieren, sondern dass zumindest dann, wenn es sich um nutzbare Objekte handelt, sinnvolle und möglichst denkmalverträgliche Nutzungen für dieselben gefunden werden, was durchaus auch dazu führen kann, dass Veränderungen toleriert werden müssen. Da gerade auf diesem Gebiet vielerlei oft widerstrebende Interessen zu bewerten und zu bündeln sind, um letztlich befriedigende Resultate zu erzielen, ist der Weg dorthin oft mit mancherlei Spannungen gepflastert, die zu Zwist und Ärger führen können. Dies ist der Aufgabe immanent und kann vielerlei lehren – im Fall der Denkmalpflege beispielsweise, dass es die „reine Lehre" nicht gibt und dass jeder Fall wieder neue Fragestellungen aufwirft. Zwischen der Skylla der Übernutzung eines Denkmals unserer Kultur, bei der nur noch die Fassade oder Teile davon übrigbleiben, und der Charybdis einer Überbetonung der konservatorischen Belange, die das Denkmal unwiderruflich dem Verfall preisgibt, wenn die Zumutbarkeit der Erhaltung nicht durch Zuschüsse hergestellt werden kann, gilt es, den jeweils richtigen Weg zu finden. Gute Denkmalpflege bedarf also eines soliden Wohlstandsfundamentes. Wir haben hier ähnliche Verhältnisse wie in der Medizin, nur leben die „Patienten" der Denkmalpfleger gewöhnlich etwas länger. Die Kunst des Arztes ist die Kunst des Heilens, des Gesundmachens, oder des Gesundenlassens – auch des harmonischen Einfügens eines Patienten in die Zeit und ihre Aufgaben. Genau hier liegt ebenfalls das Betätigungsfeld einer wohlverstandenen Denkmalpflege. Man wird hier an Ovid erinnert, der meinte: „Glücklich ist, wer das was er liebt, auch wagt zu beschützen."

Alles Existierende kommt aus der Tiefe der Evolutionsgeschichte und einzig der Mensch ist in der Lage, sich von seiner Herkunft Rechenschaft abzulegen. Hier liegt die Aufgabe der Denkmalpflege, die „eine Zukunft für die Vergangenheit" schaffen soll. Dies wurde schon im „Denkmalschutzjahr" 1975 betont und bleibt gerade heute gültig, denn die Folgen der „Modernisierung" unserer Umwelt haben vielerlei Verluste in Form von Abbrüchen, phantasielosen Veränderungen und Amputationen, sowie Beeinträchtigungen durch unpassende Nachbarschaft mit sich gebracht. Leider wurde gegen Ende meiner Amtszeit (2001) die Bedeutung der Denkmalpflege durch politische Entscheidungen erheblich eingeschränkt, was für das Kulturverständnis unserer Zeit bezeichnend sein mag.

Da die Wahrheit konkret ist, werden nachfolgend einige Beispiele aus der denkmalpflegerischen Praxis vorgestellt, stets mit dem Ziel, zu zeigen, dass durch Kenntnis und Verständnis der Zusammenhänge auch die Liebe zu den Objekten zunehmen kann, deren Bedeutung über den Tag hinausweist.

Als Zugang zu dieser Gedankenwelt, die auch Lebenserinnerungen und Lebensbekenntnisse umfasst, soll eine Darstellung der „Säule" dienen. Der bebilderte Text wurde als Handreichung für jene Künstler verfasst, die sich an einer themengebundenen Ausstellung der vor 18 Jahren vom Autor gegründeten „Gesellschaft für Natur und Kunst" beteiligen wollten. Das gleiche Ziel verfolgte die „Labyrinth-Ausstellung", deren Thema die Grundlagen unserer Existenz berührt.

Die nachfolgenden Ausführungen sollen also die Aktivitäten, Erkenntnisse, Meinungen und Überzeugungen des Autors einem größeren Publikum präsentieren. Dass er aus all den damit verbundenen Fährnissen mit heiler Haut davongekommen ist, verdankt er vor allem der Unterstützung seiner lieben Frau, der an dieser Stelle hierfür herzlich gedankt sei.

im Juli 2011

Gesellschaft für
Natur und Kunst

„To whom it may concern"

Zum Namen: „Natur und Kunst" ist ein umfassendes Thema. Wir betrachten die Natur als „Dame Nature", die ohne den Menschen recht gut leben kann – wir aber nicht ohne sie. Die Hervorbringung von Kunst ist dem Menschen dank seiner schöpferischen Freiheit vorbehalten, kann er doch auch Naturphänomene unter künstlerischen Aspekten betrachten. Die Schnittstellen von Natur und Kunst immer wieder neu aufzuzeigen ist das Anliegen unserer Gesellschaft. Jede menschliche Tätigkeit hat dort, wo es sich um höhere Formen derselben handelt, mit beiden zu tun. So reicht das Betätigungsfeld unserer Gesellschaft von der Kochkunst über die Kunst des Segelns bis hin zur angewandten Kunst und über die Philosophie schließlich zur Lebenskunst. Wir versuchen, uns durch Vorträge, Ausstellungen, Exkursionen und Werkstattbesuche immer wieder auf neue Art unserem Thema zu widmen.

Als Symbol unserer im September 1993 gegründeten Gesellschaft wählten wir das Einhorn, weil „dieses Tier, das es nicht gibt" (Rilke) die Einheit ausdrücken soll, die allem Seienden und Meinbaren zugrunde liegt. Alles ist ja miteinander „vernetzt" (vgl. Fritjof Capra: „Lebensnetz – ein neues Verständnis der lebendigen Welt") und wird es mehr und mehr. Das Einhorn-Symbol soll eine ganzheitliche, ökologische Betrachtungsweise zum Ausdruck bringen. Quantitatives Messen und Wägen muss durch qualitatives Werten ergänzt werden, denn die alleinige Anwendung des schon jetzt bankrotten mechanistisches Weltbildes wird uns sonst in eine epochale Krise führen. Noch fehlt es an einem neuen Paradigma (griechisch für „Modell", „Muster"), doch unsere Gesellschaft versucht, zu dessen Findung einen Beitrag zu leisten.

Die Devise: „Ex umbris et imaginibus ad veritatem" („Durch Schatten und Bilder zur Wahrheit") deutet einen Entwicklungsgang an, der aus dem Reich der Schatten (oder der Unwissenheit und Trübnis) durch die Bilder (oder die Kunst) zur Wahrheit (oder zum Licht der Erkenntnis) führt – gleich wie sich eine Lotospflanze entwickelt: Sie wächst aus dem dunklen Sumpf, in dem sie von Fischen und Schildkröten bedroht ist und kaum vom Licht ahnt, durch das trübe Wasser bis hin zum Licht. Ihm gegenüber öffnet sie ihre Blüte, um es ganz in sich aufnehmen zu können.

In diesem Bild ist ein Stufenweg menschlicher Entwicklung angesprochen: Viele Menschen leben gänzlich in düsteren, auch geistig sumpfigen Regionen und ahnen gar nichts vom Licht der Erkenntnis. Andere, die noch im Trüben leben, ahnen dieses Licht wohl, doch nur wenige können – dem Beispiel der Lotosblüte folgend – beim Anblick des Lichtes wirklich erblühen.

All dies hängt mit der „Liebe zur Weisheit" zusammen, d.h. mit „Philosophie", was ja die wörtliche Übersetzung ist. Die „eine umfassende Wahrheit", die „absolute Warheit" zu erkennen, ist uns freilich nicht vergönnt. Dies erhellt aus der Tatsache, dass es vielerlei Religionen gibt. Ihnen ist gemeinsam, dass sie anstelle von Erkenntnis Dogmen und Meinungen setzen, z.B. „Jüngstes Gericht", „Reinkarnation", oder „naturwissenschaftliches Weltbild" – was sich ja jeweils gegenseitig ausschließt. Aller Streit, alle Auseinandersetzungen zwischen Menschen, selbst Gräueltaten und Kriege beginnen aber dort, wo an der Stelle des begründeten Dialogs letztlich unbegründete Meinungen und Weltansichten aufeinanderprallen, denn gerade letztere entscheiden über den Rang von Personen, über Krieg und Frieden und über die Bedeutung von Leben und Tod. Jede Kultur hat ihre eigene Antwort auf diese Fragen des Lebens, daher besteht besonders hier die Gefahr des Fanatismus. Wer aber Geschichte als Idealverlauf reinen Helden- und Schurkentums begreift, hat nichts begriffen. Montaigne spricht in diesem Zusammenhang vom „Dünkel des Wissens" und nennt ihn „die Pest des Menschen". Dennoch sollte man die Suche nach der umfassenden Einheit nicht aufgeben, den schon das Streben danach ist ein hoher Wert. „Der Weg ist das Ziel", sagen die Japaner.

Die Schönheit kann eine Richtschnur für das sein, was wir als „wahr" erkennen. Manche Physiker meinen: „Wahrheit und Schönheit gehören untrennbar zusammen". Vielleicht liegt hier ein Schlüssel.

Auch wenn die Gesellschaft für Natur und Kunst seit dem Jahr 2011 nicht mehr besteht, lebt dieses Gedankengut fort.

Die Säule

Geschichtlicher Überblick für die Ausstellung
der „Gesellschaft für Natur und Kunst" im November 2007

Habit de Architecte.

Die „Gesellschaft für Natur und Kunst" organisierte in Zusammenarbeit mit dem Kunstverein und dem Kulturforum Remshalden eine Ausstellung zum Thema „Die Säule", die am 9. November 2007 eröffnet wurde. Als Handreichung für die Künstler, die sich daran beteiligen wollten, so wie für alle anderen, die sich für dieses Thema interessieren, entstand dieser Text.

Säulologie

Du meinst, die Säule sei was Rundes?
Damit ist es nicht getan!
Wissen muss man schon Profundes,
Will als Kenner man bestahn.

Unten ist der Säule Anfang:
Plinthe, Basis, Wulst und Kehle,
Auch des Stylobaten Andrang
Dem Gedächtnis ich empfehle.

Entasis heißt dann die Schwellung,
Drauf zuweilen Kannelüren
Als der Oberfläche Wellung
Manche Marmorschäfte zieren.

Häuptlings wird erst recht es schwierig,
Wo die Kapitelle thronen;
Ihre Arten lernbegierig
Müssen wir exakt jetzt zonen;

Denn sie sind ja nicht bloß konisch,
Nein, nach Bildung unterschieden
Werden dorisch oder jonisch
Sie seit alters schon hienieden,

Je, ob sie in edler Schlichte
Und archaisch noch gestaltet
Oder in gerollter Lichte
Vom Volutenschmuck durchwaltet.

Auch korinthisch überdies
Zeigen – wo nicht ruiniert –
Manche reich sich unterm Fries
Als Akanthuskelch skulptiert.

Ganz zuoberst Abakus,
Jene Säulenendungsplatte,
Terminiert den Kunstgenuss
Und zugleich die Stildebatte.

Solches solltest du beherrschen,
Eh du mit „Studiosus" eilst
Hellaswärts zu Tempelmärschen
Und ergriffen dorten weilst.

Helmut Gerber (IV/75)

Einleitung zum Ausstellungskatalog

W ill man einen Sachverhalt, ein Kunstwerk oder auch einen Menschen beurteilen, so gibt es hierfür zwei recht unterschiedliche Methoden: Entweder man baut sein Urteil auf den ersten Eindruck auf, oder man versucht, das zu beurteilende Objekt in verschiedene Teile zu zergliedern und diese Teile jeweils einer gesonderten Betrachtung zu unterziehen.

Beim ersten Weg erfasst man das Objekt in seiner *Gesamtheit,* erlebt seine *Anmutung* und vielleicht auch die *Klangfülle des Unmittelbaren.* Doch besteht für den Betrachtenden die Gefahr, dass er zu wenig zwischen der eigenen Person und der Sache trennt und dass folglich das gefällte Urteil sogar mehr über den Urteilenden selbst als über das beurteilte Objekt aussagt. Zudem fällt es schwer, das Ergebnis der so gewonnenen Beurteilung zu kommunizieren, da es stets recht persönlich gefärbt sein wird. Dieses Urteil bleibt also *Meinung,* die freilich durchaus von Interesse sein kann (vgl. S. 17 und S. 234).

Der zweite Weg ist derjenige der *Analyse;* man nennt ihn gewöhnlich den wissenschaftlichen. Wer ihn geht, bleibt ein emotional eher unbeteiligter Betrachter, dem man freilich vorwerfen kann, dass er zwar die *Teile in der Hand* hält, dass ihm *leider nur das geistige Band* fehlt.[1] Doch die Ergebnisse dieses Weges zu kommunizieren fällt leichter, denn man kann seine Auffassung durch logischen Schluss, durch Experimente in labor-kühler Versuchsanordnung und durch beweisenden Test belegen, was ja die Meinung von (spezialisiertem) *Wissen* unterscheidet. Letzteres hat im westlichen Denken den höheren Stellenwert, denn es lässt sich *anbinden durch Angabe über den Grund,* wie es Sokrates formulierte. Wem es jedoch gelingt, das erarbeitete Material wieder zu einem geordneten Gesamtbild zusammenzufügen, der hat wahrhaft *Erkenntnis* gewonnen, hat das Wesentliche erkannt. Das Wesen der Säule zu erkennen, wird nachfolgend versucht.

Der Prozess des Beurteilens verläuft in der *Zeit,* denn wir Menschen sind geschichtliche Wesen. Jeder von uns hat eine Geschichte und wir leben zusammen in Geschichten (in übereinandergelagerten „Schichten"), in zählbarem Vorher und Nachher. Es charakterisiert den Menschen und nur ihn alleine, dass er nicht nur eine Geschichte hat, sondern auch etwas von seiner Geschichte begreift – und dass er die Zukunft denken kann. Wollen wir also etwas beurteilen und verstehen, so müssen wir dessen Geschichte erfassen – dies gilt sowohl für uns selbst als auch für ein außer uns liegendes Objekt oder Gebiet. *Wer nicht weiß, wo er herkommt, weiß auch nicht, wo er hingehört,* meinte unser langjähriger Außenminister Hans-Dietrich Genscher kürzlich in einem Interview.

Es ist hier das *Bild eines Baumes* hilfreich: Je kräftiger und gesünder die Wurzeln, desto üppiger Stamm und Baumkrone. Auch das Umgekehrte gilt freilich: Bäume mit beschädigten Wurzeln werden auf die Dauer wenige und ärmliche Früchte tragen – keine schönen und guten. Verletzte, faulende oder gar fehlende Wurzeln sind für das Fortleben eines Baumes weit gefährlicher als das Entfernen einer noch so schönen Blüte, eines Astes. Doch aus alten Wurzeln kann neues Leben entstehen. Dies gilt auch für menschliche Individuen und ganze Kulturen, deren *geistige Wurzeln* im *Ethos* (von griechisch εθος: Gewohnheit, Sitte) und *Moral* (von lateinisch mos, moris: Herkommen, Brauch, Vorschrift)

---

[1] Vgl. Goethe, Faust, 1. Akt, vierte Szene, Vers 1937 – 1938

liegen. Dazu kommt, dass jede Baumart das ihr gemäße Klima und den ihr gemäßen Schnitt benötigt. An beide kann sie sich nur in begrenztem Maße anpassen. Auch dies gilt sowohl für Menschen und deren Erziehung, als auch für die Architektur.

Man darf sich also nicht nur an die Gegenwart halten. Was ist, bedeutet oft wenig, was sein wird, oft sehr viel. Insbesondere gilt dies für das Gebiet der *Kunst*, dieser Vermittlerin des Unaussprechlichen. Die Kunst ist so vielgestaltig wie die *Wahrheit*. Gäbe es nur eine Wahrheit, könnte man nicht hundert Bilder zum gleichen Thema malen, meinte Picasso. Wer aber nur *die eine Wahrheit* (oder Weltauffassung) kennt oder anerkennt, der sieht in einer entgegengesetzten leicht nur die Schattenseiten, ja er lebt möglicherweise gefangen in der Lüge über die anderen. *Die Wahrheit der Welt ist die Lüge*, schrieb kürzlich Wolfgang Ignée, der 23 Jahre lang Feuilletonchef der Stuttgarter Zeitung war – und fügt hinzu: *Die Lüge ist nun mal die treibende Kraft der Kultur.*[2]

Wahrscheinlich gibt es überhaupt keine Wahrheit an sich und wenn es sie gibt, ist sie so strahlend, dass uns ihr Glanz blenden würde und wir sie daher nicht erkennen könnten. Jeder lebt in seiner Vorstellungswelt, d.h. er ist Konstrukteur seiner eigenen Wahrheit, bei der Kognition und Emotion stets zusammenwirken, denn beide lassen sich nie gänzlich trennen! Auch der Rechtsstaat urteilt nicht über „die Wahrheit", nur darüber, was nachgewiesen ist. Trotzdem ist so mancher von dem Absolutheitsanspruch *seiner Wahrheit* überzeugt. Stößt er nun auf einen Kontrahenten, der dies ebenfalls ist, kann es zum Prophetenkampf kommen, wie die Geschichte lehrt. Für vernunftbestimmten Dialog ist kein Platz mehr, wenn einer den anderen von vornherein als „Terroristen" bezeichnet und es erübrigt sich dann, den eigenen Standpunkt zu überprüfen – wie es leider auch aktuelle Beispiele nur allzu deutlich zeigen. *Fürchte dich vor denen, die sich stets im Besitz der ganzen Wahrheit wähnen,* sagt der evangelische Theologe Fulbert Steffensky.[3]

Bleiben wir anhand eines aktuellen Beispiels einen Moment bei der Ambivalenz der Wahrheit: ist es nicht wahr, dass wir unsere schwer errungenen Freiheitsrechte verteidigen sollen? Ist es nicht wirklich so, dass unser Gemeinwesen auf diesen Rechten ruht? Doch es gibt kaum ein Freiheitsrecht, welches sich nicht als Schutz für den Terrorismus missbrauchen ließe und es ist genauso wahr, dass unser Gemeinwesen durch ihn massiv bedroht ist. Weiter: Stimmt es nicht, dass Menschen, die unsere freiheitlich-demokratische Grundordnung beseitigen wollen, sich eben dieser Ordnung für ihre Zwecke bedienen? Im Schatten staatlicher Freiheitsgarantien planen sie ihre Verbrechen und führen sie durch, kaum behindert von einem Staat, der durch mühevoll für den Einzelnen erworbene Freiheitsrechte gefesselt ist. In der Meinung, mit der eigenen Ansicht auch gleich die Wahrheit zu vertreten, reden Bewahrer der Freiheitsrechte und Verteidiger der Staatsraison aneinander vorbei. Im Hören auf den anderen jedoch liegt der richtige Weg. Und wenn wir schon nicht wissen was „die Wahrheit" ist, können wir uns doch um Wahrhaftigkeit bemühen.

Die Schlange des Paradieses, diese *kleine Privatdozentin für Philosophie* (Heine) behauptet zwar in dem Dialog, den sie mit Eva beginnt, sie könne die *Erkenntnis von Gut und Böse* lehren[4], doch tun sich die Menschen bis heute schwer damit: *Des einen Freud,*

---

[2] Stuttgarter Zeitung vom 30.III.2007, S. 33
[3] SWR-Sendung „Sehnsucht nach Wahrheit" am 28.I.2007, 12.05 Uhr
[4] Erstes Buch Mose, 3. Kapitel

des andern Leid, sagt der Volksmund – und oft ist es unklar, was *gut* (für wen?) und was *böse* (für wen?) ist. Es fehlt also unserer gottesfernen Zeit ein *letzter Maßstab.* Robert Musil hat diesen Gedanken einst so formuliert: *Das Synthesevermögen unserer Zeit ist zerbrochen, wir können nur Fragmente liefern: Lebensfragmente, Geschichtsfragmente.* Auch Adorno schrieb: *Das Ganze ist das Unwahre.* Wir müssen uns als *Betrachtende* zunächst wohl auf die Methode der fragmentierenden Analyse beschränken und dürfen nur hoffen, irgendwann zu echter Erkenntnis zu gelangen, dabei stets Goethes lichtbringenden Satz bedenkend, dass es *gerade das Erstarren von Begriffen und Vorstellungen ist, das den Erkenntnisfortschritt hemmt* (Beispiel Cuba). Es wäre freilich grundirrig, aus dieser Äußerung einen völligen „Werte-Relativismus" ableiten zu wollen. Vielmehr gilt: *Was wir im Auge haben, das prägt uns. Dahinein werden wir verwandelt.*

Dem bildenden *Künstler* ist jedoch die eingangs an erster Stelle erwähnte Methode unbenommen. Er ist von einer Idee erfüllt, die er gerade nicht in Worte, d.h. in Begriffe fassen muss. Schopenhauer hat dies deutlich folgendermaßen zum Ausdruck gebracht: *Eben weil die Idee anschaulich ist und bleibt, ist sich der Künstler der Absicht und des Zieles seiner Werke nicht in abstracto bewusst; nicht ein Begriff, sondern eine Idee schwebt ihm vor; daher kann er von seinem Tun keine Rechenschaft geben: er arbeitet, wie die Leute sich ausdrücken, aus bloßem Gefühl und unbewusst, ja instinktmäßig. Hingegen Nachahmer, Manieristen, die nur dem Gelde dienen, gehen in der Kunst vom Begriff aus: sie merken sich, was an echten Werken gefällt und wirkt, machen es sich deutlich, fassen es im Begriff, also abstrakt auf und ahmen es nun, offen oder versteckt, mit kluger Absichtlichkeit nach.*[5]

Die Trennung von Person und Sache ist nicht die Aufgabe des Künstlers – ja, deren Zusammenwirken ist sein Lebensbereich und die GESELLSCHAFT FÜR NATUR UND KUNST ist dankbar dafür, dass sich wiederum Kunstschaffende gefunden haben, die sich an einer themengebundenen Ausstellung beteiligen wollen, wie dies ja schon bei den Ausstellungen zum Thema *Einhorn* (1998), zum Thema *Satyrn, Faune, Obsessionen* (2001) und zum Thema *Labyrinth* (2004) erfolgt ist. Stets handelte es sich dabei um Themen von zeitlosem Charakter – Themen, die heute so aktuell sind wie vor Jahrtausenden und die zeigen, dass der Gegenstand die Sphinx ist, der Künstler ihr Geheimnis ablauschen kann. Indem er sich hierin übt, wird er erfahren, dass das richtige Anschauen des Sichtbaren zum Verständnis des Unsichtbaren führen kann.

Gerade in der heutigen Kunstsituation erscheint es daher sinnvoll, den Kunstschaffenden themengebundene Aufgaben zu stellen, denn der zunächst anspruchsvoll erscheinende Weg, der darin liegt, dass die Kunst nur sich selbst genügt *(l'art pour l'art)* hat oft genug dazu geführt, dass sie nicht mehr die Sprache der Besten war, sondern sich im Bereich der Beliebigkeit wiederfand, ja, dass sie gelegentlich in den Rinnstein abdriftete. Es wäre ein Zeugnis von Blindheit, die Augen vor dieser Entwicklung zu verschließen, die exemplarisch zeigt, dass *Freiheit* überall dort, wo sie gewährt wird, auch missbraucht werden kann.

Daher erscheint es heute um so wichtiger, in der Nachfolge von Jacob Burckhardt, Aby Warburg und Hans Sedlmayr die interdisziplinäre Bedeutung der Kunst zu betonen,

---

[5] Arthur Schopenhauer, Die Welt als Wille und Vorstellung, S. 330 der Insel-Cotta-Ausgabe von 1960

indem sie *in Beziehung zu politischen, sozialen und kulturellen Entwicklungen* gesetzt wird. Denn es mag wohl sein, dass die Kunst im 21. Jahrhundert nur überleben kann, wenn sie sich diesem generalistischen Ansatz gegenüber öffnet – nicht jedoch, wenn sie sich auf *ästhetische Wirkung* beschränkt und somit im Dekorativen befangen bleibt oder sich von Skandalen nährt.

Kunst hat Zeigefunktion. Wir wollen daher den Kunstschaffenden Gelegenheit geben, sich mit Themen zu befassen, die *Tradition und Moderne verbinden,* (obwohl es beide heute bekanntlich selten leicht miteinander haben) und gerade hierin eine Herausforderung erblicken; mit Themen also, die über den ästhetischen Reiz hinaus Anlass zu Fragen etwa von der Art geben:

Wer trug die Gesellschaft? Wer trägt sie heute? Wer wird sie morgen tragen? Was sind deren Stützen? Welche Aura umgibt die Gesellschaft, die Kunst und die Künstler?

Diese Fragen sollten vor dem Hintergrund gestellt werden, dass der Säule heute vor allem metaphorische Bedeutung beigemessen wird: Wir sprechen von den *Säulen der Macht,* von den *drei Säulen der Altersvorsorge,* von den *„vier Grundpfeilern unserer Kultur",* nämlich von Privateigentum, Familie, Religion und natürlicher Hierarchie, von *vier Säulen der Lebensbalance,* und schließlich auch von den *sechs Säulen des Selbstwertgefühls* (alles Begriffe aus dem Internet!). So zeigt sich, dass das Thema „Säule" sowohl in konkreter als auch in metaphorischer Form sich dazu eignet, neue, auch kritische Antworten zu finden; zudem, dass es eine der Aufgaben der Kunst ist, Zeitzeugnis abzulegen und Denkanstöße zu ermöglichen.

Einleitend muss aus gegebenem Anlass noch ein anderer Aspekt angesprochen werden: Es mag aus ökonomischer Sicht so erscheinen, als ob die Kunst überflüssiger Luxus ist. Dies freilich ist ein Irrtum! *Kunst ist eine Essenz, die den Menschen mit seiner Geschichte verbindet und eine Verheißung zur Veränderung der Gegenwart ausspricht. Eine Gesellschaft ohne Kunst ist eine Gesellschaft ohne Geschichte und ohne Zukunft. Was dann übrig bleibt, ist bestenfalls das Event,* meinte zurecht kürzlich Stuttgarts Opernintendant Klaus Zehelein.

Auch erfolgreiche Unternehmer haben dies längst erkannt. Als weithin leuchtendes Beispiel sei *Reinhold Würth* zitiert, der zur Eröffnung des Wettbewerbs für das von ihm geplante Kultur- und Kongresszentrum folgendes sagte: *Man hat mich bei Vorträgen immer mal wieder gefragt, ob es Sinn macht, wenn ein Unternehmen eine dreistellige Zahl von Millionen Euro in Kunst investiert, man könne dafür ja Fabriken bauen, Verkäufer einstellen und trainieren. Ich sage dann immer, Fragender, ich kann deine Frage zwar nicht direkt beantworten. Mag sein, dass du Recht hast, vielleicht würde das Unternehmen besser funktionieren ohne die Kunst. Wenn ich mir aber den Markt für Befestigungs- und Montagematerial betrachte und dreißig Jahre zurückschaue, dann war der Abstand zu unseren Konkurrenten zunächst relativ klein. In den letzten dreißig Jahren sind wir unseren Konkurrenten jedoch geradezu davongerannt und die Distanz ist heute so groß geworden, dass der nächste große Konkurrent in Deutschland heute nur noch zehn Prozent unseres Umsatzes produziert.*[6]

Es gibt freilich Menschen, die für die Kunst keinen Sinn haben und die treuherzig genug gestehen, dass ihnen alles dunkel ist, was über Tabellen und Statistiken hinausgeht.

---

[6] Internationaler Architektenwettbewerb Kultur- und Kongresszentrum Würth, Künzelsau 2007, S. 6

Und wir erleben tatsächlich schon seit längerem die *Ökonomisierung aller Lebensbereiche,* einschließlich der Politik und der Kultur *("Euro-Kratie"):* „Produktiv" ist derjenige, der monetär zählbaren „Mehrwert" schafft, also Waren und Dienstleistungen mit Gewinn produziert oder verkauft. „Unproduktiv" hingegen ist jemand, der darüber nachdenkt, „was die Welt im Innersten zusammenhält"[7]. Dementsprechend wird dem Wirtschaftsleben heute große Bedeutung und Anerkennung gezollt, während das Geistesleben verkümmert. „Dass sich Ökonomen kaum noch für Philosophie, Philosophen kaum noch für Ökonomie interessieren, ist ein gesellschaftliches Fiasko", meinte kürzlich zurecht Richard David Precht, der Philosoph und Bestsellerautor. Die Inder, deren Religion noch auf ein Miteinander von Mensch und Natur, statt auf ein Gegeneinander beider gerichtet war, wie es jüdisch-christlicher Tradition entspricht, sahen das anders: Abgeleitet von der menschlichen Gestalt sahen sie die Kräfte des Denkens und Verstehens, die im Kopf (Kapitell) vereinigt sind, als führend an (Brahmanen), während den Menschen, welche die Kräfte der Leibesmitte (oder den Schaft der Säule) verkörperten und die Handel treiben und sich fortpflanzen sollten (Vaisha) dienende Funktion zugewiesen wurde.[8]

Im Zug von *Modernisierung, Globalisierung* und *Monetarisierung* sind wir leider gerade dabei, nicht nur das natürliche, sondern auch das kulturelle Erbe zu zerstören.[9] So stellt sich die Frage, ob wir unsere europäischeren Traditionen überhaupt noch zur Geltung bringen können. Hoffnung besteht, denn in der Welle der neoliberalen Marktradikalisierung, die bis jetzt noch fast ungehemmt über den Erdball hinwegrauscht, suchen einige Menschen schon nach Alternativen, denn sie erleben, wie die Vergangenheit in die Gegenwart hineinbricht und erkennen dabei die Zusammenkunft des Damals und Heute. An sie wendet sich unsere Ausstellung, denn sie sind offen und bereit, sich überraschen zu lassen – zu *staunen* über neue und ungewohnte Blickweisen auf ein bestimmtes Thema der Kunst, dem fast schon Ewigkeitscharakter zukommt: *Die Säule!*

* * *

Die Säule gehört – wie Mauer, Pfeiler, Pilaster, Baluster, Dienst und Stele – zu den architektonischen Elementen, welche die Verbindung zwischen Oben und Unten, den Ausgleich von Lasten und Tragen schaffen. *Lasten zu tragen, Belastendes auszuhalten, das ist die Ur-Aufgabe der Säule.* Die großartigste Säule, die uns Menschen die aufrechte Haltung erlaubt, tragen wir in unserem Körper: *Die Wirbelsäule.* Sie ermöglicht, dass wir aufrechten Hauptes gehen können. Aufgrund der anatomischen Verwandtschaft der Wirbelsäule von Menschen und Säugetieren spricht man freilich auch bei letzteren per analogiam von einer „Wirbelsäule", doch zum Wesen der Säule gehört, dass sie aufrecht steht und dass sie Lasten trägt. So wird sie zu einem Symbol für die *Aufrichtigkeit. Tragen* müssen wir auch unser Schicksal und so erweist sich die Säule wiederum als *ur-menschliches Symbol.* Wie sehr sie dem Menschen verwandt und ihm nachgebildet ist, wird noch zu zeigen sein.

Doch wer denkt, wenn er den Begriff „Säule" hört, nicht zunächst an Griechenland und dessen säulenumstandene Tempel? An dieses Land, dem die abendländische Kultur das

---

[7] Goethe, Faust, Verse 383 – 384
[8] Vgl. hierzu ausführlicher: Georg F. Kempter, Erlebter Mythos, S. 84 f.
[9] Vgl. dto., S. 98 – 103

Ideal der Einheit des Schönen und Guten (καλος και αγαθος, die Kalokagathia) verdankt? Wer hat noch nie von den *Säulen des Herakles* gehört, welche an der Straße von Gibraltar stehend die antike Welt begrenzten? Wer erinnert sich nicht an die jüdisch-christliche Tradition, in der die Säule eine so große Rolle spielt, dass Gott sich darin verbirgt? Die Bibel beschreibt doch den Auszug der Kinder Israels aus Ägyptenland folgendermaßen: *Und der Herr zog vor ihnen her, des Tages in einer Wolkensäule, dass er sie den rechten Weg führte, und des Nachts in einer Feuersäule, dass er ihnen leuchtete, zu reisen Tag und Nacht. Die Wolkensäule wich nimmer von dem Volk des Tages noch die Feuersäule des Nachts.*[10] Und im Buch Hiob lesen wir: *Der Herr bewegt die Erde aus ihrem Ort, dass ihre Pfeiler zittern,*[11] was so zu verstehen ist, dass Gott die Macht hat, die Säulen, auf denen die Welt ruht, die Stützen des Lebens, zu erschüttern und einzureißen, was auch beim Endgericht erfolgen wird. Schließlich sei an *Loths Weib* erinnert, das zur *Salzsäule* erstarrte, weil sie gegen das ausdrückliche Gebot Gottes hinter sich geblickt hatte.[12] Auch die Moslems kennen die *Fünf Säulen des Islam:* Glaube, Gebet, Almosen, Fasten und Pilgerfahrt. Die Christen freilich, die heute wohl mehrheitlich meinen, Glaube sei Privatsache, wissen von diesen *Säulen* nur noch wenig ...

Wem fällt nicht, wenn er den Begriff „Säule" hört, auch die Marmorsäule in *Des Sängers Fluch* von Uhland ein, an welcher der Barde seine Harfe zerschellt, nachdem der König seine großartigen Gesänge mit trivialer Eifersucht quittierte? Diese Säule bleibt schließlich alleine übrig vom verfluchten Palast:

> *Noch eine hohe Säule zeugt von verschwundner Pracht;*
> *Auch diese, schon geborsten, kann stürzen über Nacht.*[13]

Diese vom Einstürzen bedrohte Säule lässt sich sehr wohl als ein Symbol für die *Stützen der Gesellschaft* (Ibsen) deuten. Sie führt, wie erwähnt, auch zu der Frage, wer unsere Gesellschaft heute stützt. Betrachten wir so manche moderne Biographie: Sie ähnelt nicht mehr der strahlend-aufrechten Säule, dem Abbild des Menschen, sondern es zeigen sich immer wieder Risse, welche die Stabilität gefährden, die Tragkraft einschränken. Individuelle und kollektive Krisen sind zu Lebensbegleitern geworden. Man hat in diesem Zusammenhang von einer *Kultur des Scheiterns* gesprochen und darauf hingewiesen, dass die Biographien nicht nur der „einfachen Leute", sondern besonders derjenigen, die Führungspositionen inne haben, häufig durch Scheitern charakterisiert sind. Letztere können ihre Führungsrolle nicht mehr voll ausspielen, einerseits weil sie hierauf oft schlecht vorbereitet wurden und andrerseits, weil die Erkenntnis fehlt, dass *Autorität* nicht etwas ist, was man zuallererst anzweifeln soll, sondern dass sie die durchaus nützliche Funktion hat, die zunächst disparaten Energien der Gesellschaft zu bündeln. Heute denken Politiker meist nur noch in Wahlzyklen von vier bis fünf Jahren, aber die meisten Vorstände in der Industrie können nicht einmal auf eine solche Zeitspanne bauen. Sie müssen halb- oder gar vierteljährlich ihre Bilanzen vorlegen. Vom Misstrauen der Aktienmärkte getrieben, ist ihr Handeln weit häufiger von Gier und Selbstsucht bestimmt als am generationen-

---

[10] 2. Mose 13; 21 – 22
[11] Buch Hiob, 9. Kapitel, Vers 6
[12] 1. Mose 19; 26
[13] Ludwig Uhlands Werke in vier Bänden – Verl. A. Weichert, Berlin, o. J. Bd. 1, S. 260 – 262

übergreifenden Gemeinwohl orientiert. Ausnahmen hiervon verdienen um so mehr Anerkennung und Bewunderung. Fest steht jedenfalls: *Noch nie war die Zahl der Topmanager, die vor Vertragsende gehen müssen, so groß wie heute.*[14]

Dass Autorität missbraucht werden kann, ist möglich und nicht ganz unbekannt, doch ist ihr Missbrauch nicht immanent! Im Gegenteil: Der historische Rückblick lehrt, dass in allen großen Kulturen unbezweifelte Autoritäten vorhanden waren. Unsere in spiritueller Hinsicht leeren und ausgebrannten Zeitgenossen genießen es indessen vor allem, sich in nicht endenwollenden Kritiken über die Morallosigkeit anderer zu ergehen. *Wer wollte Deutschland nicht erziehen? Der Lohn ist hoch: Wer mahnt, richtet das Licht der öffentlichen Aufmerksamkeit ja nicht auf irgend welche anderen, sondern auf sich, den Mahner. Er stellt sich selbst ins Zentrum des Unternehmens, nicht das Ereignis, an das er erinnert, oder die Opfer, deren gedacht werden soll.*[15]

Zurück zur Architektur: *Tragende und getragene Massen – Last und Stütze* sind deren Grundprinzipien. *Säule* und *Architrav* (das auf den Säulen waagrecht aufliegende, den Oberbau tragende Bauelement) zeigen in kristalliner Urform das Verhältnis von Lasten und Tragen. Wer die Last aufnimmt und stützt, vermittelt zwischen Oben und Unten, zwischen Unten und Oben. Die *Säule* – das edelste Glied der Architektur – gehört weder der einen noch der anderen Welt ganz an. So kann sie als ein Symbol des Menschen betrachtet werden, der zwischen Himmel und Hölle, zwischen Gut und Böse, zwischen Wahrheit und Lüge seinen Ort zu finden hat und so wird in der Formensprache der Kunst der Kampf entgegengesetzter Kräfte ausgedrückt – der Kampf zwischen der Last, die sich heruntersenkt und der stützenden Säule, die sich ihr entgegenstemmt. Der *Architrav* jedoch, der die Säulen untereinander verbindet, symbolisiert – ebenso wie das Fundament, auf dem die Säule ruht – die auf gleicher Höhe verlaufenden zwischenmenschlichen Beziehungen.[16]

Im Gegensatz zum *Pfeiler* mit polygonem Querschnitt ist derjenige der *Säule* rund. Mit dem *Turm* verbindet die Säule das Aufragende und Schlanke, jedoch hat sie stets dienende Funktion, während das Zeichen des Turmes die Vereinzelung und die innere Erschließbarkeit ist.[17] Doch der Übergang ist fließend: Man denke an den *Leuchtturm* (vgl. S. 82).

Auch die *Wand* hat tragende Funktion, jedoch kommen ihr noch weitere Eigenschaften zu, welche der Säule fehlen: Das Umhüllende, Abschließende, Absondernde. Beide Architekturformen – Säule und Wand – finden wir in der Halbsäule, dem Pilaster und dem Dienst vereinigt, Bauelemente, die im Kathedralbau eine eminente Rolle spielen. Hegel nennt die Halbsäule allerdings die *eingemauerte Säule* und findet sie *schlechthin widerlich, weil dadurch zweierlei entgegengesetzte Zwecke ohne innere Notwendigkeit nebeneinander stehen und sich miteinander vermischen.*[18]

Vermutlich kannte er Goethes berühmtes Diktum über die Säule, der – zu Erwin von Steinbach gewandt – schrieb: *Die Säule liegt dir sehr am Herzen, und in anderer Weltgegend wärst du Prophet. Du sagst: Die Säule ist der erste, wesentliche Bestandteil des Gebäudes, und der schönste. Welch erhabene Eleganz der Form, welche reine, mannig-*

---

[14] Holger Paul in Stuttgarter Zeitung vom 31.3.2007
[15] Konrad Adam in Die Welt vom 8.1.2007
[16] Hinweis von Erika Schmitt-Droeghoff am 27.4.2007
[17] Vgl. Jörg Schlaich, Türme sind Träume, avedition, o. J.
[18] Hegel, Vorlesungen über Ästhetik, III,1, Kap. 2, 2b

faltige Größe, wenn sie in Reihen dastehn! Nur hütet euch, sie ungehörig zu brauchen; ihre Natur ist, frei zu stehn. Wehe den Elenden, die ihren schlanken Wuchs an plumpe Mauern geschmiedet haben.[19]

Es gibt drei grundsätzlich *verschiedene Verständnisformen der Säule:* Man kann sie unter dem Aspekt der Statik und der Nützlichkeit betrachten, weiter als schönes, dekoratives Element erleben, oder schließlich in ihr ein Symbol des Edlen, Erhabenen, Würdigen und Heiligen sehen.

Wir wollen es im Moment bei diesen allgemeinen Hinweisen auf die Säule belassen und uns nachfolgend ihrer *Entwicklung als Architekturmotiv* – als Topos – zuwenden. Authentische Information geben vor allem die Zeitzeugnisse der betrachteten Epochen und Künstler. Daher wurde auf sie besonderer Wert gelegt.

Hilfreich für unsere Ausführungen erwies sich dabei vor allem das Werk von Hanno-Walter Kruft: „Geschichte der Architekturtheorie", das die wichtigsten Quellen zu diesem Thema erstmalig zusammenträgt und systematisch verbindet; weiterhin Hans Sedlmayrs bedeutendes Werk über „Die Entstehung der Kathedrale" und seine gesammelten Aufsätze in „Epochen und Werke", besonders aber die Hinweise der Freunde und Kollegen Brigitta Enders, Eberhard Winkler, Wolf Deiseroth, Achim von Pastau, Matthias Praetorius, Gerda Herrmann, Erika Schmitt-Droeghoff, Günter Gesing, Hans-Peter Roppel und last not least Helmut Gerber, der das Thema *Säule* für unsere Ausstellung vorschlug.

Vorläufer der Säule: Stele und Obelisk

Als die Menschen im Neolithikum ihr Jäger- und Sammler-Leben aufgaben und sesshaft wurden, errichteten sie in Südanatolien bei Göpekli Tepe uns heute geheimnisvoll anmutende *Stelen*, aus Stein gehauen, bis zu vier Meter hoch und mit Relieffriesen dekoriert.

Ob es vor zwölftausend Jahren ähnliche Monumente auch an anderer Stelle der Erde gab, wissen wir noch nicht. Nach heutigem Kenntnisstand handelt es sich jedenfalls hierbei um die ältesten Monumente der Menschheit (!). Ihre Grundform ist T-förmig, schlicht, präsent, elegant und imposant. Auch in den Menhiren und im Obelisk kann man eine Vorform der freistehenden Säule sehen. Die Form der letzteren wurde im Alten Ägypten entwickelt, wo vom vierten vorchristlichen Jahrtausend bis zur Eroberung von Alexander dem Großen im vierten

Stelen aus Südanatolien

---

[19] Johann Wolfgang von Goethe, Von deutscher Baukunst (1773), Großherzog Wilhelm Ernst Ausgabe, Leipzig 1912, Bd. 10, S. 21

Jahrhundert v. Chr. eine weitgehend ungebrochene, wenn auch sich verändernde Kultur lebte.

Der *Obelisk* ist ein hoher, monolithischer Steinpfeiler mit quadratischem Querschnitt, der sich nach oben hin verjüngt und in einer (meist niedrigen) Pyramide endigt. Vermutlich war er ursprünglich ein Kultussymbol des Sonnengottes, meist mit Inschriften verziert, hatte wohl auch phallische Bedeutung. Obelisken standen vor den pylonengeschmückten Eingängen der altägyptischen Tempel.

Der hier abgebildete Obelisk wurde in Karnak während der 18. Dynastie von Tuthmosis I. vor einem Tempel errichtet, den seine Tochter Hatschepsut vollendete, wie eine Inschrift ausweist. Er steht heute noch aufrecht, während der Tempel mit seinen Pylonen zerstört wurde. Viele Obelisken wurden schon während der Antike von Ägypten in andere Länder verbracht. Der berühmte, 22 m hohe Obelisk, welchen Caligula 39 n. Chr. von Heliopolis nach Rom bringen und im vatikanischen Zirkus aufstellen ließ, gehört hierzu. Er wurde unter Papst Sixtus V. 1586 an seiner jetzigen Stelle vor dem Petersdom aufgestellt. Der Obelisk auf dem Place de la Concorde in Paris wurde von Mehmet Ali den Franzosen geschenkt und 1831 dort aufgerichtet. Auch an vielen anderen Stellen Europas und Amerikas finden wir translozierte ägyptische Obelisken.

Obelisk des Tuthmosis I, Karnak, Dynastie XVIII.

Mit einem wollen wir uns näher befassen, nämlich dem *Esquilinischen Obelisk,* der hinter dem Chor von Santa Maria Maggiore in Rom steht, denn er hat eine besondere Geschichte. Es ist dies einer der beiden Obelisken, die vor dem Mausoleum des römischen Kaisers Augustus standen und nach dem Untergang des römischen Reiches umgefallen waren. Papst Sixtus V. hat ihn 1587 mit einem heilsbringenden Kreuz versehen, damit er *felicius* (glücklicher) am neuen Standort sein möge, wie eine Inschrift besagt. Der Obelisk schlägt so den Bogen vom alten zum neuen Weltherrscher, was sich ebenfalls aus der Inschrift ergibt: *Christi Wiege verehre ich freudigst, der ich dem Grabmal des toten Augustus so lange gedient habe.* So steht der Obelisk für den Gegensatz von Christus und Augustus, von ewigem Leben und Tod, von Wiege und Grabmal, von Verehrung und Sklavendienst, von höchster Freude und Freudlosigkeit, von beflügelter Gegenwart und lastender Vergangenheit.

Der Esquilinische Obelisk hinter S. Maria Maggiore in Rom erzählt
in den Inschriften seine eigene Geschichte

Wir haben hier eines der vielen Beispiele barocken ganzheitlichen Denkens vor Augen, das zeigt, wie wichtig es ist, sich in die Gedankenwelt einer Zeit auch anhand der schriftlichen Überlieferung hineinzuleben, wenn man sie verstehen will. Andere Beispiele werden folgen.

Die ägyptische Säule

Blick in einen Säulenhof.
Rekonstruktionsversuch nach Karl Oppel

Schon im Alten Ägypten sind Säulen die Hauptzierde großer Prachtgebäude. Ihr Formenreichtum ist sogar weit größer als derjenige der Säulen aus der griechisch-römischen Antike. Die Gestalt der Säule entwickelte sich aus dem zunächst viereckigen Pfeiler, dem man die Kanten abgemeißelt hatte, sodass ein achteckiger Querschnitt entsteht. Die sechzehnkantige Säule bildet sich, wenn man diese acht Kanten wiederum auf halber Breite abarbeitet. Da die Winkel der Säulenflächen gegeneinander bei der sechzehnkantigen Säule so stumpf sind, dass man sie kaum mehr wahrnimmt, führte nun die gestalterische Weiterentwicklung in zwei Richtungen: Entweder man betonte die Säulenflächen, indem man sie aushöhlte, wodurch man zur Kannelierung (von lat. canna = das Rohr) fand, oder man schuf Säulen mit glattem, rundem Umfang, der sich als Dekorationsfläche anbot.

Das Kapitell der Säule wurde auf vielfältigste Weise ausgestaltet. Es konnte auch einen Gott, z.B. Hator, darstellen.

Eine besonders schöne Form aus altägyptischer Zeit ist die sogenannte Lotossäule. Sie stellt in ihrer ältesten Gestalt vier zusammengebundene Lotusstängel dar, deren Knospen das Kapitell bilden. Sie war bunt bemalt, sagte so dem Geschmack der Ägypter besonders zu und bildete in ihrer weiteren Vervollkommnung den Hauptschmuck der großen Säle, Hallen und Höfe in Tempeln und Palästen.[20]

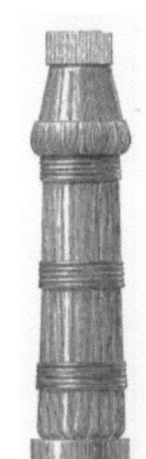

Säulenfuß aus Luxor

Geöffnetes Kelchkapitel mit Blattverzierungen

Säule aus Luxor

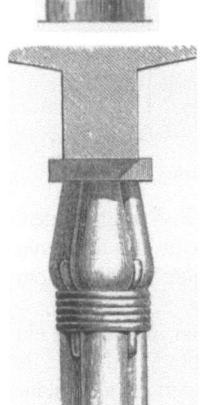

Sechzehnstelige Lotossäule

Hathorsäule

Statuenpfeiler

---

[20] Vgl. Karl Oppel, Das alte Wunderland der Pyramiden, Leipzig o.J., S. 139 – 143

Die Säule in der Antike

Es gibt in der griechisch-römischen Antike freistehende Votiv- und Triumph-Säulen ohne architektonische Aufgaben, deren Vorläufer wohl die ägyptischen Obelisken sind. Ein frühes Beispiel ist die Trajanssäule in Rom – ein relativ spätes die „Siegessäule" auf dem Großen Stern von Berlin, die beweist, wie lebendig die Architektursprache der Antike im neunzehnten Jahrhundert bei uns noch war.

Siegessäule Großer Stern von Berlin: Luftaufnahme und Gesamtansicht

Als Ehrensäule verkündigte sie den *Sol Invictus* oder kommunale Rechte, trug Helden, Heilige und Wappentiere, meldete Triumphe, oder sie sprach den Dank für das Ende von Pestepidemien aus. Die freistehenden Säulen der Kaiser Trajan und Marc Aurel in Rom waren dabei erlauchte Vorbilder.

Doch die typische Funktion der Säule ist es, nicht singulär zu stehen, sondern in ein Gebäude als tragendes Element integriert zu sein. Dorthin nahm sie ihre Würde mit. Es sollte dabei nicht übersehen werden, dass Säule und Tempel nicht von Anfang an miteinander verbunden waren. Vielmehr war der griechische Tempel der Vor- und Frühgeschichte ein Mauerwerksbau, der sich aus dem steinzeitlichen *Megaron* (ägäischer Haustyp mit rechteckigem Grundriss und Herd) entwickelt hat. Aus dem Megron bildete sich dann die massive *Cella* als Urform des überdachten Tempels. Säulen traten hier erst mit der Öffnung der Cella in einen Vorbau (Vorhalle) an einer der Schmalseiten (Pronaos) hinzu. Es entstanden der *Antentempel,* der *Prostylos* und der *Amphiprostylos.* All dies ergibt sich aus dem archäologischen Befund, von dem Filarete noch nichts wissen konnte (vgl. S. 46, 47).

Erst in frühantiker Zeit erhielt der Kerntempel dann auch seinen von Säulen umstellten Umgang als überdachte *Peristasis,* nunmehr als *Peripteros* bezeichnet, der für alle Folgezeiten die klassische Tempelmetapher werden sollte.[21] Sein Wesensmerkmal ist, dass *Last* und *Stütze* aufeinander bezogen und somit *abhängig voneinander* sind. Beide demonstrieren auch *in nuce* die Gesetze der Schwerkraft: Lasten und Tragen. Hinzu kommt, dass die Säule zunächst ein funktionales Element ist, doch gleichzeitig drückt sie durch *Kapitell* und *Kannelierung,* durch die *Entasis* (Schwellung des Schaftes), die dem Säulenschaft die Starrheit nimmt, sowie durch ihre *Basis* eine Eleganz aus, wie Kennedy sie verkörperte: „Grace under pressure!" Nirgends kann man dies besser erkennen als bei den *Karyatiden des Erechtheions* auf der Akropolis von Athen, wo edle, vollplastisch ausgearbeitete Jungfrauen-Gestalten das Gebälk des Tempels tragen – ein schöner Beweis für die ursprünglich enge Verbindung von Mensch und Säule.

Die Karyatiden, so genannt nach den Frauen von Karyai, stehen in stiller Würde an der Südseite des Gebäudes. Großartig spiegeln sie den Sinn für Ordnung und Selbstbeherrschung, für tief gefestigte Gelassenheit und Kraft. Sie vereinigen vollkommen die Elemente von *Statik, Dekoration und erhabener Würde,* auf die schon oben hingewiesen wurde. Sie zeigen einerseits den Menschen, der sich im Tragen einer Last einem größeren irdischen Zusammenhang einordnet, sind aber andrerseits als Tempelfiguren auch Symbol für den Menschen, der sich den göttlichen Kräften dienend verbindet.

Die menschliche Gestalt ist in der griechischen Säule voll erhalten geblieben, wenn sie auch abstrahiert wurde. Dies zeigt sich auch daran, dass man die einzelnen zylindrischen Blöcke, aus denen die Säulen zusammengesetzt

oben: Olympia, Zeus-Tempel – nach „Olympia" II, 1892
unten: Ansicht der Ostseite

Karyatiden der Akropolis, Athen

---

[21]   Hinweis von W. Deiseroth – vgl. Gruben, die Tempel der Griechen, 1966

sein können, ursprünglich „Wirbel" (nach den Wirbeln der Wirbelsäule) und nicht „Trommeln" nannte.

Man unterscheidet üblicherweise drei griechische Säulenordnungen: *Dorisch, ionisch und korinthisch*. Die erstgenannte Säulenform gilt als die älteste. Sie ist kanneliert, hat keine Basis und nur ein schlichtes, wulstförmiges Kapitell, beeindruckt jedoch durch ihre Monumentalität. Als Beispiel sei der Apollo-Tempel von Korinth wiedergegeben:

Korinth, Apollo-Tempel

Ein berühmtes Beispiel für die Verwendung *ionischer Säulen* ist das Jüngere Arthemision in Ephesos, das wir heute nur noch als Rekonstruktion erleben können.

Man erkennt, dass die ionische Säule zu den vollendetsten Kunstformen der antiken Welt zählt. Jeder ihrer Teile ist nach einer unumstößlichen und daher die Jahrhunderte überdauernden Gesetzmäßigkeit gestaltet. Der *Fuß* (Basis) besteht aus Kehlen und Wülsten – der schlanke *Körper* (Schaft) zeigt leise atmende Schwellung und markante Kannelierung. Dass die Kannelierung konkav ist, darf uns nicht beirren. Diese Umkehrung aus dem Konvexen der Urform ist eine Schöpfung griechischen Formgefühls.

Ephesos, Jüngeres Artemision. Südwest-Ecke.
Rekonstruktion. – Nach F. Krischen, 1938

28

Schließlich erkennen wir als *Haupt* der Säule das Kapitell (von capitellum = Köpfchen). Die Breitseiten des ionischen Kapitells sind durch Voluten geschmückt. Dazu kommt das nie fehlende Wülstchen oder Perlkettchen und oft ein Band von Anthemien, also einen Eierstab, der im Grund ein mehr und mehr ins Abstrakte geführter Blattkranz ist. Die flüssig-lebendige, geschmeidig in sich zurückschwingende Volutenform des ionischen Kapitells an der Stelle, an der sich Last und Stütze begegnen, wird zu einer nie mehr zu verbessernden, klassischen Form.[22]

Jonisches Kapitell vom alten Artemision in Ephesus
(nach der Rekonstruktion im Britischen Museum)

Das *korinthische Kapitell* hat ebenfalls Voluten, die allerdings nach oben gerichtet sind und auf der Diagonalachse des Kapitells stehen, sodass sich (im Gegensatz zum ionischen Kapitell) von allen Seiten aus der gleiche Anblick bietet.

Korinthisches Kapitell von der Tholos in Epidauros Athen. Nationalmuseum

---

[22] Vgl. Friedrich Kempter, Akanthus oder die Entstehung eines Ornaments, Leipzig 1934, S. 72 – 74

Als weiteres gestaltbestimmendes Motiv gehört zum korinthischen Kapitell die im Mittelmeer-Raum heimische Akanthus-Pflanze, deren schöne Blattform in die Sprache der Kunst einging. Seit dem fünften vorchristlichen Jahrhundert wurde sie zunächst als ornamentaler Abschluss von Grabreliefs verwendet. Dieses Akanthus-Blatt erfährt nun reichste Ausbildung im korinthischen Kapitell.

Die Entstehungsgeschichte und die Bedeutung des korinthischen Kapitells soll uns etwas ausführlicher beschäftigen, denn diese Kapitellform bleibt über zwei Jahrtausende fast unverändert erhalten. Vitruv informiert uns hierüber. Sein nachfolgender Bericht – *si non e vero e bene trovato* – sei nachfolgend zitiert:

Eine Bürgerstochter aus Korinth, bereits heiratsfähig, wurde krank und starb; nach ihrem Leichenbegängnis sammelte die Amme die Spielsachen, an denen sich das Mädchen bei Lebzeiten ergötzt hatte, legte sie zusammen in einen runden Korb, trug diesen zum Grab und deckte ihn, damit sich die Sachen länger als unter freiem Himmel erhielten, mit einer Dachplatte zu. Jener Korb war nun zufällig über einer Akanthuswurzel gesetzt worden; da trieb die vom Gewicht gedrückte, in der Mitte befindliche Akanthuswurzel um die Frühlingszeit Blätter und Stängel, und ihre Stängel, an den Seiten des Korbes emporwachsend, wurden gezwungen, nach außen hin Schneckenwindungen zu bilden.

Da bemerkte Kallimachos, der wegen der Gewähltheit und Feinheit seiner Arbeiten von den Athenern Katatechnos genannt worden war, im Vorübergehen an diesem Grabmale jenen Korb und ringsum die hervorsprossenden zarten Blätter, und entzückt über die Art und Neuheit der Form, machte er nach diesem Vorbilde bei den Korinthern Säulen, stellte die zusammenstimmenden Maßverhältnisse derselben fest, und von da ausgehend, entzifferte er die Gesetze für die Errichtung von Bauwerken korinthischer Ordnung.[23]

Der Beiname Katatechnos, den Vitruv verwendet, ist ein Ehrenname, der die Feinheit und die Erlesenheit der Arbeiten von Kallimachos zum Ausdruck bringen soll. Plinius nennt Kallimachos allerdings *einen ewigen Nörgler an sich selbst, von grenzenlosem Fleiße* – ein denkwürdiges Beispiel dafür, dass auch in der Sorgfalt Maß gehalten werden muss.[24]

Kallimachos erhielt die Anregung für das neue Motiv – das sollte man bei der Lektüre dieser (an-) rührenden Geschichte nicht übersehen – an einem Grab. Dies ist ein Hinweis darauf, wenn auch freilich kein Beweis dafür, dass Vitruv hier in bildhafter Sprache über die größten Lebensgeheimnisse berichtet: Über *Eros und Thanatos,* über Liebe und Tod, über das Sterben und die Unsterblichkeit (vgl. S. 308 f.).

Friedrich Nietzsche, der in diesem Zusammenhang nicht die Begriffe Liebe und Tod, sondern Lust und Weh verwendete, spricht in seinem tiefsinnigen Gedicht *Das trunkene Lied* ebenfalls hiervon:

> *O Mensch! Gib acht!*
> *Was spricht die Mitternacht?*
> *„Ich schlief, ich schlief –,*
> *aus tiefem Traum bin ich erwacht:*

---

[23] Vitruv IV, 1,9
[24] Plinius, 34, 92, zit. nach F. Kempter, l.c., S. 79

– Die Welt ist tief,
und tiefer als der Tag gedacht.
Tief ist das Weh –,
Lust – tiefer noch als Herzeleid:
Weh spricht: Vergeh!
Doch alle Lust will Ewigkeit –,
– will tiefe, tiefe Ewigkeit!" [25]

Man erkennt, dass Nietzsche das Eros-Prinzip als dem Leid- und Todesprinzip überlegen betrachtet, da es nicht auf das begrenzende Ende (Tod), sondern auf die Ewigkeit gerichtet ist.

Auch Novalis beschäftigte sich nach dem frühen Verlust seiner Geliebten Sophie von Kühn mit dem Verhältnis von Liebe und Tod. Zunächst wird er vom Schmerz über ihr Hinscheiden fast überwältigt. Doch dem Ausdruck erschütternder, ihn ganz beherrschender Trauer in seinem Tagebuch folgt eine denkwürdige Aufzeichnung:

Was uns gesenkt in tiefe Traurigkeit,
zieht uns mit süßer Sehnsucht nun von hinnen.
Im Tode ward das ew'ge Leben kund,
du bist der Tod und machst uns erst gesund.

Statt den Tod als Endpunkt zu betrachten, fasst ihn Novalis also ganz im christlichen Sinn als Voraussetzung für das ewige Leben auf. Auch Rabindranath Tagore spricht in seinem Buch *Der Gärtner* das Thema von Liebe und Tod an, wenn er diesen Gärtner zu seiner Herrin sagen lässt:

Ich will dir dienen in deinen müßigen Tagen.
Ich will frisch halten den Rasenpfad,
auf dem Du in den Morgen wandelst, wo Blumen,
todessüchtig,
bei jedem Schritte Deine Füße jubelnd grüßen. [26]

An der von Griechen geschaffenen Form des korinthischen Kapitells wird im Lauf der Zeit mit großer Überlieferungstreue festgehalten. Nirgends ist sie über sich selbst hinausgewachsen. So fühlt man sich an Goethes URWORTE. ORPHISCH erinnert:

Und keine Zeit und keine Macht zerstückelt
Geprägte Form, die lebend sich entwickelt. [27]

Wurde das Kapitell dennoch abgewandelt und schließlich in profaner Fabrikform gegossen, war dies ein Abstieg, denn es verlor dabei das ihm ursprünglich innewohnende Heilige.

---

[25] F. Nietzsche, Bd. 5, S. 480, Kröner-Verlag Leipzig, 1930
[26] Vgl. Patrick Süskind, Über Liebe und Tod, in: Denkanstöße, Diogenes Reader, 2006, S. 366 bis 378 mit Hinweisen auf Platon, Wilde, Aries, Novalis, Baudelaire, A. France, Kleist und Goethe zu diesem Thema.
[27] Goethe, Großherzog Wilhelm-Ernst-Ausgabe, Bd. XV, S. 180

Auch ein Kelch hat ja die Funktion, etwas zu „tragen" – nämlich z.B. Wein – oder gar als Gralskelch Christi Blut. Betrachten wir ihn als Negativ-Form: Was sehen wir dann? Zumindest eines: Dass die Dinge so sind, wie wir sie sehen wollen! (vgl. S. 206).

Die Beispiele des griechischen Tempelbaus sind vielfältig und fester Bestand der Kulturgeschichte. Festzuhalten bleibt freilich, dass all diesen Tempeln in ganz besonderer, d.h. individueller Weise die *Schönheit* innewohnt.

Nur der Schönheit ist dieses zuteil geworden, dass sie uns das Hervorleuchtendste ist und das Liebreizendste, erklärt Sokrates dem Phaidros[28].

Als Begründung wird lediglich angegeben, dass sie an eine höhere, vollkommenere Welt erinnert. Auf welche Weise sie das tut, erfahren wir nicht.

In der *römischen Architektur* verlor die Säule jene beherrschende Dominanz, die sie in der griechischen Klassik im Bereich des Kult- und Sakralbaus gewonnen hatte. Die Römer bevorzugten den vielfach form- und strukturierbaren *Mauerwerksbau* mit fest umschlossenen reichgegliederten, stuckierten und gewölbten Räumen. Die Fassaden wurden ebenfalls gegliedert und hier erhielt die Säule ihre neue rhythmisierende Funktion als Halb- oder Dreiviertelsäule, somit als Teil einer *Säulenordnungswand* (Sedlmayr). Seine repräsentativste Form fand diese (auch *Tabularium-Motiv* genannte) Form im *Kolosseum von Rom*, dessen dreigeschossiger aus einheitlichen Pfeilerarkaden bestehender Ovalbau mit in kanonischer Ordnung vorgestellten Halbsäulen (Erdgeschoss: dorisch, erstes Obergeschoss: jonisch, zweites Obergeschoss: korinthisch) ausgestattet ist. Ganz ähnlich wurde auch das *Marcellus-Theater in Rom* gestaltet (vgl. Hegels und Goethes Auffassung auf Seite 21, 22).

Die Römer ergänzten den alten Dreierkanon von Dorisch, Ionisch und Korinthisch um zwei weitere Ordnungen: die *toskanische* oder tuskische (eine schlankere Variante der dorischen Ordnung mit häufig unkanneliertem Schaft und oberem Halsring) und die *Kompositordnung,* bei der sich vor allem am Kapitell ionische und korinthische Elemente mischen. Für den christlichen Kirchenbau wird die römische *Markt- oder Gerichtsbasilika* wichtig, bei der die Säule von außen nicht mehr sichtbar ist. Sie wird jedoch in der Hauptschiff-Kolonnade zum Träger des Lichtgadens und behält diese Funktion in der altchristlichen Basilika bei.[29]

Aus der griechisch-römischen Antike ist nur eine größere Schrift über Architektur erhalten, nämlich Vitruvs *De Architectura Libri Decem* (Zehn Bücher über Architektur) die uns im Sinne der eingangs geforderten *authentischen Information* besonders interessieren müssen. Von Vitruv wissen wir, dass er unter Caesar im römischen Heer diente und Belagerungsmaschinen, vielleicht auch Brücken baute. Nach Caesars Tod (44 v. Chr.) war

---

[28] Platon, Phaidros, 250 e
[29] Auskunft von Wolf Deiseroth

er unter Augustus am Bau der römischen Wasserleitungen beteiligt. Diesem Kaiser hat Vitruv sein Traktat als Dank für eine gewährte Pension geweiht, wie er in der Vorrede schreibt. Die *Zehn Bücher über Architektur* sind folgendermaßen gegliedert:

Erstes Buch:
Die Ausbildung des Architekten. Ästhetische und technische Grundbegriffe, Stadtplanung.
Zweites Buch:
Entstehung der Architektur, Lehre von den Baumaterialien.
Drittes und viertes Buch:
Tempelbau, Säulenordnungen Proportionslehre.
Fünftes bis achtes Buch:
Kommunalbauten, Wasserleitungsbau und Wandmalerei.
Neuntes Buch:
Naturwissenschaftliches Weltbild.
Zehntes Buch:
Maschinenbau und Mechanik.

Gott wird in diesem Traktat als *der Architekt der Welt*, der *Architekt* selbst als *zweiter Gott* verstanden. Wie die Götter die Verbindung zwischen oben und unten, zwischen Himmel und Erde schaffen und die Menschen zu gemeinsamen Zielen verbinden (!), so schafft der Architekt die Vereinigung aller Künste. Daher muss er nach Vitruv über philosophische, medizinische, astronomische Kenntnisse verfügen, zudem Musikverständnis haben. Seine hervorragende Aufgabe ist es, heilige Bauwerke – die Tempel – zu errichten, denn der Tempel verbindet ja auch die irdische mit der göttlichen Welt, ebenso wie die Säule Fundament und Dach – Unten und Oben – verbindet.

Die Säule ist dasjenige Element, das den Tempelbau wesentlich bestimmt. Ihre Gestalt wird auch bei Vitruv durch die Analogie zum menschlichen Körper begründet:
Die dorische Säule soll dem männlichen Körper entsprechen, der 6 Fuß hoch ist; also soll die Höhe der dorischen Säule (einschließlich Kapitell) das Sechsfache ihres unteren Durchmessers betragen.[30] Entsprechend den Proportionen des weiblichen Körpers gibt er für die ionische Säule das Verhältnis 1:8 vom unteren Säulendurchmesser zur Höhe an. Die Säulenordnungen im Sinn des Kanons der Renaissance gibt es allerdings bei Vitruv noch nicht. Diese Systematisierung wird erst durch und seit Alberti vorgenommen.

Vitruv versucht, die menschliche Figur, von der die Säule abgeleitet ist, mit der geometrischen Grundform von Kreis und Quadrat zur Deckung zu bringen und damit eine Verbindung von Mensch, Geometrie und Zahl herzustellen. Vitruv schreibt hierzu: *„Liegt nämlich ein Mensch mit gespreizten Armen und Beinen auf dem Rücken, und setzt man die Zirkelspitze an der Stelle des Nabels ein und schlägt einen Kreis, dann werden von dem Kreis die Fingerspitzen beider Hände und die Zehenspitzen berührt. Ebenso wie sich am Körper ein <u>Kreis</u> ergibt, wird sich auch die Figur des <u>Quadrats</u> an ihm finden. Wenn man nämlich von den Fußsohlen bis zum Scheitel Maß nimmt und wendet dieses Maß auf*

---

[30] Vitruv, Ed. Fensterbusch, S. 138

die ausgestreckten Hände an, so wird sich die gleiche Breite und Höhe ergeben wie bei Flächen, die nach dem Winkelmaß quadratisch angelegt sind."[31]

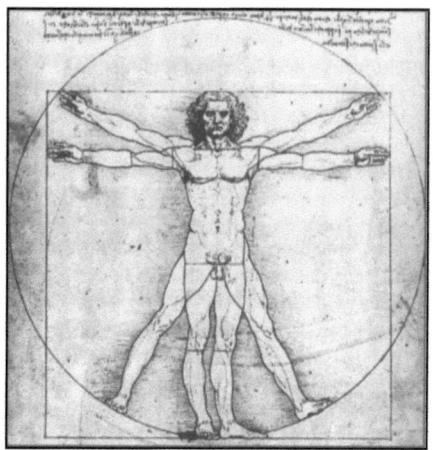

Vitruvianische Figur, gezeichnet von Leonardo da Vinci

So entstand die *vitruvianische Figur*, deren bekannteste Darstellung von Leonardo da Vinci stammt. Er vereinigte in dieser Zeichnung, die er für ein geplantes Architektur-Buch schuf, den „homo ad circulum" und den „homo ad quadratum":

Irminsul

Unsere germanischen Vorfahren erklärten sich die Entstehung der Welt folgendermaßen: Im Urbeginne töteten die Götter den Riesen Ymir. Aus dem Blut, das aus den Wunden des Riesen geflossen war, schufen sie das unüberwindliche Weltmeer, in dessen Mitte sie die Erde befestigten. Und aus dem Schädel Ymirs bildeten sie den *Himmel und erhoben ihn über die Erde mit vier Ecken oder Hörnern.*[32]

Der irdische Betrachter sieht nun das Himmelsgewölbe in steter, für das Leben auf Erden unerlässlicher Bewegung um einen Fixpunkt herum kreisen: den Polarstern. Diese Bewegung glaubte man durch Götterkraft aufrecht erhalten und nannte das Zentrum, um das alles sich dreht, *Asgard*, den Wohnsitz der Götter. So galt der hohe Himmelsnorden als die heilige Richtung. Nur im Norden von unserem Globus konnte freilich dieser Mythos entstehen, denn nur dort scheint sich die Himmelsglocke um den Nordstern herum wie um eine Weltenachse zu drehen. Dort wird der sternbesäte nördliche Nachthimmel so zum Ausdruck göttlicher Majestät.

---

[31] Vitruv, Ed. Fensterbusch, S. 138
[32] Vgl. Edda, Gylfaginning 8

Man stellte sich weiterhin eine *Säule* vor, die von der Mitte der scheibenförmig gedachten Erde bis zum Himmelspol reicht. Dies war die Weltensäule, *Irminsul* genannt.[33] Sie trägt das Firmament und bewahrte es so vor dem Einstürzen. Diese gewaltige Säule symbolisiert die Verbindung des Himmels mit der Erde. Wenn sie jedoch gebrochen wird, gerät die Welt ins Wanken – so wurde gedacht. Zu Füßen dieser Weltensäule und in der Mitte der Erdscheibe – in *Midgard* – befinden sich gemäß dieser Vorstellung die Menschen in einem Garten, wie es das Wort andeutet. Die Weltensäule Irminsul wird zu Beginn des Weltenbrandes erheben und die Götterdämmerung ankündigen.

Die „Irminsul" der Externsteine in aufrechter Darstellung. Hergestellt von „Greifenkunst – Meister-Goldschmiede" Thorvald Greif in Creglingen

Eine andere germanische Überlieferung spricht davon, dass anstelle der Weltensäule eine *Weltenesche* steht, die tief in der Erde wurzelt. In der Edda wird sie Yggdrasil genannt: *Das ist die Esche Yggdrasil, da sollen die Götter täglich Gericht halten. Sie ist die größte und beste von allen Bäumen. Ihre Zweige breiten sich über die ganze Welt und reichen hinauf über den Himmel.*[34] Der Gerichtsbaum des Mittelalters (wie er z.B. in Schlichten in der Form einer Linde neben der Kirche stand, wo Barbarossa angeblich den Streit „schlichtete" – daher der Ortsname!) ist noch eine Erinnerung an diese Vorstellung. Der Weltenbaum wurde zum Symbol des einheitlich und organisch gewachsenen Weltalls. Als Weltenachse verbindet Yggdrasil die drei kosmischen Bereiche: Himmel, Erde und Unterwelt. Yggdrasil ist wie Irminsul der Mittelpunkt der Welt und Stütze des Universums. Auf dem Gipfel dieses Baumes sitzt der Vogel, der alles weiß. Dieser steht in Feindschaft zu dem Wurm in der Tiefe, welcher die Wurzeln des Baumes benagt. Der Vogel ist das Symbol der lebensfördernden Kraft, der Wurm hingegen ist lebensfeindlich. Als Bote zwischen Schlange und Vogel (oft: Adler) läuft das Eichhörnchen *Ratatöskr* am Stamm der Weltenesche auf und nieder. Es stellt im übertragenen Sinn das menschliche Leben und dessen Schicksal dar. Klettert es den Baum hinauf, so berichtet es den Göttern von den Menschen. Wenn es den Weltenbaum wieder hinunterläuft und unten auf die

---

[33] Irmin („der Erhabene") war als Sohn des Mannus der Stammvater der germanischen Stammesgruppe der Hermionen.
[34] Vgl. Edda, Gylfagimming 18

Menschen trifft, so überbringt es ihnen die Kunde der Götter. Am Fuße des Weltenbaumes nun liegt der Eingang zu einem Saal, in dem die Nornen hausen, die das Schicksal der Menschen bestimmen. (Sie entsprechen den griechischen Moiren und den römischen Parzen.)

In germanischen Götter- und Heldensagen wird berichtet, dass die ersten Menschen aus den Bäumen entstanden sind, dass die Kinder aus Bäumen kommen und die Toten in Bäume eingehen. So erklärt sich, dass der *Lebensbaum* auch als *Stammbaum* angesehen wird. Uralt ist die Beziehung zwischen Mensch und Baum. Albert Steffen hat sie verdichtet, wenn er schreibt: „Lasst uns die Bäume lieben – die Bäume sind uns gut ...“

Ein Abbild der Weltensäule befand sich im 8. Jahrhundert in dem Hauptheiligtum der Sachsen, der Eresburg bei Obermarsberg, wie es die Ausführungen in den „Annales Regni Francorum", der Fränkischen Reichsannalen, zum Jahr 772 nahe legen. Der Mönch Rudolf von Fulda (780 – 865), dem wir die einzige ausführliche Nachricht zur Irminsul verdanken, schreibt dazu in „De miraculis sancti Alexandri" (Kap. 3): „Auch einen Baumstamm von nicht geringer Größe verehrten die Sachsen unter freiem Himmel, den sie in ihrer Muttersprache ‚Irminsul' nannten, was auf lateinisch All-Säule bedeutet, da sie gewissermaßen das All trägt."

Der Frankenkönig Karl, dem die Christenkirche den zweifelhaften Ehrentitel „der Große" beilegte, bekämpfte in seinem Reich „das Heidentum". Ein Schlüsselereignis dabei war die Zerstörung der Irminsul. Karl fiel im Jahr 772 n. Chr. in das sächsische Heiligtum ein, zerstörte das Himmelssäulensinnbild und etablierte mit brutaler Gewalt das Christentum. Nach der Einnahme der Grenzfeste Eresburg ließ Karl auf dem Sachsenhain bei Verden 4.500 Vertreter der aufständischen Sachsen „durch das mitleidlose Schwert" enthaupten, die zuvor von frankentreuen sächsischen Fürsten an ihn ausgeliefert worden waren. Er raubte zeitgenössischen Berichten zufolge die bei diesem Heiligtum niedergelegten Schätze aus Gold und Silber, die der Gottheit geweiht worden waren. Es folgten unzählige weitere Freveltaten. Erhard, der Begleiter Karls auf diesem Zuge, berichtet, dass man die Zerstörung unter Einsatz des ganzen fränkischen Heeres in drei Tagen vollzogen hat. – Die Zerstörung heiliger Stätten und Symbole hatte bekanntlich System, wenn der allmächtige neue Gott verbreitet wurde: Antiken Götterstandbildern wurden Köpfe und Brüste abgeschlagen; bei den Germanen traf's die heiligen Haine und Bäume. So fiel beispielsweise die Donaeiche der Axt des Bonifatius zum Opfer.[35]

Man sieht nur allzu deutlich, dass das Bild der Weltenesche von den christlichen Eroberern keineswegs akzeptiert wurde. Wie sehr der „judäo-christlichen Wüstenreligion"[36] die Verehrung eines Baumes fremd war, zeigt das Beispiel des Bischofs Burchard von Worms, der um das Jahr 1000 in seinem Messbuch anmerkte: *„Man soll ausreißen und verbrennen die den Unholden geweihten Bäume, die das Volk anbetet und in solcher Verehrung hält, dass es keinen Ast abzureißen wagt."* Beide Beispiele zeigen, wie recht die Römer hatten, wenn sie sagten: *Vae victis* – Wehe den Besiegten!

Das Bild der Weltensäule lebte jedoch auch in der christlich dominierten Zeit weiter. Wir finden es wieder auf einem Relief, das im 12. Jahrhundert direkt in den Fels der Externsteine gehauen wurde:

---

[35] Vgl. Georg F. Kempter, Erlebter Mythos, S. 191 – 193
[36] Gerhard Hess in Pen Tuisko, 43. Jahresband 1998 – 99, S. 19

Dargestellt ist der Augenblick, in dem der Leib Christi aus Nikodemus' Händen auf die Schulter des Joseph von Arimathia geglitten ist. Der Körper des Gekreuzigten ist nach links abgeknickt. Seine Seele liegt als Kind in den Armen Gottvaters. Sonne und Mond sind in den oberen Ecken des Reliefs als trauernde Halbfiguren dargestellt. Zwei Gestalten rahmen das Geschehen, welche gemäß gängiger Ikonographie Maria und Johannes anzusprechen sind. Von der ganz links stehenden Maria sind nur noch Spuren eines Mantels und eines langen Untergewandes zu erkennen. Rechts begleitet Johannes das Geschehen: sinnend neigt er das Haupt zur Seite. Während seine Linke ein umfangreiches Buch im Arm trägt, folgt seine Rechte mitfühlend der Bewegung des Nikodemus.

Das Felsenrelief am Externstein bei Horn i. Lippe

Besonderes Interesse verdient in unserem Zusammenhang das palmenartige, gebeugte Gebilde, auf dem Nikodemus steht. Wilhelm Teudt[37] vertrat als erster die Ansicht, dass es sich hierbei um eine Darstellung der gedemütigten Irminsul handelt. Die Deutung zieht sich durch die Literatur um die Externsteine, ohne dass bisher für diese Interpretation ein schlüssiger Beweis erbracht werden konnte.

Fest steht jedoch, dass Vieles, was in heidnischer Zeit als heiliges Symbol galt, später in christlichen Darstellungen nur noch untergeordnet angebracht oder gar dämonisiert wurde. Es diente gleichsam in neuer Form als Symbol des vom Christentum überwundenen Heidentums. Besonders häufig lässt sich dies an den Außenseiten romanischer Kirchen, beispielsweise in Schwäbisch Gmünd und Faurndau, beobachten.

Detail: geknickte Irminsul

---

[37]   Wilhelm Teudt, Germanische Heiligtümer, Jena 1936

37

Immerhin zeigt diese abgeknickte Baumfigur unverkennbare Merkmale:

- Den vierkantigen, nach *rechts gebogenen und wieder aufgerichteten* Stamm, welcher Querbänder aufweist, gleichsam um seinem tragenden Charakter (Tragen des Weltalls) besonderen Ausdruck zu verleihen.
- Die beiden symmetrischen, ausgesprochen architektonisch gebildeten Arme, die in Voluten enden. Ihr tragendes Moment wird durch die wulstigen Verzierungen an den Unterseiten noch unterstrichen.
- Die Gabelwurzel, deren Spitze nach oben zeigt und die an den Weltennagel erinnert, der die Welt zusammenhält.

Verständlicher wird diese Interpretation, wenn man eine Darstellung des keltischen Gottes Sucellus genauer betrachtet, die im Museum von Genf zu sehen ist: Auf seiner Brust befindet sich der zuvor erwähnte Weltennagel und sein Gürtel hat die Form unserer Irminsul!

Keltische Bronzefigur aus dem ersten vor- oder nachchristlichen Jahrhundert

Ob die sogenannte Französische Lilie auch eine Abwandlung der Irminsul ist, wie es Seitz[38] annimmt, mag in unserem Zusammenhang dahingestellt bleiben, doch diese Idee entbehrt nicht einer gewissen Faszination:

Übersicht über die Entwicklung von Irminsul zur Lilie

1. Kenglöses Symbol des keltischen Gottes „Sucellus
2. Im Bogenfeld der Kirche Althadersleben
3. Vom Taufstein in Rießebo, Kreis Eckerförde
4. Im Bogenfeld der Kirche in Haubersbronn
5. Im Bogenfeld der Kirche in Aue, Kreis Zeitz
6. Im Bogenfeld von Elstertrebnitz
7. Im Bogenfeld zu Ossig
8. Grabstein des Johannes von Weingarten, Eisenach

---

[38] Ferdinand Seitz, Die Irminsul im Felsenrelief der Externsteine, Verlag Hohe Warte, 1953, S. 24

Mittelalterliche Säulen

Vitruvs Angaben erhalten für die Geschichte der nachantiken Architektur große Bedeutung: Schon in der ottonischen Zeit wird das Interesse an Vitruv nachweisbar. So ist bekannt, dass der Erbauer des Klosters Hildesheim, Bischof Bernward, (+1022) die Zehn Bücher über Architektur von Vitruv besaß. Die Abschrift, die sich in seinem Besitz befand, ist sogar die älteste, die wir kennen. Sie wird heute im Britischen Museum in London aufbewahrt.[39] Allerdings ist es schwierig, einen direkten Einfluss Vitruvs nachzuweisen, denn im Mittelalter wurden die Proportionssysteme und die Formensprache antiker Architektur von völlig neuen Bedürfnissen und Ausdrucksmöglichkeiten abgelöst und der anschauliche Charakter der Kathedrale – der führenden Bauaufgabe des Mittelalters – ist zutiefst von der griechischen Baukunst verschieden. Dennoch ist der Grundgedanke, die Idee des Gliederungssystems, verwandt. *„Wo immer in der Weltgeschichte der Architektur ein echtes Gliederungssystem erscheint, wo immer Decke oder Dach von abgesonderten Trägern getragen wird und die Wand den Charakter eines sekundären Systems erhält, hat griechischer Geist mitgewirkt"*, schreibt Sedlmayr.[40] Man kann dies daran erkennen, dass auch im Mittelalter die Säule als Verkörperung der menschlichen Gestalt empfunden wurde. Die Gleichsetzung von Säule und Mensch (Apostel) findet sich z.B. im Galaterbrief 2/9, wo Paulus berichtet, dass *Jakobus, Kephas und Johannes, die als Säulen angesehen wurden,* sich die rechte Hand gaben als Versprechen dafür, unter den Juden zu predigen. Die zwölf Pfeiler des Kölner Domes wurden sogar mit den Namen der *zwölf Apostel des Lammes* bezeichnet.[41]

Weiter wird z. B. die Jakobiner-Kirche in Paris und viele andere Kirchen von zwölf Säulen getragen, die offensichtlich ebenfalls die zwölf Apostel bedeuten. Dass sich Mensch und Säule in der Gedankenwelt der Bibel entsprechen, sollte also nicht bezweifelt werden. Betrachtet man allerdings, wie sich im mittelalterlichen Sakralbau die Vertikalgliederung entwickelt, so wird erkennbar, dass die Säule ihre einstige Autonomie verliert. Sie wird Teil eines strengen Verbundsystems, das im Obergaden immer weiter aufgelöst wird, um dem Licht mehr und mehr Einlass zu gewähren. Die Wand entmaterialisiert sich sozusagen nach oben hin. Sedlmayr spricht in diesem Zusammenhang von der *diaphanen Struktur.* Schon in karolingischer Zeit wird auch das System des Stützenwechsels entwickelt (auf zwei Säulen folgt ein Pfeiler) wie es z.B. im Dom zu Hildesheim zu beobachten ist.

Als Beispiel einer freistehenden Figuralsäule aus mittelalterlicher Zeit sei die Bernwardsäule im Dom zu *Hildesheim* erwähnt, die um 1015 – 1020 entstand. Auf diese wohl berühmteste christliche Triumphsäule ist in spiralförmigen Reliefdarstellungen das Leben Christi dargestellt. Sie wurde im Wachsausschmelzverfahren in Bronze gegossen. Ihre Höhe beträgt 3,79 m und ihr Durchmesser 58 cm, was fast genau den von Vitruv geforderten Proportionen entspricht (vgl. S. 33). Die Reliefdarstellungen, die als gleichmäßiges Spiralband den Säulenkern umgeben, beziehen sich auf die Wundertaten Christi. Man hat früh erkannt, dass in dieser Säule ein Zitat aus Rom vorliegt, ein Reflex der alt-

---

[39] Harley, 2767
[40] Hans Sedlmayr, Die Entstehung der Kathedrale, 1950, S. 345
[41] Vgl. Offenbarung des Johannes, Kap. 21, Vers 14

römischen Triumphsäule von Trajan, die Bischof Bernward im Gefolge von Kaiser Otto III. in Rom gesehen hat.

links: Blick aus dem südlichen Querschiff-Arm, vorbei an der Bernwardssäule, in Nebenschiff und Langhaus, in strengen romanischen Formen mit daktylischem Stützenwechsel wiederhergestellt. *rechts:* Detail der Bronzesäule Bischof Bernwards, um 1020: Die Berufung der Jünger durch Jesus, zu den ersten Szenen an der Basis der Bernwardssäule gehörig, ist in zwei Teilbildern gegeben. In beiden spricht Christus die im Fischerboot sitzenden Männer an, in knapper und treffender Kennzeichnung der Situation.

Die Bernwardssäule hat den Bildhauer *Jürgen Weber* im Jahr 2006 dazu angeregt, in Braunschweig auf dem Ruhfäutchenplatz eine neun Meter hohe Bronzesäule zu errichten, welche die Ereignisse aus der 2000-jährigen Geschichte des Christentums zeigt – bis hin zur Zerstörung des World-Trade-Centers in New York.

Auch wenn viel Schreckliches zu sehen ist, ist die Säule schön, resümierte Weber, dessen Werk die Richard-Borek-Stiftung der Stadt schenkte. Man erkennt an diesem Beispiel erneut, wie eine gute Idee durch Jahrtausende fortwirkt.

Auch der freistehenden Säule, auf die sich ein *Säulenheiliger* (Stylit) zurückzieht, um sich von den zur Sünde verleitenden Verlockungen der Welt zu entfernen, muss in diesem Zusammenhang gedacht werden. *Styliten* vereinigten an diesem von der Welt abgeschiedenen Platz die zwei Sehnsüchte der Askese: Die Ferne von der Welt und die Nähe zu Gott. Sie lebten auf der kleinen Plattform, welche von der Säule getragen wird und zogen mit einem Seil das von ihren Verehrern bereitgestellte Wasser und Brot zu sich herauf. Der bekannteste Säulenheilige war Symeon (+ 459). Zu ihm pilgerte auch ein byzantinischer Kaiser, um sich Rat in theologischen Fragen zu holen. Eine schöne Inschrift würdigt ihn:

"Der Standhaftigkeit Säule bist du geworden, nacheifernd den Ahnen, Ehrwürdiger: dem Hiob im Leiden, dem Joseph in den Versuchungen, im Lebenswandel den Unkörperlichen, während du im Körper warest, Symeon, unser Vater."[42]

Interessant ist es auch, zu beobachten, wie sich aus der mittelalterlichen Säule langsam die freistehende Skulptur entwickelt, die geradezu neu erfunden werden musste, denn in den Wirren der Völkerwanderungszeit war sie gänzlich in Vergessenheit geraten. Nach und nach löst sich die Apostelfigur aus der Säule – zunächst noch zaghaft: Sie macht die Rundungen des Schaftes mit und erobert sich durch die Gewölbtheit des Schaftes ein Stück Vollplastik. Nach und nach tritt so die Apostelfigur selbständig vor die Säule, behält aber ihren schwebenden, überirdisch wirkenden Charakter, denn das Postament, auf dem sie stehen sollte, fehlt! In Chartres ist dies wunderschön zu beobachten. Wir sehen hier also die Emanzipation der Plastik vom Pfeiler, von der Architektur. Weitere Beispiele hierfür finden sich am Nordportal der Kathedrale von Bourges und später am Portal von Senlis.

Bild von Adalbert Ruhnke in unserer Ausstellung

Ein anderer Gedanke ist wesentlich für das Verständnis der mittelalterlichen Säule, nämlich die *Entwicklung des Baldachins hin zum Kirchenjoch:* Der altchristliche Altar war von vier Säulen umstellt, die einen Baldachin trugen. Aus letzterem entwickeln sich die vom Boden bis zum Ansatz der Wölbungsrippen aufsteigenden Vierungsbinder. So betrachtet, wird der *Baldachin* zur Grundform der gotischen Kirche, denn die Kreuzgewölbe, welche die Kirchenjoche bilden, sind nichts anderes als *das Grundelement, aus dessen Abwandlungen sich der Innenraum der Kathedrale restlos aufbaut.*[43] Vom einfachen Baldachin, der über einem geweihten Altar steht, bis zur justinischen Hagia Sophia in Konstantinopel und zu den Kathedralbauten der Gotik zieht sich also ein Entwicklungsstrom des Baldachins gleich einem roten Faden hin (vgl. S. 47: Filarete).

Ganz besonders sind in unserem Zusammenhang die Schriften des *Abtes Suger von St. Denis* (1081 – 1158) zu erwähnen, denn wir haben hier den Glücksfall, dass jemand ausführlich seine Gedanken und Überzeugungen mitteilt, die ihn bei seiner Tätigkeit als Bauherr bewegten. Suger wurde ebenso wie der spätere König Louis VII. im Kloster von St. Denis erzogen. Ihm ist eine Beschreibung des Transports der Säulen für den Chor von St. Denis zu verdanken, die anschaulich schildert, wie das Errichten von Kathedralen ein Gemeinschafts-Kunstwerk darstellt: *"So oft die Säulen vom untersten Abhang (des Steinbruchs) mit zusammengeknoteten Seilen heraufgezogen wurden, schafften Einheimische und Nachbarn sie demütig weiter, Edle und Unedle, ihre Leiber, Ober- und Unterarme mit Tauen wie Zugtiere umschnürt; auf der abschüssigen Straße inmitten des Dorfes*

---

[42] Hinweis von Adalbert Ruhnke
[43] Sedlmayr, l.c., S. 48

kamen unsere Dienstmannen entgegen, ließen ihr Arbeitszeug liegen und halfen mit eigener Kraft die Schwierigkeit des Weges überwinden, mit ihrem Beistand, so viel sie nur konnten, Gott und den heiligen Märtyrern huldigend. "[44]

Suger sah im König den Stellvertreter Gottes. Der König trägt Gottes Ebenbild in seiner Person und bringt es zum Leben. Daher werden am Eingangsportal der Kirche, welche die Gräber der Vorfahren des Königs beherbergt, häufig die Bilder der Vorfahren Christi angebracht. Die symbolische Bedeutung der Architekturelemente reicht jedoch weiter: Suger erwähnt, dass die *zwölf Chorsäulen auf die zwölf Apostel hindeuten*, denn ebenso wie die Säulen und Pfeiler die reale mittelalterliche Kirche tragen, tragen auch die Apostel die Kirche als geistiges Gebäude. Es ist eine steingewordene, bildhafte Sprache, die uns im Kathedralgebäude entgegentritt und man tut gut daran, sie zu erlernen, wenn man ein solches Gebäude nicht nur materiell (wie die moderne Denkmalpflege) sondern auch geistig verstehen will.

Auch *Hildegard von Bingen* (1098 – 1179) scheint die Texte Vitruvs gekannt zu haben, denn sie beschreibt den menschlichen Körper folgendermaßen: *„Die Länge und Breite der menschlichen Gestalt sind gleich, wenn man von Kopf bis Fuß oder die ausgestreckten Arme misst. "[45]* Dieses Verhältnis ist für sie sogar *ein Spiegel des Kosmos, denn das Firmament hat ebenso die gleiche Länge wie Breite[46]*, wie sie meint. Wiederum sehen wir hier das Denken in Analogien, welches das Mittelalter charakterisiert. Doch bei näherer Betrachtung werden wir auch hier auf den schon in der Antike geprägten *Homomensurasatz* verwiesen: *Der Mensch ist das Maß aller Dinge.*

Üblicherweise werden die Mittelschiffswände der romanischen und gotischen Kirchen zunächst durch Pfeiler oder den Stützenwechsel von Pfeiler und Säule gegliedert, doch *Notre Dame de Paris* ist die erste Kathedrale, die diesen Stützenwechsel im Langhaus aufgibt: Alle Dienste reichen nur bis zur Deckplatte der gleichermaßen rundgeformten Arkadensäulen mit ihren Kapitellen in korinthischer Form.

So schafft die Kirche einen neuen Eindruck: Das Schwere nach unten – das Leichte nach oben. Über den massigen Säulen des Erdgeschosses und den eher düsteren Seitenschiffen scheint der ganze obere Bau mit seinen überzarten Diensten zu *schweben*. Dehio spricht hier sogar von einer *Versetzung des Fundaments in die Deckplatten des Arkadengeschosses* – jedenfalls entsteht so eine ästhetisch zarte Architektur, welche wiederum den Himmel assoziiert, der über die Erdenschwere erhoben ist.

Es charakterisierte die Kirchengebäude wie auch die antiken Tempel, dass sie einen *Raum* umschließen, dessen *Mitte frei von Trägersystemen* ist. Griechischer und römischer Tempel, altchristliche Basilika, romanische Dome und gotische Kathedralen haben bei aller Verschiedenheit doch eines gemeinsam: dass die Säulen, die den Dachstuhl tragen, an die Seiten des Raumes zurückgenommen sind – dass also der Hauptraum frei von Körpern bleibt. Doch ab 1250 entwickelte sich ein vor allem von den Dominikanern getragene neue Bauform, der *zweischiffigen Halle,* bei der die gewölbetragenden Säulen in die Mitte des Raumes verlegt werden – und so sogar den Blick auf den Altar verstellen!

---

[44] Sedlmayr, I.c., S. 263 – vgl. S. 102
[45] Hildegard von Bingen, Liber Divinorum Operum, col. 815
[46] Ebd.

Wichtig ist auch, dass die Kanzel hier nicht mehr vor dem Triumphbogen angebracht ist, sondern seitlich an der nördlichen Außenwand, denn es handelt sich hier um einen Vorläufer der protestantischen Kanzelanordnung in der Mitte der Längsseite der Kirche, wie sie erstmalig in reiner Form bei der Schlosskapelle des Alten Schlosses von Stuttgart angewandt wurde – einem „bedeutenden frühen Beispiel der Verwirklichung der neuen liturgischen Anforderungen des protestantischen Gottesdienstes" (Dehio).

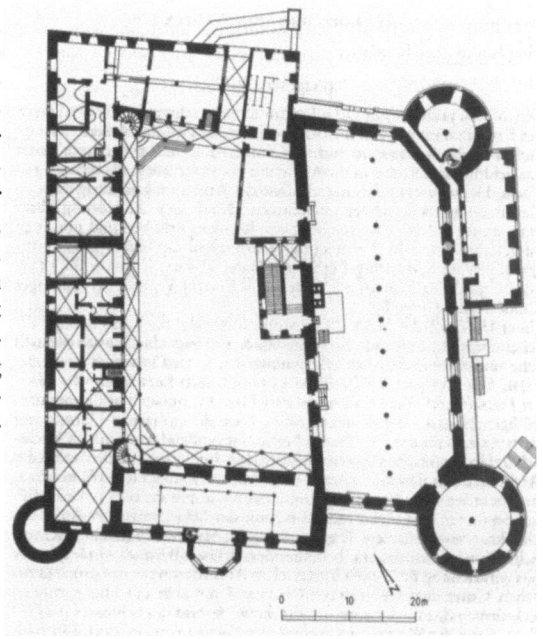

Stuttgart: Altes Schloss mit Schlosskapelle im Südwestflügel von 1560

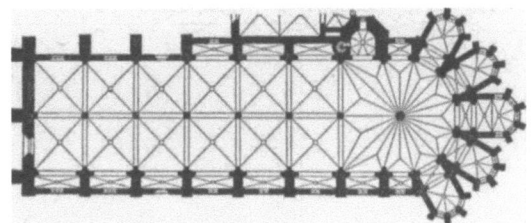

Grundriss der Dominikanerkirche von Toulouse

In *Toulouse* war die erste Niederlassung des Dominikanerordens und dort wurde auch die erste mächtige Kirche dieser Art errichtet. Bauherr war Graf Raymond VI., der den Katharern nahestand. 1260 wurde mit dem Bau begonnen und 1292 wurde die Kirche geweiht. 22 m steigen die glatten Säulen oder Rundpfeiler bis zum Ansatz der Gewölbe auf. Der Gedanke der zweiteiligen Halle war bis dahin der profanen Architektur der Kapitelsäle, Refektorien etc. vorbehalten. Doch nun gewinnt man den Eindruck, dass die Kirche zu einem ins Monumentale gesteigerten Kapitelsaal des Ordens wird.

Es sind sieben Säulen, die das Gewölbe tragen, und in ihrer Zahl spielt wiederum die Symbolik mit, denn in den „Sprüchen Salomos" IX,1 heißt es: *Die Weisheit baute sich ihr Haus und hieb sieben Säulen ...* Eine der sieben Säulen steht in der Mitte des Chores. Um sie herum schließt sich der Altarraum als halbierter Zentralraum mit zwölfeckigem Grundriss an. Man kann in dieser Siebenzahl jedoch auch eine Anspielung an die *sieben freien Künste* sehen. Derartige Analogien sollten nicht unterschätzt werden, denn sie entsprechen, wie erwähnt, mittelalterlichem Denken. Wir sehen dies z.B. darin, dass Albert der Große den soeben zitierten Satz so kommentiert: *Jenes Haus ist die Heilige Jungfrau. Die sieben Säulen sind die sieben freien Künste.*[47]

Dominikanerkirche von Toulouse

Die Form des Einsäulen-Rundraums mit palmenartig ausstrahlenden Rippen findet sich beispielsweise in England im Kapitelhaus der Kathedrale von Salesbury, wo eine einzige Säule in der Mitte des Raumes aufwächst. Man gewinnt so den Eindruck, dass der Mensch aus der Raumesmitte verwiesen ist. Diese neuen Bauformen entsprechen neue Formen des Gottesdienstes und des Gottesverhältnisses:

Die wuchtige, den gesamten Kirchenraum erfüllende Predigt wird abgelöst von innigeren Arten persönlicher Andacht, die zum Altar, oder zu den vielen Altären, welche die Kirche schmücken, gehören. *Deren Flügel öffnen sich an den großen Kirchenfesten auf goldschimmernde Geheimnisse wie die Pforten des Himmels, wie die Türen eines Weihnachtszimmers.*[48]

Kapitelhaus der Kathedrale von Salisbury

---

[47] Vgl. Sedlmayr, Entstehung der Kathedrale, S. 422
[48] Sedlmayr, Epochen und Werke, Bd. I, S. 201

Die Bedeutung der Säule im Zeitalter der Renaissance

In der Renaissance wuchs das Interesse an Vitruv in einer Weise, die er sich sicherlich selbst nicht erträumt hätte, denn zu Lebzeiten blieb sein Einfluss eher beschränkt. Im Mittelalter lebte die Kenntnis seines Werkes, wie erwähnt, zwar fort, doch *erst der Frühhumanismus war in der Lage, die systematische Bedeutung Vitruvs zu erkennen und ihn sogar an geistiger Bedeutung zu übertreffen.*[49]

Vitruvs Bücher wurden für so zahlreiche Bauvorhaben konsultiert, dass man von einer *Kanonisierung Vitruvs* in der Epoche der Renaissance sprechen kann. Diese Entwicklung ist in einem größeren Zusammenhang zu sehen: Es ist besonders *Petrarca* (1304 – 1374) und *Boccacio* (1313 – 1375) zu verdanken, dass in der Renaissance die Götter, Halbgötter und Göttermythen *wiedergeboren* wurden, wie es die Bezeichnung der Epoche ja zum Ausdruck bringt. Diese Frühhumanisten weckten bei Architekten, bildenden Künstlern und besonders bei deren Auftraggebern ein neues Interesse an der Antike und trugen so auch wesentlich dazu bei, dass zumindest in Italien die Kenntnis von Vitruvs Schriften weite Verbreitung fand. Gerade im Palastbau werden die antiken Säulenordnungen gerne verwendet, um der Fassade eine erhöhte Bedeutung zu geben.

Leone Battista Alberti, der 1404 in Genua geboren wurde und 1472 in Rom starb, steht als Kunsttheoretiker im Quattrocento an erster Stelle. Er war ein Großmeister der Architektur, der nicht nur als Theoretiker, sondern auch als praktizierender Architekt reüssierte. Sein Ideal ist der frührömische Tempel, das *etruscum sacrum*, auf den sich auch die Gliederungselemente des so genannten Tempio Malatestiano in Rimini zurückführen lassen[50]. Mit seinem Architekturtraktat De Re Aedificatoria, das er gemäß dem Vorbild Vitruvs in zehn Bücher gliederte, verfasste er die entscheidende theoretische Schrift zur Kunsttheorie in der ersten Hälfte des 15. Jahrhunderts. Er untersuchte zudem selbständig die heidnischen Bauten, wie er in der Einleitung schreibt: *Es gab nicht ein halbwegs bekanntes Werk der Antike, wo immer, das ich nicht untersucht hätte, um etwas daraus zu lernen. Also unterließ ich es nirgends, alles durchzuwühlen, anzusehen, auszumessen, in zeichnerischen Aufnahmen zu sammeln, um alles, was man Geist- und Sinnvolles geleistet hat, von Grund auf zu erfassen und kennenzulernen.*

In seinem Traktat wird der *Architekt* als *verantwortlicher Gestalter der menschlichen Umwelt* bezeichnet, während ihm im Mittelalter lediglich dienende Funktion zukam. Nun aber ist er Repräsentant einer Elite: *Eine große Sache ist die Architektur: hohen Geist, unermüdlichen Fleiß, höchste Gelehrsamkeit und größte Erfahrung muss jener besitzen und vor allem eine ernste und gründliche Urteilskraft und Einsicht haben, der es wagt, sich Architekt zu nennen.*[51]

Alberti zählt sechs Grundelemente der Architektur auf: Gegend, Baugelände, Einteilung, Mauer, *Decke und Öffnung.* Unsere zeitgenössischen Architekten sollten sich wohl mehr mit ihm befassen. Dann könnten sie lernen, dass es nicht nur darauf ankommt, mehr oder weniger spektakuläre Einzelbauwerke zu errichten, sondern vor allem darauf, auf die

---

[49] Hanno-Walther Kruft, Geschichte der Architekturtheorie, S. 43
[50] Vgl. W. Deiseroth, Der Triumphbogen als Große Form in der Renaissancearchitektur Italiens, 1970
[51] Kruft, l.c., S. 53

bestehende Umgebung, auf Blickbeziehungen und Blickachsen zu achten, denn Stadtbaukunst spielt sich vor allem zwischen den einzelnen Gebäuden ab.

Interessant für unseren Zusammenhang ist, dass Alberti Pfeiler und Säule aus der Wand ableitet und in beiden Systemen daher keine sich ausschließenden Alternativen sah. Die besonders von Wittkower um 1930 konstruierte Zuordnung von Pfeiler zu Archivolte (Rundbogen) und Säule zu Architrav (waagrechter, die Säulen verbinden die Querbalken) sind für Alberti Möglichkeiten, aber keine Gesetzmäßigkeiten. Dass er die Säule konstruktiv zum Gerippe der Architektur erklärt und sie ästhetisch *als wichtigstes Ornament der Architektur* bezeichnet, überbrückt den Gegensatz zur Antike.

Wesentlich für das Verständnis von Albertis Kunstauffassung ist, dass er die *Natur* mit *Schönheit* gleichsetzt und die Schönheit sich auch in der *Architektur* wiederfinden muss. Schönheit ist, wie er selbst schreibt, *der große Zusammenklang der Harmonie aller einzelnen Teile und Glieder, so dass ohne Schaden nichts hinzugefügt, nichts hinweggenommen werden kann.* Dies sind Begriffe, die der Musik entlehnt sind, *deren Schönheit zwischen den Tönen liegt!*

Die Erscheinungsvielfalt der Natur soll sich auch in den verschiedenen Säulenordnungen niederschlagen. *Deshalb musste man Abwechslung schaffen. Nach dem Vorbilde der Natur erfanden die Menschen daher die Gestaltungen zur Ausschmückung der Gebäude und gaben ihnen Namen, welche sie von denen herleiteten, die an der einen oder anderen derselben Gefallen fanden. Eine hiervon war voller, zur Arbeit und Dauerhaftigkeit geeigneter: die nannten sie Dorisch. Die zweite war anmutig und heiter: die nannten sie Korinthisch. Die mittlere aber, die gleichsam aus beiden zusammengesetzt war, nannten sie Ionisch. Und so ersannen sie Derartiges in bezug auf den ganzen Körper.* [52] Albertis Traktat erlangte höchste Bedeutung. Kruft schreibt: *„Als theoretische Auseinandersetzung mit Architektur ist Albertis Werk vielleicht der bedeutendste Beitrag, der je geleistet wurde."* [53]

Antonio Averlino, der sich selbst den Beinamen *Filarete* (d.h. „Liebhaber der Tugend" – von Φιλια und αρετή) gab, wurde um 1400 in Florenz geboren und wohl in der Werkstatt Ghibertis zum Goldschmied ausgebildet. Von ihm stammt die monumentale Bronzetür von St. Peter in Rom. Sein Architekturtraktat entstand um 1463. Filarete nannte sich den ersten Architekturschriftsteller nach Alberti und versuchte, Albertis Werke, auf eher unterhaltsame Weise zu *volgare,* d.h. einem größeren Leserkreis zugänglich zu machen. Sein Architektur-Traktat präsentiert sich als ein in Dialogform geschriebener Roman. Die Entstehung der Architektur begründet er aus der *necessitas,* d.h. der für die Menschen typischen Notwendigkeit, zu wohnen, „ein Dach über dem Kopf zu haben". Er erläutert, dass sie sich ergab, als Adam und Eva aus dem Paradies vertrieben wurden und sich eine Unterkunft errichten mussten. Dies war die *Ur-Hütte.* Indem Adam diese Urhütte errichtet, erschließt er sich die dritte Dimension, diejenige des Raumes. [54]

Die Baumstämme an den Ecken der Gebäude bezeichnet Filarete als *Ur-Säulen.* Die Verwendung derselben bedeutete einen entscheidenden Schritt: Es war ein konstruktives Element gefunden, das die Lasten von Decke und Dach in der Höhe halten konnte – eine

---

[52] Alberti, De re aed. IX, 5
[53] Kruft, l.c., S. 54
[54] Hinweis von Günter Gesing am 10.05.2007

typisch menschliche Entdeckung, die ihn vom Tier unterscheidet, welches dies nicht vermag. Es ist durchaus angebracht, in diesen Ur-Säulen auch die Stützen zu sehen, die einen Baldachin tragen (vgl. S. 41: Entwicklung von Baldachin zum Kirchenjoch).

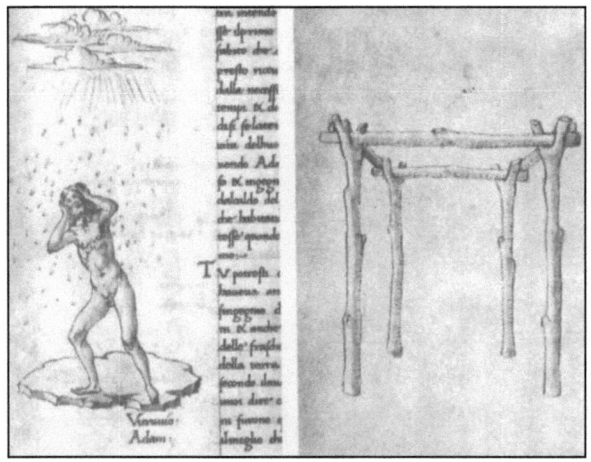

Filarete, Architekturtraktat Florenz, Bibl. Naz., Adam und seine Urhütte

Filarete, Architekturtraktat Florenz, Bibl. Naz., Die Errichtung der Urhütte

Die Länge der Stützen wurde – wie Filarete ausführt – nach dem Maß des Menschen bemessen. Damit gewinnt diese Urhütte einen prinzipiellen Aussagewert für Architektur: Sie ist nicht nur ihr Beginn, sondern sie enthält bereits Proportion und Säulenordnung! Die menschlichen Proportionen werden so wiederum zum entscheidenden Bezugssystem. Axiomatisch geht Filarete von *fünf Säulenordnungen* aus, bei denen ihn allerdings nur drei interessieren: *dorisch, jonisch und korinthisch.* Er behauptet, dass die dorische Säule die Höhe von *neun Köpfen* habe, die jonische (*misura piccola*) sieben und die korinthische acht. Die dorische Ordnung ist für ihn die historisch früheste und die qualitativ wichtigste, denn Adam als Abbild Gottes sei das Vorbild der dorischen Ordnung.

Filarete und Alberti vertreten im historischen Rückblick die Epoche der Frührenaissance. Zum Wegbereiter der Hochrenaissance jedoch wird der um 1420 geborene

Luciano di Laurana. Herzog Federigo da Montefeltro berief ihn nach Urbino, wo er seinen Palast zu einem Hauptwerk der Palast-Architektur der Frührenaissance umbaute. Von Laurana stammen wegweisende Darstellungen von Idealstädten, bei denen säulenumstandene Rundbauten das Zentrum eines Platzes bestimmen. Man erkennt hier in früher und kaum jemals erreichter Weise das Bemühen um Platzgestaltung, wobei der Renaissance-Maler Pierro de la Francesca als Vorbild gedient haben mag. Dies ist verständlich, denn ideale Architektur lässt sich leichter malen als erbauen. Schriftliche Äußerungen zur Säule oder den Säulenordnungen sind von Laurana allerdings nicht bekannt.

Luciano di Laurana: Theatra Architecturae

Francesco di Giorgio Martini wurde 1439 in Siena geboren und starb 1501 in Rom. Er gehört wie Leonardo da Vinci, mit dem er befreundet war, zu den Vertretern universalistischen Menschentums im Zeitalter der Renaissance, in welchem sich Kunst und Wissenschaft durchdrangen. Seine Manuskripte zur *Architettura Civile e Militare* sind um 1480 entstanden.

Gebälk nach menschlichen Proportionen

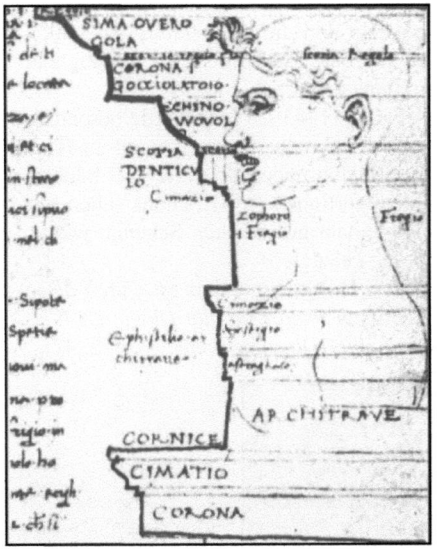

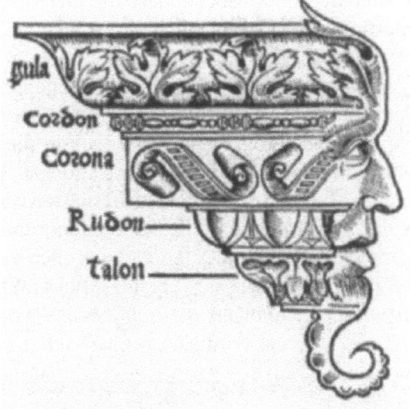

Diego de Sagredo

Francesco di Giorgio Martini Anthropometrisches Gebälk

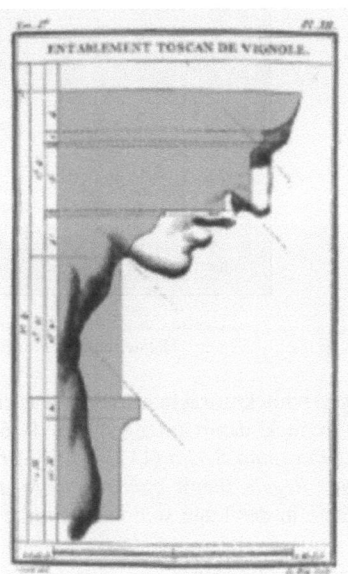

Blondel, Gebälk nach Vignola

49

In seinen Betrachtungen über die Säulen, die sich dort befinden, geht er so weit, die Säulenordnungen und insbesondere die Gesimse des Gebälks der Tempelarchitektur aus den Proportionen des menschlichen Gesichts zu entwickeln und die Kanneluren der Säulen aus der Anzahl der menschlichen Rippen zu erklären – eine Idee, die später von Vignola aufgenommen wurde, wie die vorausgehende Abbildung zeigt.

Der Bramante-Schüler und Architekt *Cesare Cesarino* (1483 – 1543) wurde besonders dadurch bekannt, dass er 1497 Vitruv in die italienische Sprache übersetzte und ausführlich kommentierte. In einer Illustration zu Vitruvs Ausführungen über die drei Säulenordnungen zeigt er mögliche Alternativen in den Proportionen auf: Erstmals sehen wir hier die Zusammenfassung der Säulenordnungen in einem graphischen Schema, wie es später durch Serlio und Vignola zu großer Verbreitung gelangte.

Bei der Darstellung des „homo ad circulum" (vgl. S. 34) kommentiert er: *Durch diese symmetrische Figur des menschlichen Körpers kann man sozusagen alle Dinge der Welt messen.* Wiederum wird also der *Mensch als das Maß aller Dinge* betrachtet (vgl. S. 42).

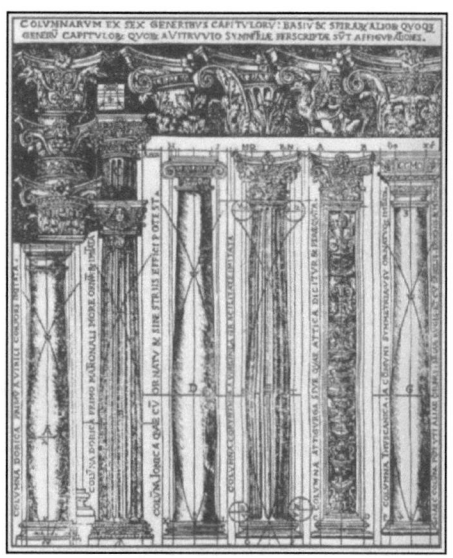

Cesare Cesariano, Vitruv-Kommentar (1521).
Darstellung der Säulenordnungen

Die vorgelegten Architekturtraktate waren zwar eindrucksvoll zu lesen, doch was konnte der praktische Architekt damit anfangen? Das Bedürfnis nach konkreter Hilfestellung war offensichtlich. *Sebastiano Serlio* (1475 – 1554) reagierte auf diesen Mangel und publizierte *Architektur-Regeln* damit *ogni mediocre ancora ne possa esser capace*[55] – also auch Mittelmäßige in der Lage sein sollten, gute Architektur zu entwerfen. So schuf er

---

[55] Sebastiano Serlio, Von der Architectur Fünf Bücher, Basel 1608, Buch IV, Vorwort, fol. 126

ein großangelegtes Architekturtraktat, das er ab 1537 herausgab. Die Widmung seines Buches an den französischen König François I. brachte ihm die Einladung nach Fontainebleau, wo er bis zum Tod dieses außerordentlichen Regenten lebte. Danach wurde er von Philibert Delorme verdrängt und starb 1553 einsam in Lyon.

In seinen *regole* kommt Serlio immer wieder auf das Ermessen des Architekten und dessen formale Freiheit zu sprechen. Eine Säule jedoch – so betont er – muss immer rund sein, *perche la forma tonda e la piu perfetta di tute le altre* (denn die runde Form ist die vollendetste von allen)[56]. Dies bedarf für ihn keiner weiteren Begründung. Mischformen von Säulenordnungen werden mit dem Hinweis auf Originalität gerechtfertigt. So schlägt er die Vermischung toskanischer Formen mit dorischen und jonischen Architekturelementen vor, wobei erstere für ihn *opera di natura*, letztere *opera di mano* darstellen. Mit solchen Hinweisen auf die *libertá* des Architekten geht Serlio über seine angestrebte Regelhaftigkeit hinaus und wird zum theoretischen Begründer eines architektonischen Manierismus.

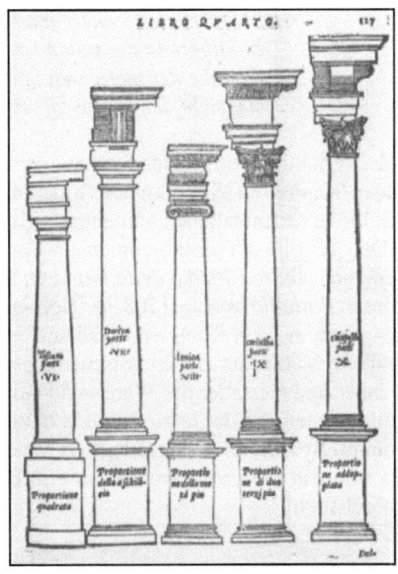

Sebastiano Serlio. Regole generali di architettura (Buch IV). 1537 (ed. 1566). Die fünf Säulenordnungen

Zwischen Bauherrn und Architekt bestand im Zeitalter der Renaissance oft engster geistiger Kontakt. Ein Beispiel hierfür ist *Giangiorgio Trissino* (1478 – 1550), ein typischer Vertreter des italienischen Nobile, der seine Villa vor den Toren von Vicenza errichtete und dort eine Akademie mit geregeltem Lehrplan ins Leben rief. Es wurden die Fächer Philosophie, Astronomie, Geographie und Musik unterrichtet. Trissino verfasste auch ein Heldenepos im Stil Homers: *L'Italia liberata dai Goti*. (Man sieht schon an diesem Titel, was man „den Goten" zumutete, nämlich die Zerstörung der antiken Kultur. Sie schufen angeblich ihren eigenen Baustil, nämlich die „Gotik", wobei sie sich – wie man meinte – von zusammenwachsenden Baumästen in ihren riesigen Wäldern inspirieren ließen. „Gotik" war für die Vertreter der Renaissance also ein reines Schimpfwort – ebenso wie später Barock: „maniera barocca", d.h. „schwülstig, übertrieben, überladen" und „Impressionismus": „Des peintres, qui se bornent a une pure impression", die also auf den „geistigen Gehalt" völlig verzichteten!).

---

[56]   Serlio, l.c. Buch V, fol. 202

Die Säulen des Palasthofes beschreibt Trissino folgendermaßen:

Ein Kreuzgang zieht sich um des Hofes Viereck
Mit lichten Bögen, die auf Säulen ruhen.
Ein Achtel aber solcher Länge misst
Die Stärke der Säulen, auch die Höh
Der Silberknäufe, welch jene krönen;
Die Höhe der metallnen Säulenfüße
Entspricht der Hälfte dieses selben Maßes.

Das Verhältnis von Säulendurchmesser zu Säulenhöhe beträgt also 1:8. Auf den Säulen sitzen Kapitelle („Silberknäufe"), deren Höhe dem Durchmesser der Säulen entspricht. Die Höhe der metallenen Säulenbasis gleicht dem Radius der Säulen („halbe Breite").

Den Text lässt Trissino von einem *Palladio* vortragen – ein Name aus der Antike, nach dem sich *Andrea Pietro della Gondola* ab 1540 nannte, der mit Trissino befreundet war. Dieser *Palladio* wurde 1508 in Vicenza geboren und starb 1580 in seinem Geburtsort. 1541 kam er nach Rom, wo er die antiken Baudenkmale studierte. Er war der große unorthodoxe Vermittler der klassischen *Romanitá* in der Renaissancebaukunst, ein enormer Kenner und Gestalter der Wand- und Kolonnadenarchitektur, was sowohl in seinen Villen und Palästen auf der *terra ferma* von Venedig als auch in seinen Kirchen zum Ausdruck kommt. Bei seinen Villenbauten verwandte er gerne die *Kuppel* als Salondecke und führte sie somit in die Profanarchitektur ein. Bis dahin war diese Bauform nur dem Sakralbau vorbehalten!

Andrea Palladio, I quattro libri
dell'architettura (1570)

Charakteristisch für Palladio ist die reiche Anwendung von Halbsäulen an der Fassade, welche zuletzt meist zwei Stockwerke übergriffen („Kolossalordnung", eine Erfindung Michelangelos). Der von Palladio vollzogene Anschluss an die römische Antike ist von größter entwicklungsgeschichtlicher Bedeutung, denn dieser palladianische Klassizismus beherrschte seit etwa 1600 die englische Baukunst völlig, wirkte seit der Mitte des 17. Jahrhunderts stark auf Frankreich und hat auch in der Baukunst der übrigen europäischen Länder seine tiefen Spuren hinterlassen (vgl. die folgenden Kapitel über die Villen Reitzenstein und Gemmingen in Stuttgart).

Das Hauptwerk Palladios *I quattro libri dell'architectura* wurde im Jahr 1570 publiziert und blieb für Generationen europäischer Baumeister verbindlich. Er bringt dort zum Ausdruck, dass er sich nicht als Imitator der Antike versteht, sondern sie fortsetzen will: *Schön bau-*

en, heißt auch, wahr und gut bauen, meint er und vertritt so eindeutig die neuplatonische Position, welche von der *Einheit des Wahren, Guten und Schönen* ausgeht. Er betont, dass für ihn die geometrischen Grundformen von Kreis und Quadrat die schönsten sind (man denke an die „vitruvianische Figur", vgl. S. 34).

Die von Serlio und Vignola konstatierten Säulenordnungen werden von ihm als selbstverständlich übernommen und deren runder Querschnitt als Abbild der kosmischen Kreisbewegung interpretiert. Deutlicher als Serlio stellt er zwischen den Ordnungen, Säulenproportionen und Interkolumnien eindeutige Proportionsverhältnisse her. Mit Blick auf die gestauten Formen, die sich in wulstförmiger Basis, Entasis und Kapitell zeigen, schreibt er: *Es ist sehr angebracht, dass die Dinge, auf denen ein schweres Gewicht lastet, gedrückt erscheinen.* Seine undogmatische Haltung gegenüber der Antike zeigt sich jedoch z.B. in einem Detail: Er beobachtet, dass die dorischen Säulen häufig keine Basen besitzen. Doch er entscheidet sich für die Verwendung einer attischen Basis, *da sie die Schönheit sehr steigert.*

In dieser Begründung offenbart sich ein Sinn für Schönheit, der bei unseren zeitgenössischen Architekten etwas weniger ausgeprägt zu sein scheint. (Die Gefahr wurde erkannt, denn es soll ein Wettbewerb stattfinden, bei dem *die hässlichsten Bauten, Straßen und Freiräume in Stuttgart festgestellt und dokumentiert werden.* Auf diese Weise wird versucht, der Gesichts – und Geschichtslosigkeit der Stadt entgegenzuwirken, denn *wir leiden am Zuwenig des gut Gebauten, des qualifizierten Alltags. Das Extraordinäre triumphiert, die Alltagswelt verkommt,* meint Roland Ostertag, der den Wettbewerb initiierte[57]).

Jacopo Barozzi, genannt *Vignola* (1507 – 1573) veröffentlichte 1562 seine *Regola delli cinque ordini d'architettura,* die bis ins zwanzigste Jahrhundert hinein das meistgebrauchte Lehrbuch überhaupt wurde. 250 Ausgaben in neun Sprachen zeigen das. Vignola beruft sich nicht auf mathematische oder geometrische Gesetzmäßigkeiten, sondern auf Messungen an antiken Bauten. Er will also keine Doktrin vermitteln, sondern ein mit ästhetischer Erfahrung abgesichertes Konstruktionsverfahren. So legt er fest, dass bei allen Säulenordnungen das Gebälk 1/4, das Piedestal 1/3 der Säulenhöhe ausmachen soll. Auch für das Verhältnis von Säulenhöhe zu Säulenquerschnitt legt er bestimmte Proportionen fest.

Vignolas Zeichnung der „toskanischen Ordnung" lässt erkennen, dass das Verhältnis von Säulendurchmesser zu Säulenhöhe 1:6 beträgt (vgl. Vitruv, S. 33) und dass dort, wo die Säulen vor Arkaden stehen, der Säulenabstand im Verhältnis zur Säulenhöhe 1:1 ist, wenn man von der Säulenmitte aus misst – also ein Quadrat umschließt. Seine *regola* musste so im Normativen erstarren. Noch heute werfen diese Dogmatisierungstendenzen ihre Schatten auf sein Werk.

---

[57] Stuttgarter Zeitung vom 3.5.2007, S. 23

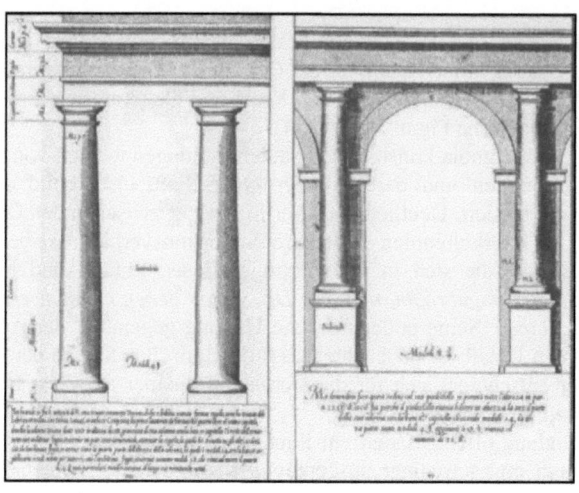

Vignola, Regola delli cinque ordini (1562), Toskanische Ordnung

Auch *Vincenzo Scamozzi* (1552 – 1606) verfasste ein Architekturtraktat, in dem er die Kernformulierungen der Renaissance wie z.B. die Analogie von menschlichem Körper und Architektur propagiert.

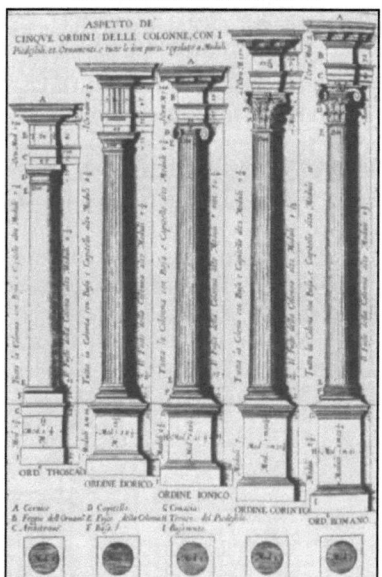

Dell' Architett. di Vinc. Scamozzi

Er paraphrasiert die vitruvianische Figur und zeigt erneut, wie sehr *die Geometrie dem menschlichen Körper zugrunde liegt*. Im sechsten Buch: *Über die Säulenordnungen* gibt sich Scamozzis vernunftgläubige Denkweise besonders deutlich zu erkennen, wenn er ausführt, *dass die fünf Säulenordnungen aus dem Chaos der Weltmaschine hervorgegangen* seien (vgl. Wright, S. 95). Sie seien im Prinzip der Natur verankert, von Gott gesetzt und unwandelbar. Damit ist der von Serlio erstellte und von Vignola systematisierte Säulenkanon zur absoluten Größe geworden.

Schließlich sei als Abschluss der Betrachtung der Renaissanceperiode auch der Blick nach Deutschland gewendet, denn dort finden während des 16. Jahrhunderts nach und nach die Gedanken und Vorstellungen der italienischen Renaissance Einzug.

Vincenzo Scamozzi, L'idea della architettura universale (1615). Darstellung der Säulenordnungen

Bezogen auf unser Thema ist an erster Stelle *Wendel Dietterlin* (1550 –1599) zu erwähnen, der 1593 eine Säulenlehre vorlegte. Es ist dies ein Anschauungswerk, bestehend aus fünf Büchern mit 209 ganzseitigen Kupferstichen. Dietterlin war vor allem der Prophet jener weitverbreiteten manieristischen Lehre, die den Säulen anthropomorphe Bedeutung zumaß: danach entsprach die dorische Ordnung dem soldatisch-männlichen Prinzip, während die ionische Ordnung das frauliche, die korinthische das jungfräuliche und die komposite das überirdische Element darstellten.[58]

Auf ihn baut der um 1610 in Frankfurt lebende Maler *Daniel Meyer* auf, der Ditterlins Werk *das groß und hoch an Tax* sei, vulgarisiert. Die Architektur im konstruktiven Sinn ist freilich bei seinem Traktat ausgeschieden. Was bleibt, ist ein Vorlagebuch zur Ornamentik, in welchem die Säulen zu Gestalten mutieren, die überdeutlich an Giuseppe Arcimboldo erinnern.

Daniel Meyer, Architectura (1611). Säulen

Säulen im Zeitalter des Barock

Mit Raffaels Tod im Jahr 1520 ist die klassische Kunst der Hochrenaissance zur Ruhe gegangen. Freilich ist sie, wie der *divino Raffaelo* selbst, unsterblich geblieben. Eine neue antiklassische Kunstrichtung bricht sich dann Bahn, die Michelangelo in seinem Spätwerk schon vorbereitet hatte. Man nannte sie herabsetzend die barocke (von barocco, S. 51), besonders in der Malerei auch zunächst die *manieristische* (unnatürlich – gesucht – gedehnt) und meinte, mit diesen Bezeichnungen Wesentliches zu erfassen, ohne freilich die spezifischen Werte der neuen Epoche zu erkennen. So urteilt beispielsweise der bedeutende Kunsthistoriker *Heinrich Wölfflin*: *Von der Architektonik Rafaels will man nichts mehr hören. Alle suchen jetzt die betäubenden Massenwirkungen. Das Wohlräumige, das schöne Maß sind fremde Begriffe geworden. Das Gefühl hat sich ganz abgestumpft für das, was man einer Fläche, einem Raum zumuten darf.*[59]

Auch der große, im Grunde sehr praktisch gesonnene *Jacob Burckhardt* äußerte sich in diesem Sinn: *Es ließe sich behaupten, dass nach Raffaels Tode keine Composition mehr zu Stande gekommen ist, in der Form und Gegenstand ganz rein in einander aufgegangen wären; selbst die späteren Werke der größten Meister imponieren eher durch alle andern*

---

[58] Vgl. Kurt Martin, Der Maler W. Dietterlin, 1954
[59] Heinrich Wölfflin, Die Klassische Kunst, 3. Der Verfall – München 1898, zit. nach Fritz Baumgarth, Renaissance und Kunst des Manierismus, S. 200 – 201

Vorzüge als grad durch diesen ... Die Künstler bemerkten, dass die Herren vor allem rasch und billig bedient sein wollen, und richteten sich auf Schnelligkeit und die dieser angemessenen Preis ein. Sie sahen auch recht wohl, dass man an Michelangelo weniger das Große als die phantastische Willkür und ganz bestimmte Äußerlichkeiten bewunderte, und machten ihm nun diese nach, wo es paßte und wo nicht.[60]

Schließlich sei *Max Dvorac* zitiert, der besonders auf den mit der Reformation verbundenen Bruch hinwies, welcher auf die Epoche der Renaissance folgte. Die Reformation erwies sich laut Dvorac für *alle subtileren Geister als ein unbefriedigender Kompromiss. Diese Enttäuschung führte zur Skepsis und zum Zweifel an jedem Werte verstandesmäßiger Theorien und verstandesmäßiger sittlicher Gebote, wie auch zum Sichbewußtwerden der Unzulänglichkeit der Sinne und Relativität aller Erkenntnisse. Man könnte von einer geistigen Katastrophe sprechen, die der politischen vorausging.*[61] – Das klingt ja sehr modern ...

Und doch wird bei einer derartigen Betrachtung übersehen, dass die auf die Renaissance folgende Kulturepoche in wunderbarer Weise zum Zusammenwirken aller Künste führte und dass bis heute zum letzten Mal kirchliche und weltliche Auftraggeber gemeinsam daran arbeiteten, die verschiedenen Bereiche der Bildenden Kunst (Architektur, Plastik, Malerei) zusammenzuführen, was die unabdingbare Voraussetzung für das Entstehen eines *Gesamtkunstwerks* (ein von Richard Wagner geprägter Begriff) ist. Auch Musik und Dichtung waren an diesem Gesamtkunstwerk beteiligt, das durch Pracht, Pathos und rauschende Fülle – viel weniger freilich durch Schlichtheit und bescheidene Zurückhaltung – gekennzeichnet ist. So entsteht also ein Formgewebe von höchster spiritueller Feinheit und großem Nuancenreichtum.

Exemplarisch für dieses Zusammenwirken der Künste sei hier die *Karlskirche in Wien* und besonders deren berühmte Doppelsäulen erwähnt. Diese Karlskirche ist das Werk *Johann Bernhard Fischer von Erlachs* (1665 – 1723), der zusammen mit *Andreas Schlüter* zu den universalen Künstlergestalten des deutschen Barock gehört. Er war in eine Zeit geboren, in der sich der österreichische Kaiserhof nach dem Sieg über die Türken und der erfolgreichen Selbstbehauptung gegenüber Frankreich bestärkt fühlte. Auf dem Gebiet der Kunst repräsentierte Fischer von Erlach in den Augen der Zeitgenossen wiederum einen Sieg, und zwar den Sieg über „die Welschen", die während der zurückliegenden hundert Jahre bei Hofe tonangebend gewesen waren. Die Karlskirche in Wien ist nicht nur sein Hauptwerk, sondern – wenn dieser Superlativ erlaubt ist – das Hauptwerk des deutschen Spätbarock. *Sedlmayr* nennt sie *ein Werk von allerhöchstem Rang, ein Kompendium barocken Bau- und Symboldenkens*[62] und begründet dies zunächst damit, dass in diesem Bauwerk die Summe seitheriger Kunstepochen zu sehen ist: Das Dreieck, das dem Fassadenaufriss zugrunde liegt, erinnert sowohl an die ägyptischen Pyramiden als auch an die Trinität – die der Kirche vorgestellte Tempelhalle an Griechenland und die verdoppelten Trajanssäulen an Rom. Bei seinem Entwurf wollte Fischer die nie vollendete Église des Minimes in Paris von François Mansart mit St. Peter in Rom verschmelzen. Beiden Kirchen fehlt jedoch das vorgelagerte Säulenpaar.

---

[60] Jacob Burckhardt, Der Cicerone, Basel 1855, zit. dto.
[61] Max Dvoràc, Kunstgeschichte als Geistesgeschichte, Vortrag im Oktober 1920 in München
[62] Sedlmayr, Epochen und Werke, Bd. 2, S. 187

Die Karlskirche in Wien wurde ab 1716 für Kaiser Karl VI. als Dank für die überwundene Pestepidemie errichtet und unter das Patronat des Pestheiligen Karl Borromäus gestellt. Als der Kaiser in Wien einzog, schrieb ein Zeitgenosse: *Und dieses war ein sehr schöner Triumph- und Ehrentag, an welchem nicht allein Ihre kaiserliche Majestät, als wie ein zur Frolockung des sämmtlichen Volcks vom Himmel herabgeschickter Engel, in das Weltherrschende Wienn, mit einer unvergleichlichen und von der Teutschen Weisheit wohlangeordneten Pracht Sieg-Prangend eingeritten, sondern an welchem auch die Teutsche Kunst und Geschicklichkeit wider die Hochachtung der Aussländer in den Gemüthern aller Zuschauer einen sehr herrlichen Sieg erhalten hat.*[63]

Wichtig sind für unseren Zusammenhang die beiden kolossalen *Spiralsäulen*, welche die Hauptfassade schmücken. Dieses eindrucksvolle Motiv ist, wie die Bernward-Säule in Hildesheim (vgl. S. 40), nach dem Vorbild der Trajanssäule in Rom gestaltet. Historisch gesehen geht der Gedanke, zwei sich entsprechende Säulen nach dem Vorbild der römischen Trajanssäule aufzustellen, auf Berninis Platzentwürfe zurück, dessen Schüler der junge Fischer in Rom gewesen war.

Wien, Karlskirche

Über die allegorische Bedeutung dieser Säulen berichtet Heraeus, der mit Fischer zusammen die Proportionen der Fassade entworfen hat: Die beiden Säulen bedeuten zunächst *Constantia* und *Fortitudo,* die Beständigkeit und Kraft des Heiligen Karl Borromäus, also des Kirchenpatrons. Daher sind auf der einen Säule die Taten des Heiligen während seines Lebens, auf der anderen die Wunder nach seinem Tode dargestellt.

Doch beide Säulen tragen *Krone und Adler,* was weiterhin darauf hinweist, dass nicht nur Karl Borromäus gemeint ist, sondern auch der Kaiser Karl VI., der passenderweise

---

[63] Zit. nach Sedlmayr, l.c., S. 158

den gleichen Namen wie der Pestheilige trug. Es kommt also ein imperialer *sensus allegoricus* hinzu, der sich auch darin zeigt, dass die Säulen an jene beiden Säulen erinnern, die Herkules nach der Sage an der Pforte des Mittelmeers auf den Felsen von Gibraltar und dem afrikanischem Berg Musa aufgerichtet hatte; sie bedeuteten die Grenzen der Erde, denn Spanien bildete bis zur Entdeckung Amerikas den äußersten Rand der Welt, die man sich als Scheibe vorstellte. (Daher die stolze spanische Devise: *Non plus ultra,* was bedeutet, dass es „nichts darüber hinaus" gibt. Wer heute die spanische Flagge betrachtet, findet allerdings, dass die Devise geändert ist in *plus ultra.* Damit soll zum Ausdruck kommen, dass Spanien *darüber hinaus* Amerika beherrscht, was zunächst ja auch der Fall war: Nur Schiffe unter spanischer Flagge durften den Atlantik überqueren!).

Die beiden Säulen, verbunden mit der Devise *Non plus ultra* waren schon das Emblem Karls V. gewesen. Sie verkündeten den Anspruch, dass das auf römischem Recht und christlichem Glauben begründete Reich Karls V. die ganze Welt umfassen soll. Sein Nachfolger Karl VI. führte dieses Emblem auf Münzen und Medaillen und in vielen andern Zusammenhängen. Durch das Säulensymbol der Karlskirche wird also Karl VI. zum spanischen Herkules erhoben, und der Anspruch auf die Krone Spaniens, um die er im Erbfolgekrieg erfolglos gestritten hatte, in monumentaler Sprache proklamiert.

Schließlich war den Erbauern durchaus das Bild des salomonischen Tempels präsent, der von zwei Riesensäulen flankiert wird. Diese Vorstellung bezieht sich auf das Alte Testament, wo es im Ersten Buch der Könige 7; 21,22 heißt: *Und Hiram richtete die Säulen auf vor der Halle des Tempels. Und die er zur rechten Hand setzte, hieß <u>Jachin</u>, und die er zur linken Hand setzte, hieß <u>Boas</u>.* Die hebräischen Namen der Säulen werden gewöhnlich übersetzt mit *Er lässt fest stehen* und *In ihm ist Kraft.* Das ist aber im Grunde nichts anderes als *Constantia et Fortitudo!* Und nun versteht man erst ganz, wieso dieses Tugenden-Paar durch die beiden Riesensäulen dargestellt werden konnte. Diese Säulen haben also vierfache allegorische Bedeutung: Sie erinnern

- an den Patron der Kirche,
- an den Kaiser,
- an die Unbegrenztheit seines Reiches
- und an die Säulen des salomonischen Tempels.

Sedlmayr schreibt hierzu: *Man muss und kann diese polyphone Allegorik, sobald man um sie weiß, am Bau nicht nur denken, sondern man kann sie sehen. Das Formale und die allegorische Bedeutung hängen eng zusammen. In und hinter der Schönheit der formalen Erscheinung – die heute isoliert und leer vor uns steht, wie ein leerer Sarkophag – öffnen sich, ineinanderspielend, ungeahnt weite Horizonte des Bildlichen und Gedanklichen, aber keineswegs Unanschaulichen.*[64]

Die beiden 2,5 m hohen roten Sandsteinsäulen an der um 1250 errichteten Vorhalle des *Würzburger Doms* sind ebenfalls ein wichtiges *Beispiel salomonischer Säulen,* erkenntlich an der Beschriftung der Deckplatten: JACHIN und BOOZ (Jachin und Boas).

Es ist naheliegend, in diesem Zusammenhang etwas näher auf den *salomonischen Tempel* einzugehen, dessen Errichtung im Ersten Buch der Könige, Kap. 5 – 7 ausführlich

---

[64] Sedlmayr, l.c., S. 246

beschrieben wird: Salomo ließ ihn im vierten Jahr seiner Regierung (um 950 v. Chr.) errichten. Baumeister war *Hiram von Tyrus.*

Auch die Größe des Tempels wird angegeben: 60 Ellen lang, 20 Ellen breit und 30 Ellen hoch. Seine Wände sind aus derart wohlbehauenen Steinen, dass man zu deren Versetzen kein Werkzeug mehr benötigte – das Dach besteht aus *Zedernholz.* Auch die Innenwände des Tempels waren mit Zedernholz verkleidet, der Fußboden mit *Tannenbrettern.* Der Baumeister Hiram ließ das Haus *inwendig mit lauterem Gold überziehen.* Vor dem Tempel befanden sich Säulenhallen, wovon eine die Gerichtshalle war.

Hiram ließ auch *zwei eherne Säulen gießen, eine jegliche 18 Ellen hoch, mit einem Umfang von 12 Ellen.*[65] Jede Säule erhielt einen *Knauf* von 5 Ellen, auf dem sich sieben geflochtene, mit Granatäpfeln verzierte *Reife wie Ketten* befanden. Diese freistehenden Säulen wurden vor dem Tempel aufgestellt. *Also ward vollendet das Werk der Säulen.*[66]

Salomonischer Tempel in Jerusalem, Idelplan

Wiederum erkennen wir die symbolische Bedeutung dieser Säulen, wenn wir erfahren, dass Jeremia von dem Herrn aufgefordert wird, furchtlos zu predigen *denn ich will dich heute zur festen Stadt, zur eisernen Säule, zur ehernen Mauer machen, dass, wenn sie auch wider dich streiten, sie sollen dennoch nicht wider dich siegen.* (1 Jeremia 1,19) Mehr lässt sich der Bibel über den Bau des salomonischen Tempels nicht entnehmen. Indessen genügten diese Angaben dem spanischen Jesuiten *Juan Bautista Villalpando* (1552 – 1608), einen kompletten Grundriss zu erfinden, der die folgende Form (s. Abb. S. 60 oben) hat:

Villalpando verfasste ein dreibändiges Kommentar über Ezechiel. Dieser alttestamentarische Prophet, der um 590 v. Chr. nach Babylon deportiert wurde, hatte angeblich eine Vision des von Nebuchadnezar (Nabuchodonosor II.) 587 v. Chr. zerstörten salomonischen Tempels: Dessen Größe sei deswegen so enorm, weil in dem Gebäude alle Zahlen und Proportionen absolut und vollkommen sind: *Kein menschlicher Geist hat ein derartiges Gebäude erdacht, sondern es ist von Gott in seiner unendlichen Weisheit entworfen.*[67]

Die Zerstörung des salomonischen Tempels wurde vielfach dargestellt. Wir reproduzieren einen Kupferstich von Philippus Galle nach einem Gemälde von Martin van Heems-

---

[65] 1 Könige 7; 15
[66] 1 Könige 7; 17
[67] Vgl. Kruft, l.c., S. 250

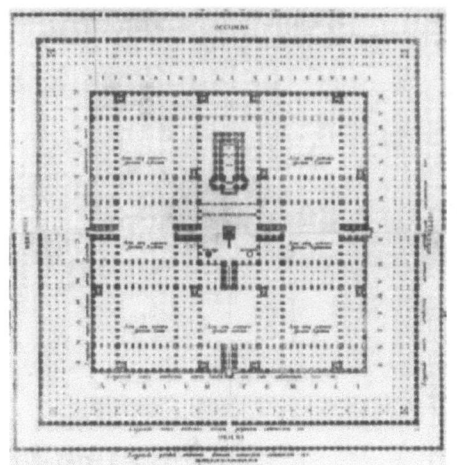

kerk, der sich im Bildarchiv der österreichischen National-Bibliothek befindet. Deutlich erkennt man die dem überkuppelten Tempel vorgestellten Säulen Jachin und Boas, sowie die gewundenen in antis gestellten Säulen, die den Eingang des Tempels zieren.

Villalpando behauptet auch, dass die Vision des Ezechiel mit Vitruvs Angaben zur Architektur übereinstimme und insbesondere, dass der salomonische Tempel die gewundenen Säulen aufgewiesen habe, die heute in St. Peter in Rom den Altar-Baldachin tragen. Biblische Angaben werden also mit der vitruvianischen Tradition vereinigt. Insbesondere werden die Säulenordnungen auf vitruvianische Ordnungen zurückgeführt. Damit wird die Lehre von den Säulenordnungen – ein Kernpunkt der gesamten antiken Architekturtheorie – gewissermaßen zu einem alttestamentlichen Derivat!

Villalpando, Rekonstruktion des
Salomonischen Tempels

Martin van Heemskerk'sche Version von der Zerstörung des
salomonischen Tempels in Jerusalem

In dieser *Harmonisierung biblischer Angaben zur Architektur mit der vitruvianischen Tradition* liegt der eigentliche Grund für den europäischen Erfolg Villalpandos, der schließlich forderte, dass christliche Kirchen nach dem Vorbild des von ihm erstmals gezeichneten Salomonischen Tempels zu errichten seien, in dem er angeblich die vitruvianische Architekturlehre wiederfindet. Alttestamentliche, neutestamentliche und antike Tradition werden verwoben, wenn in dieser Zeichnung die vitruvianische Festigkeit (*firmitas*) gelobt und in ihr zugleich ein Schatten (*umbra*) gesehen wird, der auf den Körper hinweist, welcher diesen Schatten verursacht hat, nämlich auf Christus selbst.

Escorial bei Madrid 17. Jahrhundert.
Einmalige Einheit von Schloss und Augustienerkloster

Was Villalpando vorlegte, war nichts weiter als eine dreiste Geschichtsklitterung, denn der salomonische Tempel – so er denn jemals existierte – entstand nach dem Zeugnis der Bibel im 10. vorchristlichen Jahrhundert, während Vitruv in der Zeit um Christi Geburt lebte, beide also zeitlich, räumlich und kulturell viel zu weit voneinander getrennt waren, um voneinander zu wissen. Man könnte also in bezug auf Villalpando von einem *Chronochaos* sprechen. Indessen fand Villalpandos Rekonstruktionsversuch des salomonischen Tempels unter dem Schutz des Bibel-Kommentars bequeme Verbreitung in fast alle europäischen Länder und war beispielsweise, wie unsere beiden Abbildungen zeigen, von großer Bedeutung für die Planung des Escorial.

Auch Fischer von Erlach, Christopher Wren, Isaak Newton und andere bedeutende Theoretiker der Gegenreformation waren durch Villalpando beeinflusst. Es drängt sich die Frage auf: Was ist Wahrheit? Lügen haben gelegentlich schöne Beine.

* * *

In der Architekturgeschichte gibt es *führende Bauaufgaben*. Für Ägypten war es die Pyramide, für Griechenland der Tempel, im Mittelalter die Kathedrale, in der Renaissance und im Barock das Schloss. Noch im 19. Jahrhundert, dem Zeitalter des Historismus, lässt sich das Museum als eine derartige Aufgabe erkennen, doch schwieriger wird es im 20. Jahrhundert. Immerhin könnte man für diesen Zeitabschnitt das Kauf- und Krankenhaus, Bahnhof, Flugplatz und Stadion benennen – also Bauaufgaben für die Massen.

Ebenso gibt es (vor der „Multi-Kulti-Bewegung", durch welche die Kultur im öffentlichen Bewusstsein zum „Freizeitangebot", zum „Event" und zum Amüsement degeneriert ist) für bestimmte Epochen auch *führende Nationen*. Verschließt man sich einer derartigen generalisierenden Betrachtungsweise nicht völlig, so wird man feststellen, dass die kulturell führenden Nationen auch diejenigen waren, die politisch und wirtschaftlich andere Nationen überragten. Kulturelles Leben benötigt *Freiheit* und die wesentlichen Voraussetzungen für Freiheit sind *Wohlstand* und *Sicherheit*[68], d.h. eine solide gesellschaftliche Basis. Das mag „bürgerlich" klingen und den Hinweis auf vielerlei Arten von Subkultur herausfordern, welche sich doch häufig als fruchtbarer Nährboden für vielfältige kulturelle Leistungen erwiesen habe. Gerade hier aber erleben wir den Unterschied von *Nährboden* und *Früchten*. „Kunst geht nach Geld", sagt man, oder – um eine böse marxistische Formulierung zu gebrauchen – „Kunst spielt sich auf dem Rücken anderer ab – oder sie spielt sich überhaupt nicht ab".

Als Beispiel einer führenden Nation kann Spanien im 16. Jahrhundert („Siglo doro") und besonderst das *Frankreich* des 17. und 18. Jahrhunderts dienen. Dort konsolidierte sich das Land nach großen inneren Kämpfen unter *Richelieu* (1585 – 1642, Kardinal und Minister von Ludwig XIII.) und *Mazarin* (1602 – 1661, Herzog von Nevers und Kardinal) und gelangte unter dem *Sonnenkönig Ludwig XIV.* (1638 – 1643 – 1715) zu seinem durch ganz Europa strahlenden Höhepunkt.

Abraham Bosse, Traité des manières
de dessiner les ordres de l'architecture

Richten wir unseren Blick also auf die Entwicklung der Säule im Frankreich des 17. Jahrhunderts. Dann fällt er zunächst auf den Graveur *Abraham Bosse* (1602 – 1676) und sein *Traité sur la Pratique des Ordres de Colonnes*. Als „typisch französisch" fällt bei dem Frontispiz seines Werkes sofort die klare, symmetrische Anordnung der Gesamtdarstellung und der Figuren, sowie die Bedeutung der *Raison* (Vernunft) auf, die stolz auf einem Löwen sitzend mit Helm und Lanze das Geschehen dominiert.

Sie stellt das oberste Gesetz dar, wie es die Inschrift auf ihrem Sockel ausweist: „*La raison sur tout*" So repräsentiert sie eine rationalistische Architekturauffassung, gemäß der *über alles die Vernunft herrschen* soll. (Das Buch erschien 1664 – also en plein Ancien Régime. Der Glaube an die Vernunft als die höchste Göttin ist also keineswegs eine Erfindung der Revolution von 1789!). In den seitlichen Nischen der Rückwand wird die *Vernunft* von den Figuren *Le Solide* und *L'Agréable* flan-

[68] Vortrag von Prof. Roman Herzog am 6.3.2007

kiert. Man erreicht die Ädikula bequem über eine Treppe, die als *Le Commode* bezeichnet ist und auf deren seitlichen Wangen *Theorie* und *Praxis* stehen.

Die vitruvianischen Kategorien *Nützlichkeit* (le Commode), *Festigkeit* (le Solide) und das *Angenehme* (l'Agréable) sind also alle der *Vernunft* unterworfen. *Claude Perrault* (1630 – 1688), von dem z.B. die Kolonnaden des Louvre stammen, verfasste ebenfalls ein Architekturtraktat, in dem die *Fünf Ordnungen der Architektur* (die durch die fünf antiken Säulen-Ordnungen bestimmt sind!) in harmonischer Weise dargestellt werden, wobei ein strenger Modul vorgegeben ist, durch welche das Verhältnis von Säulen-Basis, Säulenschaft, Kapitell und Gebälk festgelegt wird. Der „toskanischen Ordnung" fehlt die Kannelierung. Bei der Komposit-Ordnung fällt die große Höhe des Säulenschaftes und die Gestaltung des Kapitells auf, die sich aus jonischen und korinthischen Formen zusammensetzt.

Claude Perrault, les cinq ordres d'Architecture, 1683

François Blondel (1617 – 1686) verfasste ebenfalls einen *Cours d' Architecture,* den er 1683 publizierte und nach dem Vorbild Vitruvs und mancher seiner Vorgänger dem Staatsoberhaupt widmete. Auch folgt er Vitruv und seinen Nachfolgern, wenn er wiederum ausführt, dass die Proportion der Säulen in Analogie zum Menschen zu gestalten sind. Die Frage der Säulenordnung erklärt Blondel zu einer der bedeutendsten Aufgaben der Architektur und deutet die Säulenordnungen folgendermaßen: toskanisch = gigantisch; dorisch = herkulisch; jonisch = matronal; komposit = heroisch und korinthisch = jungfräulich[69]. Er meint, man könne diese Säulenordnungen erweitern, denn wie die Römer die griechischen Säulenordnungen durch Hinzufügung zweier neuer weiterentwickelt

---

[69] François Blondel, Cours d'Architecture, Teil 2

hätten, so müsste man auch für die Gegenwart eine neue Ordnung aufstellen können, wenn man nur die Proportionsregeln einhalte. Einer Nation wie der französischen, *qui étant regardé comme la nation qui a l'esprit le plus délicat,* stehe das besonders gut zu Gesicht. Wie er sich das dachte, stellte er in einer poetisch-phantastischen Landschaft dar:

Francois Blondel, Cours d'architecture (1683). Entstehung der Säulenkapitelle

Hier ist auch der Ort, *Nicolas de Larmessins* zu gedenken, der in manieristischer Art um 1700 auf einem Kupferstich das „Habit d'Architecte" darstellte, das wir als Titelbild (S. 13) wählten,[70] ohne zunächst zu erkennen, dass es sich hierbei um die Darstellung eines Freimaurers handelt. Daher folgt anschließend ein kleiner Exkurs über diese wichtige Geistesströmung.

Exkurs: Die Freimaurer

Was ist Freimaurerei?

„Daheim ist sie Güte, im Geschäft ist sie Ehrenhaftigkeit, in der Gesellschaft ist sie Höflichkeit, in der Arbeit ist sie Anständigkeit, für den Unglücklichen ist sie Mitleid, gegen das Unrecht ist sie Widerstand, für den Schwachen ist sie Hilfe, dem Gesetz gegenüber ist sie Treue, gegen Unrechttuenden ist sie Vergessen, für den Glücklichen ist sie Mitfreude, vor Gott ist sie Ehrfurcht und Liebe."[71]

Erst durch den Hinweis eines Bekannten[72] wurde uns klar, dass es sich bei der hier abgebildeten Figur um die Darstellung eines <u>Freimaurers</u> handelt, denn er trägt Zirkel und

---

[70] Hinweis von Eberhard Winkler

[71] Vf. unbekannt; zit. nach: Was ist Freimaurerei? Einige Fragen und Antworten. Überreicht durch die Großloge der Alten, Freien und Angenommenen Maurer von Deutschland. Distriktsloge Berlin, o.J. (Faltblatt).

[72] Dr. Dr. Ralph E. Mrowka

Winkelmaß, dazu den Zollstock und ein Dreieck in den Händen. Dies jedoch sind die typischen Symbole der Freimaurer! Wir nehmen dies gerne zum Anlass, uns etwas näher mit dieser Geistesströmung zu befassen, welche von sehr bedeutenden Persönlichkeiten des 18. bis 20. Jahrhunderts getragen wurde, denn in ihr spielt das Thema „Säule" eine hervorragende Rolle.

Bald stellten wir allerdings fest, dass sich die Freimaurerei gern in Mysterien hüllt, sodass man zuweilen den Eindruck gewinnen kann, dass sie – bildlich gesprochen – mehr Rauch und Hitze als Licht verbreitet. Fest steht jedenfalls, dass diese Bewegung erstmals zu Beginn des 18. Jahrhunderts in London mit der Gründung der Freimauer-Groß-Loge am 24. Juni 1717 (dem Geburtstag Johannes des Täufers!) ans Licht der Öffentlichkeit trat, dass sich dann aber sofort die Vertreter des Englischen Oberhauses tief mit der Freimaurerei verbanden. Der Herzog von Montagu war der erste Adlige, der 1721 Großmeister wurde, was für die Loge einen erheblichen Prestige-Gewinn bedeutete. Immer mehr einflussreiche Persönlichkeiten traten nun dieser Loge bei.

Titelseite der amerikanischen Erstausgabe der „Konstitutionen".
Der Herzog von Montagu übergibt im Jahr 1723 seinem Nachfolger die „Alten Pflichten" (Constitutions). Man beachte die Säulenkapitelle im Hintergrund, die jeweils paarweise die drei klassischen Ordnungen zeigen, sowie die Darstellung des pythagoreischen Dreiecks mit der griechischen Unterschrift: „εὑρηκα " (eureka), was so viel bedeutet wie: „Ich hab's gefunden": Ursprünglich stammt dieser Ausruf von Archimedes, der von König Hieron II. von Syrakus beauftragt worden war, herauszufinden, ob dessen Krone aus reinem Gold ist. Durch den Vergleich der Wasserverdrängung der Krone mit einem gleichschweren Goldbarren fand er die Antwort. (Hinweis von Frau Dröghoff).

Die größten Geister ihrer Zeit waren oft Freimaurer. Nennen wir einige Beispiele – zunächst aus *Deutschland*[73], wo die Freimaurerei rasch Eingang fand, denn besonders die Bewohner der deutschen Hafenstädte hatten durch rege Handelsbeziehungen mit England Zutritt zu den englischen Logen. Erwähnt seien folgende Persönlichkeiten:

---

[73] Vgl. hierzu: Marco Carini, Freimaurer – die geheime Gesellschaft, Parragon Books Ltd, o.J. bes. S. 79 und 90

Friedrich der Große von Preußen (1712 – 1786)
Friedrich Gottlieb Klopstock (1724 – 1803)
Johann Gottlieb Fichte (1726 – 1814)
Gothold Ephraim Lessing (1729 – 1781)
Franz Joseph Haydn (1732 – 1809)
Christoph Wieland (1733 – 1813)
Matthias Claudius (1740 – 1815)
Gebhard Leberecht von Blücher, preußischer Feldmarschall (1742 –1819)
Johann Gottfried Herder (1744 – 1803)
Johann Wolfgang von Goethe (1749 – 1832)
Wolfgang Amadeus Mozart (1756 – 1791)
Kaiser Wilhelm I. (1797 – 1888)
Heinrich Heine (1797 – 1856)
Franz Liszt (1811 – 1886)
Carl von Ossietzky (1889 – 1938)
Kurt Tucholsky (1890 – 1935)
Julius Leber (1891 – 1945)

Besonderen Anklang fand die Freimaurerei jedoch in *Amerika.* Freimaurer waren dort:
Duke Ellington (1879 – 1974)
Henry Ford (1863 – 1947)
Clark Gable (1901 – 1960)
Charles Lindberg (1902 – 1974)

Auch 15 amerikanische Präsidenten waren Freimaurer. Erwähnt seien:
George Washington (1732 – 1799)
Franklin D. Roosevelt (1882 – 1945)
Harry S. Truman (1884 – 1972)
Lyndon B. Johnson (1908 – 1973) und
Gerald R. Ford (geb. 1913)

Die „Statue of Liberty", das Wahrzeichen New Yorks, ist ein freimaurerisches Werk

Die „Freiheitsstatue von New York" (eine Säule?) wurde von Freimaurern errichtet.

Schöpfer des 46 Meter hohen Monuments war der französische Bildhauer *Frédéric-Auguste Bartholdi* (1834 – 1904), der 1874 in die Freimaurer-Loge „Alsace-Lorraine" aufgenommen worden war. Das massive Eisenskelett der Statue wurde von dem Freimaurer *Gustave Eiffel* entwickelt und amerikanische Logenbrüder brachten die Kosten für den mehr als 50 m hohen Sockel auf. Den Grundstein für die 1886 fertiggestellte „Miss

Liberty" legte die Großloge von New York. (Von Gustave Eiffel stammt auch der 1889 errichtete, 320 m hohe und nach ihm benannte „Eiffelturm" auf dem Champs de Mars in Paris.)

Bedeutende *englische Freimaurer* waren:
Charles Dickens (1812 – 1870)
Oscar Wilde (1854 – 1900)
Winston Churchill (1884 – 1955)

In *Frankreich* wurde 1743 die „Grande Loge de Paris" gegründet und interessanterweise schon damals darauf hingewiesen, dass die Freimaurer von den Templern abstammen, was nie „streng wissenschaftlich" nachgewiesen werden konnte, wofür jedoch vieles spricht, wie noch zu zeigen sein wird. 1772 erfolgte die Gründung der Loge „Grand Orient", deren „Grand Maître" der Duc de Chartres war. 1780 gab es in Frankreich schon 82 Logen[74]. Ihre Mitglieder trugen oft große Namen, wie folgende Beispiele belegen:

Charles de Montesquieu (1689 – 1755)
Voltaire (François-Marie Arouet, 1694 – 1778)
Charles Maurice Prince de Talleyrand-Périgord (1752 – 1838)
Königin Marie Antoinette (1755 – 1793)
Gustave de Eiffel (1832 – 1923)

Es handelte sich, wie man sieht, um exzellente Menschen, die jedoch häufig weder der erblichen Aristokratie noch dem Klerus angehörten. Sie alle wollten „am Tempel der allgemeinen Menschenliebe und der weltumspannenden, friedvollen Brüderlichkeit mitbauen", wie die offizielle Formulierung lautet. Für die Wertschätzung eines Menschen sind somit *nicht seine Überzeugungen und sein Glaube entscheidend, sondern ausschließlich seine „Ehre und Aufrichtigkeit"*[75]. Glaubens*inhalte* werde also durch Verhaltens*formen* ersetzt – ein wesentlicher Entwicklungsschritt, der im abendländischen Denken insbesondere durch Kant vollzogen wurde.

Heute gibt es in rund hundert Ländern der Erde reguläre *Freimaurerlogen,* in denen alle Berufsgruppen vertreten sind, besonders aber Handwerker, Wissenschaftler und Künstler. Die Zahl ihrer *Mitglieder* soll zu Anfang dieses Jahrtausends zwischen 3,5 und 6 Millionen liegen, doch genaue Statistiken gibt es nicht.

Die Freimaurer, die international tätig waren, schufen ein Netz mit erheblicher operativer Energie und traten allein hierdurch in Konkurrenz zur Kirche, was zur Folge hatte, dass die Freimaurerei schon 1738 durch päpstliche Bulle verboten wurde: Papst Clemens II. meinte, dass die freimaurerischen Bünde einen so starken Verdacht erregt hätten, „dass ein rechtschaffener und kluger Mensch sich diesen Gesellschaften nicht anschließen kann, ohne sich mit dem Makel der Perversion und des Bösen zu beflecken". Wer dieses Verbot missachtete, dem drohte die Exkommunikation. 1814 schon verurteilte Papst Pius VII. die Bruderschaft wegen „Staatsgefährdung", 50 Jahre später bezeichnete Papst Pius IX. die

---

[74] Vgl. James Stevens Curl, Art and Architecture Freemasonry. London 1991, S. 116
[75] Vgl. Carini, l.c., S. 30

Freimaurerei als „Synagoge des Satans". Sein Nachfolger Leo XIII. verdammte die Maurerei gar als „Teufelswerk" und beschwor alle katholischen Bischöfe, „diese unreine Sache" auszurotten. Vor allem die Tatsache, dass die Freimaurer Menschen aller Religionen aufnahmen und keine Konfession über eine andere stellten, war der katholischen Kirche ein Dorn im Auge, denn sie vertritt ja bis heute unverzagt die von Jesus formulierte Auffassung: *„Ich bin der Weg und die Wahrheit und das Leben; niemand kommt zum Vater denn durch mich!"* (Johannes, 14-6). So erklärte auch noch Joseph Kardinal Ratzinger, der seit April 2005 als Papst Benedikt XVI. die Katholiken führt, es sei „eine schwere Sünde", Mitglied einer Loge zu sein.[76]

Doch die Verdammungs-Urteile, Drohungen und päpstlichen Bullen scheinen wenig Einfluss auf die Freimaurerei gehabt zu haben, die durch ihre Riten die Leere füllten, welche die protestantische Bilderstürmerei hinterlassen hatte, indem Prozessionen und strahlende Feiern anlässlich der großen Festtage, sowie der Glaube an das Fegefeuer abgeschafft worden war.

Nach diesem kurzen Überblick über die Fixpunkte der Freimaurerei wollen wir nun der Frage nachgehen, wo die *Wurzeln* derselben liegen, auch wenn wir uns hier auf wesentlich weniger festem Boden bewegen können: Man vermutet, dass zumindest eine dieser Wurzeln die mittelalterliche Zunft der „Maurer" ist. Diese meist anonymen Handwerker hatten ohne Zweifel ihren Ehrenkodex; und viele freimaurerischen Symbole sind von Gerätschaften abgeleitet, welche besonders von Steinmetzen gebraucht wurden. So dürfen wir annehmen, dass die Geschichte der Freimaurerei mindestens bis ins Mittelalter zurück reicht, wofür auch spricht, dass der Begriff „Freemason" schon 1376 in England auftauchte.

In dieser Zeit spielten die Zünfte bekanntlich eine große Rolle. Sie waren nicht nur Vereinigungen praktizierender Handwerker, sondern es gab – wie es die noch heute bestehende Zunft oder „Chaîne des Rottiseurs" zeigt, die von dem französischen König Saint Louis (1226 – 1278) im Jahr 1248 gegründet wurde – „membres actifs", d.h. ausführende Handwerker und „membres conseillants", also Ehrenmitglieder, die „beratende Funktion" hatten und die keineswegs Handwerker sein mussten.

Es ist nun nicht die Absicht dieses Beitrages, die Zeremonien und Geheimnisse der Freimaurerei zu erläutern. Bücher wie diejenigen von Knoop & Jones[77] und von Bernard E. Jones[78], sowie besonders das ausführliche Literaturverzeichnis von Curl[79] können diesbezüglich auch den gierigsten Appetit befriedigen. Es kann sich in unserem Zusammenhang nur um die Bedeutung handeln, welche die Freimaurer der Säule gaben – besonders den beiden herausragenden Säulen Jachin und Boas, die uns schon bei dem salomonischen Tempel und bei der Wiener Karlskirche begegnet sind (vgl. S. 57 ff.). Um diese Bedeutung zu verstehen, sollten wir allerdings auch das geistige Umfeld der Freimauererei wenigstens andeutungsweise kennen, das sich in deren Symbolen ausdrückt.

---

[76] Vgl. Hans Riegelmann, Die europäischen Dynastien und ihr Verhältnis zur Freimaurerei. Er zeigt, dass die Freimaurer als überstaatliche Organisation versuchten, auf die Politik der nationalen Dynastien Europas Einfluss zu gewinnen.

[77] Knoop & Jones, The Genesis of Freemasonry, Manchester 1949

[78] Bernard E. Jones, Freemasons Guide and Compendium, London 1956

[79] Vgl. Ziff. 74 – Literaturverzeichnis mit ca. 370 Titeln!

Der Begriff *Symbol* hat altgriechische Wurzeln und stammt von dem Wort συμβαλλειν (symballein), was so viel wie „zusammenwerfen, zusammenbringen, zusammentreffen, begreifen" bedeutet. Er erklärt sich folgendermaßen: Wenn zwei Freunde sich trennten, zerbrachen sie eine Tonscherbe in zwei Teile und jeder bewahrte eine der beiden Hälften auf. Wenn sie sich nun erst nach sehr langer Zeit wiedertrafen – was sich häufig ereignete, denn viele der Griechen lebten „isoliert" (von lat. isola = Insel) auf Inseln – so konnten sie feststellen, dass die beiden Scherben sich zusammenfügen („zusammenwerfen") ließen und hatten so den Beweis ihrer Freundschaft in Händen. Den beiden Tonscherben allerdings sah man ihren Sinn nicht an. Er musste „hinzugewusst" werden. Ein Symbol ist also nicht Abbild eines konkreten Gegenstandes, sondern die (bildliche) Darstellung eines abstrakten Gedankens oder eines Wertes. Das „Werkzeug" der Freimaurer ist folglich als ein Symbol zu verstehen, in das Geistiges hineingelegt werden kann und auch hineingelegt wurde. (Im Gegensatz hierzu ist die Allegorie für jedermann klar erkennbar. Beispiel: die „Justitia" mit Schwert und verbundenen Augen.)

Indem wir nachfolgend die Symbole der Freimaurer näher betrachten, hoffen wir, etwas Licht in die Grundanliegen der Freimaurerei zu bringen. Besonders schön sind sie auf einer Tafel vereinigt, welche den Sockel der *Gedenksäule von Major-General Robert Rollo Gillespie* aus dem Jahr 1845 in Comber ziert.[80] Man wird dort bald erkennen, dass es einerseits Symbole gibt, die eindeutig auf die handwerkliche Tradition der Freimaurerei hinweisen, während andere dies in keiner Weise tun.

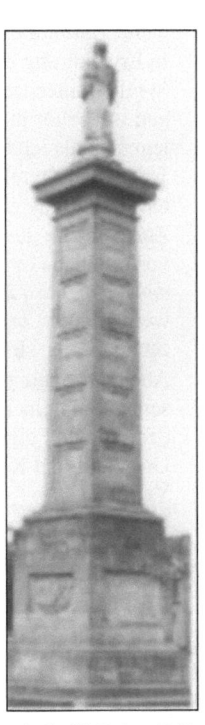

Inschrifttafel auf dem Sockel des Monuments von Sir Robert Rollo Gillespie in Comber, Co. Down, England

Gedenksäule für Sir Robert Rollo Gillespie, in Comber, Co. Down, England[81]

---

[80]   Vgl. hierzu Curl, l.c., S. 216
[81]   Curl, l.c., S. 215

Betrachten wir nun zunächst die *handwerklichen Gerätschaften* und deren symbolische Ausdeutung:

- Der Zirkel. Dieses Gerät ist Ausdruck der Beziehung des Menschen zu seiner Umgebung. Er symbolisiert die umfassende *Menschenliebe*, denn mit der einen Spitze ist er bildlich gesprochen im Herzen des Menschen verankert. Mit der anderen Spitze aber kann er immer größere Kreise schlagen und schließlich die gesamte Menschheit umfassen. In einem tieferen Sinn ist der Zirkel auch Symbol für die *geistig-spirituelle Seite* des Lebens.
- Die Arbeit des Maurers muss winkelrecht sein. Das sagt das Winkelmaß, das gerne unter dem Zirkel angeordnet wird. Mit ihm kann man genaue und gerade Linien ziehen. Seine beiden Schenkel stehen für *Recht und Pflicht*. Das Winkelmaß wird so zum Symbol der *Gewissenhaftigkeit*. Es ordnet die menschlichen Handlungen nach Recht, Gerechtigkeit und Menschlichkeit. Im Gegensatz zum Zirkel symbolisiert das Winkelmaß die *irdisch-materielle Sphäre*. Beide Sphären sollen zusammenwirken, damit Harmonie entstehen kann.
- In Erweiterung dieses Gedankens sieht man unter dem Winkelmaß den Zollstock. Als Symbol unterstreicht er den Gedanken, dass der Maßstab zuerst an sich selbst anzulegen ist, bevor man über einen anderen urteilt. Dieser andere kann ganz anders angelegt sein als ich es bin! *Man kann daher nicht jeden mit dem selben Maßstab messen!* Jeder Mensch muss also seiner Identität gemäß maßstabsgetreu und maßgerecht beurteilt werden.
- Zur Aufgabe des Maurers und besonders des Steinmetzen gehört zentral das Behauen von Steinen. In der Sprache der Freimaurer bedeutet dies, dass man *sich selbst als den „rohen Stein" betrachtet,* der durch Erziehung und Selbsterziehung „behauen" werden muss, damit er sich in das große Gebäude der Menschheit einfügt. Die Werkzeuge hierfür sind Schlegel und Meißel.
- Auch der Schurz kommt aus der Welt der Handwerker. Er gilt, wie die weißen Handschuhe, als ein Zeichen der *Sauberkeit, Reinheit und Anständigkeit* und erinnert zudem an das Feigenblatt des aus dem Paradies vertriebenen Adam. Er ist Symbol der Unschuld und Keuschheit, aber auch Sinnbild für die Arbeit und gewährt Schutz vor Verletzungen.
- Das Senkblei deutet darauf hin, dass wir *geradlinig und aufrecht handeln* sollen. Es lotet die Tiefe des Gewissens aus.
- Die Wasserwaage schließlich bedeutet, dass wir alle gleich sind und *auf gleicher Ebene arbeiten.*

Doch gibt es, wie erwähnt, weitere freimaurerische Symbole, die alleine aus der Steinmetz-Tradition nicht zu erklären sind und die darauf hinweisen, dass diese Geistesströmung mit ihrem *beachtlichen intellektuellen Überbau* sich noch aus ganz anderen Quellen speisen muss, als es die genannten Werkzeuge erkennen lassen. Zudem muss gesehen werden, dass die mittelalterlichen Maurer sicherlich fähige Künstler waren, doch zumeist Analphabeten, die gewöhnlich lebenslänglich an einer Baustelle arbeiteten. Folgende Objekte mit symbolischer Bedeutung sind gemeint:

- Die Säulen <u>Jachin</u> und <u>Boas</u>, auf die später noch ausführlich eingegangen werden wird. (s. S. 75 f.)
- Das <u>Pentagramm</u>: Die „Fünf" ist die heilige Zahl der Freimaurer, denn sie kombiniert als Summe die Zweiheit mit der Dreiheit, d.h. die erste gerade mit der ersten ungeraden Zahl. Der fünfzackige Stern gilt so als Dämonen bannendes Zeichen. Er besteht aus drei sich durchdringenden Dreiecken und seine fünf Spitzen weisen auf die fünf Säulenordnungen der Architektur hin.[82]

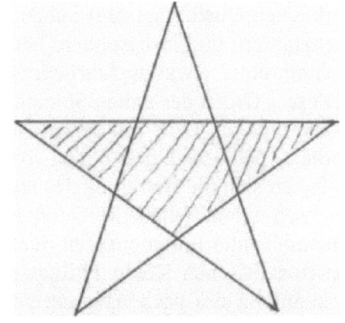

Auch liegt dem Pentagramm die menschliche Gestalt mit vier Gliedmaßen und einem Haupt zugrunde. Zudem haben unsere Hände und Füße jeweils fünf Finger resp. Zehen.

- Das <u>Hexagramm</u>, das sich aus einem liegenden und einem auf der Spitze stehenden Dreieck zusammensetzt. Die drei Spitzen des Dreiecks wurden als Symbol für *Weisheit, Toleranz und Wohlwollen* betrachtet. Das *liegende Dreieck* symbolisiert die *königliche Macht* mit ihrer *Basis auf der Erde*. Es ist gleichzeitig das männliche Prinzip. Hingegen hat das *auf der Spitze stehende Dreieck seine Basis im Himmel* und symbolisiert so das *priesterliche* und auch das *weibliche Prinzip*. Fügt man nun die beiden Dreiecke zusammen, so erhält man das *Hexagramm,* den „leuchtenden Stern von Davids Geschlecht". Dieser „Davidstern" taucht jedoch in keinem alten hebräischen Buch auf! Erst als im 18. Jahrhundert mit dem Bau architektonisch bedeutender Synagogen begonnen wurde, strebten die Erbauer ein Symbol an, das mit den christlichen Kirchen und den moslemischen Moscheen korrespondieren konnte. Erst in dieser Zeit also wurde das Hexagramm ein heiliges Symbol – gleich wie es das Kreuz und der Halbmond für die beiden anderen monotheistischen „Religionen des Buches" schon seit langer Zeit waren.
- Entfernt man nun die beiden waagrechten Linien des „Davidsterns", so bleiben zwei Winkel übrig, aus denen sich leicht <u>Winkelmaß und Zirkel</u> – die Hauptsymbole der Freimaurer – bilden lassen!
- In dem Hexagramm befindet sich das „<u>Tripple-Tao</u>", das folgendermaßen interpretiert wird:
  a) <u>T</u>emplum Hierosolyma (Tempel von Jerusalem)
  b) Clavis ad <u>T</u>hesaurum (Schlüssel zum Schatz)
  c) <u>T</u>heca ubi res pretiosa deponitur (Behälter, in den die wertvolle Sache gelegt ist).
- <u>Sonne, Mond und die Sterne</u> repräsentieren naheliegenderweise Tag und Nacht und in ihrer zyklischen Bewegung die ewige Wiederkehr des Gleichen. So werden sie zu einem Reinkarnationssymbol! Sie *geben dem Maurer das Licht, das ihm auch in tiefster Finsternis seinen Weg erhellt* und gelten als Zeichen für Gottes Macht, Ewigkeit, Allgegenwart und Güte.

---

[82] Vgl. S. 54 f. und 63 – Scamozzi und Perrault: Beispiel für „geistiges Eigentum"?

- Die ganze Darstellung wird überstrahlt von dem allsehenden <u>göttlichen Auge</u>, das oft auch inmitten eines Dreiecks oder über einer Pyramide dargestellt wird. Es ist Sinnbild für das göttliche Element, für den *großen Baumeister aller Welten.*
- Der Buchstabe „<u>G</u>" im Zentrum des Pentagrammes lässt viele Deutungsmöglichkeiten zu. Er steht bei uns für Gott, Geburt, Geometrie, Gesetz und Geheimnis.

Die offensichtliche Tatsache, dass sich die Freimaurerei auch aus anderen als den handwerklichen Quellen genährt haben muss, legt nahe, dass ihre geistigen Wurzeln bei den Kreuzfahrern und insbesondere bei den *Templern* zu suchen sind. Daher wollen wir uns auch mit ihnen etwas ausführlicher beschäftigen:

Dieser „Orden der armen Soldaten Christi und des Tempels Salomos", kurz „Templer" genannt, wurde 1118 von dem französischen Adligen Hugo de Payen gegründet, der von André de Montbard, dem Onkel von Bernhard von Clairvaux, begleitet wurde. Die Templer hatten sich die Befreiung des Heiligen Grabes in Jerusalem zum Ziel gesetzt, und hatten rasch unermessliche Reichtümer angehäuft.[83] Gerüchte waren im Umlauf, wonach sie geheimnisvolle Initiationsriten durchführten. Besonders der Reichtum des Ordens reizte den französischen König Philipp den Schönen dazu, den Orden mit der erzwungenen Zustimmung des nach Avignon verbannten Papstes am Freitag, den 13. Oktober 1307 („vendredi treize"!) also vor genau 700 Jahren zu zerschlagen und dessen Besitztümer zu konfiszieren. Der Großmeister des Ordens, Jacques de Molay, wurde gekreuzigt und danach in Paris auf dem Scheiterhaufen verbrannt.[84]

Sonnenuhr aus Woodhouselee, Schottland

Es ist nun sehr unwahrscheinlich, dass der Orden einfach ausstarb. Vielmehr lässt sich erkennen, dass nach dem Vernichtungsschlag von Philipp dem Schönen einige Templer nach Schottland flohen, wohin die Macht des Papstes nicht mehr reichte.

Ein Hinweis, wenn auch kein Beweis hierfür ist, dass zu Beginn des 18. Jahrhunderts plötzlich in Schottland *Sonnenuhren* auftauchen, obwohl Schottland nicht gerade für seine klaren Himmel bekannt ist. Diese Sonnenuhren stehen auf *spiralförmig gewundenen Säulen*, was an den von Freimaurern geschätzten salomonischen Tempel erinnert (vgl. S. 59 f.). Die Sonnenuhren verweisen auch auf die Beziehung der Freimaurer zu den Himmelskörpern Sonne, Mond und Sterne und lassen deren Interesse an Astronomie und Mathematik erkennen. Weiterhin überrascht, dass der Aufsatz dieser Sonnenuhren gelegentlich an die platonischen Körper erinnert. Als Beispiel erwähnen wir die vielflächige Sonnenuhr von Haddington mit gewundenem Sockel, deren Aufsatz die Form des Pentagondodekaeders zugrunde liegt.

---

[83] Vgl. den wichtigen Artikel von Fabian Schmidt-Ahmad in „Junge Freiheit" vom 12.10.2007, S. 15 über „Das Ende der Armen Soldaten Christi".

[84] Ausführliche Beschreibung bei Knight/Lomas, Unter den Tempeln Jerusalems, Rottenburg 2007, S. 326 f.

72

Sonnenuhr in der Form eines
Pentagondodekaeders

Stich von D. Lambert, 1789

Den Pentagondodekaeder finden wir wieder auf einem Stich von D. Lambert im Vordergrund, auf dem die Gründung des „Royal Order of the Free Masons in Palestine" dargestellt ist:

Der Pentagondodekaeder ist einer der fünf Platonischen Körper, die durch drei einfache Kriterien bestimmt werden, welcher bereits Euklid in knappster Form im 13. Buch seiner „Elemente" aufführt:

1. Sie sind sogenannte „konvexe" Polyeder, d.h. ihre räumlichen Ecken zeigen sämtlich „nach außen".
2. In jeder Ecke eines Polyeders treffen jeweils gleich viele Seitenflächen bzw. Kanten zusammen.
3. Ihr seitlichen Begrenzungsflächen sind regelmäßige Vielecke die bei jedem Polyeder von gleicher Form sein müssen.

Aus diesen Kriterien lässt sich ableiten, dass es genau fünf Typen der „Platonischen Körper" geben kann – und nicht mehr.[85]

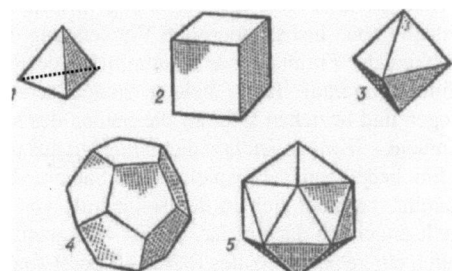

Die fünf Plantonischen Körper:
1. Tetraeder, 2. Würfel, 3. Oktaeder,
4. Pentagondodekaeder, 5. Ikosaeder

---

[85] Peter Werth, De Divina Proportione, Festschrift für Prof. J.A. Schmoll gen. Eisenwerth, S. 5

Es gibt jedoch noch einen anderen überzeugenden Beweis für die Beziehung der Freimaurer zu Schottland, wo sich der Orden der Templer neu konsolidiert hat. Wir finden ihn in der *Kapelle von Rosslyn in Schottland.* Sie wurde im 15. Jahrhundert von William de Saint Clair erbaut und befindet sich noch heute im Besitz dieser Familie. Sie ist mit templerischen, freimaurerischen und keltischen Bildern bedeckt, trägt aber keine christlichen Darstellungen.

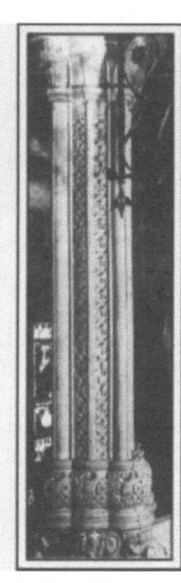

Ansicht der beiden Säulen Jachin und Boaz in Rosslyn

Es wird nun vermutet, dass die Templer im Heiligen Land nicht nur die Wege der Pilger schützten, sondern auch in den Ruinen des salomonischen Tempels Ausgrabungen durchführten und dabei schon auf die achthundert Schriftrollen von Qumran stießen, die erst zwischen 1951 und 1956 durch das jordanische Ministerium für Altertümer in Zusammenarbeit mit der Ecole Archaeologique Française wiederentdeckt wurden.[86]

Diese Schriftrollen wurden etwa 90 n. Chr. von den Essenern (einer besonders strengen jüdischen Sekte) verfasst und vermitteln ein völlig anders Bild von Jesus, als es der kirchlichen Überlieferung entspricht. Daher verlangte der Papst die Geheimhaltung der Schriftrollen und setzte dies zunächst auch durch. Erst seit 1991 besteht öffentlicher Zugang zu denselben. Dort wird insbesondere die Auferstehung Jesu negiert, während das offizielle Christentum hierin eine zentrale Tatsache sieht. Letzteres geht bekanntlich davon aus, dass der Schöpfer des Universums vor nun 2007 Jahren beschloss, seinen „eingeborenen Sohn" als sterblichen Juden auf die Erde zu schicken und es tolerierte, dass dieser Sohn auf besonders grausame Weise starb, obwohl er doch schon Abraham das Sohnesopfer verboten hatte.[87]

Belegen lässt sich die Beziehung zwischen Templern und Freimaurern m.W. nicht, jedoch geben insbesondere die Verwendung der beiden *Säulen Jachin und Boas,* die im Denken der Freimaurer eine dominierende Rolle spielen, einen nicht zu übersehenden Hinweis hierauf. Diese beiden Säulen schmücken den Eingangsbereich der meisten Logen und beziehen sich auf die Säulen des salomonischen Tempels. Sie drücken – vereinfacht – *Wohlwollen und Gerechtigkeit* aus und damit die Grundpfeiler der Humanität.

Ein bedeutendes Beispiel dieser Säulen, das wohl aus dem späten 12. Jahrhundert stammt, befindet sich in der Kathedrale von Würzburg. Die auf dem Bild linke Säule stellt angeblich Jachin dar. Sie ist zweigeteilt und repräsentiert so Leib und Seele, die durch ein geheimnisvolles Band verknüpft sind. Die rechts stehende Boas-Säule hingegen

---

[86] Vgl. für das Folgende: Knight und Lomas, l.c., S. 226 – 269
[87] Vgl. 1 Mos. 22, 1 – 13

repräsentiert in ihrer dreifachen Unterteilung die Dreieinigkeit. Die seltsam verschlungenen Formen der Säulen erinnern an die Gottheit, die ohne Anfang und ohne Ende ist.[88]

Diese Säulen nun haben ägyptische Wurzeln, denn schon im Alten Ägypten waren sie (ebenso wie bei den Griechen die Säulen des Herkules, vgl. S. 58) als geistige Säulen im Bewusstsein der Menschen vorhanden und symbolisierten das südlich gelegene „Obere" und das nördliche „Untere Reich". Verbunden wurden sie durch einen waagrechten himmlischen Türsturz in Gestalt der Himmelsgöttin Nut. Dieses geistige Bild brachte zum Ausdruck, dass die Sicherheit des gesamten Staates von der Zusammenarbeit beider Königreiche abhing.

Jachin- und Boas-Säulen in Würzburg

Dieses Konzept der Stärke durch Vereinigung (zweier Säulen) ist noch immer das zentrale Thema des freimaurerischen Rituals und es ist hier vielleicht der Ort, die vielfältigen Bedeutungen aufzulisten, die (wie das chinesische Yin und Yang!) stets sich ergänzende Gegensätze darstellen:

<u>Nut – Shalom</u>

<u>Jachin</u>	<u>Boas</u>
Mond	Sonne
Weisheit	Stärke
Priester	König
Die Kirche	Der Staat
Geistliche Macht	Weltliche Macht
Würde	Schönheit
Weiblich	Männlich

---

[88] Vgl. Curl, l.c., S. 31

Um die *Verbindung zwischen Ägypten und den Israeliten* zu verstehen, muss man sich mit der Person des Moses befassen, dem Begründer der jüdischen Nation, der als Adoptivsohn der ägyptischen Königsfamilie in die priesterlichen Geheimnisse der Ägypter eingeweiht worden war. Seine Volksgenossen hatten sicherlich von den Ägyptern die Kunst gelernt, Steine zu behauen. So ist Ägypten als die Quelle der israelischen Weisheit und handwerklicher Geschicklichkeit zu betrachten!

Moses führte während der Regierungszeit von Ramses II. um 1250 v. Chr. „sein Volk" aus Ägypten. Sein Nachfolger Abimelech, der erste König der Juden, gründete in Ophrah einen befestigten Tempel mit zwei heiligen Säulen am Eingang, dessen Fundamente von Archäologen ausgegraben wurden.[89]

Um das Jahr 1000 v. Chr. wurde David König von Israel. Er vereinigte die beiden Königreiche Juda und Israel – das eine im Norden, das andere im Süden gelegen, was eine verblüffende Parallele zur ägyptischen Situation ergibt. Das zwischen beiden Ländern liegende *Jerusalem* wurde zur *Hauptstadt* gewählt. Unter seinem Sohn Salomo erreichte Israel Höhen, die es vorher und nachher nie wieder erlangte.

Salomos Baumeister Hiram errichtete auf einem Berggipfel Jerusalems den berühmten *Tempel,* dessen Tor nach Osten zur aufgehenden Sonne wies und dessen beide Säulen – eine im Süden, die andere im Norden – *Harmonie* und *Gleichgewicht* des vereinten Königreiches verkörperten – eine Rekonstruktion des ägyptischen Konzeptes der politischen Stabilität durch Einheit.

Kapitelsaal der Freimaurer in Edinburgh, 78 Queen Street

Die beiden Säulen erhielten damals die Namen *Jachin* – benannt nach dem Hohe*priester,* der den Tempel weihte, und *Boas* – benannt nach dem *königlichen* Urgroßvater Davids.[90] Die Verbindung beider Pole erfolgt durch das *Shalom,* was als „Friede, Glück, Wohlstand, Sieg, Wohlbefinden und Einheit" interpretiert wird. Natürlich werden wir hier an die ägyptische Göttin Nut erinnert, welche die beiden ägyptischen Säulen verband – ja man kann sagen, dass das ganze Konzept von den Ägyptern entlehnt war, was darauf hinweist, dass die Struktur der israelitischen Monarchie und Theologie ihre ägyptischen Ursprünge sehr wohl kannte. Genau diese Säulen finden wir nun in den Logen der Freimaurer wieder – sogar mit den gleichen Namen!

Betrachen wir nun exemplarisch für die *Architektur der Freimaurer* den Kapitelsaal, der für das „Supreme Grand Arch Chapter of

---

[89] Vgl. Knight & Lomas, Unter den Tempeln Jerusalems, deutsche Ausgabe 2007, S. 186
[90] Vgl. 1. Kön. 7,13-31, wo es von Hiram heißt: „Und machte zwo eherne Säulen, eine jegliche 18 Ellen hoch ...", und S. 75

Scottland" durch den Architekten Peter Henderson 1901 in Edinburgh errichtet wurde. Der Eindruck des verschwenderisch ausgestatteten Innenraumes („schüchterne Zurückhaltung war offensichtlich nicht das Anliegen der schottischen Freimaurer"[91]) wird ganz wesentlich durch bemalte Säulen im ägyptischen Stil bestimmt, doch werden die ägyptischen Motive auch bei der Wand- und Deckendekoration fortgesetzt. Die beiden Türen rechts und links von der zentralen Nische gemahnen durch ihre Inschriften WISDOM und STRENGTH an die zentralen Tugenden der Freimaurerei, die gewöhnlich durch die beiden Säulen Jachin und Boas symbolisiert werden. Von der Deck hängen zwei Pentagramme und ein Hexagramm, deren Bedeutung schon erläutert wurde. Auf dem Altar finden wir unter einer geheimnisvollen Inschrift das „Tripple Tao" (vgl. S. 71).

In England publizierte der Freimaurer *Batty Langley* (1696 – 1751) ein Buch mit dem Titel *The Builders Jewel,*[92] in dem er die Gotik den Kriterien der klassischen Säulenordnungen unterwirft und behauptet, die gotische Architektur übertreffe die klassisch-griechische. Das Buch zeugt trotz seinem etwas wahllosen Stil-Eklektizismus von der neuen Wertschätzung der Gotik. Sie sei zugleich ein nationaler Stil und eine Verbesserung der Antike! Dies ist ganz untypisch für die Zeit, denn im 18. Jahrhundert wurde die Gotik noch allgemein als der Stil der Barbaren betrachtet (vgl. S. 51). Doch durch sein Buch schuf Langley die Grundlage für neue Wege. Insbesondere empfahl er eine von ihm so benannte *Freimaurerische Säulenordnung,* in der er die Trias von *Weisheit, Stärke* und *Schönheit* in der Form von Sonne, Mond und Mensch auf einer Säule darstellt.

Batty Langley, The Builders Jewel (1741).
Freimaurerische Säulenordnung (Weisheit, Stärke, Schönheit)

---

[91] Curl, l.c., S. 223
[92] Batty Langley, The Builders Jewel, London 1741

Das Gedankengut der Freimaurer durchzieht wohl alle Gebiete des Lebens. Nur zwei davon wollen wir kurz streifen: Den Garten und den Friedhof, da bei beiden die Säule in verschiedenster Form eine nicht zu übersehende Rolle spielt.

Gemäß dem komplexen System des freimaurerischen Glaubens durchwandert die unsterbliche menschliche Seele verschiedene sterbliche Körper. Diese *Seelenwanderung* spiegeln *Gärten*, in denen die Natur durch den menschlichen Geist verwandelt, geformt und verstanden wird. Die Gärten können sowohl die Form labyrinthisch-verworrener Irrgärten als auch diejenige wohlgeordneter Terrassen- und Beetanlagen annehmen (vgl. in diesem Zusammenhang unsere Ausstellung zum Thema „Labyrinth!) – stets findet der Betrachter in ihnen ein Abbild bestimmter Lebenswege und wird zudem durch das ständige Blühen und Welken – das Werden und Vergehen der Natur – an die verschiedenen Inkarnationen seiner Seele erinnert. Der Garten von Heidelberg, den Zeitgenossen gerne als das achte Weltwunder bezeichneten, ist schon ein Vorläufer in diesem Sinn – und die berühmten Gärten von Wörlitz, Giverny und Maupertuis, sowie der Parc de Monceau in Paris sind eindeutig durch freimaurerisches Gedankengut geprägt.[93]

Indem die Freimaurer *Friedhöfe* in Gärten anlegten, brachen die Freimaurer das Bestattungs-Monopol der Kirche, was natürlich zu Spannungen führte. Die kirchliche Bestattungspraxis bestand ja darin, dass die Gräber möglichst nahe der Kirche angelegt wurden. Freimaurer indessen legten Friedhöfe außerhalb der Stadtzentren in baumbestandenen Gärten oder Auen an, wie wir es beispielhaft an dem Friedhof Père Lachaise bei Paris und auch auf dem Prag- oder Waldfriedhof in Stuttgart beobachten können. Die zarten, philanthropischen Ideale der Freimaurer sollten die Bilder von Traurigkeit, Verzweiflung, Aberglaube und Höllenangst ersetzen, welche von den kirchlich organisierten Gräberfeldern ausgingen. In sofern war der Garten-Friedhof der Freimaurer antiklerikal und bot humanere und schönere Bilder als die oft auch räumlich beengten und überbelegten kirchlichen Friedhöfe. Wir erkennen dies beispielsweise an der Inschrift auf dem Stadtgottesacker von Dessau, den Friedrich Wilhelm von Erdmannsdorf für Prinz Friedrich Franz von Anhalt-Dessau – einem Freimaurer – anlegte.

Die Inschrift lautet:

Tod ist nicht Tod.
Ist nur Veredlung sterblicher Natur.

Dass Mozart Freimaurer war, wurde erwähnt. Freimaurerisches Gedankengut offenbart sich, wenn er seinem Vater, den er übrigens davon überzeugte, auch Freimaurer zu werden, schreibt, dass „der Tod ihm nicht mehr schrecklich erscheint, sondern eher sehr beruhigend und tröstend".[94]

---

[93] Vgl. Curl, l.c., S. 182 f. und S. 280 f.
[94] Mozart, Briefe und Aufzeichnungen, Kassel 1962, IV, 41

Entwurf eines Bühnenbildes für die „Zauberflöte" 2. Akt, 20. Szene von Simon Quaglio, 1818. Dieser seltsame Torbogen mit sitzender Kolossalfigur im Vordergrund gewährt den Durchblick auf zwei Säulen, die an runde Obelisken erinnern.

Gedenksäule, gezeichnet von Constant Bourgeois, gestochen von Gamble

Das Thema Garten und Friedhof zusammenfassend, wollen wir einen Kupferstich vom Garten des Duc *Jean Joseph de Laborde* in *Mereville* vorstellen. Im Mondlicht erscheint zentral eine von zwei Schiffen durchdrungene toskanische Säule auf einem hohen Sockel. Das Ganze wird verständlich, wenn man weiß, dass diese Säule an die beiden Söhne des Herzogs erinnert, die bei einer unglücklichen Schiffs-Expedition nach Lapeyrouse ums Leben kamen. Der Standort der Säule an einem Seeufer spielt auf das Meeresufer an, an welchem sich der tödliche Unfall ereignet hatte.

Die Trauerweiden und Pappeln, sowie die Einsamkeit des Ortes ergänzen die elegische Natur dieses seltsam-schönen Gedächtnisplatzes. Er ist in so anrührender Umgebung errichtet, dass der Tod seinen Schrecken verliert – wir denken dabei an Mozart's zitierte Bemerkung (S. 78.).

Zusammenfassend lässt sich sagen, dass der Stil der Freimaurer ein Amalgam vieler Dinge ist, doch er hat einen bestimmten Charakter, der ihn sofort als solchen erkennen lässt, wenn der Blick dafür geschult wurde. James Stevens Curl schreibt: *„Für eine kurze Zeit war die Freimaurerei das Herz all dessen, was aufgeklärt, rational, vorwärtsstrebend war und eine neue Gesellschaft versprach. Die Suche nach Weisheit, nach einem neuen Verständnis der Antike, der Wunsch, Aberglauben durch vernünftige Philosophie zu ersetzen, das Streben nach einer besseren menschlichen Gesellschaft, nach neuem Ausdruck in Architektur, Musik und allen anderen Künsten beherrschte die zweite Hälfte des 18. und die beiden ersten Dekaden des*

19. Jahrhunderts. Sie ist als die Essenz des Neoklassizismus zu bezeichnen; der Kern einer Bewegung, der die Welt verändert hat und die sie weiter verändert hätte, wenn nicht reaktionäres und retrogressives Denken, sowie Bigotterie das ersetzt hätte, was heute als genuiner Plan wahrer Erleuchtung erscheint. "[95] Man wird an den Beginn des Johannes-Evangeliums erinnert: „Et lux in tenebris lucet, sed tenebris eum non comprehenderunt" (Und das Licht scheint in die Finsternisse, und die Finsternisse haben's nicht begriffen – Joh. 1/5).[96]

* * *

Fahren wir nun nach diesem Exkurs über die Freimaurer in unserer chronologischen Darstellung über die Entwicklung und Bedeutung der Säule fort:

Ribart de Chamoust, „L'ordre François trouvé das la nature" (1783)

Ribart de Chamoust nahm die Anregung Blondels auf, eine neue Säulenordnung zu schaffen. Im Jahr 1776 legte er wiederum ein dem König gewidmetes Werk vor, das den Titel trägt: *L'ordre François trouvé dans la nature.* Er entwickelte diese neue Ordnung aus drei im Kreis gepflanzten Baumstämmen, die er per analogiam auf die Drei Grazien bezog und auch mit französisch-keltischen Gottheiten identifizieren wollte. Die Stämme wurden auf Firsthöhe abgesägt, um das Dach eines Rundtempels (Tholos) zu tragen.

Dabei wurden die dem Stamm entwachsenden kleinen Äste zu Girlanden transponiert, die den Säulenschaft umwinden. Die Wurzelansätze der Stämme mutierten zu Säulenbasen und aus den sich verzweigenden Hauptästen bildeten sich die Säulenkapitelle. Diese *französische Ordnung* sollte natürlich nur öffentlichen Gebäuden sowie Privatbauten von besonderer *grandeur* und *magnificence* vorbehalten bleiben und wurde schließlich sogar mit der göttlichen Weisheit gleichgesetzt – eine beachtliche Wandlung, bei welcher der umgebende Wald zu einem säulenumstandenen Prachtgebäude changierte.[97]

---

[95] Curl, l.c., S. 229

[96] Hinweis von Eberhard Winkler: „tenebris" ist ein Pluraletantum und wird folgendermaßen übersetzt: „Finsternis, Dunkelheit, Nacht, Blindheit, Todesnacht, Schlupfwinkel, Bordell, Verborgenheit, Niedrigkeit, Unklarheit, trübe Lage ..." nun – chacun à son goût!

[97] Ribart de Chamoust, L'ordre François trouvé dans la nature, présenté au roi, le 21. septembre 1776, Reprint 1967

Auch *André Félibien* (1619 – 1695) betont die typisch französischen Eigenschaften der *ordre et raison* (Ordnung und Vernunft). Sie fanden sich angeblich schon bei den ersten Menschen, die begannen, Häuser zu bauen – eine Aussage, die an Filarete erinnert (vgl. S. 47). Den *bon goût* (guten Geschmack) erhebt er zum höchsten theoretischen Begriff, denn er verschaffe den größten individuellen Genuss. Vom Architekten verlangt er vor allem, dass seine Werke der Forderung nach *solidité, commodité und beauté* entsprechen.[98] Er betont, dass Monumentalität nicht unbedingt Megalomanie sein muss, sondern auch Ausdruck der Erhabenheit der Natur sein kann, deren Größe sich in der Größe der Architektur spiegelt. Die Säulen – so erklärt er – sind nicht schmückender, sondern konstitutiver Bestandteil des Gebäudes. Daher müsse die Dichotomie von appliziertem Ornament und Baukörper überwunden werden. Man erkennt schon an der Begriffswahl, dass der Ausdruck *barock* auf das Frankreich des 17. und 18. Jahrhunderts nur schlecht angewendet werden kann. Eher passend ist es, diese Periode die klassische zu nennen, wie es in Frankreich auch üblich ist: *Epoque classique.*

Besonders freistehende Säulen müssen gepflegt und gewartet werden, weswegen man in ihrem Inneren gelegentlich eine Treppe einbaute. Wichtig ist dies vor allem bei einem *Leuchtturm,* den man wohl besser *Leuchtsäule* nennen sollte.

Sicherlich liegt bei der freistehenden Säule auch der Ausgangspunkt für eine höchst originelle Idee, die der Geisteshaltung des Ancien Régime (die Zeit vor der Großen Revolution) entsprach: Man errichtete in der Nähe des Forêt de Marly eine bewohnbare Riesen-Säule die jedoch als Hinweis auf die Hinfälligkeit alles Irdischen von vornherein als *Fragment* ausgebildet wurde (vgl. S. 105).

Genau diese Idee hatte um 1780 der Chevalier Racine de Monville oder sein Architekt *François Barbier*, der im Umkreis von Boullée und Ledoux arbeitete. Die „Säule" – d.h. ein Wohnhaus mit kreisförmigem Grundriss von 15 m Durchmesser – erhielt als Basis ein zweistöckiges Souterrain. Darüber steckte in dem Säulenstumpf ein mit Kegeldach gedecktes vierstöckiges Gebäude. Es bot, was ein geselliger Aristokrat zur Unterhaltung seiner Gäste benötigte: Neben den privaten Räumen Salons, Speisesaal, Billardraum und Spielkabinett, die alle über eine zentrale Wendeltreppe erschlossen wurden. In die Kanneluren des „Säulenschaftes" waren Fenster eingeschnitten. Der Abschluss nach oben war bewusst als Bruchkante ausgebildet, auf der Gebüsch und Unkräuter wachsen sollten. Dem Philosophen bot die uns heute so aktuell erscheinende <u>Verbindung von Natur und Kunst,</u> von <u>Verfall und Erinnerung,</u> Anlass zu *tausend anregenden Empfindungen und Gedanken,* wie es der Comte de Volney formulierte, der ein Traktat über *Die Ruinen* verfasste.

Als Beispiel eines Leuchtturms aus unserer Zeit, in dem man wohnen und feiern kann, sei derjenige der Nordseeinsel Pellworm erwähnt, der dort seit genau 100 Jahren steht. Der rote Turm mit weißem Band und einer schwarzen Laterne war einer der ersten, in dem *Leuchtturm-Hochzeiten* ausgerichtet wurden. Seit 1998 besiegelten mehr als 1.900 Hochzeitspaare aus 34 Nationen auf dem 42 m hohen Stahlkoloss den Bund fürs Leben.

---

[98] André Félibien, Des Principes de l'Architecture, de la Sculpture, de la Peinture, Paris 1676. Reprint 1966

François Barbier und François Racine de Monville:
Haus in Form einer zerstörten Säule, Désert de Retz, um 1780

Querschnitt und Grundriss dieses Gebäudes

Leuchtturm auf Pellworm

Von Louis Le Vau (1612 – 1670), François Blondel (1618 – 1686), Jules Hardouin Mansart, (1646 – 1708) und von Jacques-Angel Gabriel (1698 – 1782), den bedeutendsten französischen Barock-Architekten, sind uns keine spezifischen Äußerungen über das Thema Säule bekannt. Auch die großen Baumeister der italienischen Renaissance und des Barock – Michelangelo Buonarotti (1475 – 1564), Raphael (1483 – 1520), Pietro da Cortona (1596 – 1669), Gianlorenzo Bernini (1598 – 1670), und Francesco Borromini (1599 – 1667) haben sich nicht zusammenhängend über Säulen in der Architektur geäußert, sondern gemäß dem Grundsatz gelebt: *Bilde Künstler, rede nicht!* Dies gilt ja auch für andere Große vor und nach ihnen, sodass das Zitieren ihrer Namen in unserem Zu-

82

sammenhang nur als ein chronologisches Feigenblatt erscheinen muss, auf das wir dennoch nicht verzichten wollen.

Erwähnt seien von Berninis genialen Erfindungen immerhin die monumentalen Kolonnaden des Sankt Peter-Platzes in Rom und der riesige Baldachin (Ciborium) unter der Kuppel von Sankt-Peter mit gewundenen bronzenen Kolossalsäulen. *In ihrer Großartigkeit, Prachtentfaltung und Überschwenglichkeit sind sie ein Symbol der Epoche. Mit dem Motiv der gewundenen Säulen, wie sich schon in der Konstantinsbasilika und nach der Überlieferung auch im Tempel von Jerusalem verwendet worden waren (dort auch Salomonica genannt) feierte Bernini die stete Dauer der Kirche und ihren Triumph über die Reformation.*[99]

Versailles, Kapelle von
J. Hardouin Mansart, 1688 – 1710

Da es aber unserer Absicht entspricht, möglichst nahe am Zeitgeist zu bleiben, der sich in zeitgenössischen schriftlichen Äußerungen manifestiert, müssen wir uns im wesentlichen auf Architektur-Traktate der verschiedenen Epochen beschränken. So sei für das italienische Barock nur der großartige Kupferstecher *Giovanni Battista Piranesi* (1720 – 1778) genannt, der 1761 in seinem Werk *Della Magnificenza* eine Sammlung römisch-ionischer Kapitelle vorlegte.

Piranesi, Veduta dell' insigne Basilica Vaticana
colli ampio Portico, e Piazza adjacente

---

[99] R. Wittkower, Kunst und Architektur in Italien, 1965 – vgl. S. 60

Als visionärer Entwerfer von Architekturphantasien, Capricii und Romveduten, in denen es von Säulenhallen, Carceri-Prospekten und einem reichen Instrumentarium klassischer Romspolien nur so wimmelt, hatte Piranesi einen erheblichen Einfluss auf das vor- und nachrevolutionäre Europa. Die überbordende Ruinenwelt dieses Meisters mag für manchen Teilnehmer an unserer Ausstellung als Anregung dienen.

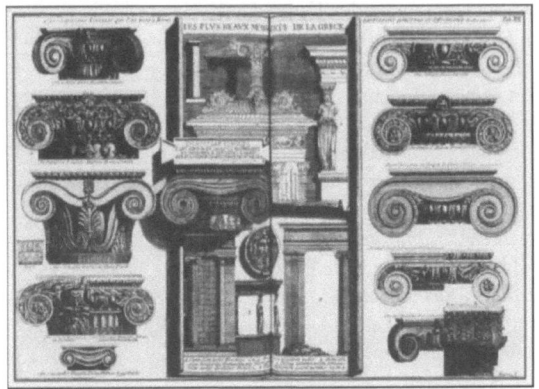

Giovanni Battista Piranesi, Della Magnificenza (1761).
Römisch-ionische Kapitelle

Piranesi, Titelblatt zu Antichita d'Alvano e di Castel Gandolfo, Rom, 1764

Zum Thema Ruinenlandschaft gehört auch das von anderen Vedutisten gesehene Motiv der geborstenen Säule, wie es z.b. durch die gestaffelt liegenden Säulentrommeln der von Erdbeben zerstörten Tempel in Selinunt oder Olympia überliefert ist.

Bis ins 20. Jahrhundert wirkte die Faszination und Vielschichtigkeit des Künstlers und Schriftstellers Piranesi fort. Eine der überzeugensten und poetischsten Adaptionen seiner Carceri ist wohl eine *Hommage à Piranèse* betitelte Tuschezeichnung von *Nicolas de Staël* aus dem Jahr 1947, die sich im Musée des Beaux-Arts in Dijon befindet.

Nicolas de Stael, Hommage à Piranesi

Auch von den deutschen Architekten der Barockzeit sind nur wenige schriftliche Dokumente bekannt. Auf Fischer von Erlach wurde oben im Zusammenhang mit der Karlskirche schon eingegangen, doch theoretische Schriften oder gar spezifische Äußerungen über die Säule und ihre Bedeutung gibt es von ihm ebenso wenig wie von Jacob Prandtauer (1660 – 1726), Johann Lucas von Hildebrandt (1668 – 1745), Cosmas Damian Asam (1686 – 1739) Balthasar Neumann (1687 – 1753), oder von Ignatz Dientzenhofer (1689 – 1751).

Immerhin wollen wir ein Werk von *Christian Ludwig Stieglitz* (1756 – 1863) vorstellen, das den Titel „Die Baukunst der Alten" trägt und auf seinem Frontispiz die fünf Säulenordnungen in klassischer Landschaft vorstellt.

Christian Ludwig Stieglitz, „Plans et dessins", 1800, Frontispitz

Ebenso liegen die Verhältnisse in *England,* wo in der Barockzeit der bedeutende *Christopher Wren* (1632 – 1723) arbeitete.

London, St. Pauls Cathedral, 1675 – 1710 von Wren

Es ist bis um die Mitte des 18. Jahrhunderts nicht zu einer systematischen Erfassung der in antiker Zeit errichteten Kulturdenkmale gekommen, obwohl sich die Architekturtheorie seit der Renaissance vor allem auf die Antike bezog. Erst die private englische *Society of Dilettanti,* eine Vereinigung aristokratischer junger Engländer, organisierte eine Forschungsreise nach Griechenland. Von ihr sagte zwar Horace Walpole noch 1743, die Aufgabe der Gesellschaft sei *the nominal qualification of having been in Italy, and the real one, having been drunk,* doch organisierten sie eine Forschungsreise, aus der vier Publikationen in Folio-Format hervorgingen. In ihnen wurden 1797 die kulturellen Zentren der Antike in der Form von exakten Plänen, Aufmaßen und Detailzeichnungen der Ornamente dokumentiert mit der Absicht, *to promote Taste and to do Honour to the Society.* Ein wichtiges Ergebnis dieser Prachtausgabe war der Beweis, dass die Säulenordnungen in antiker Zeit auf wesentlich freiere Weise verwendet wurden, als es die vielen Architektur-Traktate glauben machen wollten.

Das Neunzehnte Jahrhundert

Die Architektur des 19. Jahrhunderts ist zu guten Teilen durch den sogenannten Historismus geprägt, was bedeutet, dass man sich in der architektonischen Formensprache an vergangenen Epochen – besonders der griechischen und der gotischen – orientierte und grundsätzlich neue Ideen gar nicht entwickeln wollte, wenn auch überraschende und überzeugende Lösungen im Detail gefunden wurden.

In Deutschland gab der Kunstgelehrte *Johann Joachim Winckelmann* (1717 – 1768) mit seinem schon 1764 publizierten Werk: *Geschichte der Kunst des Altertums* den Ton an. Es ist in klarer und von der Begeisterung für den Gegenstand getragenen Sprache verfasst und fand rasch große Verbreitung. Auch Goethe hat sich in seinem Aufsatz *Winckelmann und sein Jahrhundert*[100] mit ihm befasst. Wichtig für unseren Zusammenhang ist folgende programmatische Äußerung Winckelmanns: *Der einzige Weg für uns groß, ja, wenn es möglich ist, unnachahmlich zu werden, ist die Nachahmung der Alten.*

Die bedeutendste und umfassendste Persönlichkeit der klassizistischen Baukunst im Deutschland des 19. Jahrhunderts ist *Karl Friedrich Schinkel* (1781 – 1841), der beispielsweise in Berlin die *Alte Nationalgalerie* mit gewaltiger Säulenfront entwarf.

Schinkel, Alte Nationalgalerie in Berlin

Angeregt durch Fichtes Vorlesungen, betrachtete er die Architektur zuvörderst als Träger von Ideen. Von einer primär an Rendite-Gesichtspunkten ausgerichteten Architektur, wie sie heute üblich ist, war er somit wahrhaftig noch weit entfernt. Seine auf das Natürliche gerichtete Religiosität gipfelt in dem Satz: *Die Architectur ist die Fortsetzung der Natur in ihrer constructiven Thätigkeit*[101] (vgl. S. 102). In seinem Lehrbuch gelangt er zu einer interessanten Gegenüberstellung von Antike und Gotik: *Die Antike wirkt mit ihrer größeren Kunstfertigkeit im Materiellen, das Gotische durch den Geist. Alles in ihr geht aus der einen Idee hervor und deßhalb hat es den Character der Nothwendigkeit, des Ernstes,*

[100] Goethe, Großherzog Wilhelm-Ernst-Ausgabe, Leipzig 1910, Bd. 9, S. 651 – 699
[101] Schinkel, Das architektonische Lehrbuch, ed. Peschken, S. 18

der Würde und Erhebung.[102] Schließlich gelangt er zu dem schlichten Ergebnis: *Griechisch bauen ist recht bauen und aus diesem Grund sind die besten Erscheinungen des Mittelalters griechisch zu nennen.*[103]

Auch der vielgereiste *Leo von Klenze* (1784 –1864) ist ein typischer Vertreter des Historismus. Er meinte: *Es ist kein Grund mehr vorhanden, die griechische Architektur nicht als Architektur aller Zeiten und Länder anzuerkennen, denn Statik, Material und Konstruktion harmonieren in vollkommener Weise.* Klenze wurde vor allem berühmt als der Baumeister des bayerischen Königs Ludwig I. und errichtete für ihn in München die Glyptothek, die Ältere Pinakothek und besonders die Propyläen als Eingangstor zur Stadt, bei der sich die griechische Tempelfront mit rahmenden ägyptisierenden Pylonen verbindet.

Ansicht der Propyläen in München von Westen Leo von Klenze, 1848

Friedrich Gärtner (1792 – 1847) gehört als Klassizist ebenso wie Klenze zu den bedeutenden deutschen Vertretern des Historismus. Von ihm stammen die kühlen und ebenmäßigen Bauten, die der Ludwigstraße in München ihr Gesicht geben: Die Ludwigskirche, die Staatsbibliothek, die Feldherrnhalle (eine Nachahmung der Loggia die Lanzi in Florenz) und das Siegestor (eine Nachahmung des Konstantinsbogens von Rom). Schriftliche Äußerungen zu unserem Thema sind mir nicht bekannt.

Schließlich soll nicht unerwähnt bleiben, dass im Jahr 1855 der Drucker *Ernst Litfaß* für den Berliner Zirkusdirektor Renz eine Anschlagsäule schuf, die uns allen als *Litfaßsäule* bekannt ist. Sie fand rasch ungeahnte Verbreitung.

Repräsentativ für die Architekturentwicklung in *Frankreich* im 19. Jahrhundert sind in unserem Zusammenhang vor allem zwei Persönlichkeiten: Durand und Viollet-le-Duc.

Jean-Nicolas-Louis Durand (1760 – 1834) ging aus der *Academie Royale d'Architecture* hervor und unterrichtete später an der *Ecole Polytechnique* in Paris. Seine Vorlesungen hat er unter dem Titel *Précis des leçons d'architecture* zusammengefasst, das zum folgenreichsten Architektur-Traktat in der ersten Hälfte des 19. Jahrhunderts in Frank-

---

[102] dto., S. 36
[103] Vgl. S. 92 f.

reich wurde. Die fünf herkömmlichen Säulenordnungen bleiben zwar formal bestehen, werden jedoch ihrer proportionalen Grundlagen beraubt, indem er ihre Herleitung aus den Proportionen des menschlichen Körpers bestreitet und konsequenterweise beliebige Proportionen zulässt. Das oberste Prinzip der Architektur sind für Durand die richtige und wirtschaftliche Anordnung *(disposition)* der Architekturglieder. Ist sie erreicht, so stellen sich die ästhetischen Kriterien wie Größe, Pracht, Variation und Charakter von selbst ein. Architektonische Dekoration ist für ihn überflüssig – eine etwas abstrakte Auffassung, die jedoch schon den Hinweis auf die Verwerflichkeit des Ornaments enthält, welche in der späteren Entwicklung der Architektur-Theorie eine große Rolle spielen wird.[104]

Eugène Emmanuel Viollet-Le-Duc (1814 – 1871) ist als *der letzte große Theoretiker in der Welt der Architektur* bezeichnet worden.[105] Er verfasste in den Jahren 1854 – 1868 sein *Dictionnaire raisonné de l'architecture française du IX. au XVI. siècle* und wurde durch seine Rekonstruktionen mittelalterlichen Gebäuden, sowie durch seine Theorie der Restaurierung zum bekanntesten Denkmal-Architekten seiner Zeit.

Die Säule definiert er unter dem Stichwort *colonne* in einem fünfseitigen Artikel folgendermaßen: *Cylindre de pierre posé sur une base ou un socle, recevant un chapiteau à son sommet, employé dans la construction comme point d'appui pour porter une plate-bande ou un arc.* (plate-bande = Architrav = das auf den Säulen waagrecht aufliegende und den Oberbau tragende Gebälk).

Weiter führt er aus, dass die mittelalterlichen Architekten die *Säule nicht neu zu erfinden brauchten.* Besonders in den südeuropäischen Ländern fanden sich ja noch viele Überreste antiker Säulenbauten, die freilich häufig von den Baumeistern der romanischen Epoche, welche *noch nicht von des Gedankens Blässe angekränkelt* waren, ganz selbstverständlich als Baumaterial wiederverwendet wurden.

Viollet-Le-Duc beschreibt auch anhand von Beispielen den langen Weg, den die Baumeister des Mittelalters zurücklegen mussten, um selbst in der Lage zu sein, nicht nur Säulen aus vielen Steinen aufzumauern, sondern auch große monolithische Steinsäulen auf einer Art Drehbank zu drehen. Dass diese Fertigungsmethode angewandt wurde, erkennt man daran, dass sich noch feine waagrecht verlaufende Riefelungen an den stehenden Säulen befinden. Kannelierte Säulenschäfte gab es in der mittelalterlichen Baukunst jedoch nicht. Schließlich erwähnt Viollet-Le-Duc auch die *colonette*, eine fein verzierte kleine Säule und beschreibt, wie und

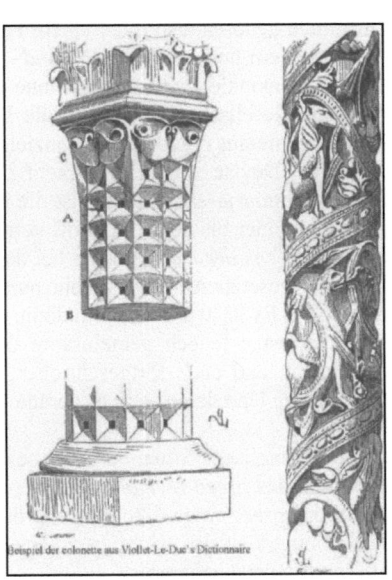

Beispiel der „colonette aus Violett-le Duc's Dictionnaire

---

[104] Vgl. S. 93
[105] John Summerson, Viollet-le-Duc, New York 1963, S. 135

wo diese schon in der Antike verwendete Gestaltungsart bei mittelalterlichen Bauten (z.B. in Puy-en Vélay und am Königsportal von Chartres) wieder aufgenommen wurde.

Wesentlich ist, dass Restaurierung für Viollet-Le-Duc nicht die Wiederherstellung realer Zustände bedeutet, sondern die Projektion gegenwartsbezogner Postulate in die Vergangenheit. *Ein Gebäude zu restaurieren, bedeutet nicht, es zu unterhalten oder zu reparieren; es bedeutet, es in einen vollständigen Zustand zu versetzen, der möglicherweise niemals existiert hat*, schreibt er.[106] Die Konsequenzen dieser Haltung sind bekannt. Besonders heftig war die Gegenbewegung in Deutschland, wo der Standpunkt vertreten wurde, dass man *konservieren, nicht restaurieren* solle (Dehio).

Von wichtigen Zeitgenossen Viollet-Le-Ducs, wie z.B. *Charles Garnier* (1825 – 1895), dem Erbauer der Pariser Oper (Palais Garnier) und von *Georges Haussmann* (1809 – 1891) sind mir keine speziellen Äußerungen zu unserem Thema bekannt. Erwähnen will ich jedoch noch den Zeitgenossen Viollet-Le-Ducs, *Henri Labrouste*, der 1861 – 1869 die prächtigen Gusseisensäulen mit Gewölberippen und -zwickeln des großen Lesesaals der alten Bibliothèque Nationale in der Rue Richelieu von Paris errichten ließ.

In *England* kommt *John Ruskin* (1819 – 1900) zu Schlussfolgerungen, die denjenigen von Viollet-Le-Duc diametral entgegengesetzt sind. Er erklärt: *Wir haben keinerlei Recht, die historischen Gebäude zu berühren. Sie gehören uns nicht an. Sie gehören teilweise denen, die sie errichteten und zum anderen Teil den Generationen, die uns folgen werden.* Denkmale gehören also nicht einem Besitzer sondern der ganzen Menschheit! Auch das klingt modern und ist *so far so good* – doch aus Ruskins Gedanken lässt sich schließen, dass es Denkmaleigentümer im Sinne des BGB eigentlich gar nicht gibt. Trotzdem verlangt die Gesellschaft von ihnen die Erhaltung der Monumente und lässt sie dabei mit ihren sich hieraus ergebenden finanziellen Sorgen oft sehr alleine!

Ruskins Devise war sehr einfach: *Unterhaltet eure Monumente und ihr braucht sie nicht zu restaurieren!*[107] Damit ist die äußerst wichtige Pflege der Monumente angesprochen, die leider bis heute allzu oft vernachlässigt wird, da sie unzumutbar erscheint. Der Streit, welches *der richtige Weg* bei der Pflege unseres kulturellen Erbes ist, hat sich bis heute fortgesetzt. Allerdings steht nun endgültig fest, dass es den einen richtigen Weg nicht gibt. Es ist wie in der Medizin: Jeder Fall bedarf seiner besonderen Behandlung. Dabei müssten jedoch gemeinsame theoretische Grundlagen erarbeitet und vor allem fortgedacht und auch fortgeschrieben, nicht nur als „Amtsmeinung" vertreten werden. (vgl. S. 15). Und daran fehlt es gerade in der Denkmalpflege leider sehr weitgehend – bis heute.

Für die englische Situation ist es bezeichnend, dass bis in die 1820er Jahre die Repräsentanten des *greec revival* und des *gothic revival* nahezu identisch waren. Der Durchbruch des *greec revival* kommt erst durch *Thomas Hope* (1769 – 1831), dessen Veröffentlichungen zu den wichtigsten Zeugnissen architektonischen Denkens zu Beginn des 19. Jahrhunderts gehören.

Sein Wohnhaus in London verwandelte er in ein privates Museum, in dem jeweils ein Raum eine Stil-Einheit bildete – also eine Realisation des Stil-Eklektizismus, der seiner Zeit durchaus entsprach. Seine *Picture Gallery* wird z.B. von vier dorischen Säulen nach

---

[106] Viollet-Le-Duc Dictionnaire, Bd. VIII, S. 14
[107] Ruskin, The Seven Lamps, Kap. VI, § 19 und § 20

dem Vorbild der Propyläen von Athen gestützt, während eine eingebaute Orgel in einer ionischen, dem Erechtheion entlehnten Gliederung den Anschein eines Friedhofes hervorrufen sollte.

Thomas Hope, Household Furniture, 1887

Gegen Ende des 19. Jahrhunderts bricht sich jedoch eine Bewegung Bahn, die den historischen Wurzeln der Architektur gegenüber grundsätzlich feindlich gestimmt ist. Es entsteht die zum Bauhaus führende *Arts-and-Crafts-Bewegung,* die durch Verbindung eines sozialistischen Engagements mit den Forderungen nach Integration von Kunst und Handwerk gekennzeichnet ist. Die Bewegung wird zunächst von England getragen, wo *William Morris* (1834 – 1896) als Praktiker, Designer, Illustrator und auch Vorstandsmitglied der sozialistischen Partei auftritt. Eine Synthese seines Denkens bildet sein utopischer Roman *News from nowhere* (1890) – eine Vision einer neuen Gesellschaft, die er im 21. Jahrhundert ansiedelt. Arbeit wird dort als Glück definiert (wie hellsichtig!). An die Stelle von Fabriken sind Werkstätten getreten, *banded workshops,* was in deutscher Übersetzung „vereinigte Werkstätten" heißt – eine Bezeichnung, die für die Benennung der 1898 gegründeten *Vereinigten Werkstätten* ausschlaggebend gewesen sein dürfte. Diese Gedanken werden grundlegend für *Die Moderne* und deren neuen Gestaltungsprinzipien, die alle Bauglieder betreffen – auch die Säule.

Geoffrey Scott (1884 – 1929) wirkt im Verhältnis zu Morris, obwohl er fünfzig Jahre jünger ist, recht konservativ. Die materialistische Auffassung, dass die gute Architektur Ausdruck mechanischer Gesetze und Form sichtbare Konstruktion sein soll, bekämpft er noch: Sie mag zwar für Hängebrücken, Bahnhöfe und Maschinen gelten, jedoch sicherlich nicht für die griechische oder mittelalterliche Architektur. Er schreibt: *Nun, wenn auch Maschinen schön sein mögen, wäre es doch eine Reduktion auf das Absurde, wenn man einräumen wollte, dass dies das einzige Prinzip ist und dass sie gar schöner als griechische und gotische Architektur seien.* Er warnt vor dem evolutionären Trugschluss, der darin liegt, dass man die Kunst nur unter dem Gesichtspunkt der Evolution betrachtet:

Brunelleschi war kein Bramante. Seine Architektur war nicht unvollendeter Bramante, sondern trug seine Vollendung in sich selbst. Man sieht auch an diesem Beispiel, dass die Dinge die Bedeutung haben, die man ihnen gibt.

Wichtig für die Entwicklung der Architektur um die Wende vom 19. zum 20. Jahrhundert werden besonders die *Vereinigten Staaten.* Dort unternahm *Thomas Jefferson* (1743 – 1826) den ersten konsequenten Versuch, architektonische Symbole für die junge amerikanische Demokratie zu schaffen. Seine Bestandsaufnahme sieht zunächst traurig aus: *Der Genius der Architektur scheint einen Fluch über dieses Land verhängt zu haben. Zwar werden von Einzelnen Gebäude mit erheblichen Kosten erstellt, die jedoch nicht teurer würden, wenn man ihnen Symmetrie und guten Geschmack verleihen würde. Es genügte, die Materialien, die Form und das Arrangement der Bauglieder zu ändern. Häufig wäre das sogar billiger als die Bürde barbarischer Ornamente, mit denen diese Gebäude manchmal beladen sind. Aber die Grundlagen der Kunst sind unbekannt und es gibt hier kaum irgendein Modell, das keusch genug wäre, um hiervon eine Vorstellung zu geben.*[108] Um dem Missstand abzuhelfen, schlägt er den Rekurs auf antike Vorbilder vor. So soll das Maison Carée in Nîmes als exakte Vorlage für das Kapitol in Virginia gelten – allerdings könne man anstelle korinthischer Säulen ionische verwenden, da sie *billiger herzustellen* seien. Auch die Bibliothek von Virginia sollte dem römischen Pantheon nachgebildet werden.

Der praktische Sinn der Amerikaner („it's only money, that counts") manifestiert sich auch beispielsweise in einer Äußerung *Asher Benjamins* (1773 – 1845), der meinte, *Americanness* zeige sich besonders darin, dass man die europäischen Vorbilder vereinfacht und verbilligt – vor allem bei der Anwendung der Säulenordnungen.

Asher Benjamin, The Practice of Architecture (1833). Neue Säulenordnung

Er hält es für durchaus überflüssig, bestimmten Säulenordnungen den Vorzug zu geben und schlägt insgesamt schlankere Proportionen für die Säulen vor. Für öffentliche Bauten solle man zwar an den kanonischen Proportionen festhalten, hingegen sei es sein Prinzip bei Privatbauten, das Gewicht der Säulen zu minimieren und hierdurch sowohl bei der Bearbeitung als auch beim Material *Kosten einzusparen.* Man sieht und wen wundert's: Material- und Kosteneinsparung sind die Hauptkriterien für seine Überlegungen – nicht mehr das Streben nach dem Schönen und Guten, nach der Kalokagathia. – In seiner 1833 veröffentlichten *Practice of Architecture* kommt er schließlich dazu, ein griechisch-dorisches Kapitell mit einer toskanischen Basis und einem ionischen Schaft zu kombinieren – ein Vorschlag, dessen Kosten zwischen der dorischen und der toskanischen Säulen-Ordnung

[108] Padover, The complete Jefferson, Freeport, NY, 1943, S. 671

zu liegen komme.[109] Sein Entwurf wirkt irgendwie kopflos. Man könnte auch – um es deutlicher zu formulieren – von schamlos verramschter Klassik sprechen.

Hiergegen wendet sich *John Root* (1850 – 1899), der zwei Generationen nach Benjamin betont, dass Dekoration keine Scheinfunktion einnehmen darf. Er schreibt: *Es ist das größte architektonische Verbrechen, eine große Säule in einem großen Gebäude für irgend etwas anderes zu verwenden als zum Tragen von Lasten.*[110] Die Formulierung „architektonisches Verbrechen" kommt wiederholt bei Root vor; dies mag ein Hinweis darauf sein, wo die Wurzeln des Denkens von Adolf Loos liegen.

Die Betonung des Praktisch-Funktionellen kommt nun bei *Louis H. Sullivan* (1856 – 1924) voll zum Tragen. Er betont in seiner weitgespannten Kunsttheorie die enge Beziehung zwischen Form und Funktion. *Form follows function* ist der weltweit berühmt gewordene Schlüsselsatz. Alle Formen des Lebens sind für ihn Ausdruck von Funktionen und jede Funktion schafft sich seiner Meinung nach ihre Form. So bildete sich der Begriff *Funktionalismus* – ein Schlüsselbegriff der Moderne – bei der neue Materialien wie Stahl, Glas, Beton und neue Technologien die Hauptfaktoren der Gestaltung sind (vgl. S. 177 – Centre Pompidou).

Ornament ist für Sullivan nur noch geistiger Luxus, nicht Notwendigkeit. Er begründet dies in seinem 1892 erschienenen Aufsatz *Ornament in Architecture*. Trotzdem empfahl 1897 gerade er eigenartigerweise die bewohnbare Säule, die wir schon aus der Zeit des Ancien Régime kennen, als Grundstruktur für ein Hochhaus (vgl. S. 81 f.). Dies zeigt, wie präsent das Bild der Säule am Ende des 19. Jahrhunderts noch war – so präsent, dass es jedem Architekten, auch wenn er dem Historismus abgeneigt war, umgehend in den Sinn kam. Auch Sullivan nutzte allerdings die Säule – jedoch, wie er betonte, nicht als Dekorationsform, sondern als Organisationsprinzip. Anders als gewisse Kritiker gelangte er zu ihr durch seinen Sinn für Schönheit, den er in der Säule erkannte und mit der *Herrlichkeit eines Naturgesetzes* verglich.[111]

Das Zwanzigste Jahrhundert

Die Idee der bewohnbaren Säule wurde auch von dem österreichischen Reformer *Adolf Loos* (1870 – 1933) aufgegriffen, der 1922 ein Bürohaus in der Form einer Säule für die *Chicago Tribune* empfahl. Die Zeitung wünschte sich für ihren Neubau schlicht *das schönste und würdigste Bürohaus der Welt*. Und Loos schlug eine gewaltige dorische Säule einschließlich der klassischen Schwellung des Schafts vor!

Dazu schrieb er: *Keine zeichnerische Darstellung ist imstande, die Wirkung dieser Säule zu schildern ... Es würde eine Überraschung, eine Sensation selbst in unserer modernen und blasierten Zeit geben.*[112] Ausgerechnet Loos, der durch sein Werk *Ornament und Verbrechen* berühmt wurde, der meinte, *das ornament wird nicht nur von verbrechern erzeugt, es begeht ein verbrechen dadurch, dass es den menschen schwer an der gesund-*

---

[109] Kruft, l.c., S. 399

[110] John W. Root, Architectural Ornamentation, zit. nach Kruft, S. 415

[111] Vgl. Wolfgang Pehnt, Die bewohnte Säule, Aufsätze zur Architektur unseres Jahrhunderts, S. 30

[112] Pehnt, l.c., S. 33

heit, am nationalvermögen und also an seiner kulturellen entwicklung schädigt[113], dieser Loos also schlägt eine Säule als Hochhausform vor! Er ahnte wohl, was ihm bevorstand, als er den Entwurf der Öffentlichkeit preisgab:

Was anderen Architekten ohne Bedenken gestattet sein würde, wird mir bei der kanonischen Strenge, durch welche ich mir einen Namen gemacht habe, den Vorwurf nicht ersparen, meinen Prinzipien untreu geworden zu sein.

Doch die *Schönheit des traditionellen Baugliedes, die Sensation, die es machen würde und die Assoziationen zur Zweckbestimmung des Bauwerks* waren für ihn bei der Wahl der Säule als Großform wohl ausschlaggebend. Vielleicht wollte er auch in seinem Entwurf den profanen Zweckbau mit der Baukunst versöhnen.

Ähnliche Gedanken mögen sich einstellen, wenn man den Entwurf für riesige Schornsteine in der Form von kannelierten Säulen über Fabrikgebäuden in einer Hafenanlage sieht: Die wichtigsten Entwicklungsschritte in der Wendezeit vom 19. zum 20. Jahrhundert vollzogen sich in den Vereinigten Staaten von Amerika und in Deutschland. Diese Länder wurden im Sinn der obigen Ausführungen zu „führenden Nationen" (vgl. S. 62). Auf der Grundlage des Historismus (der bedeutende Werke schuf, wie z.B. das Kapitol in Washington, dessen Name schon auf das antike Rom verweist, oder die Berliner Museums-Insel, wo Schinkel und Bode sich der Formensprache des Klassizismus bedienten) nutzte das neue *technische Zeitalter* zunächst das *historisch sanktionierte Formenrepertoire* – ein typisches Entwicklungsmerkmal, was an Randphänomenen wie den Erstwerken des Porzellans oder des Automobilbaus besonders gut zu beobachten ist: Böttgers erstes Porzellangeschirr war in Grundform und Dekor eng an die chinesischen Vorbilder angepasst und die ersten Auto-Mobile ähnelten Kutschen mit eingebautem Motor. Das neue Zeitalter hatte seine neue Formensprache also noch nicht gefunden.

Adolf Loos, Entwurfsstudien zu einem Bürohaus für die Chigago Tribune, 1922.
Graphische Sammlung Albertina, Wien.

Entwurf für eine Hafenanlage, von James Theodore Halliday (1882 – 1932) für die Gattersea-Power-Station, London

---

[113] Vgl. Kruft, l.c., S. 421

Ein gutes Beispiel hierfür ist die Hochdruckdampfmaschine mit schwingendem Zylinder, die heute im Deutschen Museum in München steht.

Sie wurde 1839 von der Maschinenbauanstalt Alban in Güstrow gebaut und trieb bis 1900 die Textilmaschinen einer Tuchfabrik in Plau, Mecklenburg. Die Grundidee war, dass bei einer langsam laufenden Maschine die Drehbewegung am besten über einen schwingenden Zylinder zu erreichen sei. Dampfmaschinen mit schwingendem Zylinder erlangten in der Praxis jedoch keine große Bedeutung. In unserem Zusammenhang ist es beachtenswert, dass der große stählerne Rahmen komplett den Dorischen Tempel mit seinem Metopen- und Triglyphenfries zitiert. Man sieht, wie präsent die antiken Bauformen im 19. Jahrhundert noch waren. (Hinweis von Eberhard Winkler).

Doch neue Wege wurden gesucht. Wegweisende Bedeutung erlangte in den USA *Frank Lloyd Wright* (1867 – 1959), der 1900 in Chicago einen Vortrag mit dem programmatischen Titel hielt: *The Art and Craft of*

Hochdruckmaschine mit schwingendem Zylinder und antikisierendem Gestell

the Machine. In der Maschine sieht Wright den Weg zu neuer Einfachheit. Ihr Wesen wird eigenartigerweise mit dem Prinzip des organischen Wachstums verglichen. Er fordert dazu auf, von der Maschine zu lernen. Die Vorstellung der Maschine wird für ihn zum Synonym für ein elementares Gesetz: *Und die Gewebestruktur dieses großen Dinges, dieses Vorläufers der Demokratie, der Maschine, ist – Partikel um Partikel – in blindem Gehorsam dem organischen Gesetz gegenüber niedergelegt worden, dem Gesetz, für das das große Solaruniversum auch nur eine gehorsame Maschine ist* (vgl. Scott, S. 91).

Unser Sonnensystem nur eine Maschine? Kein Lebewesen? (vgl. G.F. Kempter, Die Erde – ein lebendiges Wesen?, Centaurus-Verlag 2011). Und gehorsam wem? Den Naturgesetzen? Von wem stammen sie? Weiter: ist die gehorsame Maschine wirklich der Vorläufer der Demokratie? Man kann sich doch des Eindrucks nicht erwehren, dass es sich hier schlicht um ein Paradox handelt – um einen Glaubenssatz, der keinen Glauben zulässt, zudem und vor allem um geradezu naive Ideologie. Jedenfalls bedeutet es eine beachtliche Verengung des Blickfeldes und eine ebensolche Begriffsverwirrung, die Dinge so wie Wright zu sehen. Wesentliches geht dabei verloren, nämlich die Gewissheit um die höhere Natur des individuellen Menschen. Doch ist es immerhin ein Gebot der historischen Ehrlichkeit, zuzugeben, dass diese Blickverengung bis heute weiterwirkt.

Wright entwickelte später (1939) in seiner Vorlesungsreihe *An Organic Architecture* das Prinzip des fließenden Übergangs von Innen nach Außen und umgekehrt, des offenen Grundrisses, bei dem die inneren Wände nur die Funktion von Schirmen haben. Insgesamt ist festzustellen, dass sein Glaube an die unbegrenzten Möglichkeiten der Technologie bis zu seinem Lebensende unerschüttert blieb und dass er Fragen nach Energie-Reserven oder Ökologie noch gar nicht stellt. Seine Theorien spiegeln indessen deutlich das bis heute vorherrschende amerikanische Lebensgefühl.

Zum Thema „Säule" hat sich Wright ebenso wie die vielen nach ihm kommenden Modernisten m. W. nicht geäußert. Und das ist bezeichnend: Die Säule – einst durchaus erlebbare Menschengestalt mit Füßen (Basis) Leib (Schaft) und Kopf (Kapitell) – wird auf *kopf- und fußlose Röhren* reduziert, wenn sie überhaupt noch Verwendung findet. Länge und Durchmesser scheinen gänzlich beliebig, da die modernen Materialien je nach Wunsch filigranste und massivste Ausbildung erlauben. (Letzteres z.B. bei Le Corbusiers Wallfahrtskapelle Notre-Dame-du-Haut in Ronchamp). Gewöhnlich wird auf einen optisch wahrnehmbaren Abschluss der Säulen nach oben und unten mehr oder weniger bewusst verzichtet, wie es auch beim Bau von vielen aus kubistischen Elementen bestehenden Hochhäusern mit flachem Dach und großen Fenstern häufig der Fall ist, die unter formalen Gesichtspunkten beliebig nach oben und nach den Seiten hin verlängert werden könnten.

Von Stein, Metall oder Stuck verkleidet, verbergen die neuen Bauelemente das Geschäft des Tragens und Stützens. Doch was ist – wenn man so denkt – aus der Forderung nach *Ehrlichkeit und Materialgerechtigkeit* geworden, die doch *die Moderne* charakterisieren sollen? Kann man die *massiven oder hohlen, vorgefertigten Körper*[114], welche die modernen Bauten tragen, noch guten Gewissens als *Säulen* bezeichnen? Es sind doch nur simple *Röhren*, zu denen die Bezeichnung *Säule* nicht mehr passen will. Bestenfalls kann man hier noch die neutrale Bezeichnung *Stütze* verwenden, um sie zu charakterisieren. Oder haben wir es hier mit einem Verrat am Thema „Säule" zu tun?

Vollendung, wie sie die antike Säulenform durch Jahrtausende tradierte, mag manchen zur Entweihung reizen und genau dies scheint tatsächlich gewollt: Auch die Malerei der Moderne übte sich und übt sich leider noch immer in *Tabubruch* und *Abstraktion*. Jedoch sieht man auch an diesem Beispiel, dass für alles bezahlt werden muss – in diesem Fall mit dem Verlust wahrhaft humaner Gestaltung.

Deutlich erleben wir dies im *Futurismus*, dessen Schlüsselfigur der italienische Dichter und Agitator *Filippo Tomaso Marinetti* (1876 – 1944) ist. Er veröffentlichte 1909 im Pariser „Figaro" ein futuristisches Manifest, eine provozierende Kampfansage an die Geschichte und ein rauschhaftes Bekenntnis zu einer absolut gesetzten Technik: *Wir wollen von der Vergangenheit nichts wissen, wir jungen und starken Futuristen! ... Ergreift die Spitzhacken, die Äxte und die Hämmer und reißt nieder, reißt ohne Erbarmen die ehrwürdigen Städte nieder! ... Aufrecht auf dem Gipfel der Welt schleudern wir noch einmal unsere Herausforderung den Sternen zu!*[115]

Ähnlich „progressiv" äußerte sich *V.T. Kiriliv* (1890 – 1943): *Verbrennen wir Raffael im Namen unseres Morgen, zerstören und zertreten die Blüten der Kunst ... Wir haben die Macht von Dampf und Dynamit lieben gelernt, Sirenengeheul und rhythmisches Stampfen von Kolben und Walzen.*[116] Natürlich gelang es solchen Protagonisten der Moderne damals noch, ihre Umwelt durch derartige Manifeste zu provozieren. Heute wäre dies schon viel schwieriger.

---

[114] Definition von Achim von Pastau
[115] F.T. Marinetti, Teoriea e invenzione futurista, ed. Luciano De Maria, S. 23
[116] Zit nach Richard Lorenz, Dokumente des Proletkult, München 1969, S. 78

Seriöser war die Entwicklung in Deutschland und in Amerika, wo um die Jahrhundertwende die Zusammenarbeit von Industrie und Kunst gesucht wurde, wie dies besonders
das *Bauhaus* beweist: 1902 wurde die im 18. Jahrhundert gegründete *Weimarer Hochschule für Bildende Kunst* mit der neu gegründeten *Kunstgewerbeschule* zusammengelegt
und *Walter Gropius* (1883 – 1969) zum Direktor berufen. Diese Bildungsstätte erhielt den
Namen „Bauhaus" nach den Bauhütten, die den mittelalterlichen Baumeistern als Unterkunft gedient hatten. 1919 verfasste Gropius sein *Bauhaus-Manifest*. Dort heißt es: *Bilden
wir also eine neue Zunft der Handwerker ohne die klassentrennende Anmaßung, die eine
hochmütige Mauer zwischen Handwerkern und Künstlern errichten wollte! Wollen, er-
denken, erschaffen wir gemeinsam den neuen Bau der Zukunft, der alles in einer Gestalt
sein wird: Architektur und Plastik und Malerei, der aus Millionen Händen der Handwerker einst gen Himmel steigen wird als kristallenes Sinnbild eines neuen kommenden
Glaubens.*
  Die Bauhaus-Idee hatte von Anfang an eine sozialistisch-expressionistische Färbung.
Mehr noch: Die ideologisch linkslastige Ausrichtung des Bauhauses zeigt sich, wenn
Oskar Schlemmer 1923 diese Schule direkt als *Kathedrale des Sozialismus* anspricht. Es
wurde dort dezidiert die marxistische Theorie vertreten, die besagt, dass der Kapitalismus
früher oder später unter dem Gewicht seiner eignen intellektuellen und ökonomischen
Unzulänglichkeiten zusammenbrechen werde. Dazu kam ein kollektivistischer Ansatz,
der sich darin äußerte, dass die Architekten den zukünftigen Bewohnern der Gebäude
vorzuschreiben versuchten, wie sie wohnen sollten (nicht wollten!). All dies und anderes
war den eher konservativ gesonnenen Behörden ein Dorn im Auge – wie auch das „auf-
müpfige" Verhalten der Studenten. Die Verwaltung reagierte wie üblich: Es wurden die
Mittel gekürzt. Hilfe kam jedoch von dem sozialdemokratischen (!) Bürgermeister von
Dessau, der die gesamte Institution dazu einlud, in seine Stadt zu ziehen. Dies erfolgte
dann auch im Jahr 1925.
  In Dessau wurde nach den Entwürfen von
Gropius ein neues Schulgebäude aus Glas, Stahl
und Beton – den modernen Materialien – errichtet, um die Partnerschaft mit der Industrie
zu betonen. Von den Studenten wurde erwartet,
dass sie sich der modernen, von der Technik geprägten Umwelt zuwandten und *auf alle roman-
tisierenden Schnörkel und Zitate verzichten.*
Damit war natürlich besonders die Säule gemeint! Der Wunsch nach Dekoration – sprich
Beziehung zur Vergangenheit – lebte nur noch in
Fabrik- und Mostereigebäuden fort (vgl. S. 294).
  Eines der brennendsten Probleme war nach
1919, als Arbeitslosigkeit, Inflation und Hun-
gersnot herrschte, der soziale Wohnungsbau.

Ehemalige Mosterei Engelberg, um 1900

Daher sollte unter der Leitung von Gropius in Stuttgart eine Siedlung entstehen – die
Stuttgarter Weißenhofsiedlung des Deutschen Werkbundes. Das *Neue Bauen* sollte dort
erstmals öffentlich in der Form von verschiedenen Mustersiedlungen vorgestellt werden.

Beteiligte Architekten waren u.a. *J.P. Oud, Bruno Taut, Mies von der Rohe und Le Corbusier.* Die Siedlung bedeutete den entscheidenden Durchbruch und ein Bekenntnis zum Internationalismus. Sie wurde am 23. Juli 1927 eröffnet, hat also 2007 ihr achtzigjähriges Jubiläum gefeiert. Schon 1968 wurde sie wegen ihres Dokumentationswertes – nicht wegen ihres Schönheitswertes, denn „schön" ist kein Begriff moderner Denkmalpflege – unter Denkmalschutz gestellt.

Die Bauhaus-Ideologie fand zunächst großen Anklang. Es lag ihr freilich – abgesehen vom sozialen Engagement – auch ein gerüttelt Maß von Ästhetizismen zugrunde, die sich technisch keineswegs erklären lassen, wie z.B. die Ausschließlichkeit des Rechten Winkels in Bau- und sogar in Möbelformen, das Flachdach und das streifenförmige, sich möglichst um die Gebäude-Ecken ziehende Fensterband, welches ohne ersichtlichen Grund mit der Fassade bündig eingebaut werden, oder dessen Rahmen weit vor die Wandfläche auskragen sollte.

Besonders die *boite dans l'air*, die auf Stützen stehende *Schachtel in der Luft*, ist eine solche primär ästhetisch zu begründende Gestaltungsweise. Die „Schachtel" als Architekturform wurde zuerst von Charles-Edouard Jeanneret (1887 – 1965), der seit 1920 den Decknamen *Le Corbusier* führte, als Gestaltungsgrundlage gefordert – und Viele folgten ihm nach. (Diese Architekturform fand in der Malerei der kubistischen Periode ihre Entsprechung).

Die durch das gesamte Gebäude laufenden Stützen (nicht Säulen!) wurden nicht in den Gebäude-Ecken angebracht, sondern nur aus ästhetischen Gründen in das Innere des Gebäudes gerückt, was sich natürlich in den betroffenen Räumen als störend bemerkbar machte. Doch das 1914 erstmals vorgestellte System war von schlagender Einfachheit: Es glich übereinander geschichteten Domino-Steinen und wurde auch so genannt: *Dom-Ino-System.*

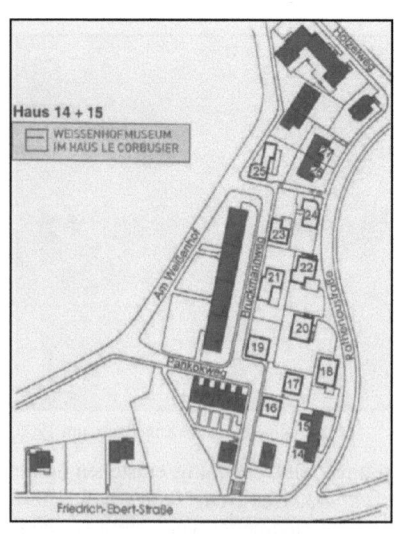

Plan der Weißenhofsiedlung in Stuttgart

Stuttgart, Weißenhofsiedlung,
Le Corbusier-Haus

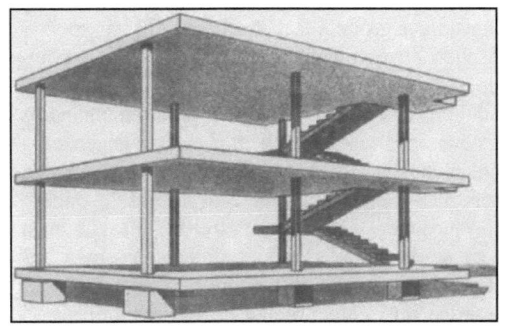

Le Corbusier, Domino-System (1914)

Le Corbusier, Vers une architecture
(1923, 1928)

Es war ein konstruktives System aus präfabrizierten Eisen-Beton-Teilen. Insgesamt blieben freilich nur schmucklose und steril wirkende Rechteck-Formen übrig, die allerdings ob ihrer *Klarheit* und *Flexibilität* über den Grünen Klee gelobt wurden. Dies zeigt sich heute daran, dass nach dem Wunsch der Stuttgarter Architektenschaft Werke Le Corbusiers als *Weltkulturerbe* ausgewiesen werden sollen, darunter sein Gebäude in der Weißenhof Siedlung in Stuttgart.

Le Corbusier hat seine Gedanken in dem Buch: *Vers une architecture* (etwa: „Zu einer Architektur hin") zusammengefasst. Es ist dies ein insgesamt provokanter Titel denn damit erhebt er den Anspruch, die Architektur neu zu begründen, ja, man könnte aus diesem Titel sogar schließen, dass es vor ihm überhaupt keine Architektur im eigentlichen Sinne gab. Das war tatsächlich seine Meinung, wie sich aus dem gut überlieferten Zitat von ihm ableiten lässt: *Il faut tout recommencer à zéro!* („Man muss alles bei Null beginnen!"). Generationen von Architekten haben die von ihm aufgestellten Behauptungen mit Ehrfurcht zu Axiomen ihres Denkens und Entwerfens gemacht. Sie konnten kaum anders, denn leider wird bis heute die *Geschichte der Architektur* den Studenten dieses Faches meist nur als *Wahlfach* angeboten. Es wird also völlig ins Belieben der angehenden Architekten gestellt, ob sie sich mit dem reichen architektonischen Erbe überhaupt befassen wollen – oder auch nicht. So kann es kaum überraschen, dass die Architekten unserer Zeit oft über erstaunlich geringe historische Kenntnisse verfügen, dies auch gar nicht anstreben, wie z.B. eine eher spöttisch gemeinte Äußerung des illustren Architekten und Architekturprofessors Hans Kammerer zeigt: *Denkmalschutz – da kann ich doch gleich die Nationalhymne singen.*[117]

Weithin unbemerkt ging jedoch in der Moderne noch etwas anderes verloren: Der städtebaulich gestaltete Raum, sei es der Platz, sei es die Straßenzeile mit einheitlichem Grund-Duktus. Aus Plätzen wurden Verkehrsbauwerke und im Straßenraum tummeln

---

[117] Denkmalstiftung Baden-Württemberg, Heft 1/2007, S. 7

sich Baukörper-Individuen mit mehr oder weniger großem ästhetischem oder gar spektakulärem Anspruch, jedoch ohne gestalterischen Zusammenhang. Es fehlt also das verbindende Prinzip, das im griechischen Tempel durch den Architrav ausgedrückt wurde.[118] Stattdessen stehen in den modernen Städten nun Bau-Individuen zusammenhanglos nebeneinander. Sie entsprechen den sie bewohnenden Menschen, die sich gegenseitig abkapseln, die nur noch als Adresse, nicht mehr als Humanum wahrgenommen werden können. Man wird hier wiederum erkennen, dass es sich nicht nur um Stilmittel, sondern um menschlich wichtige Fragen handelt. Wünschenswert wäre es freilich, dass man in Weiterführung des barocken Städtebaus zu neuer Gemeinsamkeit findet, dass man aus den vergangenen Zeiten nicht die Asche konserviert, sondern die Glut bewahrt, denn wer seine Wurzeln negiert, kann kaum auf schöne und gute Früchte hoffen, worauf schon einleitend hingewiesen wurde.

Tatsächlich lässt sich eine fortschreitende Unsicherheit und Verarmung in allem Geschmacklichen beobachten, die geradezu zu einem Signum der Moderne wurde. Eine Ursache hierfür mag die Maschinenwelt sein, die an die Stelle der alten Handwerksarbeit getreten ist. (Die Maschine selbst ist jedoch unschuldig. Wichtig ist nur der Geist, der sie für seine Zwecke gebraucht!)

Es ist offensichtlich, dass sich bis zum Auftreten der Maschine zwar die Stile zwischen Gotik, Renaissance und Barock gewandelt haben, die Grundstruktur der Arbeitswelt aber die gleiche blieb. Auch die beiden Weltkriege (die Engländer sprechen vom *zweiten Dreißigjährigen Krieg:* von 1915 bis 1945, wodurch der Zusammenhang zwischen den beiden Kriegen zum Ausdruck gebracht wird!) haben das ihrige zum Verlust des Schönheits-Sinnes beigetragen. Die ahistorische Haltung der Moderne mag sich aus dem Verlangen erklären, sich von übermäßigem – im Nachkriegsdeutschland zudem als nationalsozialistisch (also zumindest anscheinend sozialistisch, d.h. „links"!) belastetem – Geschichtsballast zu befreien. Die Folge war jedoch, dass der Bestand von Schönem auf fast jedem Gebiet dezimiert wurde – von der Möbelindustrie bis hin zum Städtebau. *Es geht nicht mehr.* In die freien Räume aber drängt nun der Tand von gestern.

Das *Architekturforum Baden-Württemberg* beschäftigt sich inzwischen ebenfalls mit der Frage nach den Ursachen für den Qualitätsverlust der zeitgenössischen Architektur, wie der Titel eines Vortrags beweist, der dort gehalten wurde: Am 14. X. 2003 sprach Prof. Dr. Dr. h.c. Karl Ganser, Berlin, über das Thema: *Warum bauen wir so schlecht?* Und am 20. IV. 2004 wurde in eben diesem Forum ein Vortrag gehalten mit dem Thema: *Weißenhof am Ende?* Das mag wohl sein.

Zurück zum Bauhaus: Die historische Entwicklung zeigt, dass in Deutschland zunächst nicht der Kommunismus (der „internationale Sozialismus"), sondern der Faschismus (der „nationale Sozialismus") obsiegte. Die neuen Machthaber hatten vor allem eine Idee: *Nieder mit dem Bauhaus!* Schon im Mai 1932 wurde in Sachsen-Anhalt, wo die Nationalsozialisten die Wahl gewonnen hatten, die Forderung erhoben, sämtliche Mittel für die *jüdische Bauhauskultur* in Dessau zu streichen. Im September dieses Jahres wurde das Bauhaus geschlossen. Doch Mies van der Rohe gab nicht auf. Er übersiedelte nach Berlin Steglitz, versuchte nach eigener Aussage, alle auf dem linken Flügel stehenden Architek-

---

[118] Vgl. S. 21, Anm. 16

ten heranzuziehen und führte das Bauhaus dort tapfer als Privatschule ohne jede staatliche Förderung weiter. Aber Geld war nicht das eigentliche Problem: Am 11. April 1933 wurde das Gebäude der Schule von der Polizei umstellt und von SA-Truppen gestürmt. Studenten wurden verhaftet, Akten beschlagnahmt und der Eingang versiegelt. Wachen verhinderten monatelang jeden Zutritt. Als das Bauhaus in Dessau geschlossen worden war, hatte die Presse noch protestiert. Jetzt, in Berlin, startete sie eine Kampagne *gegen* diese *Keimzelle bolschewistischer Zersetzung* und polemisierte gegen deren *Förderer und Päpste des deutschen Kunstreiches jüdischer Nation* ... Am 20. Juli 1933 wurde das Bauhaus endgültig aufgelöst.[119]

Doch die Bauhaus-Idee strahlte schon früh bis nach Amerika, wohin ganz Europa blickte, fasziniert von den hoch aufragenden Wolkenkratzern, die mit den neuen Materialien Stahl, Eisenbeton und Walzglas errichtet wurden. 1929 wurde in New York das Museum of Modern Art (MoMA) eröffnet. 1932 wurde dort eine Architektur-Ausstellung gezeigt, bei der zum erstenmal der Begriff *Internationaler Stil* auftaucht. Dieser Begriff wurde von Henry Russell Hichcock geprägt, der mit Philip Johnson zusammen die Architekturausstellung kuratierte. Bis heute bewahrt er seine Gültigkeit.

Dieser Internationale Stil war nach dem Zweiten Weltkrieg einflussreicher als jede andere architektonische Strömung. Die weiße Welt der Internationalen Bewegung sollte den Wiederaufbau Deutschlands beherrschen und sie hat ihn beherrscht. Dass sich dies in vieler Beziehung als katastrophal erwies, dass diese Strömung zu fader Stumpfsinnigkeit und neuer Brutalität führte, liegt auf einer anderen Ebene, die allerdings beispielsweise von *Ernst Bloch* (1885 – 1977) schon frühzeitig erkannt wurde. Er verfasste während seines amerikanischen Exils eine tiefgreifende Kritik der funktionalistischen Architektur, die er als Ausdruck der eiskalten Automatenwelt der Warengesellschaft versteht. Er betont den Verlust des Symbols im Funktionalismus und charakterisiert diese Architektur als *reisefertig, seelenlos und Lichtkitsch.* Seine Kritik gipfelt so: *Seit über einer Generation stehen darum diese Stahlmöbel- Betonkuben- und Flachdachwesen geschichtslos da, hochmodern und langweilig, scheinbar kühn und echt trivial, voll Hass gegen die Floskel angeblich jedes Ornaments und doch mehr im Schema festgerannt als je eine Stilkopie im schlimmen 19. Jahrhundert.*[120]

Den Blick ausschließlich auf das Bauhaus und seine Ausstrahlung zu werfen, wäre ungerecht, denn in der Wendezeit vom 19. zum 20. Jahrhundert blühte in Europa bekanntlich auch der *Jugendstil,* bei dem das Ornament ganz allgemein, besonders aber die Säule als schmückendes und gestaltbestimmendes Glied der Architektur noch eine bedeutende Rolle spielte. Besonders ist in diesem Zusammenhang der bedeutende Jugendstilarchitekt und Bauhausmitbegründer *Henry van de Velde* (1863 – 1957) zu erwähnen. Wie seine Zeitgenossen Josef Maria Olbrich, Otto Wagner und Theodor Fischer war er mit dem Thema Säule bestens vertraut, wie z.B. seine virtuos durchgeformte Säulenvorhalle des Folkwang-Museums in Hagen aus dem Jahr 1902 nachdrücklich beweist.

Der Erste Weltkrieg mit all seinen sozialen und kulturellen Verwerfungen hat jedoch dieser Strömung zumindest in Deutschland ein jähes Ende bereitet, während sie in der Schweiz im *Ersten Goetheanum* fortleben konnte. *Rudolf Steiner* (1861 – 1925), der Be-

---

[119] Vgl. Watson, Das Lächeln der Medusa, S. 437 f.
[120] Bloch, Das Prinzip Hoffnung, Frankfurt 1973, S. 860

gründer der Anthroposophischen Gesellschaft, versuchte dort einen neuen Baustil, durch welchen er der Natur abgelauschte *organische Formen* in die Architektursprache übertragen wollte. Dieser Versuch bietet freilich ein komplettes Kontrastprogramm zum *Bauhaus*.

Mit dem Bau des Ersten Goetheanum wurde 1912 begonnen. Steiner selbst beschreibt 1921 die Situation: *An diesem Bau wurde nun seit fast zehn Jahren von Freunden der Anthroposophie gearbeitet. Schwer zu bringende Opfer materieller Art kamen von vielen Seiten: Künstler, Techniker, Wissenschaftler arbeiteten in hingebungsvollster Art mit. Wer im anthroposophischen Kreise die Möglichkeit hatte, an der Entstehung desselben mitzuarbeiten, der tat es. Die schwierigsten Arbeiten wurden bereitwilligst übernommen.*[121] Die Beschreibung erinnert an diejenige, die Abt Suger von der Errichtung der Kathedrale von St. Denis gab (vgl. S. 41 f.).

Steiner weist darauf hin, dass in der Architektur der griechischen Antike das Lasten und Tragen in der Form von Architrav und Säule noch klar getrennt ist. In der Gotik jedoch wird durch die Verwendung von Spitzbögen, Kreuzrippengewölben und *taumelnden Arkaden* (Sedlmayr) schon der Übergang zu organischer Formgebung, d.h. zum Lebendigen hin gefunden. Er führt weiter aus: *In Dornach ist der Versuch gemacht, dieses Lebendige so weit zu treiben, dass man wirklich das bloße Dynamische, Metrische, Symmetrische früherer Bauformen übergeführt hat in das Organische ... Es ist aber nichts irgendwelchen Organismen naturalistisch nachgebildet, sondern es ist der Versuch gemacht, sich einzuleben in das organisch schaffende Prinzip der Natur. So wie man sich einleben kann in das Lasten und Tragen, wenn man die Säulen bedeckt sein lässt von den Querbalken, wie man sich wieder einleben kann in die ganze Konfiguration der Gotik, so kann man sich auch einleben in jenes innerliche Formen, Formschaffen der Natur, das in dem Hervorbringen des Organischen vorhanden ist*[122] (vgl. S. 87 und 109).

Wie Steiner das meint, zeigt besonders deutlich die „Säule", die den nördlichen Treppenlauf am Westeingang des Ersten Goetheanums trägt und die erkennen lässt, dass Beton als amorphes Material sich für jegliche Formgebung eignet: Das Erste Goetheanum, aus dem die hier gezeigten Bilder stammen, war in seinen wesentlichen Teilen ein Holzbau auf Betonsockel. Es konnte im Herbst 1920, wenn auch noch unvollendet, in Betrieb genommen werden. Doch in der Silvesternacht des Jahres 1922/23 wurde es durch Brandstiftung vernichtet. Was der Grund oder die Gründe hierfür waren, bleibt bis heute ungeklärt, doch wie tief erschüttert diejenigen Menschen waren, die bei seiner Erbauung mitgewirkt hatten, geht aus vielen Augenzeugenberichten hervor. Einer dieser Berichte sei hier auszugsweise wiedergegeben:

Bald bogen sich die Säulen infolge der Hitze oben langsam auseinander. Wie glühende, leuchtende Lilien standen sie in den heißen Flammen. Über der rötlichen Glut im Westen hielt das Portal noch. Der ganze Westtrakt, der aus dem härtesten Holz gebaut war, stand noch, und als ich empor trat auf den Hügel vor der Schreinerei, sah ich Rudolf Steiner, der mit seinem Arm nach Westen wies und zu den in seiner Nähe Stehenden sagte: ‚Diesen Augenblick prägen Sie sich ein.' Im Umwenden sah ich, wie gerade die Orgelpfeifen zu verglühen begannen und die Flammen grünlich und bläulich färbten. Noch stand die schaurige Farbenpracht wie ein Mahnmal gegen den nächtlichen Himmel, als von fern

---

[121] Rudolf Steiner, Der Baugedanke des Goetheanum, Dornach, 3. Auflage 1986, S. 11
[122] dto., S. 18

her die Glocken der Neujahrsnacht erklangen.[123] Manchen erschüttert dieser Bericht, der aus einer Zeit stammt, als die Bombennächte des Zweiten Weltkrieges noch in der Zukunft lagen.

Dornach, Erstes Goetheanum:
links: Treppenaufgang im Westen
rechts: großer Saal

Die Beziehung zwischen Säule, Mensch und Baum, die in unseren Ausführungen immer wieder aufleuchtete (vgl. S. 15 f., 80 f., 112), hat auch der Maler und Architekt *Paul Delvaux* (geb. 1897) zum Ausdruck gebracht.

Paul Delvaux: Die Geburt des Tages

---

[123] Rex Raab u.a. Sprechender Beton, 1972, S. 32, dort zit. Heinz Müller, Spuren auf dem Weg

Das Bild, das 1937 entstand und in Venedig in der Sammlung Guggenheim hängt, trägt den Titel: *Die Geburt des Tages* und zeigt im Vordergrund vier Baumstämmen entwachsene, schönbusige, großäugige, morgendlich kühle Gestalten. Im Hintergrund fällt der Blick auf säulengetragene, blattumrankte Arkaden, wiederum in den kühlen Farben des Morgens. Die undurchdringliche Fremdartigkeit und die geheimnisvolle Poesie der Darstellung erinnern an Magritte, während die weiten, verlassenen Räume und die leere Architektur eher durch De Chirico geprägt sein mögen.

Die Postmoderne

Der Blick auf die historische Entwicklung der Säule hat sich notgedrungen etwas geweitet, da es die Säule im klassischen Sinn als humane Form in der Moderne nicht mehr gibt. Die Gründe dafür wurden angedeutet und bewusst nicht vertieft. Betrachten wir die gegenwärtige Architektur-Situation, so ist zunächst daran zu erinnern, dass es besonders schwierig ist, die eigene Zeit zu beurteilen, denn der historische Reinigungsprozess, der sozusagen Spreu vom Weizen scheidet, d.h. Wertvolles und weniger Wertvolles klar erkennen lässt, hat ja noch nicht stattgefunden. Immerhin wird langsam deutlich, dass der Rückgriff auf die Geschichte wieder gesucht wird, obwohl doch *die Moderne* bewusst geschichtslos sein wollte und sich auch als geschichtslos etabliert hat. Damit aber hat sie Entwicklungsfäden zerschnitten, die nicht *spielerisch* und *ironisch verfremdet* wieder aufgenommen werden können – auch wenn dieser Versuch beispielsweise von Sterling beim Bau der Neuen Staatsgalerie in Stuttgart expressiv verbis gemacht worden ist.

Wir erleben den Rückgriff auf historisch sanktionierte Formen in der sogenannten *Postmoderne* – ein Begriff, der sich in der zeitgenössischen Architektur-Diskussion etabliert hat und der an sich schon problematisch ist, denn *modern* ist das Letzte und moderner als modern kann man nicht sein. Bestenfalls sind Denkmalpfleger *postmodern.* Dieser gedanklichen Schludrigkeit entspricht es, dass die sogenannte Postmoderne ein geistig schlecht vorbereiteter und vulgär reflektierter Historismus ist. Es handelt sich wohl tatsächlich um eine unbrauchbare und unerlaubte Subsummierung heterogener Tendenzen, die einen Aufbruch suggerieren und lediglich zu einer Formel dafür werden, dass alles erlaubt ist: *Everything goes,* dröhnt es uns aus den USA entgegen – *yes, we can …*

Als Beispiel sei *Charles Moore* (geb. 1925) erwähnt, der von Grundelementen der Architektur (wie Raum, Ort, Wand, Dach etc.) ausgeht, zu denen bezeichnenderweise auch wieder die Säule gehört. Moore erklärt, dass die historische Architektur konstitutiv für die menschliche Erinnerung sei und bedient sich daher ihrer Formen in verfremdeter Weise. Architektur ist für ihn die Projektion menschlicher Erfahrungen, die für das Haus und die Stadt in gleicher Weise gültig sind. 1977/78 baut er in New Orleans die Piazza d'Italia, wobei er für die Realisation die Mittel der Pop-Art benutzt. Die Wiedereinführung der fünf Säulenordnungen und das Spiel mit einer *amerikanischen Ordnung* wird durch das verwendete moderne Material und durch Neon-Bänder in den Säulenschäften verfremdet.

Charles Moore, Erfahrung von Architektur (Body, Memory, and Architecture, 1977)

Die Inflation historisch sanktionierter Würdeformen lässt sich auch am Beispiel des spanischen Architekten *Ricardo Bofill*, (geb. 1939) zeigen, der Mieter des Staatlichen Wohnungsbaus in neu errichteten Riesensäulen und Triumphbögen wohnen lässt (vgl. S. 81 und 94). *Vom Teil, der dem Ganzen dient, hat sich die bewohnte Halbsäule zum Ganzen emanzipiert. War es wirklich ein Prozess der Emanzipation? Ist der Knecht zum Herrn geworden? Aber die Säule im klassischen Gebäudeverband war beides, Knecht und Herr. Was ihr aufgetragen war, trug sie mit einer Gelassenheit, die den Zwang zur akzeptierten Pflicht verwandelte. Der Dienst war ihr Stolz. Das Notwendige nahm sie willig auf sich, und dadurch wurde es Freiheit... Als Großgebilde ist die bewohnte Säule der Versuch der Massengesellschaft, sich die unzugänglich-reine Form anzueignen, indem sie vergrößert, bestiegen und trivialisiert wird. Noch in dieser Demontage wird der Glanz sichtbar, der dem alten Trageglied und Symbol eigen war; wie hätte es sonst die Phantasie ihrer Destrukteure so nachhaltig beschäftigen können.[124]*

Von Bofill stammt die Wohnbebauung in *Marne-la-Vallee* bei Paris, errichtet zwischen 1978 und 1982. Dort wird der klassische Formenapparat zu gewaltigen Dimensionen aufgebläht und mit moderner Fertigungstechnologie kombiniert. Was als wohlproportioniertes Bauglied dem Auge und dem Körpergefühl Identifizierung erlaubte, übersteigt dort jedes Maß und jede Grenze. Bofill will das Dasein der Bewohner durch die Macht der Formen, durch *Kulissen des Einstigen* aufwerten, aber er demütigt sie mit der Erinnerung an eine Vergangenheit, die nicht die ihre ist. Diesem Geist entspricht es, dass Rekonstruktionen selbstverständlich werden. Schlösser werden errichtet, wo keine (mehr) waren und Schlossfassaden vor Kaufhäuser oder Hotels geklebt.

---

[124] W. Pehnt, Die Erfindung der Geschichte. Die bewohnte Säule, S. 35 – 36

Bofill, Siedlung im Marne la-Vallée bei Paris

Als weiteres Beispiel für das Gesagte wählen wir unter annähernd unendlich vielen anderen das „Einkaufsparadies" in den Schlossarkaden von Braunschweig: Aus Säulen wurden undifferenzierte, glatte Röhren – anstelle von Säulenbasen sehen wir nur schmutzabweisende Manschetten. Kapitelle gibt es nicht mehr.

„Einkaufsparadies" in den Schlossarkaden in Braunschweig

Das gesamte Raumgefüge atmet die muffige Angekommenheit in einer Gesellschaft, die im *Konsumismus,* der weltweit installiert werden soll, das einzige Mittel zur Überwindung von Hunger, Krieg und Terror sieht. Hier manifestiert sich der von Nietzsche im „Zarathustra" hellsichtig beschriebene „letzte Mensch", dessen Weg vom Seelenheil zum Sozialheil führt. Dieser Mensch stellt ein Mischprodukt sozialer Sekurität und gottlosem Nihilismus dar, der ohne es zu wissen an der Not seiner Notlosigkeit leidet. Dies erkennt man in der Sprache der Architektur daran, dass der Mangel an künstlerischer Vollendung durch technische Perfektion ersetzt wurde, die in sich bestechend wirkt.

Auch im Museumsbau, dem Eldorado der aktuellen Baukultur, hat die Verwandlung der Säule zur Röhre stattgefunden wie wir es bei der Pinakothek der Moderne beobachten können, die kürzlich von *Stephan Braunfels* in München errichtet wurde.

Pinakothek der Moderne in München,
von Stephan Braunfels

Die Vollendung, die in der antiken Säulenform liegt, ist in der modernen Architektur nicht mehr über das Stadium des vorgefertigten Bauteils hinausgekommen. Man hat der Säule ihren Eigenwert genommen und sie nur noch als Funktionsträger eingesetzt.

Wollen wir nun in der zeitgenössischen „Säule" einen Ausdruck des Pluralismus sehen – oder gar von *Neo-Barbarismus* sprechen und damit wiederum ein Schimpfwort zum Stilbegriff emporheben? (vgl. S. 51). Ist es ein neues Babel mit seiner alten Sprachverwirrung, in dem wir uns befinden? Oder ist es Ausdruck von offenen Menschen mit Verantwortungsgefühl für andere Menschen und deren Schicksal? Manches spricht dafür – manches dagegen. Wo also ist die Wahrheit?

Mit dieser Frage sind wir wieder am Beginn unserer Ausführungen angelangt, wollen es aber nicht versäumen, zum Schluss noch ein interessantes Beispiel zu erwähnen, das zeigt, wie sich die *zur Strebe gewandelte Säule* eben doch bis in unsere Zeit erhalten hat. Es handelt sich um das *Mercedes-Benz-Museum* in Stuttgart, das von dem holländischen Architekten *Ben van Berkel* entworfen und von *Werner Sobek* als leitendem Ingenieur ausgeführt wurde, der u.a. auch den Flughafen in Bangkok und das Kunstmuseum in Stuttgart errichtete. Dort wurde mit 50.000 m^3 Beton und 10.000 m^3 Stahl „die komplizierteste Konstruktion errichtet, die jemals gebaut wurde." (Sobek!) 35.000 für Laien nicht dechiffrierbare Pläne in der Art von Schnittmusterbogen, wie sie die Textilindustrie kennt, waren hierzu nötig, wobei mehr programmiert als gezeichnet werden musste. Die Software wuchs während der Durchführung des Projektes.

Neues Mercedes-Benz-Museum in Stuttgart.
Foto: Manfred Storck

Das Gebäude besteht in seiner Grundstruktur aus zwei in der Vertikale gegeneinanderlaufenden, spiralförmigen Rampen, also einer *Doppelhelix.* Genau diese Form liegt auch unserem elementaren Erbgut, den *Chromosomen,* zugrunde.

Trotz einer Spannweite von über 30 m tragen die *Twists* spielerisch alle Lasten. Es sind weitgeschwungene, sich eindrehende Betonstrukturen, die dem Raum den Eindruck des Fließens geben. Leicht und beschwingt sehen sie aus – und waren nur durch modernste Technologie überhaupt baubar. Sie stützen sich auf *Streben,* die man auch als vertikale Stützen hätte ausbilden können und die nach Aussage von Sobek mir gegenüber sogar wesentlich preisgünstiger gewesen wären (!), doch der ästhetische Reiz der schrägen Streben mit ihrer raffinierten, keineswegs funktionalen Verkleidung aus polygonen Flächen war so groß, dass man hierauf nicht verzichten wollte. Man bevorzugte eben das Schräge, Spannungsreiche, das gut zum Automobil passt, mit dem man so schön schnell fahren kann, wenn man auch nicht immer genau weiß, wo man ankommt – dafür ist man aber um so schneller dort! Ein Symbol unserer schrägen Zeit? Wie Sie meinen, geneigter Leser!

Modernste Technik schuf so jedenfalls einen molluskenhaften Bau, der sich schwebend zu bewegen scheint. Auf neue Weise gelangt so die Architektur wieder zur organischen Form (vgl. S. 102).

* * *

Unser Gang durch die Geschichte der „Säule", die aus einem Wust von Informationen die wesentlichen herauszufiltern suchte, zeigt exemplarisch, wieviel Gegenwärtiges und Haltbares in der Säule steckt. Aufrichtigkeit und Würde, die durch die Säule veranschaulicht werden, sind ethische und moralische Werte die gleichermaßen zeitlos und aktuell sind. Ebenso verhält es sich mit der Schönheit, die sich in der Säule tausendfältig manifestiert. Besonders der Schaft der Säule vermag zur Auflösung des dualistischen Denkens beizutragen, indem er veranschaulicht, dass Wesentliches sich zwischen den Extremen ereignet – zwischen oben und unten, zwischen Gut und Böse. Basis und Kapitell alleine bilden ja keine Säule. So schafft die Kunstform der Säule Orientierung und Identität.

Weiterhin lässt dieser Gang erkennen, welche Kraft von einmal etablierten Autoritäten ausgeht. Dies trifft sowohl für die Antike zu, deren „Säulenordnungen" zwei Jahrtausenden als Vorbild diente, als auch beispielsweise für Palladio und sogar für Villalpando, dessen eigenwillige Geschichtsklitterung zu Werken von höchster kulturhistorischer Bedeutung führte. Überraschen mag zunächst, dass auch die Bauhaus-Ideologie sich nach dem Zweiten Weltkrieg als *Internationaler Stil* fast unwidersprochen etablieren konnte, trotz *Aufklärung, kritischem Denken* und ebensolchem *Hinterfragen*. Zwei Erklärungen für dieses Phänomen bieten sich an:

Die eine ist die amerikanische: *It's only money, that counts.* Wie schade, dass es denen, die dies meinen, nicht gegeben ist, Talleyrands treffende Bemerkung nach-zu-denken: *L'argent est un mauvais maître, mais un bon serviteur!* (Das Geld ist ein schlechter Herr, doch ein guter Diener!). Die andere Erklärung ist wohl darin zu suchen, dass sich Menschen auch heute noch mehr oder weniger bewusst lieber Autorität, Führung und Ideologie unterwerfen, als sich aus *selbstverschuldeter Unmündigkeit zu befreien,* wie Kant es forderte.

Wirken Profitdenken und Autoritätshörigkeit zusammen, so ist Widerstand hiergegen kaum möglich und es entsteht eben *die Moderne.* Der Architekt verliert dann freilich seine Rolle als *zweiter Gott* (Vitruv), als *Liebhaber der Tugend* (Filarete) oder als jemand, der sich, wie Palladio, dem *Wahren, Guten und Schönen* verpflichtet fühlt. Stattdessen wird er Spezialist für Materialkunde und Baukalkulation. Versuche zur Überwindung dieser Situation wurden angedeutet. – Vielleicht liegt das Problem jedoch auf einer anderen Ebene. Hierüber gemeinsam nachzudenken, könnte sich als nützlich erweisen.

Die der Ausstellung zugrunde liegende Idee ist, mit Hilfe der Kunstschaffenden Neuland zu entdecken, die ausgetretenen Pfade der akademischen Forschung zu verlassen und sich auf das unsichere Terrain neuer Fragen zu begeben. Durch den hier vorliegenden historischen Rückblick wurde versucht, ein solides Fundament zu schaffen, auf das die Künstler aufbauen können, denn Tradition und Moderne sollte man nicht trennen, sondern zusammenführen. Wo dies gelingt, handelt es sich um ein Ereignis, das auf höherer Stufe zur Feier und zum Fest führt.

Die vorliegende Übersicht ist wohl zu lang, um die Künstler rasch über die Säule zu informieren und zu kurz, um als ernsthafte Auseinandersetzung mit dem Thema gelten zu können. Die oft ergreifend schönen Beispiele der Verwendung von Säulen in der islamischen und asiatischen Baukunst wurden ja nicht einmal erwähnt. Wenn der Text jedoch die Leserinnen und Leser zu eigenen Gedanken oder gar Kunstwerken anzuregen vermag, so hat er sein Ziel erreicht.

Einführung in die
Labyrinth-Ausstellung 5. XI. 2004

Die Ausstellung wurde von der „Gesellschaft für Natur und Kunst"
in Zusammenarbeit mit dem Kunstverein der
Gemeinde Remshalden organisiert.

Verehrte und liebe Anwesende!
Wenn man den lange gehegten Plan, eine Ausstellung zum Thema „Labyrinth" zu
organisieren, verwirklichen kann und wenn zudem die Eröffnung dieser Ausstellung in
einer ehemaligen Kelter stattfindet, deren Umbau zu einem Kulturzentrum man seinerzeit
als Denkmalpfleger beraten hat, so freut man sich natürlich. Es ist für mich ein schönes
Gefühl.

Unsere Ausstellung befasst sich mit einem uralten Thema – dem Labyrinth. Schon vor
etwa 5.000 Jahren – als die Menschen begannen, nicht mehr als Jäger und Sammler
herumzuziehen, sondern sesshaft zu werden – tauchen die ersten Labyrinth-Darstellungen
auf. Es sind eigenartige Synthesen von Kreis, Spirale und Wendungen, die vielfältige
Deutung erfahren haben. Sie erinnern an einen Lebensweg, bei dem man ja immer wieder
zur Umkehr, zum Neubeginn bereit sein muss. Stillstand darf es nicht geben. Wer still
steht, stirbt geistig, noch ehe er physisch gestorben ist. – In immer wieder wechselnder
Richtung führt dieser Lebensweg von außen nach innen und wieder zurück. Kindheit,
Reife, Alter, Tod und Wiedergeburt spiegelt sich in dieser Form – ebenso wie die Jah-
reszeiten, der Tagesverlauf und die Mondphasen – ebenso auch, wie wir in unserer
Atmung die ewige Wiederkehr des Gleichen und doch stets Neuen erleben.

Neben dieser Labyrinth-Form, die ich die „geordnete" nennen möchte, gibt es auch das
„chaotische Labyrinth", das uns aus der antiken Sage vom Labyrinth in Knossos bekannt
ist, wo Theseus den Minotaurus bekämpfen musste. Hier tritt uns wiederum ein archai-
sches Bild des Lebensverlaufes entgegen, das wir in moderner Form in den Hexenkesseln
der Großstädte und im chaotischen Gewirr der gesellschaftlichen Auseinandersetzungen
wiederfinden: Unser Wirtschafts- Erziehungs- und Sozialsystem trägt doch unübersehbar
labyrinthisch-chaotische Züge. Ich las z.B. in der „Focus"-Ausgabe des letzten Monats
(auf S. 23) folgendes: „Wie in einem Labyrinth, bei dem man stets an die selbe Weggabe-
lung kommt, fühlten sich Merkel und ihr wichtigster Mitstreiter, Generalsekretär Laurenz
Meyer. Im Irrgarten der Gesundheitspolitik finden die Schwesterparteien einfach keinen
Ausweg ..." usw. – Wir sehen, es gibt genügend Grund, sich mit diesem Thema zu befassen, das uns sowohl in geordneter als auch in chaotischer Form entgegentritt.

Wir taten dies auf doppelte Weise: Einerseits dadurch, dass der Ausstellung ein einführender, historisch orientierter Text vorangestellt wurde – andrerseits durch die Beteiligung von 48 Künstlern, die durch ihre Werke der alten Labyrinth-Thematik eine ganz persönliche Interpretation gaben. Beides zusammen konnten wir in der Form eines Kalenders dokumentieren, auf den ich später noch eingehen werde (vgl. G.F. Kempter, „Erlebter Mythos, S. 27 – 58).

Das Thema „Labyrinth" ist ja – ähnlich wie das Thema „Einhorn" – keineswegs neu. Vielmehr hat es Ewigkeits-Charakter und ist gerade deshalb bewusst gewählt, denn was heute neu erscheinen mag, ist ja morgen schon alt und möglicherweise bald auch schon veraltet. „Von zehn funkelnagelneuen Neuheiten sind neun gewöhnlich Dummheiten. Und die zehnte stellt sich bei näherer Betrachtung als gar nicht so neu heraus, wie es zunächst den Anschein haben mag" – meinte jemand.

Der tiefere Sinn dieser wie der anderen von der „Gesellschaft für Natur und Kunst" organisierten Ausstellungen liegt nun aber darin, dass sie versucht, auf *grundlegende Phänomene unseres Existierens* hinzuweisen. So regt das Labyrinth dadurch, dass es die Bedeutung des Weges betont, beispielsweise dazu an,

1. über das *Verhältnis von Vergangenheit, Gegenwart und Zukunft* nachzudenken, denn ein Lebens-Weg verläuft in der *Zeit*. Dieses Thema kann variiert werden, indem wir versuchen, sozusagen die Vergangenheit in die Zukunft „einzuschreiben", wie dies André Malraux forderte: *Il faut inscrire le passé dans l'avenir* – man soll also die Voraussetzungen dafür schaffen, dass die Vergangenheit in die Zukunft fortwirken kann – oder kurz: „Eine Zukunft für die Vergangenheit!" – das ist das Grundanliegen der Denkmalpflege, der ich 31 Jahre lang bis zu meiner regulären Pensionierung gedient habe.

2. In einem weiteren Schritt führt uns das Labyrinth zur Frage nach dem *Verhältnis von Raum und Zeit*. Ein Lebens-Weg verläuft ja auch im *Raum*. So gibt das Labyrinth Anlass zu der Frage: „Was sind sie, diese beiden Ordnungsbegriffe, mit denen wir versuchen, die Welt zu erklären? Diesbezüglich hilfreiche Gedanken stammen von *Herder*, der schon im 18. Jahrhundert den Menschen mit einer Pflanze verglich. Er habe wie die Pflanze Wurzeln im Erdreich der Vergangenheit, einen die Gegenwart tragenden Stamm und in den Himmel der Zukunft ragende Zweige. Raum und Zeit sind in diesem Bild vereint: Der in den Raum ragende Baum steht in der Zeit. – Der „Zauberberg" von *Thomas Mann* fiel mir hier ein, aus dem ich Ihnen eine Passage gekürzt zitieren möchte:
Was ist die Zeit? Ein Geheimnis, wesenlos und allmächtig. Eine Bedingung der Erscheinungswelt, vermengt mit dem Dasein der Körper im Raum und ihrer Bewegung. Wäre aber keine Zeit, wenn keine Bewegung wäre? Frage nur! Ist die Zeit eine Funktion des Raumes – oder umgekehrt? Die Zeit ist tätig. Sie „zeitigt". Was zeitigt sie denn? Veränderung! Wie aber vertragen sich Begriffe wie Entfernung, Bewegung, Veränderung mit den Begriffen des Ewigen und Unendlichen? – Das frage du nur immerhin! – Ich will Sie nun aber nicht länger mit den Mann'schen Vernünfteleien quälen, nur an diesem Beispiel zeigen, zu welch labyrinthischen Gedankenwegen die menschliche Vernunft fähig ist.

3. Ein Lebens-Weg hat freilich auch mit Erkenntnisgewinn zu tun – oder sollte es zumindest haben. Auch hier hilft das Labyrinth zum Verständnis, denn seine beiden sich spiegelnden Hälften mit ihren vielen Windungen, die durchaus an das menschliche Gehirn zu erinnern vermögen, verweisen auf die Polarität, durch die alles erkannt wird. Auf dem Gebiet der Ethik ist es die Frage nach Gut und Böse, auf dem Gebiet der Ästhetik die Frage nach Schön und Hässlich, im Wirtschaftsleben bestimmt diese Polarität das Verhältnis von Gewinn und Verlust und in der Politik dasjenige von Freund und Feind. Auch die gesamte Computer-Welt ist auf den Gegensatz von „+" und „-" aufgebaut. So fordert das Labyrinth in der Sprache der Kunst dazu auf, über diese und andere Polaritäten nachzudenken – und erinnert weiterhin daran, dass die Kunst ein Mittel zur Diagnose des geistigen Weltzustandes ist.

4. Schließlich ist durch das Thema „Labyrinth" die Art angesprochen, in der wir uns selbst und unsere Umwelt wahrnehmen, denn mit beiden müssen wir uns ja auseinandersetzen und uns trotz oft labyrinthischer Vorgaben zurechtfinden. Es wäre nun recht wünschenswert, hierbei von der Beobachtung auszugehen, dass wir uns in unserer Beziehung zur Welt stets selbst mit einbringen – nicht nur dann, wenn wir in aktiver Weise handeln und urteilen, sondern – zwar meist unbewusst, aber ganz besonders – auch dann, wenn wir die Dinge auf- und wahrnehmen. Die Dinge haben nämlich die Bedeutung, die wir ihnen geben und ich habe schon im Einführungstext des Kalenders gezeigt, dass es „keinen Standpunkt außerhalb der eigenen Verstrickung gibt". Dies ist freilich auch keine neue Erkenntnis – nur leider wird sie recht wenig beachtet.

Quidquid recipitur, ad modem recipientis recipitur, schrieb schon im 13. Jahrhundert Thomas von Aquin, was etwa bedeutet: „Was immer verstanden oder aufgenommen wird, wird in der Art und Weise des Aufnehmenden aufgenommen – durch diese Art und Weise aber auch gefärbt und geformt." Ein Kind nimmt anders auf als ein Erwachsener – ein Hund anders als ein Mensch. Eine Flüssigkeit passt sich der Form des Gefäßes an, in die man sie gießt – um wieviel mehr der Geist! (vgl. S. 32).

„*Das bedenke du nur immerhin*", möchte man mit Mann sagen, denn wenn diese wichtige Lehre besser berücksichtigt würde, stünde es auch besser um unsere Welt. Anstelle von Glaubenskriegen und „feindlichen Übernahmen" würde dann das Streben treten, sich selbst zu verändern, indem man sich als Teil einer allgemein wirkenden Lebenskraft sieht, sich in ein „Lebensnetz" eingebettet fühlt, um mit Fritjof Capra zu reden. Letzteres führt sicherlich zu einem friedlicheren, anspruchsloseren Zusammenleben als die Vergötzung der eigenen Persönlichkeit – verhilft also dazu, sich statt für individuelle Interessen für allgemein gültige Werte einzusetzen.

* * *

Es ist mir wohl bewusst, dass die Idee, eine Ausstellung zum Thema „Labyrinth" zu organisieren, vielfältiger Unterstützung, des Mitdenkens und des Mitarbeitens bedarf. Daher ist es angebracht, zu danken. An erster Stelle gilt mein Dank den Kunstschaffenden, die bereit waren, sich überhaupt an einer themengebundenen Ausstellung zu beteiligen, was ja nicht selbstverständlich ist. Jede und jeder von ihnen hat auf ihre und seine Weise einen Beitrag zum Verständnis des uralten Themas „Labyrinth" geliefert. Vom Reichtum und von der Vielfalt der Beiträge werden Sie, verehrte Besucher, sich bald selbst überzeugen können. – Ich möchte Sie auch herzlich darum bitten, sich mit den ja fast vollzählig anwesenden Künstlern im persönlichen Gespräch über ihre Werke zu unterhalten. Sie werden erstaunt sein, mit welch anderen Augen Sie die Exponate danach betrachten!

Ganz herzlich möchte ich aber vor allen *Bär Schöller* für seine engagierte Mitarbeit danken. Er hat nicht nur ein Labyrinth-Bild gemalt, das schon verkauft ist, bevor es überhaupt ausgestellt wurde – Sie können es trotzdem nachher bewundern – sondern ganz entscheidend zur ja so wichtigen Dokumentation der Ausstellung beigetragen, indem er die glänzende Idee hatte, einen wertvollen Kalender zu schaffen. Er hat den Schlüssel zur Dokumentation der Ausstellung gefunden und erhält daher als Dank hierfür einen Schlüssel-Anhänger mit einem Labyrinth – natürlich aus Chartres!

Nach einer allgemeinen Einführung zum Thema, die ich verfasste, enthält der Kalender auf einer Seite der Monats-Kalender-Blätter neben dem Kalendarium zwei Abbildungen der ausgestellten Kunstwerke mit Biographie und einer Erläuterung der Exponate durch die Künstler selbst. Auf der Rückseite der Blätter ist ein „Ewiger Kalender" mit ebenfalls zwei Abbildungen der ausgestellten Kunstwerke zu sehen. Dort können Sie, meine sehr verehrten Damen und Herren, Ihre persönlichen Geburts- und Gedenktage eintragen, die an Freude und Leid – an Geburt und Tod erinnern!

Herr Schöller erreichte wider alles Erwarten in großer und selbstloser Arbeit auch die Finanzierung des Kalenders. Dafür sei ihm und den Spendern ganz herzlich gedankt, die nun – so wollen wir hoffen – auch ein schönes Werbegeschenk in der Form des Kalenders haben!

Mein Dank wäre sehr unvollständig, würde ich nicht Bürgermeister *Zeidler*, das Kunstforum und den Kunstverein der Gemeinde Remshalden erwähnen, die uns diese schönen Räume für einen Monat kostenlos zur Verfügung gestellt und die Kosten für Bewirtung und Werbung übernommen haben. Wir – d.h. die GESELLSCHAFT FÜR NATUR UND KUNST – sind hier ja zum zweiten Mal zu Gast, denn 1998 veranstalteten wir hier schon eine recht erfolgreiche Ausstellung zum Thema „Einhorn".

Nun hoffe ich, dass auch über dieser Ausstellung ein guter Stern stehen möge, denn das Thema „Labyrinth" ist interessant und ebenso ewigwährend, wie das „Einhorn". Vielleicht gelingt dem ein- und anderen von Ihnen die Erkenntnis: „Im Labyrinth verliert man sich nicht. Im Labyrinth findet man sich. Im Labyrinth begegnet man nicht dem Minotaurus. Im Labyrinth begegnet man sich selbst."

Nachdem ich Sie nun – wie ich hoffe – für das Thema „Labyrinth" interessiert habe, darf ich die Ausstellung eröffnen. Ich wünsche Ihnen so viel Freude bei dem Betrachten der Bilder, dass Sie sich zum Kauf des ein oder anderen Werkes entschließen werden. Die Künstler werden Ihnen sicherlich für diese aktive Unterstützung unserer gemeinsamen Bemühungen dankbar sein!

Das Lusthaus in Stuttgart

Beitrag für die Publikation des Vereins zur Förderung und
Erhaltung historischer Bauten e.V. –
Herausgeber Roland Ostertag, 2008

Ansicht des Lustgartens. Stich von Merian, 1616

In den „Mittleren Anlagen" von Stuttgart steht seit 1904 das Fragment des ehemals herzoglichen „Lusthauses", das dorthin versetzt wurde, nachdem das Gebäude selbst 1902 an seinem ursprünglichen Standort neben dem Neuen Schloss abgebrannt ist. Dieses Fragment, das sich im Besitz des Landes befindet, ist von einem Zaun umgeben und mit einer Stützkonstruktion aus Stahlrohren notdürftig zusammengehalten. Die versteckten, verwahrlosten und ruinösen Reste machen heute einen beklagenswerten Eindruck, sind also nicht gerade ein leuchtendes Beispiel dafür, wie sich die „öffentliche Hand", die doch Vorbildcharakter haben sollte, im Umgang mit unserem kulturellen Erbe zu verhalten hat. Sie liefern vielmehr Anschauungsmaterial dafür, dass die zuständigen Institutionen und Personen hier gründlich versagt haben! (vgl. S. 181) Daher wurde unter der Leitung von Prof. Ostertag am 31. Juli 2008 ein Verein gegründet, der sich die Sanierung und Rettung der Ruine zum Ziel gesetzt hat.

Schon seit über 30 Jahren wird – seinerzeit angeregt durch das Landesdenkmalamt (Kempter) – darüber diskutiert, wie die Ruine gesichert und in einen präsentablen Zustand versetzt werden kann, doch fehlt es noch immer an verbindlichen Entscheidungen. Dies ist im vorliegenden Fall besonders bedauerlich, denn es handelt sich um die Reste eines Bauwerks, von dem schon der Augsburger Patrizier Philipp Hainhofen 1606 meinte, es sei *einem irdischen Paradeiß zu vergleichen* und das Dehio zu den *bedeutendsten Profanbauten der deutschen Renaissance* zählte. Diese Qualifikation findet sich im Brockhaus von 1952 wieder. Auch der bekannte Chronist Stuttgarts, Gustav Wais, nannte das Gebäude *eine der edelsten Schöpfungen deutscher Renaissance.*

Folgende Schritte sind nun zu unternehmen:

1. eine fachgerechte Dokumentation des jetzigen Zustandes, auf den neuesten Stand gebracht,
2. ein Maßnahmekatalog,
3. eine Kostenschätzung, insbesondere aber
4. eine denkmalschutzrechtliche Genehmigung,
5. ein Finanzierungsplan und schließlich
6. ein Zeitplan für die Durchführung der Maßnahme.

In der gegebenen Situation ist es sinnvoll, sich ein vorläufiges Bild von dem Architekten des Lusthauses, von dem Gebäude selbst und von dessen Zukunft zu machen. Dies ist der Sinn der nachfolgenden Ausführungen.

Der Architekt

Das Stuttgarter Lusthaus wurde von dem *fürstlichen Baumeister Görg Ber* – später Georg Beer – für *Herzog Ludwig von Württemberg und Teck, Graf zu Mömpelgard und Herr zu Heidenheim* (1554 – 1593) errichtet. Die genaue Feststellung des Geburtsdatums von Georg Beer wurde durch die sehr unterschiedliche Schreibweise seines Namens erschwert, jedoch kann heute davon ausgegangen werden, dass er 1522 oder 1527 in Bönnigheim zur Welt kam. Sicher ist, dass er bis zum 15. Juli 1600 lebte und in der Stuttgarter Hospitalkirche begraben wurde. Seine Lehre begann er bei dem Hofbaumeister Aberlin Tretsch. Die Wanderjahre führten ihn ins Elsass und nach Italien. Nach der Heirat kehrte er 1552 zunächst nach Bönnigheim zurück. 1576 übernahm er das Amt des Hofbaumeisters von Aberlin Tretsch und zog nach Stuttgart, wo er sich in der Calwer Straße ein stattliches, heute nicht mehr erhaltenes, doch durch Abbildungen dokumentiertes, Wohnhaus errichtete. 1587 nahm er den zwanzigjährigen Heinrich Schickhardt als Mitarbeiter auf, der ihm wiederum als Herzoglicher Baumeister nachfolgte.

In Stuttgart baute Georg Beer im Auftrag Herzog Ludwigs das berühmte „Lusthaus", dessen Reste uns hier beschäftigen, 1590 leitete er den Wiederaufbau der abgebrannten Stadt Schiltach, in Tübingen errichtete er das Collegium Illustre (Wilhelmstift, 1588 – 1592), in Hirsau wurde nach seinen Plänen ein herzogliches Jagdschloss gebaut (1592 – 1595). Mehrere Kirchen wurden nach seinen Plänen errichtet, so die Gotteshäuser von Pleidelsheim, Höpfigheim, Thieringen und Schiltach. Auch die Gestalt des Giebels von

Schloss Magenheim geht auf einen Entwurf Beers zurück. Seine Werke haben weit über seinen Tod hinaus Bestand, weil er künstlerische Qualität mit Tradition und handwerklichem Können in hervorragender Weise zu verbinden vermochte.

Das Lusthaus

Das Hauptwerk des Architekten Georg Beer ist das 1584 bis 1593 errichtete Stuttgarter Lusthaus (vgl. S. 279). Es sollte ein Festsaal und Treffpunkt der Residenz werden, wurde es auch und gibt so einen Einblick in die Zeitgeschichte. Mit diesem Werk begann eine neue Stilepoche, die revolutionär gewirkt haben mag. Sie verwarf die mittelalterliche Mystik und wandte sich nun auch in unserer Region der realistischen, weltlichen Klarheit des Renaissancestils zu, welcher in Italien und daraufhin Frankreich entwickelt worden war. So entstand das Neue Lusthaus mit Arkaden und Ahnengalerien, mit Rundbögen, Brunnenbecken und Wasserspielen.

Als Standort für das Lusthaus wurde der Platz gewählt, an dem sich heute das Gebäude des Württembergischen Kunstvereins befindet – also ganz in der Nähe des später errichteten Neuen Schlosses. Wir müssen uns einen für die damalige Zeit mächtigen Bau von einer Grundfläche von 77 mal 34 m vorstellen, der wegen des feuchten Untergrundes auf einem Pfahlrost stand, gebildet durch 1.700 Eichen- und Buchenpfähle. Den ersten Pfahl schlug der Herzog selbst am 30. März 1584 ein und legte am 23. Mai 1584 den Grundstein zu diesem *Prachtgebäude sonder gleichen*, das ganz aus hellen Sandstein-Quadersteinen bestand und dessen Errichtung 3 Tonnen Goldes verschlang.

Leider verstarb Ludwig am 28. August 1593, einen Tag vor der Einweihung, sodass er diesen Festakt nicht mehr miterleben konnte. Ursache für seinen Tod war wohl der Neckarwein, vor dem ihn seine

Büste des Baumeisters Georg Beer, vom südlichen Hauptgiebel. Zeichnung von Beisbarth

Ratgeber vergeblich warnten: *Wehe dem schönen fruchtbarn Fürstenthumb Wirtemberg, Inn welchem groß trincken fürgehet!*, schrieb ein Zeitgenosse. Schließlich hat den hochgelehrten, leutseligen Ludwig am 8. August 1593 der Schlag getroffen: *Man sagt, er sei in einer Stunde lebendig und tot gewesen, weil er bei glühender Hitze seinen Durst mit einem kühlen Trunck gestillet haben* (zitiert nach Gerhard Raff).

Das Lusthaus mit seinen beiden steil aufragenden, volutengeschmückten Giebeln hatte eine Höhe von 34 m, womit es sogar die Stiftskirche überragte. Mit einem Winkel von 72 Grad war dessen Dach sehr steil und fast eben so hoch wie der Baukörper des Erd- und

Obergeschosses zusammen. Aus dem bekrönenden, halbrunden Giebelfenster neigte sich die Büste des Baumeisters Georg Beer den tief unten stehenden Menschen zu.

Im Erdgeschoss des Gebäudes befanden sich drei quadratische Bassins, in denen sich bunte Fische tummelten. Zentrum dieser Bassins war je eine mit bronzenen Wasserspeiern geschmückte Brunnensäule. Der Raum diente als Wandelhalle und hatte eher musealen Charakter. Er wurde von einem Netzgewölbe überspannt, das in der Breitseite von drei, in der Längsseite von neun, also insgesamt von 27 kannelierten Säulen auf quadratischen Postamenten getragen wurde. Oettinger gibt 1610 hiervon folgende Beschreibung: *Es sind in diesem saal drey gevierte brunnencästen, auf dem boden ... also beschaffen, dass ir ringsherum gehen und zur heißen sommerzeit mit erküelung und einem frischen luft sich trefflich erquicken kan.*

Fast das gesamte Obergeschoss wurde von einem einzigen, 58 m langen stützenfreien Festsaal eingenommen. Dort waren an den Wänden die Statuen der herzoglichen Vorfahren aufgereiht und der ganze Raum von einer flach gespannten, hölzernen Tonnendecke überwölbt, deren maximale Höhe 14 m betrug. Auf dieser Decke war die Entwicklung des gesamten Weltlaufes dargestellt – von der Erschaffung der Welt bis zum Sündenfall, von der Anbetung des Lammes bis hin zum Jüngsten Gericht. Der Stuttgarter Historiker Harald Schukraft rühmt den Saal als den „großartigsten Innenraum, der je in Stuttgart existierte".

Dieser Saalbau ist ein Bautyp, der in der Renaissance aufkam, denn der Adel war zunehmend bestrebt, sich bei seinen Festen zurückzuziehen. Früher hatten die Feste vorwiegend im öffentlichen Raum und unter Teilnahme des Volkes stattgefunden. Nun zieht man in adligen Kreisen die Abgeschlossenheit von Schlössern und Gärten vor.

Rings um den zweistöckigen Bau zog sich ein gewölbter, filigran gearbeiteter Arkadengang. Die vier zylindrischen Ecktürme mit hohen, einschwingenden Kegeldächern waren nur durch diesen Gang mit dem Kernbau verbunden. Eine Freitreppe auf beiden Längsseiten führte in das obere Stockwerk, in dem sich der erwähnte Festsaal befand. Diese Treppe war durch ein bekrönendes Zwerchhaus mit steil aufragendem, durch ein kräftiges Gebälk vom Baukörper abgesetztem Dach mit verziertem Giebel verbunden. Genau diese Freitreppe überstand die dramatischen Ereignisse, von denen nachfolgend berichtet wird und genau sie wurde schließlich in die Mittleren Anlagen versetzt.

Doch bevor wir uns mit diesen Resten eines architektonischen Wunderwerks näher befassen, soll noch ein kurzer Blick auf dessen Schicksal geworfen werden:

Die weitere Geschichte des Lusthauses

1750 beauftragte Herzog Carl Eugen den Oberbaudirektor *Leopoldo Retti* mit dem Umbau des Lusthauses zu einem Opernhaus, das mit rund 1200 Sitzplätzen zu den schönsten und geräumigsten Theatern seiner Zeit zählte. An der westlichen Langseite des Gebäudes wurde ein Magazin für Dekorationen angebaut. 1757 verlängerte man den Bühnenraum nach Norden. 1758 wird die neu entstandene Oper für Herzog Carl Eugen wiederum umgebaut, diesmal durch den Baumeister *Philippe de La Guêpière.* 1811 wird der nördliche Giebel durch *Nikolaus Friedrich von Thouret* abgebrochen. Auch die äußeren Umfassungsmauern verschwinden nach und nach hinter Anbauten und Erweiterungen. So wurde die äußere Form des Lusthauses bis zur Unkenntlichkeit verändert. 1845/46 erfolgte schließlich unter König Wilhelm I. durch *Gaab* und *Gabriel* der weitgehende Abriss des Neuen Lusthauses; lediglich die Umfassungsmauern, die Treppe an der Westseite und eine Folge von 15 Arkaden werden in den Neubau integriert. Die ganze Entwicklung zeigt, dass dieser Wunderbau von seinen schwäbischen Besitzern nie richtig verstanden und akzeptiert wurde.

Lusthaus/Königliches Hoftheater. Lithographie von 1825

Der Umbau von 1845/46 war zunächst der verhängnisvollste Schritt der Zerstörung. Der Stuttgarter Architekt Karl Friedrich Beisbarth (1808 – 1878), der den Abbruch leiten musste, erkannte allerdings die Bedeutung dieses Bauwerks und hielt dessen Grundstruktur sowie viele Details in Zeichnungen fest.
Er schuf unter Aufwendung all seiner Energie und Zeit eine exakte, 268 Blatt umfassende Bauaufnahme von höchster Qualität.

Nur diese Bauaufnahme, die vom kleinsten Detail, wie z.B. den Beschlägen der Bassinhallentüren, bis zu einer rekonstruierten Gesamtansicht reicht, vermittelt der Nachwelt wenigstens eine Vorstellung von Aussehen, Konstruktion und Charakter dieses Kunstwerks. Beisbarths Plan, die komplette Bauaufnahme zu veröffentlichen wurde zwar nie verwirklicht, jedoch können wir uns anhand dieser Zeichnungen heute noch ein gutes Bild vom ursprünglichen Zustand des Neuen Lusthauses machen.

In der Nacht vom 19. auf 20. Januar 1902 erfolgte schließlich die ultimative Zerstörung durch Brand. Bis heute ist ungeklärt, ob Brandstiftung die Ursache hierfür war. Indizien legen der Verdacht nahe, dass dieser Brand, der nach einer Aufführung nachts im

Beisbarth, Rekonstruierter Blick
in den Portikus

Dachstuhl begann, von höchsten Kreisen inszeniert wurde, denn das Haus erfüllte weder die neuen bühnentechnischen Anforderungen eines modernen Theaterhauses, noch die Ansprüche des Publikums. Auch stellte die „Cannstatter Zeitung" einen Tag nach dem Brand fest, dass die *gestrige Katastrophe in der Bürgerschaft und seitens der Theaterleitung keineswegs tragisch aufgefasst* wurde. Die Versicherungssumme war immerhin das Startkapital für ein neues Theater. Nur die Freitreppe samt einem Teil des anschließenden Umgangs, die den Brand überstanden hatten, wurden 1904 als Relikt des Lusthauses in die Mittleren Anlagen versetzt. Dort stehen sie noch heute als kulissenartige Ruine, wenn auch in dem geschilderten, beklagenswerten Zustand.

Schon 1924 wurde diese Lusthausruine in das damalige Verzeichnis der Baudenkmale aufgenommen. Nachdem sie allerdings über Jahrzehnte frei der Witterung ausgesetzt war, begannen ab 1977 zaghafte Arbeiten zur Erhaltung derselben. Um den weiteren Verfall wenigstens ein wenig zu verzögern, wurden die horizontalen Flächen mit Bitumen-schweißbahnen abgedichtet. Aus dem Jahr 1986 stammt die hässliche Stützkonstruktion aus Stahlrohr. Auch wurde ein sogenanntes *Fanggerüst* eingebaut, denn man hatte erkannt, dass die Standsicherheit der Gewölbe und des Obergeschossaufbaus ohne ein solches nicht mehr gewährleistet war und somit eine *Gefährdung der Öffentlichkeit* vorlag. Seither gab es verschiedene, teils sehr umfangreiche Gutachten über die durchzuführenden Maßnahmen, jedoch fehlt es bis heute sowohl an einer klaren, mit sämtlichen Entscheidungsträgern abgestimmten Konzeption, die als Grundlage für eine denkmal-schutzrechtliche Genehmigung gelten könnte, als auch an einem Finanzierungsplan. Grundsätzlich gilt in diesem Zusammenhang, dass der optische Eindruck stets besser ist als es die chemisch-physikalische Untersuchung ergibt, denn der Verlust des Bindemittels in der Steinsubstanz tritt optisch erst nach Jahren in Erscheinung. Es ist also dringender Handlungsbedarf gegeben.

Blick in die Zukunft

Vorgesehen – wenn auch noch keineswegs entschieden – ist nun, den bestehenden Zaun zu erneuern (!) und drei Stelen aufzustellen, welche die Geschichte des Lusthauses erkennen lassen. Die Ruine soll so, wie sie jetzt steht, gesichert werden und *in Würde altern.* Eine *optische Aufwertung des Erscheinungsbildes* soll indessen bewusst vermieden werden. (Stellungnahmen des Landesdenkmalamtes und des Regierungspräsidiums von 1993 und 2005).

Die Erneuerung des Zaunes und die Beibehaltung der primitiven Stützkonstruktion aus Stahlrohren aus dem Jahr 1986 ist indessen denkmalpflegerisch fragwürdig und ästhetisch verheerend, weil hierdurch der Gesamteindruck der Ruine erheblich beeinträchtigt wird. Eine *erhebliche Beeinträchtigung* eines *Kulturdenkmals von besonderer Bedeutung* entspricht jedoch nicht dem Denkmalschutzgesetz, zeugt allenfalls von provinziellem Geist, der dem Außerordentlichen verständnislos gegenübersteht. Es sollte daher eine Lösung ins Auge gefasst werden, welche der Situation von 1904 nahe kommt und das Erscheinungsbild des Fragmentes möglichst rein zum Ausdruck bringt.

Die notwendigen Sanierungsarbeiten haben sich auch im vorliegenden Fall an dem allgemein anerkannten archäologischen Prinzip zu orientieren, nicht erhaltungsfähige Bauteile so zu erneuern, dass sie den Gesamteindruck nicht stören, jedoch von der Nähe als „neu" zu erkennen sind. Dass damit eine *optische Aufwertung* verbunden ist, liegt im wohlverstandenen denkmalpflegerischen Interesse. Dieses Prinzip entspricht den von der UNESCO und deren Fachorganisation ICOMOS gesetzten Standards und ist beispielsweise bei den Ziegelwänden des Pantheon in Rom zu beobachten, wo das Ziegelformat der neuen Ergänzungsziegel bewusst anders proportioniert ist als das historische Ziegelmaterial. Es wird auch bei den zur Zeit stattfindenden Instandsetzungsarbeiten am Helios-(Sonnen!)Tempel in Lindos auf Rhodos angewandt. Viele weitere Beispiele ließen sich anfügen, bei denen weltweit nach diesem Prinzip verfahren wurde.

Die Freitreppe des einstigen, im alten Hoftheater eingebauten
ehemaligen Lusthauses. Photographie von 1904

Mögen die genannten Beispiele die Entscheidungen der jetzt Verantwortung Tragenden befruchten und erleuchten, damit die materiellen Reste des Lusthauses und dessen geistige Gestalt als Zeugnis deutscher Frührenaissance dem Dunkel entrissen und als Anschauungsmaterial für kommende Generationen erhalten werden. Die Förderung dieser kulturelle Aufgabe ist unmittelbarer Staatszweck, ebenso wie der Umweltschutz und die Wahrung der Sicherheit im öffentlichen Raum. Die jetzt noch vorhandenen Fragmente eines der ältesten Gebäude Stuttgarts sind es also wert, umgehend gerettet und würdig präsentiert zu werden.

Abschließend sei erwähnt, dass die von Professor Ostertag angeregte Initiative erfolgreich war. Inzwischen konnten die Steine gegen das Eindringen von Wasser geschützt werden. Im Frühling 2012 wird auch der Wandelgang mit seinem Kreuzgewölbe renoviert.

Das Stuttgarter Bohnenviertel

aus „Nachrichtenblatt des Landesdenkmalamtes", Juni 1977

E rfreulicherweise plant die Landeshauptstadt, das Bohnenviertel, das in ihrem Kern-
gebiet liegt, von den Zufällen und Zwangsläufigkeiten zu befreien, die Kriegszerstörungen und ein seit über dreißig Jahren kaum gehemmter Verfall mit sich brachten. Es
wurde zu diesem Zweck aufgrund einer Anregung des Landesdenkmalamtes (Kempter)
ein Wettbewerb ausgeschrieben, der zum Ziel hatte, das Viertel als Wohngebiet mit in-
nerstädtischem Charakter auch in Zukunft zu nutzen und eine Flächensanierung auszuschließen. Gewünscht wurde also eine bewußte, doch behutsame Verbesserung des
Areals, eine *Stadtgestaltung aus der Sicht des Menschen.* Dieser Wettbewerb war der
Anlass zu den nachfolgenden Gedanken, die sich aus denkmalpflegerischer Sicht mit der
Erhaltung der Bausubstanz und mit deren Nutzung befassen.

Das Bohnenviertel liegt südlich des Charlottenplatzes. Es wird von der Charlottenstra-
ße, der Olga-, Pfarr- und Esslinger Straße umgrenzt. Als Stadtgebiet läßt es sich bis ins
15. Jahrhundert zurückverfolgen, denn damals errichtete man eine Stadtmauer, die entlang der Kanal- und Weberstraße verlief, um sich gegen die Angriffe der Freien Reichs-
städte zu verteidigen. Seit 1604 ließ Herzog Friedrich, der Erbauer des Engelberger Jagdschlosses (vgl. S. 263-305), auf der Stadtmauer kleine Häuschen errichten. An ihnen wurden Bohnen gepflanzt, die dem Areal die Bezeichnung „Bohnenviertel" eintrugen. Im
Laufe der Jahrhunderte wurde das von Weinbauern und kleinen Handwerkern bewohnte
Gebiet zu einem Treffpunkt der *Veschperlesmoischter* und *Knackwurschtprivatiers.*

Die Bauwerke, die im Lauf der Jahrhunderte im Bohnenviertel entstanden, dokumentieren in sinnfälliger Weise die Entwicklung eines Areals, das seine Abgrenzung nach
Süden spätmittelalterlichen Verteidigungszwecken verdankte und vom 16. bis 18. Jahrhundert mit Häusern kleinbürgerlichen Zuschnitts bebaut wurde. Teils saßen diese Häuser
auf der Stadtmauer auf, wie beispielsweise in der heutigen Weberstraße, teils standen sie
an Straßen, die rechtwinklig auf die Stadtmauer zuführten: Kanal-, Brenner-, Wagner-
und Pfarrstraße. Die Wagnerstraße hieß früher Metzgergasse, und die Pfarrstraße ist die
alte Judengasse. Diese Namensänderungen weisen auf soziale Entwicklungen früherer
Jahrhunderte.

Das Geld, das nach dem gewonnenen Siebziger Krieg in Form von Reparationsleistungen Frankreichs nach Deutschland floß, führte in Stuttgart zu einer stürmischen städte-
baulichen Entwicklung, von der auch das Bohnenviertel nicht unberührt blieb. Man baute
im Stil der Gründerjahre nach außen hin recht aufwendige Gebäudeblocks aus Natur- und
Backstein mit auffälligen Details, prächtigen Portalen und handwerklich hervorragend

gearbeiteter Bauplastik, wobei man sich von den Bauformen der Romanik, Gotik, der italienischen und französischen Renaissance und des Barock inspirieren ließ.

Das Bohnenviertel im 19. Jahrhundert. Die ehemalige Stadtmauer ist überbaut, und davor wurde die Weberstraße angelegt. Kanal-, Rosen-, Brenner- und Wagnerstraße mit ihrer klaren Reihenbebauung führen rechtwinklig auf die Weberstraße zu.

Nach der Jahrhundertwende hielt auch der Jugendstil mit eher zaghaften Dekors seinen Einzug – kurz, ein Bauhistoriker findet im Bohnenviertel für seine Stilanalysen reiches Anschauungsmaterial.

Nach dem Zweiten Weltkrieg plante die Stadt, im Bohnenviertel ein technisches Rathaus zu errichten, und kaufte daher so viel Gelände dort auf, daß sie sich heute im Besitz von nahezu 60% des Grundes befindet. Da andere Bauprojekte der Stadt vorrangig durchzuführen waren, blieb das Bohnenviertel von architektonischen Eingriffen unberührt – verschont würde man heute gerne sagen, denn gerade dadurch, daß vorgesehene Planungen aus den 60er Jahren nicht zur Durchführung gelangten und nun auch definitiv ad acta gelegt worden sind, haben wir heute die Chance, nach neuen Gesichtspunkten Sinnvolles zu verwirklichen – *eine Jahrhundertaufgabe*, wie kürzlich mit Elan formuliert wurde.

Die vorgegebene Situation führte zu dem eingangs erwähnten Wettbewerb, zu dessen Vorbereitung das Landesdenkmalamt (vertreten durch den Autor) zunächst dadurch beitrug, daß es im Einvernehmen mit der Stadt dreißig Kulturdenkmale und weitere elf erhaltenswerte Gebäude feststellte.

Hervorzuheben ist in diesem Zusammenhang, daß nicht nur den Einzelbauten, nicht nur dem durch sie bedingten Gestaltgefüge, sondern auch dem Stadtgrundriß kulturhistorische Bedeutung zukommt. Zwar ist er nur noch verunklärt ablesbar, doch gerade aus dieser Verunklärung spricht der Wandel von der ursprünglichen Reihenbebauung zur Blockbebauung des 19. und beginnenden 20. Jahrhunderts.

Dieser Stadtgrundriß ist ein „städtebauliches Denkmal" von erheblichem Aussagewert. Daher sollte es vermieden werden, ihn etwa durch Schaffung diagonal geführter Straßenfluchten, die nachweislich niemals dort existierten, weiter zu beeinträchtigen.

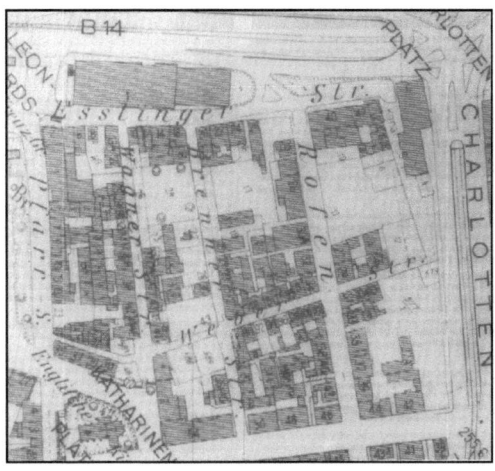

Der heutige Plan des Bohnenviertels zeigt einerseits die starken Kriegszerstörungen und die Nachkriegsprovisorien, andererseits auch die Blockbebauung des 19. Jahrhunderts, die entkernt werden muß.

links: Die Rosentrasse, ein typischer Straßenzug aus der Mitte des 19. Jahrhunderts mit Mietshäusern. Verputztes Fachwerk über Naturstein-Sockel.
rechts: Die Wagnerstraße, in der zwar die Architektur der Gründerzeit überwiegt, aber die kleinparzellige Struktur des späten Mittelalters noch vorhanden ist.

Wo Neubebauung erforderlich ist, sollte diese sich an dem im Bohnenviertel vorhandenen und international bewährten Prinzip der Blockstruktur orientieren. Die Blockbebauung kann – reich variiert und von verschiedenen Bauträgern ausgeführt – durch ihren Wechsel von privaten und öffentlichen Räumen zur Belebung des Viertels wirkungsvoll genutzt werden.

Weiter ist bei Neubauten im Bohnenviertel, wie ganz allgemein beim Bauen in historischer Umgebung, darauf zu achten, daß bei der Festlegung von Dimensionen (Höhen und Breiten), Proportionen (Fenster- und Türformate) und Dachformen die Elemente der Altbauten gestaltbestimmend bleiben, d. h. wohl ergänzt und gesteigert, nicht aber negiert werden. Ebenso sind Materialien und Farben so zu wählen, daß ihr Bezug zu den bestehenden Bauten augenfällig ist. Der lokale Maßstab soll also gewahrt werden und als Richtschnur dienen. Negativ ausgedrückt: Maßstabsbrüche, Baulücken, überlange Straßenfronten und Zerstörung der Erdgeschosse durch unproportionierte Schaufenster sind zu vermeiden. Es wäre wünschenswert, daß möglichst bald eine Satzung entwickelt wird, die diesen Gedanken Rechnung trägt und sie detaillierend vertieft.

links: In einigen Straßenzügen, wie hier in der Wagnerstraße, haben sich noch Häuser aus dem 17./18. Jahrhundert erhalten. Auch die alte Pflasterung ist noch vorhanden.
rechts: Zu den ältesten Gebäuden im Bohnenviertel gehört dieses frühbarocke Fachwerkhaus mit Mansarddach an der Ecke Rosen- und Weberstraße. Mit seiner rückwärtigen Giebelseite sitzt es auf der alten Stadtmauer auf. Leider ist der bauliche Zustand des Gebäudes so schlecht, daß es nur mit sehr großem Einsatz gerettet werden kann.

Diese aus der historischen Substanz ableitbaren gestalterischen Ziele können nicht ohne Bezug zur Realität angestrebt werden. Es muß vielmehr klar erkannt und ausgesprochen werden, daß gerade bei einer so komplexen Bauaufgabe wie der Sanierung des Bohnenviertels die Denkmalpflege bei der Integrierung ihrer historischen und ästhetischen Belange nur dann Aussicht auf Erfolg hat, wenn sie ihrerseits bereit ist, wirtschaftliche und soziale Interessen zu berücksichtigen und bei deren Gewichtung mitzuwirken. Als denkmalpflegerisch relevante Themen sind also auch solche zu betrachten, die mit Formen der

Nutzung, mit dem Wohlbefinden der Bewohner und mit dem „Image" des Altstadtviertels zu tun haben, auch wenn dieser Themenkreis vom baden-württembergischen Denkmalschutzgesetz nicht angesprochen ist.

Die heutige Situation beschrieb Frank Werner folgendermaßen: *Auch wenn sich das Bohnenviertel nach schwersten Kriegszerstörungen heute kaum noch des programmierten Verfalls und der zerstörerischen Einkreisung durch Bauten des rollenden und stehenden Verkehrs erwehren kann, so ist trotz alledem immer noch ein matter Abglanz seiner schillernden Geschichte spürbar. Nur nachts, wenn fehlfarbige Neonleuchten Teile des Viertels mit jenem aufdringlich unangenehmen Make-up überziehen, welches das Alter krampfhaft zu übertünchen versucht, dann wirkt dieser Teil der Stadt ... erschreckend hohlwangig und ausgebrannt.*

Klassizistisches Gebäude mit Zwerchgiebel aus der ersten Hälfte des 19. Jahrhunderts. Die „Wiederkehr" am Fuß der Giebeldreiecke, die Geradlinigkeit und die damit verbundene Klarheit und Strenge der Gliederung sind typisch für diese Bauepoche. Das Bauwerk wird durch den wohl erst nachträglich über Eck gestellten Eingang und eine rustizierte Erdgeschoßzone belebt.

Anders ausgedrückt läßt sich über den jetzigen Zustand des Viertels folgendes sagen: Es leben dort zur Zeit etwa 650 Menschen, von denen die meisten Ausländer sind. Nur sechs von ihnen führen gepachtete Betriebe, die anderen hätte man früher als Industrieproletariat bezeichnet. Sie wohnen dort, weil die Unterkünfte billig sind; sonst haben sie keinerlei Bindung an das Viertel. Abgesehen von den vielen Ausländern sind etwa ein Drittel der Bewohner alte Menschen, die sich an ihr Quartier gewöhnt haben.

Es gibt im Bohnenviertel zwanzig Gaststätten und vier Antiquitätenläden. Zudem gibt es dort zwei Schneider, ein Feinkostgeschäft, einen Töpfer und einige alteingesessene Handwerksbetriebe, die unter den heutigen Bedingungen am Rand des Existenzminimums leben müssen.

Auch beginnt sich dort eine *Bürgerinitiative* zu formieren, die bis jetzt allerdings mehr durch spektakuläre Aktionen als durch kreative und vor allem realistische Ideen von sich reden machte. Sie kann in Zukunft aufgrund ihrer intimen Kenntnisse des Viertels einen wichtigen Beitrag bei der Definition von Entwicklungszielen und der Realisierung des Planungsprozesses leisten, wenn sie sich kooperativ verhält. Auch kann sie durch ihren Einfluß auf die Bewohner dazu beitragen, daß diese „ihrem" Viertel gegenüber eine positive innere Haltung einzunehmen lernen. Vertreter der Bürgerinitiative könnten Vorträge organisieren oder abhalten, in welchen die Beziehungen ihres Viertels zu vergleichbaren baulichen Strukturen an anderen Orten erläutert werden. Erfahrungsgemäß steigt die Bereitschaft, Kulturdenkmale zu erhalten, dadurch, daß man ihren Wert erkennt und anerkennt. Durch Hinweise auf *das ‚letzte Gefecht' aus dem bekannten Lied* wird die Bürgerinitiative allerdings eher erreichen, ignoriert als ernst genommen zu werden.

Das Ziel des Wettbewerbs ist es einerseits, die jetzige Nutzung zu belassen, andererseits, die Wohnqualität, wo nötig, zu verbessern, so daß die Bevölkerungsabwanderung aus der Innenstadt verringert wird. Das Viertel soll in Zukunft von Menschen bewohnt werden, die zu ihm eine echte Beziehung haben oder erlangen können. Es sind dies sicherlich eher Familien als Junggesellen und Gastarbeiter.

links: In der Mitte des 19. Jahrhunderts folgt der Nüchternheit und Strenge des Klassizismus die Epoche des Historismus, der auf die Vielfalt vorhergegangener Bauepochen zurückgreift, deren Stilelemente allerdings in freier Weise verwendet. Der Ausschnitt des Gebäudes Katharinenplatz 1 zeigt einen Jüngling mit weintraubenbeladener Bütte unter einer reich ausgearbeiteten, mit Krabben besetzten Fiale. Diese Art der gotischen Bauplastik war ursprünglich nur dem Sakralbau vorbehalten.

rechts: Ganz aus Naturstein in hervorragender handwerklicher Technik ist die Fassade des Gebäudes Brennerstraße 30 ausgeführt. Die anderen Hauswände sind aus Backstein, ein im Stuttgarter Mietshausbau häufig zu beobachtender Materialwechsel. Die künstlerische Gestaltung des Hauses orientiert sich im wesentlichen an der Formensprache der Spätrenaissance.

Neubaustandards sind zur Schaffung solcher Wohnquartiere nicht immer angemessen. Vielmehr können und müssen gerade aufgrund der denkmalpflegerischen Belange und der besonderen Situation dieses Viertels Ausnahmegenehmigungen von allzu starren Neubauvorschriften gewährt werden.

Es scheint wünschenswert, daß – auch in Stuttgart – die Entstehung eines Viertels gefördert wird, in dem sich eine eher künstlerisch orientierte Bevölkerung aus sämtlichen sozialen Schichten wohlfühlt. Wird dieses Wohngebiet durch Grünflächen, Antiquitätenläden, Spezialitätenrestaurants, Kunsthandwerksbetriebe etc. bereichert, so wird es lebendig sein. Die Chance zur Schaffung eines solchen Viertels ist jetzt gegeben.

Da die Stadt weitgehend Eigentümerin des Grundes ist, kann sie durch Auflagen bei Verpachtung oder Verkauf darauf hinwirken, daß das umrissene Ziel erreicht wird: Einen festzulegenden Teil kann sie in Erbpacht für die Zwecke des sozialen Wohnungsbaus vermieten – nicht verkaufen, da die Mieten sonst zu teuer werden. Anderes Gelände könnte im jetzigen Zustand verkauft werden, wobei darauf zu achten ist, daß nur kleine Parzellen in eine Hand gelangen. Auf diese Weise lassen sich maßstabssprengende Großbauten vermeiden.

Schließlich kann die Stadt auf ihrem eigenen Grund zuerst einzelne Gebäude in denkmalpflegerisch korrekter Weise renovieren bzw. neu bauen und sie erst dann veräußern. Mit dem Erlös könnten weitere Gebäude instandgesetzt werden. In dieser Weise kann man weiter verfahren, bis ein ganzes Areal die gewünschte Gestalt erlangt. Daß hierbei auch noch wirtschaftlich sinnvoll gearbeitet werden kann, läßt sich an vielen Beispielen nachweisen (Bremen, Amsterdam u.a.). Selbstverständlich können diese Ziele nur dann erreicht werden, wenn hierfür ein politischer Wille vorhanden ist.

Aus dem Gesagten erhellt sicherlich, daß konkreten Planungen eine Bestandsaufnahme („Ist-Image") und eine eindeutige Bestimmung der Entwicklungsziele („Soll-Image") vorausgehen müssen. Bei der Definition des Soll-Image dürfen nicht nur Primärziele wie z. B. „Altbau-Erhaltung" oder „Verkehrsentlastung" ins Auge gefaßt werden. Vielmehr muß versucht werden, vorherzusehen, zu welchen Konsequenzen diese Maßnahmen ihrerseits sowohl für das Viertel als auch für dessen Umgebung führen. Unliebsame Spätfolgen sind also nach Möglichkeit modellhaft durchzuspielen, um sie von vornherein auszuschließen. Erst wenn beide Aspekte, das Ist- und das Soll-Image, klar definiert sind, kann mit ihrer Synthese, d. h. der Umsetzung in die Wirklichkeit begonnen werden.

Aus dem Gesagten erhellt weiterhin, daß es den Pflegern unseres kulturellen Erbes nicht darum zu tun ist, *die Vergangenheit zu inflationieren* und somit *dem gesellschaftlichen Fortschritt Zügel anzulegen*. Das denkmalpflegerische Ziel ist vielmehr im vorliegenden Fall, die Kulturdenkmale dadurch vor dem Verfall zu retten, daß zeitgemäße, auch zukunftsorientierte Nutzungen möglichst geschickt in die vorhandene Altbausubstanz integriert werden. Der hierbei mögliche Widerspruch zwischen alter Form und neuer Funktion muß bewußt in Kauf genommen werden und wird so lange bestehen, wie bauliche Strukturen dauerhafter sind als soziale.

Durch den Vollzugserlaß zum Denkmalschutzgesetz sind die Denkmalschutzbehörden aufgefordert, dort mitzuwirken, wo denkmalpflegerische Belange berührt sein können. Der Bereich der Nutzung ist hiermit nicht angesprochen. Dennoch muß bei Stadtsanierungen auf die Frage der Nutzung besonderes Augenmerk gerichtet werden, wenn man nicht nur ein Bild, sondern einen Lebensraum erhalten will. Ein Zusammenwirken aller Kräfte ist Voraussetzung zum Gelingen eines solchen Vorhabens.

Um die Jahrhundertwende errichtet wurde das Gebäude Brennerstraße 25.
Auch hier zeigt sich, in welch freier, fast ironischer Weise der Künstler Elemente der Spätrenaissance als bauplastischen Dekor verarbeitet hat. Bei genauerer Betrachtung sieht man, daß das Rollwerk nur in großen Zügen symmetrisch, im Detail aber höchst asymmetrisch ausgeführt ist. Der „alte Zecher" in mittelalterlichem Kostüm thront auf einem Faß, das von einer Lisene aus Rustikaquadern getragen wird – ein ungewöhnliches Motiv.

Weberstraße 49/51. Neben dem Materialwechsel von Rustika und Backstein sind an diesem Gebäude die Hochparterre-Lösung beachtenswert sowie die Asymmetrie der Fenster- und Türachsen und die sorgsame Durchgestaltung der Fenstereinfassungen.

Floraler Jugendstildekor an
dem Eckgebäude Weber-
und Brennerstraße, das
vor dem Ersten Weltkrieg
errichtet wurde. Leider fehlt
die Spitze des Türmchens.

Literatur

R. Antonoff, Wie verkauft man seine Stadt?, Düsseldorf 1971.

O. Borst, Stuttgart – Die Geschichte der Stadt, Stuttgart 1973.

F. Lenz-Romeis, Image und Erscheinungsbild – die neue Masche, in: Baumeister 3, 1971.

K. Lynch, Das Bild der Stadt, Berlin 1965.

M. Trieb, Stadtgestaltung – Theorie und Praxis, Düsseldorf 1974.

M. Trieb, Milieu und Bereich, in: Der Architekt 9, 1975.

M. Trieb und A. Markelin, Stadtbild in der Planungspraxis, Stuttgart 1976.

F. Werner, Alte Stadt mit neuem Leben – Architekturkritische Gänge durch Stuttgart, Stuttgart 1976.

Die Calwer Straße in Stuttgart

Vortrag vor der „Stuttgarter Herrenrunde" am
28. Oktober 2010

Am 1. September 1978, also vor etwa einer Generation, wurde das Bauprojekt „Calwer Straße" eingeweiht. Da erscheint ein zusammenfassender Rückblick sinnvoll, denn es zeigte sich inzwischen, dass damals zur rechten Zeit die richtigen Menschen zusammenfanden und dass deren Interessen zu dem verschmolzen, was heute als „Die Calwer Straße" in nationalem und internationalem Rahmen bekannt geworden ist.

Nach so langer Zeit darf ich mir einen etwas persönlich gefärbten Bericht über das Projekt erlauben: Wiederum am 1. September, allerdings im Jahr 1970, begann ich meine berufliche Tätigkeit beim damaligen „Amt für Denkmalpflege" als „wissenschaftlicher Angestellter". Der Leiter des Amtes war Dr. Georg Siegmund Graf Adelmann, der mir von einem Kurs für Denkmalpflege in Rom berichtete, welchen die Fachorganisation der UNESCO, das „International Comitee of Monuments or Sites" (ICOMOS) dort durchführt. Da ich zuvor studienhalber und geschäftlich für längere Zeit in Paris und New York gewesen war, reizte es mich besonders, an diesem Kurs in der Ewigen Stadt teilzunehmen, der mein fachliches Wissen verbessern konnte. So bewarb mich umgehend beim Kultusministerium um die Teilnahme. Insbesondere versprach ich dem dortigen Referenten für Denkmalpflege, Herrn Dr. Herter, einen „Bericht", was ihn hoch erfreute, denn er meinte, dass man diese Institution stets finanziell unterstützt hat und kaum ahnt, was dort geschieht.

Am 1. Juli 1971 fuhr ich also in meinem VW-Cabrio nach Rom ab, um an dem dortigen Kurs für Denkmalpflege zusammen mit 45 Studenten aus 17 Nationen teilzunehmen. Besonders lernte ich dort die urbanistischen Aspekte der Denkmalpflege kennen. In unserem Amt galten damals ja nur Kirchen, Schlösser und Fachwerkhäuser als „Denkmale" – keineswegs jedoch ein ganzer Straßenzug!

Am 2. Juli 1972 kehrte ich in mein Amt zurück. Inzwischen war am 1. Januar 1972 das Denkmalschutzgesetz („DschG") in Kraft getreten, dessen § 19 erstmalig den Begriff „Gesamtanlagen" benannte. So konnte *die Administration* – wie der damalige Baubürgermeister Bruckmann schrieb – *Mut fassen. Sie gab ihre bis dahin geübte Zurückhaltung auf.* Dies tat sie zunächst vor allem in meiner Person, denn die *Erfahrungen des Rom-Kurses, mit der neuen Gesetzgebung zu verbinden*, war eine reizvolle Herausforderung.

Ich will nun in sechs Schritten die Situation beschreiben:

1. Die Idee
2. Die rechtliche Umsetzung der Idee
3. Das Bauvorhaben und dessen Realisierung
4. Das Ergebnis des Bauvorhabens
5. Die Haltung der Kollegen
6. Die Bewertung aus heutiger Sicht

1. Die Idee

Das Zentrum Stuttgarts war 1945 zu 90 % kriegszerstört. Erhalten blieb dort auf der nordwestlichen Seite der Calwer Straße ein Häuserzug von 15 Häusern mit einer Länge von 135 m, die zwar eine *geschlossene Übersicht* über die Stil-Entwicklung vom 17. Jahrhundert bis in die Jugendstilzeit gewährten – „eine letzte Idylle, aus heimatgeschichtlicher Sicht von unschätzbarem Wert" – ein „Stück Qualität, das niemand mehr aufgeben mochte", wie geschrieben wurde – jedoch *kein harmonisches Bild, keine mittelalterliche Einheit*! Die Bausubstanz der Gebäude war zumeist total heruntergekommen. In einem Fall verlangte die Baupolizei, welche endlich die Wohnungen besichtigte, dass die Bewohner noch in der selben Nacht ausziehen sollten. Und hinter den zur Straße gewandten Fassaden befand sich in Richtung Theodor-Heuß-Straße ein Stück innerstädtischen Ödlands, zum Teil unbebaut, zum Teil von Baracken und abbruchreifen Gebäuden verunziert.

Keiner der Eigentümer wohnte mehr dort, doch 86 Deutsche und 102 Ausländer lebten in den heruntergekommenen Wohnungen als Mieter. Manche Eigentümer betrieben sogar eine bewusste Verfalls-Politik, indem sie immer mehr Mieter aus immer niedrigeren sozialen Schichten in den kleinen Räumen zusammenpressten. Nur scheinbar reagiert eine Stadt nicht auf ein solches Vorgehen, das bis dahin von den Baugenehmigungsbehörden legitimiert wurde – ohne zu bedenken, welcher Schaden hierdurch nicht nur der Bausubstanz selbst, sondern der Stadt insgesamt angetan wird. Investitionen blieben auch deswegen aus, weil von Seiten der Stadt der Abbruch des gesamten Straßenzuges zumindest diskutiert wurde. Derartige Investitionen hätten daher sogar ein unzumutbares Risiko bedeutet. Eine wie immer geartete verbindliche Planung für das Quartier von Seiten der Stadt gab es zum damaligen Zeitpunkt jedenfalls nicht.

Es war zwar festzustellen, dass in Stuttgart ein Drittel der international renommierten Architekten Deutschlands wohnte. Dennoch war das Stadtbild von „architektonischer Stümperarbeit", von „quälender Stillosigkeit" und „beleidigender Stupidität" geprägt, die in Deutschland „fast einmalig" sei, wie berichtet wurde. Ich muss gestehen, dass ich diese Meinung zu guten Teilen teilte (Beispiel: Rotebühl- und Marienplatz). Auch der damals berühmte Philosophieprofessor der Stuttgarter Universität, Max Bense, meinte: „Stuttgart ist nur noch der Ort meiner Füße!" Ähnlich dachte auch Graf Adelmann, der zu mir väterlich-wohlmeinend sagte: „Was wollen Sie denn in Stuttgart? In Stuttgart ist doch sowieso nichts mehr los! Kümmern Sie sich um Hostienkelche und Messgewänder!"

Dennoch konnte und wollte ich aufgrund meiner Erfahrungen des Romkurses einen neuen Aspekt einbringen: Ich schlug vor, dass man den ganzen Straßenzug der oberen Calwer Straße unter Denkmalschutz stellt. Dies wohlgemerkt zu einer Zeit, in der

- so etwas zumindest im Raum des Regierungspräsidiums Nord-Württemberg noch niemals gemacht worden war,
- in der die Stadt „sehr knapp bei Kasse war",
- und beim Denkmalamt ein „allgemeiner Zuschussstopp" verfügt wurde, worüber das Amt selbst in lautes Klagen ausbrach und von einer „puren Katastrophe" und von einen „totalen Bankrott" sprach, was die Medien natürlich gerne aufgriffen.

In dieser Situation suchte ich Hilfe bei eben diesen Medien. Besonders befreundete ich mich mit den Redakteuren Fach, Spohn und Sparna von den „Stuttgarter Nachrichten", zu denen ich leichten Zugang fand, denn eine meiner Klassenkameradinnen und Studienkolleginnen aus meiner Münchner Zeit war Maria Anna Bernhard, die Tochter des Konsuls Bernhard, der die „Stuttgarter Nachrichten" nach dem Zweiten Weltkrieg gegründet hatte. Maria Anna berichtete wohl ihrem Bruder Rudolph Bernhard, damals der Chef dieser „Stuttgarter Nachrichten", von meiner Idee. Es ergab sich nun folgender chronologisch zusammengestellter Ablauf:

16. II. 1973: Die Stuttgarter Nachrichten" berichten erstmalig auf ihrer Ersten Seite über den Straßenzug unter dem Titel: „Stuttgarter Denkmalschützer warnt: Alte Bürgerhäuser in Gefahr. Stadtplaner wollen Calwer Straße neu bebauen lassen." Im Lokalteil dieser Zeitung wird fast eine ganze, reich bebilderte Seite der Calwer Straße gewidmet (s. S. 136).

24. II. 1973, also nur eine Woche später, berichten die Stuttgarter Nachrichten, dass die englische Firma *Chesterfield & Ronson* bereit ist, die erhaltenswerten Häuser in ein Ladenzentrum zwischen Calwer Straße und Theodor Heuss-Straße einzubeziehen. Diese Firma, reich an Petrodollars, verhandelte am 2. V. 1973 mit dem Stadtplanungsamt über dieses Thema, das somit auch die politischen Entscheidungsträger beschäftigte.

STUTTGARTER NACHRICHTEN

Freitag, 16. Februar 1973 · 28. Jahr · Nr. 40 · Einzelpreis 40 Pf   Unabhängig · Überparteilich   100 Lire · 3,50 öS · 0,60 sfr · 16 Pesetas

Die ältesten Bürgerhäuser im Stadtzentrum   Bild: Kraufmann

Stuttgarter Denkmalschützer warnt:

Alte Bürgerhäuser in Gefahr

Stadtplaner wollen Calwer Straße neu bebauen lassen

STUTTGART — Denkmalschützer wollen in Stuttgart verhindern, daß eine der letzten Idyllen der Innenstadt verschwindet. Es handelt sich um einen Teil der Calwer Straße, deren Bauten als letzte zusammenhängende Gruppe der ältesten Bürgerhäuser von Stuttgart gelten.

Das Gebiet zwischen Rotebühlplatz, Calwer und Theodor-Heuss-Straße soll nach den Vorstellungen der Stuttgarter Stadtplaner neu bebaut werden. Interessenten als mögliche Träger einer solchen Sanierung haben sich bereits im Rathaus gemeldet. Bisher ist jedoch über einen möglichen Bebauungsplan noch nicht konkret verhandelt worden. Die Stadt hat nämlich bisher keinen Hehl daraus gemacht, daß auch sie an einer Erhaltung der Fassaden in der Calwer Straße interessiert ist. Das habe bei den Interessenten „ungläubiges Staunen" hervorgerufen.

Dr. Kempter, wissenschaftlicher Berater beim Landesdenkmalamt in Stuttgart, hat die Häuser bereits angesehen. Er meint, daß sie methodisch untersucht werden müssen und dann zusammen mit der Stadt über einen Ensembleschutz dieses Teils der Calwer Straße zu beschließen sei.

Für die Besitzer muß dies keineswegs nachteilig sein. Kempter glaubt sogar, daß bei all den möglichen finanziellen Vergünstigungen in so einem Fall die Rendite für erhaltene Häuser höher sein könne als bei Neubauten an gleicher Stelle *(Lokalteil).*

136

2. Die rechtliche Umsetzung der Idee

15. III. 1973: Das *Amtsblatt* der Stadt Stuttgart berichtet über die Stellungnahme der Parteien zur Calwer Straße. Die drei großen Parteien stehen der Erhaltungs-Forderung des Denkmalamtes positiv gegenüber. Auch der Städtebau-Ausschuss gibt eine positive Stellungnahme ab.

7. V. 1973: In der *Denkmalratsitzung* beim Regierungspräsidium stelle ich die Calwer Straße vor und empfehle die Eintragung des gesamten Straßenzuges als „Gesamtanlage" gemäß § 19 des neuen Denkmalschutzgesetzes. Der Denkmalrat stimmt der Empfehlung des Denkmalamtes zu.

8. V. 1973: Die *Stuttgarter Nachrichten* berichten, das sich OB Klett im Städtebau-Ausschuss dafür ausgesprochen habe, „das Bild des oberen Teils der alten Gasse zu erhalten".

14. V. 1973: Auch der *Bezirksbeirat* beschließt einstimmig, der Anregung des Denkmalamtes zu folgen und „dieses Ensemble zu erhalten". Der Städtebau-Ausschuss fasst den selben Beschluss mit einer Gegenstimme.

12. VII. 1973: Am Tag meines 37. Geburtstags trägt die *Allgemeine Rentenanstalt* (ARA) dem Stadtplanungsamt ihre Absicht vor, einen *Gutachter-Wettbewerb* für das Areal Calwer Straße – Rotebühlplatz – Theodor-Heuss-Straße und Langestraße auszuloben.

17. VII. 1973: Das *Institut für Baugeschichte* der Universität Stuttgart beschließt, eine photogrammetrische, d.h. verformungsgetreue Bauaufnahme des in Frage stehenden Straßenzuges anzufertigen (Genauigkeit: + – 3 cm). In der gesamten Bundesrepublik hat nur dieses Institut die hierfür notwendige technische Einrichtung und es arbeitet bei dieser Gelegenheit erstmalig mit dem Denkmalamt zusammen!

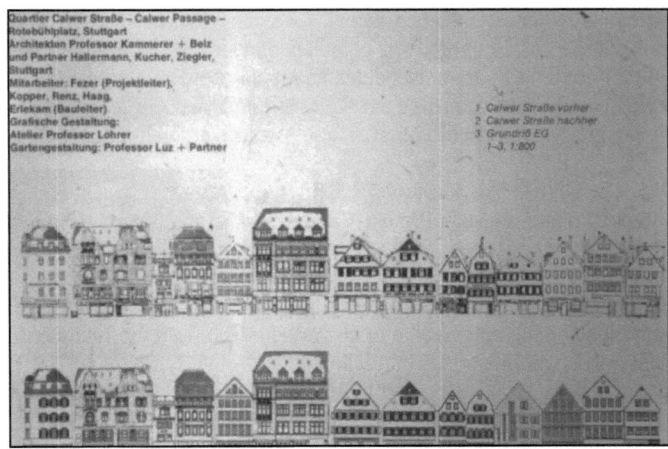

Photogrammetrische
Aufnahme

12. XI. 1973: Das *Denkmalamt* erstellt ein Gutachten, in welchem die Bedeutung der Gesamtanlage und der einzelnen Gebäude begründet wird. Das Kulturamt der Stadt Stuttgart schließt sich der Begründung an.

3. Das Bauvorhaben und dessen Realisierung

Ursprünglich wollte die ARA nur ein Wohn- und Geschäftshaus an der Ecke Rotebühl- und Theodor-Heuss-Straße – also im Stadtzentrum – bauen. Doch am 12. VII. 1973 schrieb sie einen (auch gegen Chesterfield & Ronson gerichteten) Wettbewerb unter sechs bekannten Architekturbüros aus, der den Erhalt des nordwestlichen Straßenzuges der Calwer Straße und des gesamten Quartiers zwischen Lange Straße, Theodor-Heuss-Straße und Rotebühlplatz beinhaltete.

14./15. VI. 1974: Das *Preisgericht* tagt und erteilt dem Entwurf von Kammerer & Belz den Ersten Preis. In der Begründung heißt es: „Die Architekten Kammerer & Belz verstanden es am besten, die komplexe städtebauliche Situation in den Griff zu bekommen". Die geniale Idee des Entwurfes liegt darin, dass die Fahrgäste, welche die Station „Stuttgart Mitte" benutzen, nicht auf den langweiligen und lärmerfüllten Rotebühlplatz entlassen werden, sondern auf einen baumbestandenen Innenplatz, der ein eine *Passage* mündet. Damit wird erstmalig in Deutschland nach dem Zweiten Weltkrieg eine Bauidee des 19. Jahrhunderts wieder aufgegriffen, die damals besonders in Mailand und London großartig verwirklicht worden war. Alle Menschen, die die U- und S-Bahnstation benutzen, gelangen so vom Straßenverkehr geschützt in einen Bazar-Markt mit vielen kleinen und großen Geschäften und mit Restaurants.

XII. 1974: Der *Aufsichtsrat der ARA* beschließt das „Unternehmen Calwer Straße" – das bis dahin größte Bauvorhaben der Gesellschaft – mit einem „uneingeschränkten Ja!", denn man war dort davon überzeugt, dass in der Calwer Straße „etwas sehr Sinnvolles und etwas Schönes entstehen kann". Gerechnet wurde hierbei zunächst noch gar nicht! Auch wurde das Bauvorhaben gänzlich ohne Kredite oder Zuschüsse von irgend einer Seite durchgeführt. Der entscheidende Anstoß des Bauherren für sein Engagement in der Calwer Straße aber war, dass am Rotebühlplatz der Kreuzungspunkt von U- und S-Bahn mit entsprechendem Publikumsverkehr gebaut werden konnte.

1975: Die UNESCO erklärt dieses Jahr zum *„Jahr des Denkmalsschutzes"*. Und die Stadt Stuttgart konnte nun das Projekt Calwer Straße als „ihrem Beitrag zum Jahr des Denkmalschutzes" benennen.

28. I. 1975: Die Stuttgarter Zeitung berichtet über das Bauvorhaben: „Eine fußgängerfreundliche, denkmalgerechte und verkehrstechnisch befriedigende Lösung wurde erreicht" – also in einem ganzheitlichen Ansatz eine Synthese geschaffen, nicht nur ein einzelner Aspekt (z.B. „Rendite") durchgepeitscht. „Die Quadratur des Kreises scheint geglückt", heißt es weiter und dann spricht sie von „einem Meilenstein der Stuttgarter Stadtplanung", die in Wirklichkeit, wie erwähnt, in diesem Quartier noch gar nicht exis-

tiert hatte! Die komplette Überplanung des Quartiers erfolgte erstmalig durch das Büro Kammerer & Belz.

11. IX. 1975: Der *Städtebauausschuss* beschließt den Bebauungsplan gemäß dem Entwurf von Kammerer & Belz, obwohl er zunächst „mit ungläubigem Staunen" auf die Forderung des Denkmalamtes reagiert hatte, in dem nordwestlichen Straßenzug der Calwer Straße ein erhaltenswertes Denkmal unserer Kultur zu sehen. Er hatte eben inzwischen hinzugelernt ...

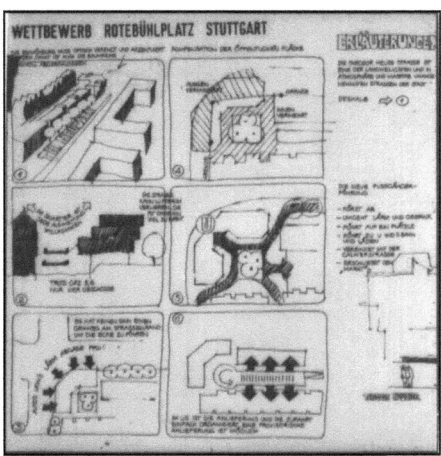

Entwurfsskizzen

Januar 1976: *Beginn der Bauarbeiten.* Sie mussten bis Herbst 1978 abgeschlossen sein, weil dann der Bau der Haltestelle „Stuttgart Mitte", dem Kreuzungspunkt von U- und S-Bahn, eröffnet werden sollte. Es blieb also nur eine extrem kurze Bauzeit von 1 ¾ Jahren!

Bauarbeiten

Im *Gesetzblatt* vom 31. März 1976 wird das Straßenbild im Einvernehmen mit der Stadt Stuttgart als „Gesamtanlage Obere Calwer Straße" unter Denkmalschutz gestellt. „Dr. Kempter bezeichnet dies", wie die Presse berichtete, „als einen Grund zum Feiern".

139

§ 7

Wer in dem einstweilig sichergestellten Gebiet entgegen § 17 Abs. 3 des Reichsnaturschutzgesetzes vorsätzlich oder fahrlässig Veränderungen vornimmt, oder den Bestimmungen des § 4 zuwiderhandelt, handelt ordnungswidrig im Sinne des § 13 Abs. 2 Nr. 4 des Gesetzes zur Ergänzung und Änderung des Reichsnaturschutzgesetzes, und kann mit einer Geldbuße belegt werden.

§ 8

Diese Verordnung tritt am Tage nach ihrer Verkündung in Kraft.

STUTTGART, den 31. Dezember 1975   In Vertretung
                                          DR. SCHAUDE

Rechtsverordnung
des Regierungspräsidiums Stuttgart über die
Gesamtanlage »Obere Calwer Straße«
in Stuttgart

Vom 6. Februar 1976

Auf Grund des § 19 des Gesetzes zum Schutz der Kulturdenkmale (Denkmalschutzgesetz) vom 25. Mai 1971 (Ges.Bl. S. 209) wird im Einvernehmen mit der Stadt Stuttgart verordnet:

§ 1

Das Straßenbild im Bereich des in § 2 näher beschriebenen Gebiets in der Innenstadt Stuttgarts wird als Gesamtanlage »Obere Calwer Straße« unter Denkmalschutz gestellt.

(1) Zum Gebiet der geschützten Gesamtanlage gehören folgende Flurstücke:

Teil der Calwer Straße (Flurstück 363) ab Höhe des Gebäudes Calwer Straße 38 A (einschließlich Dachtraufe über der Langestraße) bis zu den Flurstücksgrenzen von Rotebühlplatz (Flurstück 196) und Alte Poststraße (Flurstück I A Lit. C 7);

Teil des Rotebühlplatzes im Anschluß an die Calwer Straße, begrenzt durch die Nordwestgrenze des Flurstücks Rotebühlplatz 10 mit Verlängerung nach Südwesten um 6 m und die Verlängerung der Nordwestgrenze des Flurstücks Rotebühlplatz 18 nach Südwesten um 16 m sowie die gerade Verbindung der beiden Endpunkte der Verlängerungslinien;

Teil der Alten Poststraße (Flurstück I A Lit. C 7) im Anschluß an die Calwer Straße, begrenzt in östlicher Richtung durch die bis zur Nordgrenze des Flurstücks Rotebühlplatz 10 verlängerte Westgrenze des Flurstücks Alte Poststraße 8;

die Flurstücke Calwer Straße 38 A und B auf ihre jeweilige Tiefe, Calwer Straße 40–60 (gerade Nummern) auf eine Tiefe von 17 m, Calwer Straße 62/64 und Rotebühlplatz 18 auf ihre jeweilige Tiefe, Calwer Straße 37–41 (ungerade Nummern) auf eine Tiefe von 15 m bis zum Schnittpunkt mit der Grundstücksgrenze zwischen Calwer Straße 41 und 43, Calwer Straße 43 und 45 auf ihre jeweilige Tiefe.

(2) Im Gebiet der geschützten Gesamtanlage befinden sich die Gebäude Calwer Straße 38 A und B bis 64, Rotebühlplatz 18, Calwer Straße 37 bis 45 und der Brunnen vor dem Gebäude Calwer Straße 45.

(3) Die Grenzen der Gesamtanlage sind in dem Lageplan vom 25. Juni 1975 im Maßstab 1 : 500 rot eingetragen, der beim Regierungspräsidium Stuttgart aufbewahrt wird. Weitere Ausfertigungen des Lageplans befinden sich bei der Stadt Stuttgart – Stadtplanungsamt – als untere Denkmalschutzbehörde und beim Landesdenkmalamt Baden-Württemberg in Stuttgart. Der Lageplan kann während der Sprechzeiten eingesehen werden.

(1) Gegenstand des Schutzes ist das historische Straßenbild.

(2) Das Straßenbild wird insbesondere durch folgende Merkmale der in § 2 Abs. 2 erwähnten Gebäude geprägt: Höhe, Breite und Fluchtlinien; Giebel- und Traufstellung; Bauweise in Stein oder verputztem Holzfachwerk; Vorkragung und Geschoßzahl; Form, Neigung und Deckung des Daches; Gestalt der Fenster (Sprossen, Umrahmung, Läden); Gesimse und Farbigkeit.

(3) Zum Straßenbild gehören über die in Abs. 2 genannten Merkmale hinaus folgende Besonderheiten: Louis-XVI-Türe im Erdgeschoß der Calwer Straße 38 A, über Eck gestellt; Jugendstilfassade in Werkstein Calwer Straße 54 mit Erker im zweiten und dritten Obergeschoß; Fenster im Giebel der Calwer Straße 56; abgewalmtes Schieferdach Calwer Straße 58; Jugendstilfassade in Werkstein der Calwer Straße 62/64 mit zwei Giebeln und abgewalmtem Dach; abgewalmtes Dach Rotebühlplatz 18 mit Inschriftenplatte von 1807 sowie die Werksteinfassade und das abgewalmte Dach der Calwer Straße 41.

(1) Veränderungen an dem geschützten Straßenbild bedürfen der Genehmigung der unteren Denkmalschutzbehörde.

(2) Genehmigungspflichtig sind insbesondere:

a) Vorhaben hinsichtlich baulicher Anlagen, anderer Anlagen und Einrichtungen im Sinne der Landesbauordnung, auch wenn sie keiner Baugenehmigung bedürfen,

b) die Anbringung von Markisen, Beleuchtungskörpern und Einrichtungen der Diebstahlsicherung, wenn sie vom Straßenraum aus sichtbar sind,

c) die Erneuerung der Dachdeckung, Gesimse, Türen, Fenster mit ihren Umrahmungen und Läden, des Verputzes und der Farbe der Gebäude, wenn die erneuerten Gebäudeteile vom Straßenraum aus sichtbar sind,

d) die Errichtung oder Aufstellung von Anlagen und Einrichtungen im Straßenraum, soweit diese nicht nur vorübergehend ist,

e) die Gestaltung der Straßenbeleuchtung sowie des Straßenbelags und die Veränderung des Straßenniveaus.

(3) Die Genehmigung ist zu erteilen, wenn die Veränderung das Straßenbild nur unerheblich oder nur vorübergehend beeinträchtigen würde oder wenn überwiegende Gründe des Gemeinwohls unausweichlich Berücksichtigung verlangen.

(4) Die Genehmigung kann mit Bedingungen oder Auflagen verknüpft werden.

(5) Bedürfen Veränderungen nach Abs. 1 oder 2 nach anderen Vorschriften einer Genehmigung, tritt die Zustimmung der Denkmalschutzbehörde an die Stelle ihrer Genehmigung.

(6) Die Denkmalschutzbehörde hat vor ihrer Entscheidung die Gemeinde zu hören.

(7) Die Genehmigungspflicht nach § 8 Abs. 1 Denkmalschutzgesetz für folgende bauliche Anlagen des § 2 Abs. 2

bleibt unberührt: Calwer Straße 50 (Giebelhaus mit Krüppelwalm der Biedermeierzeit und ehemalige Handelsniederlassung des Pioniers der württembergischen Textilindustrie Panagiot Wergo), Calwer Straße 54 (Jugendstilfassade in Werkstein mit Erker), Calwer Straße 56 (gegliederte giebelständige Fassade der Biedermeierzeit), Calwer Straße 58 (klassizistisch-neubarocke Fassade mit Medaillons und Friesen sowie abgewalmtem Schieferdach mit Mansardfenstern), Calwer Straße 62/64 (Jugendstilfassade in Werkstein mit romanisierendem Dekor und verziertem Portal), Calwer Straße 45 (Barockpalais in Werkstein mit Walmdach, ehemaliges Palais Gültlingen), Calwer Straße 41 (Natursteinfassade im Stil des französischen Stadtpalais des 19. Jahrhunderts mit Walmdach) sowie der Verkaufsraum im Erdgeschoß Calwer Straße 39 und der Brunnen vor dem Gebäude Calwer Straße 45 (klassizistisch).

(8) Wurden rechtswidrig Veränderungen an dem geschützten Straßenbild vorgenommen und sind diese nicht genehmigungsfähig, kann die Wiederherstellung des geschützten Bildes angeordnet werden.

§ 5

Wer vorsätzlich oder fahrlässig ohne Genehmigung der Denkmalschutzbehörde die in § 4 Abs. 1 und 2 bezeichneten Handlungen vornimmt oder den in der Genehmigung enthaltenen Auflagen oder Bedingungen zuwiderhandelt, handelt ordnungswidrig im Sinne des § 33 Abs. 1 a des Denkmalschutzgesetzes und kann mit einer Geldbuße bis zu 20 000,– DM belegt werden.

§ 6

Diese Verordnung tritt am Tage nach ihrer Verkündung in Kraft.

STUTTGART, den 6. Februar 1976   ROEMER

Herausgegeben vom Staatsministerium. Fortlaufender Bezug nur durch die Post, halbjährlich 11,– DM. Einzelnummern werden durch die Versandstelle des Gesetzblatts 7 Stuttgart 1, Augustenstraße 13 – Tel. 66 76 App. 2727 – gegen Voreinsendung des Preises auf ihr Konto Nr. 603 30-709 beim Postscheckamt Stuttgart abgegeben. Preis dieser Nummer bei freier Lieferung 2,40 DM. Im Bezugspreis ist keine Mehrwertsteuer enthalten. Gedruckt in der Buchdruckerei Chr. Scheufele in Stuttgart.

1. IX. 1978: Nach knapp zweijähriger Bauzeit konnte die *Einweihung der „Calwer Straße"* nun wirklich gefeiert werden. Prof. Kammerer stellte bei dieser Gelegenheit fest: „Die Häuserzeile ist aus der Schaufel des Baggers direkt in die schützenden Arme der Denkmalpflege gerettet worden. So wurde aus einem Denkmal ein Milieu." Ferner meinte er in seiner Eröffnungsrede: „Lassen Sie mich zum Schluss noch einmal die wichtige Frage stellen: Ist die Calwer-Straßen-Erneuerung eigentlich ein Akt der Denkmalpflege geworden? Nein – sie ist eher als eine Architekten-Aufgabe unserer Tage zu sehen, für den Bürger Vergangenheit, Gegenwart und vielleicht auch Zukunft im Rahmen eines Projektes verstehbar zu verknüpfen". Damit hatte er freilich ungewollt die Aufgabenstellung moderner Denkmalpflege recht klar definiert. Das Denkmalamt, das den Anstoß zu dem gesamten Projekt gegen hatte, wurde nur en passant erwähnt und der Oberbürgermeister Rommel delektierte sich: „Zwei Denkmalpfleger – drei Meinungen!" So unrecht hatte er gar nicht. Wir werden hierauf noch zurückkommen.

Im Oktober 1978 strahlte das Erste Deutsche Fernsehen einen *Film über die Calwer Straße* aus, den *Gisela Reich* gedreht hatte. Für die Dreharbeiten mietete sie sich und ihr Team während vier Wochen in der ehemaligen Metzgerei Wünsch ein. Der Film trug den Titel: „Ein starkes Stück". Das war auf die Calwer Straße bezogen, doch gilt es auch für den Film selbst, der vielfältige Resonanz fand.

fertiggestellte Calwer Straße

4. Das Ergebnis des Bauvorhabens

Dieses ist unter denkmalpflegerischen und architektonischen Aspekten zu sehen:

Zunächst hat das Denkmalamt nicht nur einen Stein, sondern viele Steine ins Rollen gebracht, indem es sich für die Unterschutzstellung der nordwestlichen Seite der Calwer Straße einsetzte. Es hat also in diesem Fall *agiert*, nicht nur auf Anfragen *reagiert*. So wurde ein Ensemble, dessen Bild in 400 Jahren gewachsen war, und das in seiner Vielfältigkeit seinesgleichen sucht, unter denkmalpflegerischen Aspekten behandelt. Dabei konnten alle Möglichkeiten der Denkmalpflege demonstriert werden:

- das *Konservieren* (Bewahren und Sichern),
- *Restaurieren* (Ergänzen von Teilen der historisch relevanten Bausubstanz),
- die *Rekonstruktion* (neu schaffen nach altem Vorbild) und – vor allem –
- das *Bauen in historischer Umgebung.*

Auch wurde besonders von Seiten der Denkmalpflege auf eine kleinteilige, denkmalverträgliche Nutzung Wert gelegt, was auch schließlich weitgehend erreicht wurde.

Doch das Projekt Calwer Straße war gleichermaßen ein moderne, urbanistische Aufgabe, die folgendes leistete:

- die Schaffung einer Verbindung von zu erhaltender Bausubstanz mit fünfstöckigen Neubauten,
- die Nutzung des Areals in der Form, dass im EG Läden und Restaurants, darüber Wohnungen und Büros, zudem eine Tiefgarage entstanden,
- die Schaffung einer Passage womit, wie erwähnt, erstmals nach dem Krieg eine Bauidee des 19. Jahrhunderts wieder aufgegriffen wurde. Diese Passage ist, wie die „ZEIT" am 1. IX. 1978 (genau am Tag der Einweihung) schrieb, „eine Attraktion, streng geformt, maßvoll verspielt, elegant, und mit künstlerischem Esprit ausgestattet. Ein Ort, an dem Menschen sich treffen, einkaufen, flanieren und sich amüsieren können – in der Summe eine schwer beschreibliche, halb private, halb öffentliche Atmosphäre". Die „ZEIT" endet ihren Bericht mit dem Urteil: „Man hat den Eindruck, als hätte es die Stuttgarter dreißig Jahre lang danach gedürstet."
- Zudem wurde die Integration der Auf- und Abgänge zum Kreuzungspunkt von U- und S-Bahn geschaffen und schließlich
- die Fertigstellung zum vorgegebenen Termin erreicht.

Baukomplex von oben

143

Man kann das Gesamtprojekt auch als einen „lebenden Organismus" beschreiben und bildlich folgendermaßen erklären: Das Rückgrat desselben ist die Häuserzeile mit ihren fragilen und als Einzelne nicht hervorragenden Gebäuden. Der innere Platz ist das Herz und die Passanten sind der Blutstrom, der das Ganze mit Leben erfüllt.

Zahlen

In unserem Zusammenhang dürfen Zahlen nicht fehlen. Zunächst zu Flächen und zur Kubatur: Die Stuttgarter Zeitung berichtete hierüber am 25. VIII. 1978:

4.300 m² Läden
5.400 m² Büros
2.400 m² sonstige Flächen (Lagerräume)
2.280 m² Wohnen (36 Wohnungen)
Tiefgarage für 100 Autos
Nutzfläche insgesamt: 15.780 m²
Bauvolumen insgesamt 98.000 m³

Auch von Geld muss in diesem Zusammenhang die Rede sein: Die Kostenschätzung für das Gesamtprojekt betrug am 28.II.1975: 32 Millionen DM.
Am 8.I.1976 wird berichtet, dass das Gesamtvorhaben 45 Millionen kosten wird, davon Sanierungskosten 12 Millionen DM.

Doch schließlich beliefen sich die Kosten bis 1978 auf insgesamt 80 Millionen DM – also eine Preissteigerung von fast Faktor 3 (– „Stuttgart 21" lässt grüßen!). Trotzdem wurden keinerlei Kredite aufgenommen.

Diese hohen Summen aus Mitteln der klammen Stadt oder gar des „bankrotten Denkmalamtes" zu bestreiten, wäre völlig undenkbar gewesen. Es ist also der Privatinitiative der ARA und insbesondere ihrem Direktor Dr. Paulus zu verdanken, dass das Projekt Calwer Straße realisiert werden konnte. Paulus bezeichnete später mir gegenüber diese Zeit als „den Höhepunkt meiner Karriere". Auch mir geht es so, wie ich rückblickend sagen muss.

Straße von oben bei Nacht

5. Die Haltung der Kollegen

Auch hierüber muss – wie angedeutet – berichtet werden, denn für mich persönlich war das ganz zentral. Diese Kollegen und besonders die *Vorgesetzten* hatten schließlich darüber zu entscheiden, ob ich mein Arbeitsgebiet und auch meinen Arbeitsplatz im Denkmalamt behalten konnte – oder auch nicht. Ich war ja damals noch nicht einmal beamtet – also jederzeit kündbar.

Leider betrachteten diese *Kollegen* mein vielfältigen Aktivitäten von vornherein mit großer Skepsis. Der Abteilungsleiter äußerte sich schriftlich darüber, dass man in der Öffentlichkeit dem Projekt Calwer Straße „in ungerechtfertigter Weise große Bedeutung einräumt" und ordnete am 31. VIII. 1976 an, dass „alle Entscheidungen notfalls vom mir vollzogen werden". Ein Kollege warnte davor, dass uns die Presse „diesen Fall noch um die Ohren hauen werde – und das mit Recht!". Ein anderer meinte, mit mir habe man „den Bock zum Gärtner gemacht". Ein weiterer *Kollege* frug mich dreist: „Wa deen Sie denn noo do? Sie hend doch g'nug Geld!". Dies überraschte und befremdete mich, denn ich war doch dazu erzogen worden, „das Gute um seiner selbst willen zu tun". Schließlich fand ich eines Morgens einen Zettel auf meinem Schreibtisch mit folgendem Inhalt: „Ab sofort sind Sie für Stuttgart nicht mehr zuständig" – unterzeichnet von eben dem erwähnten Abteilungsleiter. Ich frug ihn, was ich falsch gemacht habe. Seine Antwort war kurz und eindeutig: „Herr Kembder was soll's – Sie deen waas mir saget!"

So stand ich vor einem Desaster und innerlich naheliegenderweise vor der Kündigung. Doch ich war frisch mit einer *thailändischen Blütenfee* verheiratet die eine Eroberung des Rom-Kurses war. Zudem hatte ich eine todkranke Mutter zuhause und eine äußerst schwierige Erbsituation vor mir. Schließlich taumelte unsere Möbelfirma Behr mit ihren fast tausend Mitarbeitern und fünf Filialen in wichtigen Städten, die unserer Familie zu einem Drittel gehörte, dem Bankrott entgegen (er erfolgte auch einige Jahre später), sodass es mir geraten schien, die Zähne zusammenzubeißen und die von mir als Skandal erlebte Situation mit größtmöglicher Disziplin zu überleben. Inmitten dieses Wirrwarrs blieb ich dank meiner Prinzipien gottlob ruhig und beschwerte mich nicht bei vorgesetzten Stellen. In meiner Freizeit war ich gerade mit der Jägerprüfung beschäftigt (vgl. „Villa Gemmingen"), und von einem meiner Prüfer lernte ich den Satz: „Was juckt's die deutsche Eiche, wenn sich eine Sau daran kratzt?" – War ich nun wirklich so stabil wie eine deutsche Eiche? Sicher war ich mir dessen keineswegs!

Doch genau den gleichen Gedanken hatte ja Nietzsche in wesentlich edlerer Form formuliert: „Das Gift, an dem die schwächere Natur zugrunde geht, ist für den Starken Stärkung, und er nennt es auch nicht Gift. Am Widerstand erstarke!" Ich erinnerte mich auch an Blaise Pascal, der schrieb: „Ohne Zweifel ist es ein Übel, voll Fehler zu sein; aber es ist ein größeres Übel, voll Fehler zu sein und sie nicht erkennen zu wollen, denn man fügt ja noch den einer bewussten Illusion hinzu". So hielt ich durch.

Was mir zunächst dabei half, war die Hoffnung, dass es einen allgemeinen Aufschrei von Seiten der Architektenschaft, der Stadt, der Medien und auch des Ministeriums geben würde – doch der ist nie erfolgt. Nun hatte ich Gelegenheit, über Begriff und Realität der *Hierarchie* (von griechisch: *hieron archein*, also *heiliges Herrschen*) nachzudenken. Auch fand ich in der mir neu zugewiesenen Aufgabe – der Betreuung des fern der Landeshauptstadt gelegenen Hohenlohe- und Main-Tauber Kreises mit reichem Denkmalbestand – ein faszinierendes Arbeitsgebiet, in welchem ich viele Erfolge auf fachlichem Gebiet hatte und mich bald sehr wohlzufühlen begann.

Komme ich heute nach meiner regulären Pensionierung dorthin, so begrüßen mich meist die Denkmaleigentümer herzlich und manche Frauen umarmen mich. „'S war schön mit Ihnen. Nachher war's nimmer so schön", meinte ein Kreisbaumeister. Herr Meider aus Weikersheim, der sich in vielfältiger Weise um den Erhalt unseres kulturellen Erbes verdient gemacht hat, sagte: „Wir dachten, es kommt ein Beamter, aber es kam ein Mensch." Schließlich sei erwähnt, dass der jetzige Eigentümer des 1098 gegründeten Schlosses Stetten, das sich noch immer in Familienbesitz befindet, mich nach Beendigung meiner Zuständigkeit für den Hohenlohekreis in seinen *Ritterrat* aufgenommen und mir den Siegelring „derer von Stetten" mit drei Barten und der sinnigen Devise „allzeit scharpff" geschenkt hat.

Blicke ich zurück und versuche, mir die Haltung der Kollegen zu erklären, so mag sie ihre Ursache darin haben, dass dieselben eben relativ wenig Welterfahrung hatten. Einer davon – ein anderer Vorgesetzter – illustrierte dies mit seiner Bemerkung: „Sie haben fachliche Belange wahrzunehmen – und sonst gar nichts!" Doch ich war eben ein *Weltkind* mit abgeschlossener Schreiner- und kaufmännischer Lehre; mehrere Jahre hatte ich in Paris studiert, hatte dort in besten Kreisen verkehrt und war während acht Monaten *International Sales Representative in the City of New York* gewesen, bevor ich „Denkmalpfleger" wurde – ein Deckname für einen ungelernten Beruf, denn ein Studienfach „Denkmalpflege" gab es damals noch gar nicht. Bewerben konnte und kann sich, wer entweder ein Studium der Architektur oder der Kunstgeschichte abgeschlossen hat, wobei nur die Examensnote zählt. Dieser Maßstab ist freilich recht fragwürdig, denn Charaktereigenschaften lassen sich kaum aus Prüfungsnoten ableiten – oder ist Charakter in einer Zeit, in der sich Kleinbürger mit ihrer Betroffenheitsrhetorik die mehrheitsbestimmte Staatsverwaltung zur Beute machen, gar nicht mehr gefragt?

Man hofft eben bei der Einstellung eines potentiellen Denkmalpflegers darauf, dass er sich schon irgendwie in seine amtlichen Aufgaben einfügen wird. In meinem Fall erleichterte die unvermeidliche Nähe im selben Amt das Vergleichen, das Neid schaffen kann. Dass er bestand, wurde mir innerhalb und außerhalb des Amtes verschiedentlich gesagt. Und Neid ist eine starke Antriebskraft. Bis heute haben die ehemaligen Kollegen mit mir kaum ein Wort über das Projekt *Calwer Straße* gewechselt. Indessen schrieb die Stuttgarter Zeitung noch am 17. März 2012: „Die Straße gilt seitdem als gelungenes Beispiel für Denkmalschutz" (S. 21).

Es trafen eben hier zwei Welten zusammen und diejenige, die ich vertrat, war in meinem Amt weder mehrheitsfähig noch durch vorgegebene Autoritätsstrukturen abgesichert und meine Bemühungen um Verständnis liefen ins Leere. Betrachtet man das Projekt Calwer Straße jedoch unter dem höheren Aspekt des gesellschaftlichen Nutzens, so ist wohl nicht zu übersehen, dass dieser erheblich war und es auch noch heute ist.

Ich lernte auch während mehr als dreißig Jahren „praktischer Denkmalpflege", dass das ausschließliche Vertreten fachlicher Gesichtspunkte problematisch ist, denn aus *fachlicher Sicht* lässt sich eben immer noch *draufsatteln*, d.h. noch mehr Substanzerhalt, restauratorische Untersuchung, Bauaufnahme etc. verlangen – und den kritisieren, der zu *nachgiebig*, zu *weich* ist. Denkmalpflege ist jedoch m.E. eine integrative Aufgabe und irgendwann ist bei rein fachlicher Betrachtung eben der Punkt erreicht, an dem vor lauter konservatorischem Perfektionsdrang nur noch Ärger aufkommt, der Ruf der Institution geschädigt wird und schließlich gar nichts mehr passiert. Diese Stufe wurde erreicht und auch überschritten: Heute ist das *Landesdenkmalamt* als *Landesoberbehörde*, die nur dem Ministerium untersteht, *aufgelöst*. Es wurde den vier Regierungspräsidien unseres Landes unterstellt, Personalstellen nicht mehr besetzt und die Zuschussmittel gekürzt (die nur aus Überschüssen von Lotto und Totto stammen und die die einzige Einnahmequelle des Landes für die Finanzierung kultureller Aufgaben sind!). Zudem wurde das Amt aus der Landeshauptstadt verbannt und hat nun nur noch *beratende Funktion*.

6. Bewertung des Bauvorhabens

Das Bauvorhaben „Calwer Straße" ermöglichte eine neue, bis dahin wirklich ungeahnte Zusammenarbeit des Denkmalamtes mit verschiedenen Stellen:

* Mit dem *Institut für Baugeschichte und Bauaufnahme* der Universität Stuttgart (HPC Weidner und Dr. Nagel). Dort war man froh, eine Gelegenheit zu erhalten, einerseits die Geschichte der einzelnen Gebäude und deren Bewohner zu erforschen, andrerseits das Photogrammetriegerät nutzbringend einzusetzen, das verformungsgetreue Bauaufnahmen liefern konnte.
* Die *Polizei* war hilfreich bei der Sperrung der Straße, die für die photogrammetrische Aufnahme nötig war.
* Die *Feuerwehr* lieferte hierzu ihren Gelenkkorb mit der entsprechenden Bedienungsmannschaft.
* Sämtliche *Gremien de Stadt* waren in das Bauvorhaben eingebunden: Das Stadtplanungsamt, der Städtebau-Ausschuss und der Bezirksbeirat.
* Auch die höheren Verwaltungsstellen: Der *Denkmalrat und der Regierungspräsident* genehmigten und förderten das Vorhaben.
* Vor allem aber war die *Presse* von Bedeutung, in der später zu lesen war, dass sie das gesamte Bauprojekt angestoßen habe. Aus ihrer Sicht war das nicht einmal ganz falsch, denn ohne das Engagement besonders der „Stuttgarter Nachrichten" wäre meine Idee wohl nie in Angriff genommen worden.
* All dies hätte freilich nichts genützt, wenn nicht ein *privater Bauherr* in Gestalt des Direktors der ARA, *Dr. Paulus*, aufgetreten wäre, der die Umsetzung der schönen Ideen in weit größerem Maße vollzog, als es sich die zunächst beteiligten öffentlichen Stellen hätten träumen lassen. Mit der Wahl des hervorragenden Büros der Professoren *Kammerer & Belz* wurde die Realisierung einer beachtlichen geistigen Konzeption ermöglicht und dazuhin durch die gleichzeitige Bebauung entlang der Theodor-Heuß-Straße (wofür von Seiten der Stadt keinerlei Pläne vorlagen!) entscheidend erweitert. Die Architekten wagten den Sprung über die Jahrhunderte und schufen dabei ein neues Ganzes. Ihr Entwurf stellt ein in aller Welt (bis nach Japan und den USA) gerühmtes Musterbeispiel für *Neues Bauen in alter Umgebung* dar. Auch ich selbst hatte als ICOMOS-Mitglied Gelegenheit, über das Projekt bei einem Kongress in Washington zu berichten.

Rückblickend lässt sich sagen, dass die Überbrückung des scheinbar unüberwindlichen Gegensatzes zwischen *historischer Bausubstanz* und einer betont *modernen* Architektur hier weithin überzeugend gelungen ist und dass es ein Glücksfall war, in der Person von Dr. Paulus einen potenten und verständnisvollen Bauherren zu finden. So entstand ein „beispielhaftes Modell für Privatinitiative", wie er es bei der Eröffnung formulierte. Im nachhinein mag man hierbei auch ein *beispielhaftes Modell für die Wirkungsmacht von Ideen* erblicken.

Wie viele Verhandlungen geführt und Verträge unterschrieben, wie viel oft hochqualifizierte Arbeit verrichtet, wie viel Verständnis von allen beteiligten Stellen aufgebracht und wie viele Kompromisse zugunsten eines gemeinsam zu erreichenden Zieles geschlossen werden mussten, kann heute nur noch vermutet werden. Wenn wir nun rückblickend fragen: was wurde erreicht? So ist es folgendes:

- die *Erhaltung* eines höchst gefährdeten Straßenzuges im Zentrum der Landeshauptstadt in den aussagekräftigen Teilen,
- die *Gewinnung* eines wirklich urbanen Gebietes, das durch die historischen Gebäude wesentlich bestimmt ist,
- die *Schaffung* eines weiteren Wahrzeichens der Landeshauptstadt, und schließlich
- die *Entwicklung* eines Modells für viele andere Städte, wie sich später zeigte. Letzteres trifft insbesondere für die Wiederaufnahme der Bauidee *Passage* zu, wie heute vielerorts zu beobachten ist. Es wurde erwähnt, dass diese Bauidee aus dem 19. Jahrhundert stammt und hier nach dem Zweiten Weltkrieg in Deutschland erstmalig realisiert wurde.

Das Projekt Calwer Straße möchte ich noch heute als ein *Lehrbeispiel für die Zusammenarbeit von Denkmalpflege und Urbanistik* bezeichnen – ein für den Staat in diesem Fall billiges noch dazu, denn amtlicherseits konnte schlicht und einfach *nichts* finanziell gefördert werden. Vielleicht gerade deswegen war die solidarische Zusammenarbeit von Bauherren, Architekt und einem Denkmalpfleger vorbildlich und es konnte trotz völlig fehlender städtischer Planung oder finanzieller Förderung ein städtebaulich reizvolles Ensemble geschaffen werden – eine „Goldene Meile", wie gesagt wurde. So ist die Calwer Straße in Stuttgart zu einer guten Adresse geworden – und Deutschland um eine vorbildliche Anlage reicher.

Sicherlich war es nicht Flucht aus der Verantwortung für die Gegenwart, die alle an dem Projekt Calwer Straße Beteiligten motivierte, sondern der Wunsch, wenigstens einen wesentlichen Teil der unverwechselbaren Atmosphäre zu erhalten, die uns aus einer vergangenen Epoche überliefert wurde.

Noch einige Gedanken zum Schluss: Um die Gegenwart zu verstehen, sollten wir deren in der Vergangenheit liegende Wurzeln kennen, denn eine Gesellschaft, welche die Vergangenheit ignoriert, wird erleben, dass ihr eine schlechte Zukunft bereitet wird. Wir erleben dies heute. Daher kann es auch lohnend sein, sich mit alten Baustrukturen zu befassen, da sie, bildlich gesprochen, ein steingewordenes Gedächtnis für früher geltende Normen, Ziele und Ideale sind, von denen wir auch heute noch lernen können. Und ohne Gedächtnis lassen sich weder neue Aufgaben erfüllen, noch die Fehler der Vergangenheit vermeiden Kurz: Die Menschen können aus der Geschichte lernen – und gelegentlich tun sie's auch.

Villen in Stuttgart

zitiert aus dem Ausstellungskatalog „Inventur"

Die erste Ausstellung zum Thema „Denkmalpflege" wurde aufgrund einer Anregung von mir im Jahre 1975 vom Denkmalamt in Zusammenarbeit mit dem „Württembergischen Kunstverein" organisiert. Der nachfolgende Beitrag ist ein Auszug aus dem Einführungstext und befasst sich mit Villen in Stuttgart:

Die „Villa" als Bautyp hat ihren Ursprung in der römischen Antike. Dort entwickelte sich aus dem Landhaus, zu dem ursprünglich ein Gut gehörte, das freistehende Sommerhaus, das in eine besonders ansprechende Landschaft eingebettet wurde, wie dies am Beispiel der Villa Hadriana in Tivoli zu sehen ist. Erst in der italienischen Renaissance, in der die Gedankenwelt der Antike zu neuem Leben erwachte, wurde dieser Baugedanke wieder aufgegriffen. Die Medicis bauten im Sinn antiker Wohnkultur Villen in der Umgebung von Florenz, die Familie Farnese gestaltete sich die Villa Farnesina in Rom, und Palladio errichtete auf der Terra Firma von Venedig in der Umgebung von Vicenza seine großartigen Villen für die meist auch in Venedig lebenden Nobile.
Nach diesen Vorbildern entstanden später im nördlichen Europa unsere Villenbauten, deren Charakteristikum nach wie vor der freistehende Baukörper in einem Garten blieb und deren Zweck es war, den gehobenen Wohnbedürfnissen einer Familie und deren Bediensteten zu genügen. Sie unterscheiden sich folglich klar von der Zeilenbauweise, die in Wohngebieten der Stadt sonst üblich war. Die Grenze zu Einfamilienhäusern mit Gärtchen ist allerdings fließend, wenn auch bei letzteren in jeder – insbesondere in künstlerischer – Beziehung naturgemäß weniger hohe Ansprüchen gestellt werden.
In Stuttgart entstanden die ersten Villen zu Beginn des 19. Jahrhunderts. Der gewonnene Siebziger-Krieg und die beachtlichen Finanzmittel, die der Bauindustrie in Form von Reparationsleistungen zuflossen, führte aber den Villenbau erst zu seiner außerordentlichen Blüte. Bekannte Architekten aus dieser Zeit waren z. B. Carl Friedrich Beisbarth, Lambert & Stahl, Eisenlohr & Weigle, Schmohl & Staehlin, Heideloff, Leins, Gnauth, Gaab, Barth, Karl Hengerer & Albert Eitel, Schlößer & Weirether.
Aus dem beachtlichen Bestand von Stuttgarter Villen werden nachfolgend nur drei Beispiele, die Kriegs- und Nachkriegszerstörungen überstanden haben, ausführlicher vorgestellt, nämlich die Villa Bohnenberger (1869), die Villa Hauff (1904) und die Villa Rassbach (1925).
Die erste der drei Villen zeigt Charakteristika der italienischen Renaissance, die zweite ist am Erscheinungsbild deutscher Schlösser des Mittelalters orientiert, während die dritte

schon die Einflüsse einer neuen Sachlichkeit aufweist und mit den Vorgängerbauten daher in lehrreichem Kontrast steht.

Anschließend werden ohne vertiefende Erklärung eine Reihe von ähnlichen Stuttgarter Villen abgebildet, die alle aus dem angesprochenen Zeitraum stammen. Viele von ihnen sind inzwischen verschwunden. Die Abbildungen sollen die verschiedenen Erscheinungsformen der Villa dokumentieren, wobei ein Querschnitt ausgebreitet wird, der von palastartigen Bauten bis hin zum bescheidenen „trauten Heim" reicht.

Villa Bohnenberger

Olgastraße 9-11 a,
1869 von Beisbarth für Arthur Bohnenberger erbaut.

In der seit 1855 bebauten Olgastraße ließ der „Particulier" Arthur Bohnenberger (1836 – 1893) nach Vollendung seines dreiunddreißigsten Lebensjahres eine Stadtvilla errichten. Der Gebäudekomplex steht noch heute als „Olgastraße Nr. 9-11 a" und wird von dem amerikanischen Verbindungsamt genutzt.

Bohnenberger beauftragte für den Entwurf und die Durchführung der Baumaßnahmen den Architekten *Carl Beisbarth* (1808 – 1878), der sich zu dieser Zeit schon durch den Bau einiger Stadthäuser, z. B. das Gebäude Olgastraße 35 und Marienstraße 15, einen Namen gemacht hatte. (1874 errichtete der gleiche Architekt die Villa Single). Beisbarth war der Sohn eines Zimmermeisters, der sich durch Aufenthalte in Paris, Rom und München gründliche Kenntnisse der Architektur erworben hatte. Er war auch Bauleiter der Staatsgalerie (1840 – 1841) und des Theaterumbaus, bei welcher Gelegenheit er eine Vielzahl von Skizzen von dem ehemaligen „Neuen Lusthaus" fertigte (vgl. S. 115 f.).

Auf 268 Blättern mit 478 Nummern dokumentierte er dieses Meisterwerk deutscher Renaissance, auf ästhetische Vorzüge und konstruktive Besonderheiten verweisend. Er förderte durch dieses Compendium, das vom königlichen Polytechnikum aufgekauft wurde, ganz allgemein das Verständnis für die Epoche der Renaissance. Auf seinen Einfluß ging es auch zurück, daß Details des „Lusthauses" an der Villa Berg wiederverwendet und andere auf den Lichtenstein verbracht wurden. Ferner war Beisbarth auf dem Gebiet der Sakralkunst und des Kunstgewerbes tätig und beteiligte sich an der Herausgabe kunstgeschichtlicher Werke.

Es wird berichtet, daß er sein Leben ganz in stiller Tätigkeit, in gelehrtenhaft abgeschlossener Weise verbrachte. Trotz mancher Erfolge, wozu beispielsweise die hier näher erläuterte Villa Bohnenberger zählt, konnte er angeblich ein Gefühl der Verkanntheit am Ende seines Lebens nicht ganz verleugnen.

Die „Villa Bohnenberger" ist in ihrer Grundform ein kubischer Baukörper mit einer abgeschrägten Ecke im Nordwesten im Stil eines italienischen Renaissance-Palazzos. Der Grundriß zeigt eine leichte Asymmetrie, vermutlich bedingt durch die Verwendung von Mauern eines abgerissenen Vorgängerbaues. Als Material für sämtliche Außenmauern (also nicht nur für die zur Straße hin gekehrten Fassade, wie dies weithin üblich war), wurde feinkörniger Keupersandstein von hellgrüner Farbe verwendet, welcher in Stuttgart gebrochen wurde. Dieser Stein läßt sich zwar leicht und kantig bearbeiten, doch ist er leider nicht sonderlich witterungsbeständig, wie heute an mancherlei Gebäudeschäden abzulesen ist.

Gesamtansicht der Villa Bohnenberger, heutiger Zustand

Die wichtigsten Gliederungselemente des Baues sind an der – zur Olgastraße gekehrten – Hauptfassade konzentriert, die durch den dreiachsigen Mittelteil ihr wesentliches Gepräge erhält.

Das Erdgeschoß zeichnet sich durch das üppig gearbeitete Hauptportal und die Horizontalbänderung der Wand aus. Das I. Obergeschoß (bel étage oder piano nobile) wird durch eine Pfeiler-Arkadengruppe mit vorgeblendeten Halbsäulen nach der Art des klassischen Tabulariums gegliedert. (Drei Arkaden auf Pfeilern mit vorgesetzten Halbsäulen und Eckpilastern). Die Achsen zu beiden Seiten des Mittelrisalits sind durch zwei hohe Fenster mit flachen Dreiecksgiebeln bestimmt.

Im II. Obergeschoß wird die Idee des Tabulariums abgewandelt und durch eine Dreiergruppe von Doppelfenstern mit Hermen-Pilastern aufgelockert. In konsequenter Fortsetzung des I. Obergeschosses haben die beiden flankierenden Fenster ebenfalls hoch-rechteckige Form und sind nach oben durch ein auf Konsolen ruhendes Fenstergesims begrenzt.

Der ganze Baukörper wird durch ein Kranzgesims abgeschlossen, das zwischen gekuppelten Konsolen mit Putten, Früchtegirlanden und Inschriften dekoriert ist. So war ursprünglich an der zur Olgastraße hin gekehrten Seite zu lesen: „Der Eltern Segen erbaut den Kindern Häuser", an der Gartenseite steht an entsprechendem Ort: „Erbaut von Arthur Bohnenberger anno 1871". Ferner ist der Sinnspruch: „virtutis fortuna comes" („der Tugend Begleiter ist das Glück") und der Name des Architekten in einen Fries eingehauen.

Die Entwürfe zeigen, daß eine figurale Kranzgesims-Bekrönung vorgesehen war, von der die Sockel noch heute zu sehen sind. Die nicht ausgeführten Figuren sollten Allegorien des Handels, des Gewerbes, der Kunst und der Wissenschaft darstellen. Diese vier Figuren fanden ihre Entsprechung in der Figurengruppe der Landwirtschaft mit Initialen des Erbauers, die als Bekrönung des Erkers dominiert.

Der Bau wird von einem flachen Zeltdach bedeckt, das auf den Entwurfszeichnungen und frühen Fotografien einen belvedereartigen Balkon mit filigraner Eisenbalustrade zeigt. Dem heutigen Bau fehlt diese Bekrönung.

Frontansicht, Entwurf

Querschnitt, Erbauungszeit

Die Gartenseite wird durch einen dreiseitig vorspringenden Vorbau bestimmt, in welchem im Erdgeschoß der Gartensalon, in der „bel etage" eine Loggia eingerichtet war.

Der Bauherr verlangte ausdrücklich, daß seine Villa das ganze Jahr bewohnbar sein solle. Daher wurde im Hauptgebäude eine Warmluftzentralheizung installiert, die in den Wohn- und Schlafzimmern durch Kachelöfen ergänzt wurde. Für den Sommerbetrieb wurde durch Anbringung entsprechender Klappenverschlüsse in den Außenmauern Vorsorge für ausreichende Belüftung getroffen.

Anbauten an der Nordostseite (Dienereingang) und der Südwestseite (Skulpturen in Nischen) verstärken den Charakter der asymmetrischen Anlage. Das Wesen der Herrschaftsvilla unterstreichen drei gleichfalls reichgestaltete Nebengebäude: ein Wirtschaftsgebäude, eine Gartenloggia und ein Reithaus.

Das nordöstlich vom Haupthaus errichtete dreiflügelige Wirtschaftsgebäude diente als Wohnung für den Kutscher. Zudem waren dort ein Stall für 6 Pferde nebst Futterkammer, Sattel- und Geschirrkammer, Wagenremise, Waschküche und Bügelzimmer untergebracht. Durch einen Dienstboteneingang war die Verbindung von Wirtschaftsgebäude und Hauptbau mit Küche, Souterrain und Keller sichergestellt.

Kellergeschoss

a – Vorplatz, b – Treppe im Keller, c – Vorratskammer,
d – Kammer, e – Magazin, f – Holzmagazin,
g – Requisitenmagazin, h – Luftheizung, i – Zimmer für
4 Heizer, k – Gärtner Zimmer, l – Kammer,
m – Eiskeller, n – Kammer, o – Kohlenmagazin

Erdgeschoss

a – Vestibule, b – Haupttreppe, c – Gartensaal,
d – Badcabinet, e – Gemälde-Galerie, f – Arbeits-
Zimmer, g – Bibliothek, h – Cabinet, i – Portier,
k – Gastzimmer, l – Küche, m – Speisekammner,
n – Anrichtzimmer, o – Diensttreppe

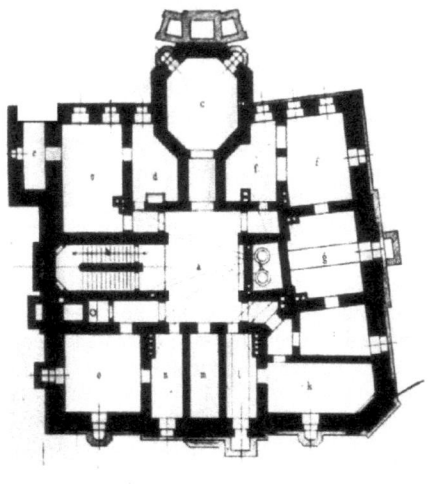

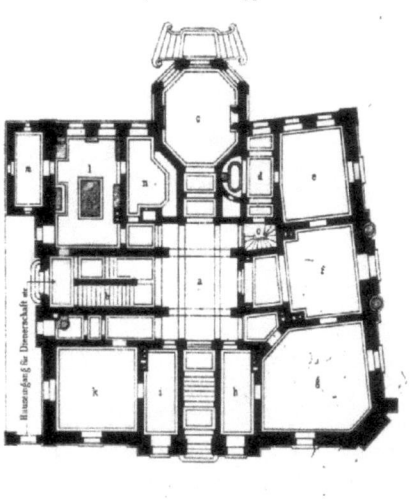

KELLER GESCHOSS

ERDGESCHOSS

II. Geschoss

a – Vorzimmer, b – Speisesaal, c – Schlafzimmer, d – Boudoir, e – Wohnzimmer für
Frau, f – Erker, g – Salon, h – Speisezimmer,
i – Kinderzimmer, k – Veranda, l – Buffet,
m – Diensttreppe

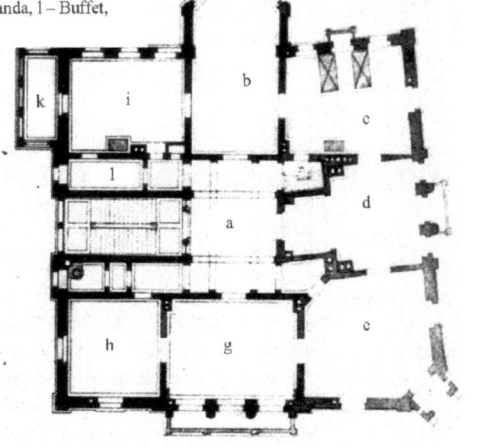

II. GESCHOSS

153

Im Südwesten des Wohnhauses steht weiterhin eine straßenparallel aufgeführte Garten-loggia, geschmückt durch jugendliche Atlanten und Putten. Ihre optische Funktion war, die Gartenanlage mit dem Hauptgebäude zu verbinden. Die (männlichen) Atlanten, welche das bekrönende Gesims der Loggia tragen, finden ihre bewußte Entsprechung in den (weiblichen) Karyatiden des Erkers an der Westecke des Hauptbaus.

Schließlich wurde ursprünglich das Ensemble durch eine zwölfeckige Reithalle mit zwei diagonal angeordneten Zugängen vervollständigt. Für den Gesamtcharakter dieser Herrschaftsanlage ist auch der heute einigermaßen ablesbare „Lustgarten" an der Südostseite der Villa symptomatisch.

Das Innere der Villa repräsentierte das hohe Niveau der damaligen Wohnkultur. Die Entwürfe und bis auf den heutigen Tag erhaltenen wenigen Reste der Inneneinrichtung zeigen, daß der von außen zur Schau gestellte Anspruch im Inneren seine Vollendung fand. Hier konnte sich der Historismus – das Spielen mit den formalen Elementen von der Antike bis zum Rokoko – voll und frei entwickeln.

Gartenloggia

Nirgendwo aber negiert der Architekt die Beziehung zur Vergangenheit so weit, daß er sich um eine grundsätzlich neue Formensprache bemüht. Carl Beisbarth erweist sich also hier als ein typischer Architekt des „Historismus".

Die reichste Ausstattung hatte naturgemäß das Erdgeschoß mit der Eingangshalle und den Repräsentationsräumen des *kunstsinnigen Eigentümers* erfahren. In dem zentral gelegenen Vestibül zeigt sich ein Grundgedanke der italienischen Hochrenaissance-Villa, der durch Palladio und Scamozzi überliefert ist. Die achsiale Ausrichtung dieses Mittelraumes schafft funktionsgerechte Zugänge zu den umgebenden Haupt- und Nebenräumen und dem zweischenkligen in die *bel étage* führenden Treppenhaus.

Im I. Obergeschoß befand sich der intimere Wohnbereich der Familie. In beiden Obergeschossen überwiegt die Stilsprache des Manierismus und des Rokoko, wie sich an den hölzernen Sprenggiebelportalen, den Supraporten, den reich gestuften Boiserien und den Stuckdecken ablesen läßt. Letztere sind noch zum guten Teil erhalten,

Detail der Haustüre

154

während die ursprüngliche Möblierung bis auf einen Raum im I. Obergeschoß leider völlig entfernt worden ist.

Vestibül mit Treppenhaus der Villa Bohnenberger

Villa Hauff

Gerokstraße 7,
von Karl Hengerer für Dr. Friedrich Hauff 1904 erbaut.

Lage des Gebäudes

Das Grundstück, auf dem die „Villa Hauff" 1904 errichtet wurde, gehörte zum Besitz des Klosters Bebenhausen, von dem es als Steinbruch und Weinberg genutzt wurde, bis es der Vater des Bauherrn erwarb.

Durch seine beherrschende Höhenlage mit freiem Blick über den Talkessel Stuttgarts und seine Nähe zum Zentrum der Stadt eignete es sich hervorragend als Bauplatz für eine herrschaftliche Villa. Es wäre naheliegend gewesen, dieselbe in Fortsetzung der Baulinie im neu erschlossenen und von den wohlhabenden Stuttgartern bevorzugten Stadtgebiet auf den unteren Teil des flach auslaufenden Grundstücks zu setzen, indessen wählte man den nordöstlichen steil aufsteigenden Teil des Grundstücks für den Standort der Villa, weil sie sich dort noch dominierender erheben konnte. Der Wunsch nach Repräsentation und Weit-Sicht kommt also schon in der geographischen Lage klar zum Ausdruck.

Bauherr und Architekt

Der Bauherr war Dr. Friedrich Hauff, der nach Beendigung seines Chemiestudiums den väterlichen Betrieb für fotochemische Produkte übernahm und ihm internationales Ansehen verschaffte. Dieser Betrieb bildete die wirtschaftliche Grundlage nicht nur für einen herrschaftlichen Bau, sondern auch für die soziale Tätigkeit des Eigentümers, die sich z. B. in der Einrichtung einer der ersten Werkskantinen Deutschlands, in der Vergabe vieler Stipendien an bedürftige Künstler und Studenten und in der Stiftung einer kompletten Laboratoriumseinrichtung für die Technische Hochschule Stuttgart äußerte. Hauff gehörte zu den führenden Persönlichkeiten im Stuttgarter Raum um die Jahrhundertwende und war mit Daimler, Bosch und Graf Zeppelin befreundet.

Als Architekten wählte er Karl Hengerer, der schon eine Villa für Hauffs Vater errichtet hatte. Zudem war Hengerer an der Entwicklung der Stadt im besonders starkem Maße beteiligt. Er baute die Arbeitersiedlung in Stuttgart-Ostheim, einen Komplex von 383 Gebäuden im Auftrag der „Gesellschaft zum Wohl der arbeitenden Klassen" und mehrere Stadthäuser auf der Gänsheide.

Baubeschreibung

Die Villa Hauff erinnert in ihrem äußeren Erscheinungsbild durchaus an eine mittelalterliche Burg. Hierzu tragen – abgesehen von der dominierenden Lage – der lang-rechteckige Grundriß, der rustizierte Sockel und das steile Dach bei. Durch mittelalterliche Gestaltungselemente wie Erker, Loggien, Verwendung von Fachwerk, vorkragenden Konsolen, Zwergarkaden, Schleppgaupen und Klappläden wird dieser Eindruck noch verstärkt. Die baurechtliche Vorschrift, daß die Gebäudehöhe nicht über zwei Stockwerke betragen durfte, wird in geschickter Weise sehr extensiv ausgelegt, indem dem Baukörper ein hohes Souterraingeschoss und ein steil aufragendes Dach mit zwei Dachgeschossen zugeordnet werden. Der Eingang liegt bergseitig im Souterrain, also unter dem Erdgeschoß.

Der um das Gebäude umlaufende rustizierte Natursteinsockel ist am Erker der westlichen, zur Stadt hingekehrten Gebäudeseite über zwei Stockwerke bis an die Traufhöhe gezogen. Darüber ist er in Fachwerktechnik weitergeführt, wodurch eine gewisse formale Geschlossenheit erreicht wird.

Sehr aufschlußreich für die gestalterischen Absichten des Architekten ist der Vergleich des 1. und 2. Baugesuches: Statt eines mehrfach gestaffelten Daches wurde an der Nordseite ein einheitliches flach auslaufendes Walmdach ausgeführt. Die Doppelgiebel von unterschiedlicher Höhe wurden in einem Erkervorbau zusammengefaßt, die Fensterformen vereinfacht und der ursprünglich nur wenig an der Bauflucht vorschwenkende Erker im nordwestlichen Eck in eine entschiedene 45°-Stellung zum Gebäude gebracht, zudem dessen Fenster vergrößert. Ähnliche Verbesserungen lassen sich auch an den anderen Fassaden und im Grundriß nachweisen.

An der nach Süden gekehrten Giebelseite kommt der burgartige Charakter besonders stark zum Ausdruck. Hier fand der Architekt eine originale Lösung, indem er die halbe Gebäudewand bis zum Ersten Obergeschoß etwas zurücksetzte, wodurch er den schrägen Ausblick aus dem Bibliothekszimmer ermöglichte. Er erreicht dann wieder die volle Gebäudebreite, indem er den Rücksprung durch einen Segmentbogen überspannt, der an der Südwestecke auf einer kräftig gearbeiteten Natursteinkonsole aufsitzt. Eine Zwerggalerie leitet zu einer reizenden Loggia über, deren Formensprache an der romanischen Baukunst orientiert ist.

Villa Hauff, heute „Jugendhaus Ost"

Westansicht, 1. Baugesuch vom 3. IV. 1903

157

Westansicht, ausgeführtes Baugesuch vom 17. X. 1903

Die Ostfassade zeigt die größte Vielfalt gestalterischer Elemente. Durch den vielfach vor- und zurückspringenden Baukörper, durch häufigen Materialwechsel und vor allem durch die ganz uneinheitlichen Fensterformen, von denen hier nur Fenster mit Vorhangbögen, Triforienfenster, und in dem nordöstlichen Bauteil (dem Dienstleistungsbereich) Recht- eckfenster mit Klappläden erwähnt werden sollen, wirkt diese Fassade unruhig. Schon 1905 wurde für derartige Architektur der Begriff *Meistersingerei* in der Literatur erwähnt. Hier befindet sich unter einem breit gelagerten Kielbogen der Haupteingang, sowie der Erker für das Treppenhaus – erkenntlich an den übereinandergestaffelten gotischen Fens- tern. Dieser Erker erhielt einen turmartigen Aufsatz mit kleinen, bekrönenden lukenarti- gen Fenstern und ein Kegeldach. Hinter ihm befand sich der Dienstbotenaufgang, der auf diese Weise geschickt vom Haupteingang getrennt war.

Die Rückseite des Gebäudes zeigt ein abgewalmtes Dach mit einem großen Fenster für ein Atelier.

Bei der Betrachtung der Grundrisse zeigt sich besonders deutlich, daß die Villa streng auf die Bedürfnisse einer Persönlichkeit des öffentlichen Lebens mit seiner dreiköpfigen Familie und dem notwendigen Personal zugeschnitten war.

Im Souterrain nützte die Familie nur den Windfang und die Eingangshalle, von wo aus eine Treppe ins „Erdgeschoß" führte. Dort befanden sich die eigentlichen Wohnräume, welche um eine zentrale Halle angeordnet sind. Durchschritt man dieses Foyer in gerader Richtung, so wurde man in das Wohnzimmer der Familie geführt, welches nach Westen aus einem fast die gesamte Breite des Raumes umschließenden Erker mit Sechsach- telschluß den Blick über Stuttgart freigab. Das Wohnzimmer stand in Verbindung mit einem etwas zurückgesetzten Eckraum im Südwesten des Gebäudes, dem Musikzimmer.

Wendete man sich in der Eingangshalle nach links, gelangte man in das „Zimmer des Herrn", in welchem die Bibliothek untergebracht war. Durch ein eingezogenes Fenster, das den Rücksprung an der Südfassade notwendig machte, konnte man ebenfalls die Stadt überblicken. Auf der rechten Seite der Eingangshalle befindet sich ein großer Saal mit einem weiteren Erker in der Nordwestecke, der einen geeigneten Rahmen für Feierlichkeiten und Empfänge bieten sollte. Von dort aus kann man eine nach Norden orientierte Terrasse betreten.

Zum „I. Stock", in welchem die Schlafzimmer der Familie lagen, führte eine U-förmige Treppe. Sie endete in dem sogenannten „Arbeitszimmer der Kinder", das eine ähnliche Verteilerfunktion wie die darunterliegende „Halle" hatte. Dem Wohnzimmer des Erdgeschosses entspricht hier das Elternschlafzimmer. Über dem Saal befinden sich ausgedehnte Nebenräume für Garderobe, Boudoir, Bad etc. sowie ein nach Norden orientiertes Atelier für die Dame des Hauses, die eine künstlerische Ausbildung genossen hatte und sich als Malerin einen gewissen Namen schuf. Nach Südwesten liegen die zwei Räume der beiden Töchter mit getrenntem Bad. Einer dieser Räume war etwas zurückgesetzt, so daß sich Platz für eine Loggia bietet.

Im 1. Dachstock wurden drei Gästezimmer mit Bad, sowie ein Einzel- und ein Doppelzimmer für das Personal untergebracht, sowie Nebenräume für die Waschküche, Näh- und Bügelzimmer. Unter dem Dachfirst befand sich der Wäschetrockenboden.

Ein Raum für den Privatsekretär, Wirtschaftsräume und „Gesindezimmer" liegen im Souterrain. Darunter befinden sich die Kellerräume: Ein zweigeschossiger Weinkeller (es wurde bis 1935 noch eigener Wein angebaut) eine Kelter, Gemüsekeller, Eiskeller und die Räume für die Heizung mit Kohlenkeller.

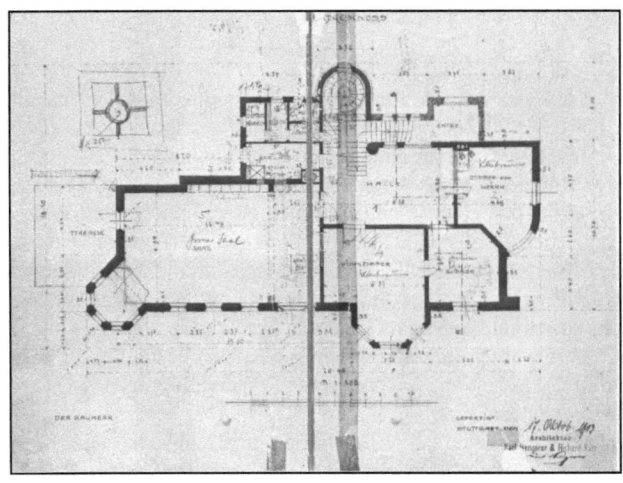

Grundriß-Erdgeschoß aus 1. Baugesuch

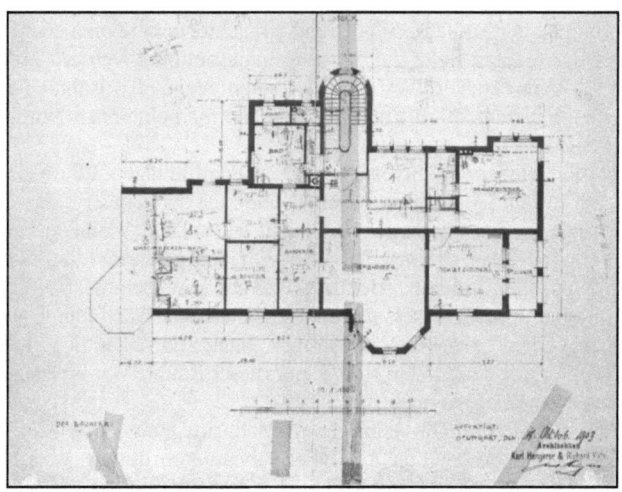

Grundriß 1. Stock

Die Bildhauerarbeiten an der Fassade, wie z.B. die Eingangs-Situation, die große Konsole, auf der die Loggia aufsitzt, die Loggia selbst und ihr Fries sowie der in Metall gearbeitete Löwe, welcher das Dach krönt, sind Arbeiten von Professor Zeitler, der um die Jahrhundertwende ein bekannter Bildhauer Stuttgarts war.

Technische Einrichtungen

Das Gebäude wird auf vierfache Weise geheizt. Durch eine im Keller installierte Zentralheizung, in der jährlich 800 Zentner Kohle verbrannt wurden, können alle Räume überschlagen werden. Im Saal wurde zusätzlich eine Fußbodenheizung und – ebenso wie auch in einigen anderen Räumen – Kachelöfen eingebaut. Zwischen Eingangshalle und Bibliothek befand sich schließlich ein von beiden Seiten zu gebrauchender offener Kamin, der wohl mehr aus optischen als aus praktischen Gründen benützt wurde.

Eine originelle Lösung stellt eine Staubsaugeranlage dar, die der Hausherr selbst erfand. Er hatte erkannt, daß es wenig sinnvoll ist, einen Raum reinigen zu wollen, indem man den Staub nur aufwirbelt und ließ daher in die dicken Wände Schlitze schlagen, in welche Luftkanäle eingeführt wurden, die alle an einer Saugpumpe im Souterrain endeten. Bewegliche Saugrohre wurden an entsprechenden Wandöffnungen angeschlossen. Nun konnte die Arbeit beginnen.

Die technischen Einrichtungen der Villa wurden in geschickter Weise zur Verfeinerung konservativen Lebensstiles genutzt, ohne daß sich aus ihrer Funktion formale Konsequenzen ergeben. Durch die an der Vergangenheit orientierten Bauformen, die als Bedeutungsträger bewußt gewählt wurden, versuchten Architekt und Bauherr, sich mit dem kulturellen Leben früherer Epochen zu identifizieren. Technik behielt also noch ihre

160

untergeordnete Funktion und verlangte nicht nach einer ihr angepaßten Formensprache (vgl. S. 93: Sullivan).

Nebengebäude

Die Familie Hauff gehörte zu den ersten Familien im Stuttgarter Raum, die ein eigenes Auto besaßen. Für dasselbe mußte ein in der Nähe des Eingangs gelegenes Gebäude errichtet werden, das sich in seiner Formensprache dem burgähnlichen Charakter des Hauptgebäudes anpaßt. Runder Turm und steiles Dach geben auch ihm einen mittelalterlichen, wehrhaften Charakter. In diesem Gebäude wohnte zunächst nur der Chauffeur, der neben Wagenpflege und Gartenarbeit sicherlich auch die Funktionen eines Portiers zu übernehmen hatte.

Nutzungsänderungen

An Weihnachten im Jahr 1904 wurde die Villa bezogen, die ganz auf die Bedürfnisse der vierköpfigen Familie zugeschnitten war. Es erwies sich schon ausgesprochen schwierig, Wohnraum für ein weiteres Kind zu schaffen, denn die beiden Töchter, die zunächst je ein einzelnes Zimmer hatten, erhielten ein gemeinsames Schlafzimmer, was bald zu Komplikationen führte. Die älteste Tochter verlegte ihren Wohnsitz zunächst in das Atelier der Mutter, das bei dieser Gelegenheit geändert wurde. Dann bezog sie die beiden Gastzimmer im Dachgeschoß.

Echte Schwierigkeiten traten aber auf, als im Jahr 1935 zuerst der Besitzer und 10 Monate später seine Gattin starben. Zu diesem Zeitpunkt erwies sich auch das von Hauff geführte Unternehmen nicht mehr als rentabel, so daß das Gebäude selbst, das nicht verkauft werden sollte, als Renditeobjekt und gleichzeitig als Wohnmöglichkeit für die beiden Töchter (der Sohn war ausgezogen) dienen mußte. Angeblich wohnten zeitweise bis zu 16 Mieter in der Villa und dem Fahrerhaus, was zu mancherlei Zwistigkeiten geführt haben mag.

1939 wurde das Haus von der NSDAP beschlagnahmt, die verlangte, daß sämtliche Räume innerhalb von drei Tagen geräumt werden müssen. Dann beschloss die SS, hier eine Ordensburg einzurichten. Über diese Zeit berichten keine sicheren Quellen, indessen gibt es um so mehr Gerüchte. 1945 wurde die ehemalige Villa Hauff durch die Amerikaner besetzt, die dort die „German Youth Activities" (GYA) ins Leben riefen. Ihr Ziel war, die deutsche Jugend in demokratischem Verhalten zu unterweisen (Stichwort: „reeducation"). Dieser Organisation kam erhebliche Bedeutung zu, da in Deutschland zunächst jegliche andere deutsche Jugendorganisation verboten war. Die Villa erhielt einen neuen Namen, nämlich „Haus am Berg" und wird als „Ort der Begegnung" bis zum heutigen Tage genutzt.

Die Villa Hauff vereinigt künstlerische und heimatgeschichtliche Qualitäten in reichem Maße. Sie charakterisiert in hervorragender Weise den Stand der künstlerischen Entwicklung kurz nach der Jahrhundertwende.

Villa Rassbach

Schottstraße 98
Von Schmitthenner 1925 für Dr. Erich Rassbach erbaut.

1925 erbaute *Schmitthenner* (1884 bis 1972) für den Fabrikanten Rassbach ein stattliches freistehendes Einfamilienhaus, das ein großes nach Südwesten abfallendes Grundstück im Norden Stuttgarts dominiert.

Villa Rassbach: Gesamtansicht von Nordosten

Schmitthenner hatte sich schon vor dem ersten Weltkrieg durch sehr fortschrittliche Siedlungsbauten einen Namen gemacht, die er für das Reichsamt des Inneren in Berlin ausführte. 1918 wurde er durch Bonatz an die Technische Hochschule von Stuttgart berufen und begründete mit ihm zusammen das Ansehen der Stuttgarter Architekturschule. Sein späteres Schaffen und manche seiner theoretischen Arbeiten zeigen allerdings, daß er dem Typ des Einfamilienhauses eine besonders große Bedeutung beimaß. Es mag sich hierin eine gewisse Zuneigung zum gehobenen Bürgertum offenbaren, aus dem sich seine Auftraggeber zusammensetzten und dem er selbst angehörte. Das Erstellen von „Wohnmaschinen" war ihm jedenfalls zeitlebens ganz fremd.

Auch suchte er – im Gegensatz zu manchen anderen Architekten „der Moderne" – bewußt typische Vorbilder in Bauwerken vergangener Epochen.

Er schrieb über das deutsche Wohnhaus: „*Wir haben es mit einem Haustyp zu tun, wenn der Grundriß und die Gestaltung des Hauskörpers im wesentlichen gleich sind ... Das eigentümliche jedes Typs ist, daß er sehr auf Entwicklung beruht und nicht irgendwo plötzlich entsteht. Alle guten Typen haben darum Tradition, das will sagen, die letzte Lösung ist das Ergebnis einer sinnvollen Entwicklung. Je gleichartiger die Grundbedingungen, desto ähnlicher die Erscheinung. Das ist bei Landschaft wie bei Mensch und Tier und ist Naturgesetz und darum auch das Natürliche.*" Demgemäß wählte Schmitthenner auch die Bauformen und Materialien bei der Villa Rassbach mit der Sicherheit des an der Vergangenheit geschulten und erfahrenen Baumeisters.

Die Grundform des Gebäudes ist ein strenger Kubus mit aufgesetztem steilem Walmdach. Bedingt durch die Hanglage zeigt es an der oberen nach Nordosten gerichteten Seite zwei, an der zum Garten hin gelegenen Südwestseite drei Stockwerke. Vorbilder hierfür sind im alemannischen Bauernhaus, oder auch im „Casino" der italienischen Renaissance (dem kleinen, frei in der Landschaft stehenden mehrgeschossigen Villengebäude) zu suchen. Diese Vorbilder werden durch Schmitthenner den Bedingungen der Stadtvilla angepaßt.

Die Fassadengliederung ist klar und leicht zu überschauen, denn sie wird nur durch Fenster- und Türeinbauten geschaffen. Beide Breitseiten des Gebäudes sind durch drei Achsen gegliedert, wobei die der Straßen zugekehrte Nordostseite – um einen den Gesamteindruck störenden Anbau zu vermeiden – in der Mitte des Erdgeschosses ein Garagentor aufweist, das nach oben durch einen Segmentbogen abgeschlossen wird. Der Raum zwischen waagrechtem Türsturz und Segmentbogen gibt Platz für die Belichtung der Garage. Er ist durch ein weit vorkragendes Gitter abgeschlossen, das seine Entsprechung in den beiden flankierenden Fenstern in quadratischer Form findet. Diese Fenster liegen an den beiden Seitenachsen des Gebäudes. Eine gewisse Asymmetrie entsteht dadurch, daß an der linken Seite des Erdgeschosses durch ein Rundfenster eine weitere Fensterachse angedeutet wird, die auch im Ersten Obergeschoß ihre Entsprechung findet.

Auffällig ist schließlich, daß das Erste Obergeschoß nur in der Mittelachse ein Segmentbogenfenster hat. Die anderen Fenster haben die Form stehender Rechtecke mit Sprossenteilung.

Das Material, das Schmitthenner für die Errichtung des Bauwerkes verwendete, zeigt sicheren und nüchternen Griff. Das Mauerwerk des Hauses besteht aus Ziegeln, die ebenso wie das leicht vorkragende Hauptgesims weiß überschlemmt sind. Nur am Segmentbogen über dem Gartentor befinden sich roh behauene Natursteine. Das hohe Dach wird durch drei Gaupen und zwei sich nach oben verjüngende Kamine in angemessener Weise belebt. Es ist mit engobierten Biberschwanz-Ziegeln gedeckt. Die beiden Kamine an den Enden der Firstlinie wurden aus Klinker erstellt. Die Gaupen bestehen aus rohem Kiefernholz. Alle Fenster sitzen bündig in der Mauerfläche, eine Eigenart, die bei Bauten Schmitthenners immer wieder auffällt. Ästhetisch liegt in dieser Fensteranordnung ein gewisser Reiz, da hierdurch Wand- und Fensterflächen glatt ineinander übergehen, doch ließen sich Dichtungsprobleme zur Zeit des Erbauens noch nicht vermeiden.

Die Grundrisse zeigen, daß die großbürgerliche Raumaufteilung fast unverändert, wenn auch etwas reduziert, von der Villa der Jahrhundertwende übernommen wurde, während in der Außengestaltung sehr bewußt neue Wege in Richtung Materialgerechtigkeit und Vereinfachung der Formen gesucht wurden. Auf das Dekor und die damit verbundene Möglichkeit zu sinnreichen Entsprechungen wurde gänzlich verzichtet (vgl. Villa Bohnenberger). Ein den sozialen Status des Bauherrn repräsentierendes Raumprogramm erweist sich also als dauerhafteres Gestaltungsprinzip als historisierende Dekorationselemente.

* * *

Ergänzend werden einige verwandte Stuttgarter Villen aus der Gründerzeit nur kurz vorgestellt, die mit Ausnahme von Villa Kopp alle den Zweiten Weltkrieg nicht überdauert haben.

Villa Single: Ansicht

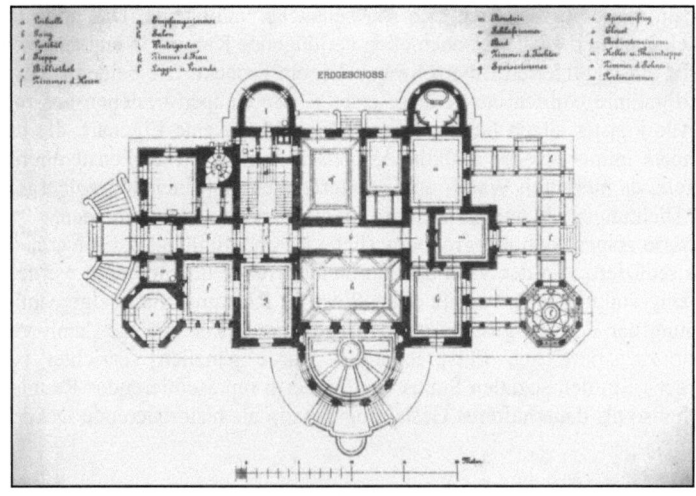

Villa Single: Grundriß

Villa Conradi: Ansicht

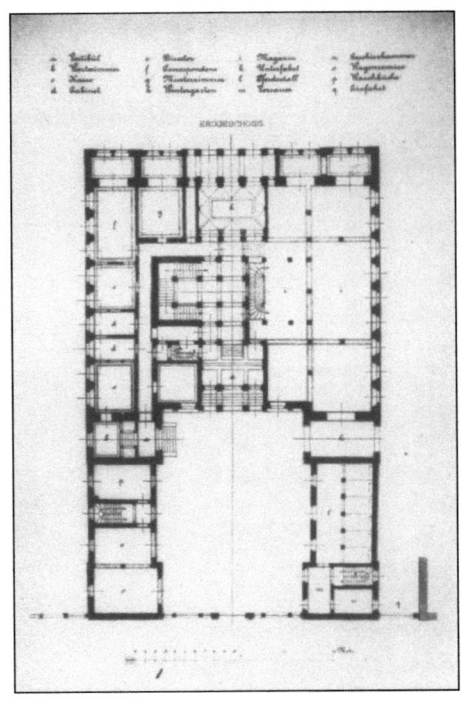

Villa Conradi: Grundriß Erdgeschoß

165

Villa Felix Müller: Ansicht

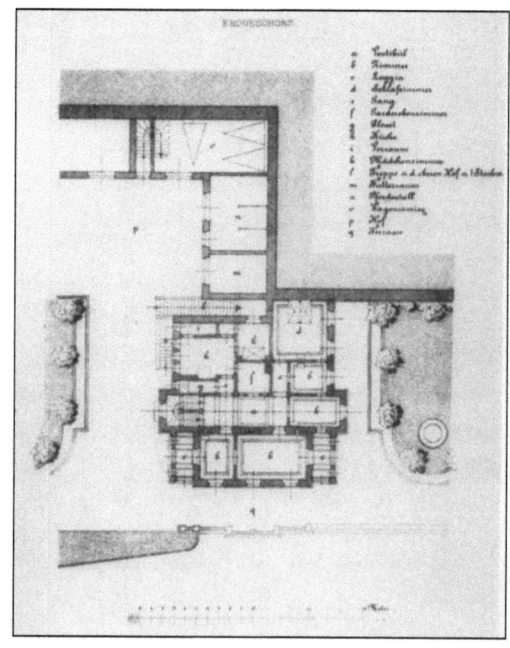

Villa Felix Müller: Grundriß Erdgeschoß

Villa Relenbergstraße 82,
Architekten Eisenlohr & Weigle

Villa Gänsheidestraße 35,
Architekten Schmohl & Staehlin

Villa Dr. Konrad Sick, Herdweg 17,
Architekten Klatte & Weigle

Villa Erwin Behr

von Eisenlohr & Weigle, 1904 – 1905

links: Villa des Herrn Erwin Behr in Stuttgart,
Relenbergstraße 90
rechts: Blick auf Park an der Südseite

Diele   oberes Wonzimmer

Villa Behr: Salon in Padoukholz

Villa Kopp: Gesamtansicht vom Garten. Von Prof. Paul Bonatz 1911
für Familie Kopp erbaut, seit 1975 Galerie Valentien

Die Villa Reitzenstein

Die nachfolgende Betrachtung der Villa Reitzenstein ist die erste umfassende Würdigung dieses Gebäudes unter denkmalpflegerischen Gesichtspunkten. Sie wurde schon in dem 1988 im DRW-Verlag erschienenen Buch „Die Villa Reitzenstein und ihre Herren" publiziert und wird hier in erweiterter Form wiedergegeben.

Villa Reitzenstein: Blick auf die Eingangsseite von Nord-Osten

Baugeschichte

Die Villa Reitzenstein liegt am Südosthang des Stuttgarter Talkessels, einem Gebiet, das erst im späten 19. Jahrhundert erschlossen wurde. Erinnern wir uns an die Stadtentwicklung Stuttgarts: Schon seit dem Mittelalter war Stuttgart zwar Sitz der Landesherren, das Land seiner Fürsten aber war klein, zersplittert und nicht begütert. In der Barockzeit, in der in Europa insgesamt eine rege Bautätigkeit herrschte, wurden die Grenzen der Stuttgarter Bürgerstadt kaum verändert. Erst nachdem Württemberg 1803 durch Napoleon zum Königreich erhoben und die Größe des Landes nahezu verdoppelt wurde, begann sich die neue königliche Residenzstadt auszudehnen. Die alten Grenzen wurden überschritten und die Stadt eroberte die Hänge, Wald und Weinberge verdrängend.

171

Um das ansteigende oder abfallende Gelände zu erschließen, mußten Diagonalstraßen angelegt werden, deren Kreuzungspunkte in spitzen Winkeln aufeinanderstießen. Die direkte vertikale Verbindung bildeten Treppenanlagen, wodurch oft sternförmige Plätze entstanden – eine Besonderheit des Stuttgarter Stadtgrundrisses, der sich aus der Hangbebauung ergab. Die landschaftlich reizvollen Bauplätze mit freier, sich im Wechsel des Tages und des Jahres wandelnder Aussicht nicht nur auf die Stadt, sondern weit hinaus ins schwäbische Land, boten gerade für den Villenbau großartige Möglichkeiten, was zunächst von den Mitgliedern des Adels und des Königshauses genutzt wurde. So entstanden die Villa Rosenstein (1820-1829, von Giovanni Salucci) und die Villa Berg (1846-1853, von Christian-Friedrich von Leins) als königliche Bauten.

Stuttgarts Stadterweiterung erreichte einen Höhepunkt nach dem Krieg gegen Frankreich 1870/71. Die damals rasch wachsende Bevölkerung – um 1830 waren es noch 25.000 Einwohner, am Ende des Jahrhunderts schon 175.000 – benötigte Raum und folglich stiegen auch die Grundstückspreise während der „Gründerjahre" bis zu 8.000 Prozent. Aus dieser Blütezeit des Stuttgarter Villenbaus seien die folgenden Gebäude genannt:

Villa Bohnenberger, 1869 – 1871 von Carl Friedrich Beisbarth, Olgastraße 9/11 (vgl. S. 150 f.)
Villa Augusta, 1876 – 1877 von Eberbach, Alexanderstraße 3
Villa Hauff, 1904 von Hengerer, Gerokstraße 7 (vgl. S. 155 f.)
Villa Behr, 1904 – 1905 von Eisenlohr und Weigle, Relenbergstraße 90 (vgl. S. 168 f.)
Villa Gemmingen-Hornberg, 1910-1912 von Albert Eitel und Steigleder, Mörikestraße 12 (vgl. S. 187 f.)
Villa Reitzenstein, 1910 – 1913 von Schlößer & Weirether, Richard-Wagner-Straße 15
Villa Bosch, 1911 von Heim & Früh, Heidehofstraße 31
Villa Kopp, 1911 von Paul Bonatz, Gellertstraße 6 (vgl. S. 169)
Villa Weißenburg, 1912 von Henes für den Fabrikanten Sieglin, Hohenheimer Straße 119

Diese Entwicklung hatte Julius Baum vor Augen, als er 1913 in seinem Beitrag zu dem Werk „Stuttgarter Kunst der Gegenwart" schrieb: „So kann sich keine andere deutsche Großstadt an Eigenart und Anmut der Lage mit Stuttgart vergleichen." Es gibt noch viele ähnliche Lobeshymnen auf die Schönheit der Stadt Stuttgart aus der Zeit der Jahrhundertwende, die uns heute eher etwas seltsam berühren, weil sie Ausdruck einer gänzlich verlorengegangenen Seelenstimmung sind.

Es erwies sich bald als unabdingbar, daß für die Art der Bebauung ein allgemein verbindliches Entwicklungskonzept festgelegt werden mußte. Im Ortsbaustatut von 1897 steht daher, daß die Hänge nur durch freistehende Häuser in großen Abständen bebaut werden dürfen. 1901 wurden unter Beteiligung von Theodor Fischer die „bei der Stadterweiterung zu befolgenden allgemeinen Grundsätze" erarbeitet, die bei der Bebauung der Berghänge folgendes forderten: „Die für Villenviertel vorbehaltenen Flächen sind grundsätzlich auf die Teile des Erweiterungsgebietes zu beschränken, welche einen solchen Neigungswinkel besitzen, daß ihre Bebauung nur mit besonderem Aufwande möglich ist ... In diesen Vierteln soll die Entfernung des Gebäudes von der Eigentumsgrenze nach einem durch den Ortsbauplan für jede einzelne Straße festzusetzenden Verhältnis in Beziehung zur Gebäudehöhe gebracht werden."

Einige Betrachtungen über das soziale Umfeld, in dem die Villa Reitzenstein entstand und zu den Vorbildern, die diesen Bau prägten, dürften an dieser Stelle hilfreich sein. An den mündlich oder schriftlich überlieferten Berichten fällt zunächst auf, daß das neue Jahrhundert in einer Stimmung hoffnungsvoller Fröhlichkeit begonnen wurde: „Am Anfang unseres Jahrhunderts in Stuttgart zu leben, war eine Lust. Was war nicht alles in der schwäbischen Residenz geboten! Ein reiches, fast überreiches geistiges und kulturelles Leben durchpulste die Stadt und die Kirche hatte daran einen nicht unerheblichen Anteil ... Es gab keine sozialen Spannungen, keine Vorherrschaft der Militärs und – wie wir erfahren – waren die Reichen bescheiden und kultiviert, konnte sich die Arbeiterschaft in Gewerkschaften organisieren und es gab keine Sozialistenverfolgung" (Brügel).

Die Zeit des Zweiten Kaiserreiches (1872 – 1918), die unter der Bezeichnung „Gründerzeit" in die Geschichte eingegangen ist, trug deutlich restaurative Züge, was daran erkennbar wird, daß sich das aufstrebende, die beginnende Industrialisierung tragende Bürgertum fraglos an aristokratischen Leitbildern ausrichtete. Die Wahl seiner Bauformen erscheint heute manchem als der Versuch, „die gesellschaftliche Instabilität durch einen Rückgriff auf eine Formsprache auszugleichen, die durch die Tradition sanktioniert wurde". Wurde nun der Architekt der Villa Reitzenstein von der Bauherrin in seinem künstlerischen Gestaltungsdrang eingeschränkt? War gar die Unsicherheit der Bauherrin Ursache dafür, daß sich der Architekt von der modernen Entwicklung abkoppeln mußte? In einer Zeit, in der Bernhard Pankok, Bruno Taut, Joseph Maria Olbrich, Peter Behrens, Otto Wagner und im Ausland Antonio Gaudi, Charles Rennie Mackintosh, Henry van de Velde und Louis Henry Sullivan schon das ganze Vokabular des Jugendstils ausgebreitet hatten, schickte die Baronin Reitzenstein ihren Architekten Hugo Schlößer nach Frankreich und Potsdam, um Vaux-le-Vicomte, Mondey (Doubs) und Schloß Sanssouci zu studieren. Die Verwandtschaft der Villa Reitzenstein mit diesen Schlössern sowie mit Schloß Monrepos bei Ludwigsburg und der Solitude bei Stuttgart, die alle den von Palladio in die Profanarchitektur eingeführten überkuppelten Mittelbau aufweisen, ist offensichtlich. Es ist freilich auch denkbar, daß sich der Architekt so sehr mit der gestellten Aufgabe identifizierte, daß er diese Einschränkung auf historisch relevante Vorbilder nicht als Beschränkung empfand.

Weiter als derartige sozioästhetische Spekulationen, die ja heute recht beliebt sind, führt ein Blick in die zeitgenössische Literatur, die das Kunstverständnis um die Jahrhundertwende verdeutlicht. Aus den vielfältigen Texten, die zu diesem Thema publiziert wurden, sei ein Beispiel zitiert, das den dogmatischen Eklektizismus des späten 19. Jahrhunderts erkennen läßt: „Die griechische Bildung; die griechische Kunst hat bei aller fest ausgeprägten nationalen Form doch eine Allgemeingültigkeit, welche sie zum unerreichten Vorbild all dessen macht, was naturgemäß einfach, wahr und schön ist – für alle kommenden Völker und Zeiten." (W. Lübke)

Zu Beginn des 20. Jahrhunderts wird allerdings dem Architekten die Aufgabe zugesprochen, mit dem vorgegebenen historischen Vokabular eine höhere künstlerische Einheit zu schaffen: „Der schöpferische Baukünstler wird sich der Stile bedienen, je nachdem er sie als raumbildende oder stimmungsschaffende Faktoren gebrauchen kann, aber er wird sich von ihnen nicht mehr unter das Joch einer sogenannten Stilrichtigkeit beugen lassen, sondern sie mit Neuem von ihm selbst oder seiner Zeit Gefundenem in einer höher gefaßten Richtigkeit und Harmonie des Ganzen, die ihm vorschwebt, vermählen und darin aufgehen lassen." Diese Legitimation zu einem kreativen Umgang mit dem historischen Formenerbe schrieb Julius Baum 1913 unter dem Eindruck der damals entstandenen Bauten der Gründerzeit.

Schlößer, der Architekt der Villa Reitzenstein, hat sicherlich ähnlich gedacht. Von ihm ist bekannt, daß er 1874 in Ratingen am Niederrhein geboren wurde, in Stuttgart Architektur studierte und dort Regierungsbaumeister und Professor wurde. Mit Johann Weirether ging er 1908 eine Partnerschaft ein, und die Villa Reitzenstein war sein erstes großes Bauprojekt. Nach deren Fertigstellung wurde er mit dem Neubau der Pfarrkirche in Lauingen beauftragt, die er ganz aus Eisenbeton ausführte. Nach dem Ersten Weltkrieg errichtete er die Verwaltungsgebäude von Salamander in Kornwestheim und der Deutschen Linoleumwerke in Bietigheim. Für den Neubau vieler Villen und Kirchen zwischen den beiden Weltkriegen ist er ebenfalls verantwortlich. Zu seinem 80. Geburtstag verlieh ihm der Bund Deutscher Architekten eine Ehrenurkunde, in der es heißt: „Der Adel seiner Persönlichkeit und die Fruchtbarkeit seiner Schaffenskraft spiegeln sich in zahlreichen wohlgestalteten Werken der sakralen und der profanen Baukunst auf das glücklichste wider."

Auf der „Gänsheide", deren Namen die ursprüngliche Bestimmung erkennen läßt, hatte Baronin Reitzenstein 2,5 Hektar nach Westen fallendes Gelände erworben, um dort ihre Villa errichten zu lassen.

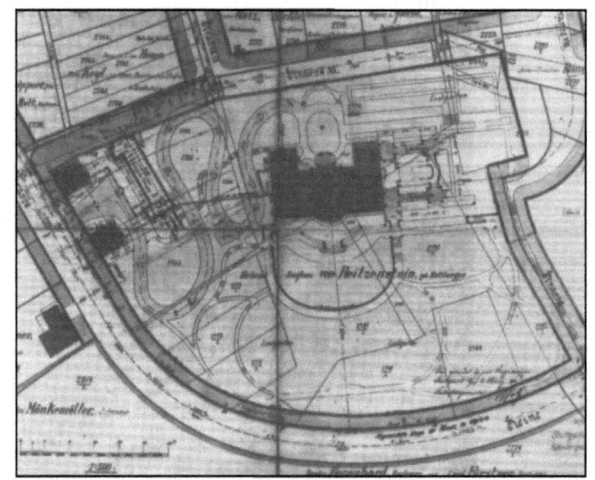

Lageplan aus dem Baugesuch von 1910

Die Heinestraße (heute Richard-Wagner-Straße) war damals – abgesehen von dem Wohnhaus eines Kunstmalers, das für den Bau der Villa Reitzenstein abgetragen werden mußte – hangaufwärts noch nicht bebaut. Bauern und Weingärtner waren die Grundbesitzer. Die Straße, deren Krümmungsradius 200 Meter beträgt, begrenzt das Grundstück zur Stadt hin. In barocker Manier erhielt es einen gußeisernen Lanzettzaun mit vergoldeten Spitzen von stattlicher Höhe. Ebenfalls zur barocken Inszenierung gehören die beiden Eingangspavillons – ein Diener- und ein Pförtnerhaus – die etwas zurückliegend den Eingang flankieren. Sie unterstreichen das Wesen der Herrschaftsvilla durch ihre Anlage, durch ihre auf das Hauptgebäude bezogene Bauform und dadurch, daß sie aus dem gleichen Material wie die Villa selbst ausgeführt sind. Deren Umfassungsmauern bestehen aus Heilbronner Sandstein mit Backsteinhintermauerung und das Mansard-Dach ist mit Naturschiefer gedeckt.

Eine Zubringerstraße führt den Besucher in vier weiten Serpentinen zum Hauptgebäude. Für Fußgänger gibt es ein hübsch angelegtes, leicht gewundenes Treppchen. Die Villa, die von der Straße aus kaum erkennbar ist, präsentiert sich dem Besucher nun als ein dreiflügeliger, seine Monumentalität zur Schau stellender, zweigeschossiger Mansarddachbau mit überkuppeltem, gerundetem Mittelrisalit auf der nach Westen gekehrten Gartenseite. Von ihr aus wirkt der breit zur Stadt hingewandte Bau am harmonischsten. Besonders von dem 18 Meter hohen Belvedere über der schön geformten Kuppel genießt man einen herrlichen Blick über die Stadt. Auf der gegenüberliegenden Karlshöhe erkennt man die Villa Gemmingen, ebenfalls ein sehr bedeutender historistischer Bau, der fast zeitgleich mit der Villa Reitzenstein errichtet wurde (vgl. S. 187 f.). Beide Gebäude verbindet unter anderem der zur Gartenseite gekehrte ovale Mittelbau, wobei der Architekt Albert Eitel bei der Villa Gemmingen die Probleme, die sich aus dem noch steileren Gelände ergaben, dadurch löste, daß er die Achse seines Baukörpers gegenüber dem Talkessel um 90 Grad drehte. Durch diese geniale Idee erhält die Villa Gemmingen ein bequem begehbares waagrechtes Parterre und wirkt von der Stadt aus gesehen bescheidener als „der Reitzenstein".

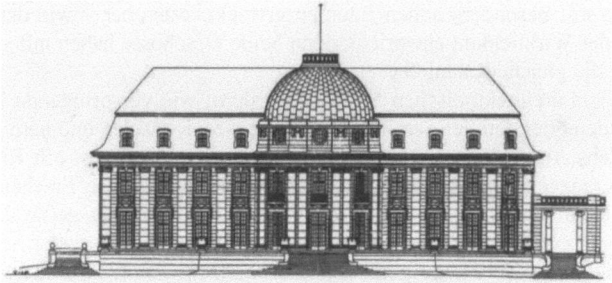

Nach Westen und zur Stadt hin gekehrte Gartenseite der Villa

An der nach Osten orientierten Eingangsseite der Villa Reitzenstein wird der kaum vorspringende, dreiachsige Mittelrisalit durch einen Giebel bekrönt, dessen flache Neigung den griechischen Tempel zitiert. Das Giebelfeld läßt Platz für ein lorbeerbekränztes Wappen. Der Eingang ist durch einen elliptischen Säulenbalkon, der sich auch am von Frisoni errichteten Flügel des Schlosses Ludwigsburg findet, überdeckt. Er wird von dorischen Säulen in Doppelstellung getragen und kann vom Obergeschoß aus als Terrasse benutzt werden, weswegen dort ursprünglich eine Steinbalustrade mit stehenden Ovalöffnungen angebracht war. Kolossalpilaster mit ionischen Kapitellen, die stockwerksübergreifend bis zum Traufgesims durchlaufen und die als Motiv von Michelangelo in die Architektur eingeführt wurden, trennen die Fensterachsen und gliedern das Gebäude an allen Seiten. An der Eingangsfront markieren sie als Eckpilaster die Kanten des Mittelrisalits und der einachsigen Seitenflügel, an der Gartenfront trennen sie die elf Gebäudeachsen und werden zwischen den Fenstern des ovalen Empfangszimmers (resp. Billardzimmers im 1. OG) verdoppelt. Die Fassadenzeichnung des Entwurfes zeigt übrigens in südlicher Richtung zwei Achsen mehr, als die Grundrißzeichnung, nach der schließlich gebaut wurde.

Ruhig und klar wirkt die Nordansicht, an der im Mansarddach gekuppelte Fenster auffallen, die den dahinterliegenden Mädchenzimmern ausreichende Beleuchtung gaben. Die entsprechende Südseite konnte wegen der vorgesetzten doppelten Wandelhalle und den Balkonen vor den Privaträumen der Hausherrin nicht ganz so übersichtlich durch Pilaster gegliedert werden. Der Grundduktus wird aber auch an dieser Fassade durchgehalten.

Die streng axiale Aufteilung des Gebäudes durch stockwerkübergreifende Pilaster und die damit erreichte vollkommene Rhythmisierung der Baumassen entspricht barocken Vorbildern, wie sie in ganz Europa, besonders aber in Schlössern an der Loire, in Annecy oder Cheverny, verbreitet sind. Das gleiche gilt für die wohlgeordnete Verteilung der Fensteröffnungen, die eine geschlossene, klare Erscheinung bewirken, ohne daß die Vielgestaltigkeit und die sehr verschiedenartige Nutzung der dahinter liegenden Räume hierdurch leidet. Sämtliche Fenster des Erdgeschosses – mit Ausnahme der jeweils drei Fenster links und rechts vom Haupteingang – sind als „französische" Fenster ausgebildet, reichen also bis auf den Fußboden und betonen dadurch den Charakter eines Privatbaus, der auf einen – abweisenden – Sockel verzichten konnte. Die Fenster des ersten Obergeschosses haben Brüstungen von normaler Höhe. Dadurch wird der Eindruck eines Erdgeschoßbereichs mit besonders hohen Räumen erweckt, was aber – wie der Längsschnitt zeigt – nicht der Wirklichkeit entspricht, denn beide Geschosse haben mit stolzen 4,5 und 4 Metern fast die gleiche Raumhöhe.

Eine Fülle von architektonischen Schmuckgliedern, wie vorspringende Fensterumrahmung, Girlanden über den Fenstern des Erdgeschosses, Konsolen und betonte Schlußsteine bei den Fenstern des Obergeschosses, schließlich ein kräftiges, mit Eierstabmotiven dekoriertes Kranzgesims, bereichern und schmücken das äußere Erscheinungsbild des Baukörpers. Dem typischen, pietistisch gesinnten Schwaben, der gerne die Auffassung vertritt: „Was nex nitzt, isch g'schenkt z'teier", mögen ob all dieses zur Schau gestellten Reichtums die Haare zu Berge gestanden haben. Dem Architekturhistoriker hingegen erscheinen diese bekannten Gliederungselemente eher zurückhaltend angewandt und dem allgemeinen Anspruch des Bauwerks durchaus gemäß. Hier zeigt sich besonders deutlich, daß das barocke französische Feudalschloß sozusagen als Chiffre nach Stuttgart transportiert worden ist. Dies zeigt auch das Mansarddach – zunächst schon an seinem Namen. Es wurde bekanntlich von François Mansard (1598 – 1666) erstmalig beim Orleans-Flügel des Schlosses von Blois verwendet und später allgemein in die französische Architektur eingeführt, um dem Dachbereich durch eine zunächst sehr steil ansteigende, nach dem typischen Mansardknick jedoch flacher verlaufende Dachfläche eine bessere Nutzung zu ermöglichen. Das Dach der Villa Reitzenstein ist steiler als das der französischen Vorbilder Vaux-le-Vicomte oder Maisons-Lafitte. Im Gegensatz zu ihnen wird auf Eckpavillons und eine Vielzahl von Schornsteinen verzichtet. Letztere waren ja dank der Fernheizung überflüssig geworden und an funktionierenden offenen Kaminen scheint die Baronin kein sonderliches Interesse gehabt zu haben. Es gibt jedoch Attrappen-Kamine.

Der Steilbereich des schiefergedeckten Daches erhält über der Traufe durch Aufschieblinge zunächst einen gefälligen Schwung. Darüber sind in Beziehung auf die Fensterachsen der beiden Hauptgeschosse Gaupen angebracht, die Licht in die dahinterliegenden Dienstbotenzimmer und Nebenräume fallen lassen. Im Bereich des zum Garten gekehrten Mittelrisalits sind an Stelle der Gaupen sogenannte „Ochsenaugen" verwendet, die von stilisierten Fruchtgirlanden begleitet sind – ebenfalls ein spätbarockes Motiv.

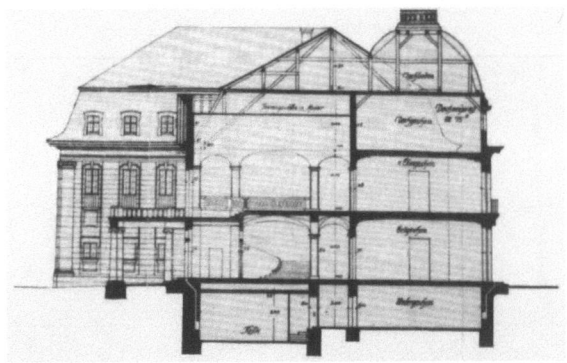

Gebäudequerschnitt, der die Raumhöhen und konstruktive Details erkennen läßt

Der großzügige Geist des Barock wird auch an diesem Bau erlebbar und der sichere Umgang mit den barocken Stilelementen bewirkt, daß die großen Baumassen der Villa vielfältig und harmonisch gegliedert werden, der Maßstab – *la juste mesure* – also gewahrt wird.

Das Äußere ist ein sinnvolles Abbild des inneren Gefüges, ohne deswegen an Adel der Gestaltung zu verlieren. Die Architektur wird hier eben noch primär als Kunst verstanden. Ihre Formen folgen zwar nicht der Funktion („form follows function", vgl. S. 93), doch funktioniert das Ganze auf einem höheren Niveau, und zwar sowohl unter künstlerischen als auch unter praktischen Gesichtspunkten, wobei herrschaftliche Dimensionen nicht von vornherein als funktionaler Mangel zu bewerten sind. Der Vergleich mit dem Centre Pompidou in Paris, wo sich die Architekten den „Gag" erlaubten, das Äußere des Gebäudes mit überdimensionierten verschiedenfarbigen Wasser-, Elektrizitäts- und Belüftungsrohren zu gestalten, zeigt am besten, was gemeint ist: Durch Jahrtausende bewährte Bautradition wird negiert und die der Be- und Entsorgung dienenden Elemente werden zu gestaltbestimmenden Faktoren. Davon war Architekt Schlößer noch weit entfernt.

Das Innere der Villa repräsentiert das hohe Niveau der damaligen Wohnkultur. Die Entwürfe und die wenigen bis heute erhaltenen Reste der Inneneinrichtung zeigen, daß der von außen zur Schau gestellte Anspruch im Inneren sein Äquivalent findet. Hier konnte sich der Historismus – das Spielen mit den formalen Elementen von der Antike bis zum Rokoko – noch einmal voll entfalten. An keiner Stelle aber negiert der Architekt die Beziehung zur Vergangenheit so weit, daß eine grundsätzliche neue Formensprache daraus resultiert.

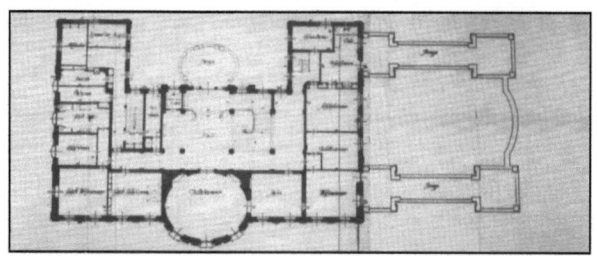

Grundriß des Erdgeschosses

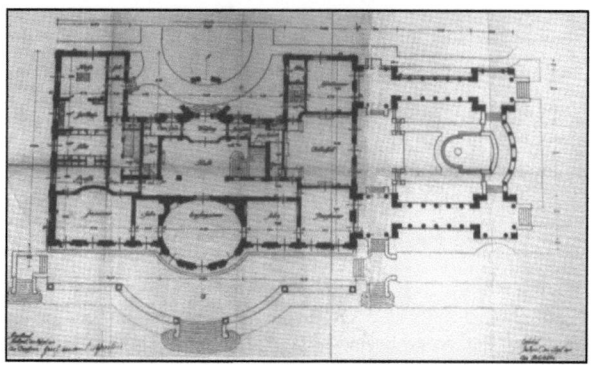

Grundriß des ersten Obergeschosses

Die Villa war ganz auf die Bedürfnisse der Bauherrin zugeschnitten. Man betritt den Bau von der Ostseite aus durch das prächtig gestaltete Hauptportal und gelangt zuerst in einen Windfang, der rechts zur Damen- und links zur Herrengarderobe führt. Geht man geradeaus durch die verglaste Schwingtür, gelangt man in die geräumige Halle, die auch von den Garderoben aus betreten werden kann. Dieser zentral gelegene Raum zeigt einen Grundgedanken der italienischen Hochrenaissancevilla, der durch Andrea Palladio und Vincenzo Scamozzi überliefert ist und sich auch im französischen Landpalais des 17. und 18. Jahrhunderts wiederfindet: Die axiale Ausrichtung des Mittelraumes schafft funktionsgerechte Zugänge zu den umgebenden Haupt- und Nebenräumen und zu der ins Obergeschoß führenden Treppe.

Vor dem Besucher liegen – nachdem er den Eingangsbereich durchschritten hat – die Repräsentationsräume, vor allem in der Hauptachse des Gebäudes das großzügige Empfangszimmer mit seinem elliptischen Grundriß. Die Ellipse ist dem Rund angenähert und hat Achsmaße von 11,5 auf 9 Meter. Drei „französische" Fenster gewähren Ausblick über Park und Stadt; sie geben dem Raum eine Atmosphäre voller Licht und Luft. Auf beiden Seiten wird dieses Herz des Hauses von Salons flankiert. Der kleinere, rechts liegende Salon führt weiter in das Speisezimmer in der nordwestlichen Ecke des Gebäudes, während links vom Empfangszimmer ein größerer Salon zum Rauchzimmer führt, das sich in der südwestlichen Gebäudeecke befindet. Vom Rauchzimmer oder direkt von der Halle erreicht man die Bibliothek, den wichtigsten Raum des Südflügels, der – wie die anderen

Repräsentationsräume auch – freien Zugang zum Park und den beiden Wandelhallen gewährt, in deren Mitte ein kleines, elegant gestaltetes Wasserbecken liegt. An die Bibliothek schließen sich das Schreib- und das Aktenzimmer an.

Die Ausstattung dieser Räume gehört zum Besten, was auf diesem Gebiet zu finden ist. Die Halle ziert ein prächtiger Mosaikfußboden. Im Treppenhaus fallen gußeiserne Geländer von vollendeter Form auf, welche die Initialen der Bauherrin tragen. Marmorwände in der Halle, dekorierte Türsturzreliefs, original erhaltene Wandverkleidungen aus edelsten Hölzern mit Einlegearbeiten aus Perlmutt und liebevoll gearbeitete Türbeschläge runden den Eindruck von selbstverständlicher Eleganz ab.

links: Fußbodenmosaik in der Eingangshalle
rechts: Detail – Ein geißelschwingender Putto führt einen löwenbespannten Streitwagen

Bibliothek mit neuer Möblierung
in der Mitte des Südflügels

179

In den nördlichen Seitenflügel gelangt man durch einen Nebeneingang. Dort befindet sich die Küche von 6,5 auf 6,72 Meter – zusätzlich eine Spülküche von ähnlicher Dimension. Das Silber wurde in einem gesonderten Raum aufbewahrt und vor dem Speisezimmer gibt es einen Raum mit der Bezeichnung „Anrichte". Das Speisezimmer hat – abgesehen von seiner Verbindungstür zum kleinen Salon – zwei Zugänge, um zu vermeiden, daß die Bediensteten beim Zu- und Abtragen der Speisen an der Tür zusammenstoßen.

Das Obergeschoß hat im Prinzip die gleiche Aufteilung wie das Erdgeschoß, die tragenden Mauern sind also nicht versetzt. Hier befand sich der Wohnbereich der Hausherrin und ihrer Gäste. Da gegenüber dem Erdgeschoß auf verschiedene Nebenräume verzichtet werden konnte, erhält die Halle hier die stolzen Dimensionen von 15 auf 20 Meter, wobei allerdings ein gewisser Raum für das Treppenhaus abzuziehen – andererseits etwa die gleiche Fläche für die Terrasse über dem Eingang hinzuzurechnen ist.

Im elliptischen Billardzimmer, dessen Maße dem darunterliegenden Empfangszimmer entsprechen, tagt heute der Ministerrat von Baden-Württemberg. Das Wohnzimmer der Erbauerin ist der Amtssitz des Ministerpräsidenten unseres Landes. Beide Zimmer, wie auch das restliche Gebäude, sind der neuen Nutzung angepaßt worden, ohne daß allzuviel Rücksicht auf die ursprünglichen Gestaltungsprinzipien oder deren Realisierung genommen wurde. Auch entspricht die oft gnadenlos moderne, oft sogar geschmacklose Möblierung und Modernisierung der Villa keineswegs dem sonst so hohen Niveau des Gebäudes, was sehr zu bedauern ist.

Ausbau-Details: *oben* die Innenwand des „Rauchzimmers" mit Marmorkamin und Intarsienarbeiten aus Holz und Perlmutt
unten Treppenhausgeländer aus teilvergoldeter Bronce und Monogramm der Bauherrin im Handlauf: „HR" für Helene von Reitzenstein

Der nach Süden orientierte Gebäudeflügel diente im Obergeschoß ursprünglich ganz als Wohnraum der Hausherrin. Der gegenüber liegende nördliche Geschoßteil war für Gäste, ein Zimmer für die Jungfer der Hausherrin und für Nebenräume reserviert. Im Dachgeschoß wohnten die Dienstboten, und zwar drei Mädchen, ein Diener, ein Fremdendiener und ein Koch. Alle diese Zimmer waren an der nördlichen Gebäudeseite angeordnet. Die Baronin wollte offensichtlich nicht, daß sie jemand über ihr mit Geräuschen belästigen konnte. Nur ein Trockenboden ist in dem für Wohnzwecke an sich sehr geeigneten südlichen Mansarddach untergebracht, was allerdings den formalen Vorteil hat, daß zur Belichtung des Dachraumes lediglich drei kleine Gaupen notwendig sind und der Dachbereich des Gebäudes von außen betrachtet sehr ruhig und harmonisch wirkt.

Die hier erstmals abgedruckten Pläne aus dem Original-Baugesuch geben näheren Aufschluß über die Raumaufteilung, die heute noch weitgehend vorhanden ist. Im Südflügel wurde allerdings dort, wo früher das Schreibzimmer war, ein Lastenaufzug eingebaut und das Dienstboten-Treppenhaus verändert. Schwerer wiegt ein Neubau des Staatsministeriums an der Stelle der östlichen Wandelhalle, deren Säulen nun beziehungslos im Park stehen. Der Gesamteindruck der Villa ist durch diesen nüchternen und dennoch aufdringlichen Zweckbau aus Glas und Stahl erheblich beeinträchtigt. In unmittelbarer Nachbarschaft der Villa Reitzenstein hätten andere Gebäude für die Zwecke der Landesregierung zur Verfügung gestanden, die verkäuflich waren (!).

Die Denkmalpflege hätte, wenn sie gefragt worden wäre, dieses moderne Monstrum aus Gründen des Denkmalschutzes verhindern müssen, doch steht die Villa Reitzenstein, die durchaus den Rang eines „Kulturdenkmals von besonderer Bedeutung" einnimmt, nicht unter Denkmalschutz, worauf bei Führungen sogar mit Stolz hingewiesen wird! Offensichtlich will sich die Landesregierung nicht durch Gesetze binden, die sie selbst geschaffen hat. Die Folgen dieser undemokratischen Handlung werden beispielsweise hier offensichtlich (vgl. S. 115).

* * *

Daß ein Park zu einer Villa gehört, wurde schon erwähnt. Gemeinsam bilden beide in der Sprache der Denkmalpfleger eine Sachgesamtheit. Der historische Rückblick läßt zwei Grundtypen des Parks erkennen: Einerseits die *klassische Lösung*, bei der Schloß oder Villa ihre architektonische Haltung gleichsam in den Park projizieren, indem auch der Garten Symmetrie und vor allem einen axialen Bezug auf die Mittelachse des Hauptgebäudes aufweist. Man nennt ihn den *Französischen Garten*.

Zum anderen gibt es den sogenannten *Englischen Garten*, bei dem Vorbilder des chinesischen Gartens fortwirken. Die Engländer als Seefahrernation lernten auf ihren ausgedehnten Seereisen in China diese Gartenform als Erste kennen und transportierten sie in ihr Heimatland, von wo aus sie dann als „Englischer Garten" in Europa und Amerika Verbreitung fand. Wesentlich ist hierbei, mit hoher Kunst eine natürliche Wirkung anzustreben, also den Anschein des Natürlichen zu wahren und dennoch als Bereich menschlicher Kultur zu funktionieren. Um letzteres zu erreichen, erhält der Garten Wege, Treppenanlagen, Tore, evtl. auch Tempietti und Wandelhallen; auch Grotten oder (künstliche) Ruinen sind in einem solchen Garten denkbar.

Im Park der Villa Reitzenstein sind sowohl Elemente des Französischen als auch des Englischen Gartens vorhanden. Die klare Gliederung der Wandelhalle an der Südseite und die Treppenanlagen vor dem Empfangszimmer mit den Bassins an der Westseite des Gebäudes lassen an französische Vorbilder denken, ebenso die Lage der Wellingtonien auf der Hauptachse der Villa, die sich optisch bis zur Johanniskirche fortsetzt. Diese, auch „Mammutbaum" oder „sequoiadendron giganteum" genannten Bäume stammen aus der Wilhelma und könnten ein Geschenk der befreundeten Königin Charlotte gewesen sein, denn es ist bekannt, daß sie und ihr königlicher Gemahl gerne Wellingtonien-Setzlinge aus der Wilhelma verschenkten, die dort seit 1862 gezüchtet wurden.

Die freie Anordnung der Blutbuchen, Linden, Birken, Eschen, Eichen, Ulmen und anderer Gehölze, die in Gruppen gepflanzt und oft mit Blütensträuchern umstellt wurden, entsprechen indessen eher englischen Vorbildern. Erst heute haben sich diese Baumgruppen zu ihrer vollen Schönheit entwickelt.

links: Tempietto im Park mit Arabeskenkuppel
rechts: Detail – von unten gesehen

Blick nach Nordwesten in den geometrisch angelegten Teil des Parkes

In England sind auch die Vorbilder für den botanischen Garten der Baronin zu suchen. Der Park wurde von dem renommierten Gartenarchitekten der Stadt Stuttgart, Karl Eitel, angelegt, dessen Firma heute noch unter seinen Nachkommen besteht. Auch der Park der

Villa Bosch wurde nach Eitels Entwürfen gestaltet. Der „Schwäbische Merkur" lobte in seiner Ausgabe vom 22. April 1913 den „großen, einheitlichen Gedanken", der dem „künstlerischen Talent und praktischen Geschick" Eitels zugrunde liegt. Bei der Eröffnung der Gartenbau-Ausstellung des Württembergischen Gartenbau-Verbandes an Pfingsten 1913 „geruhte Seine Majestät", wie der Berichterstatter des Blattes ehrfurchtsvoll vermerkte, „den Leiter der Ausstellung, Gartenarchitekt Karl Eitel, ins Gespräch zu ziehen".

Die Übereinstimmung von Idee und Wirklichkeit ist auch heute noch sichtbar im Park der Villa Reitzenstein, der allerdings an manchen Stellen mehr liebevolle Zuwendung verdiente. So könnte der reizende marmorne Tempietto mit seinen schmiedeeisernen Arabesken vom verhüllenden Wildwuchs befreit und das Biotop um den felsengrottenartigen Teich, der sich bei einer Birkengruppe befindet, wieder neu belebt werden. Außerdem scheint es nicht nur wünschenswert, sondern unter den gegebenen Umständen wichtig, daß der botanische Garten, in dem Alpenveilchen, wilde Orchideen, Türkenbund, Bingelkraut und Frühlingsplatterbsen wuchsen, wieder sachgemäß instand gesetzt und gepflegt wird.

* * *

Die Villa Reitzenstein ist der glänzende Höhepunkt und zugleich der Abgesang an die traditionsgebundene Stuttgarter Architektur, deren Stilelemente bis in die Antike zurückreichen. Nach dem Ende des Ersten Weltkrieges war elitäre Architektur grundsätzlich suspekt geworden. Auch fanden sich keine Auftraggeber mehr, die im historischen Stil bauen wollten. Die Villen, die in Stuttgart zwischen den beiden Weltkriegen errichtet wurden

Villa F. Roser, 1921 von Paul Bonatz, Am Bismarckturm 58
Villa des Institut Français, 1922 von Stahl und Bossen, Diemershalde 11
Villa Porsche, 1923 von Bonatz und Scholer, Feuerbacher Weg 48/50
Villa H. Roser, 1924 von Paul Bonatz, Am Bismarckturm 57
Villa Rassbach, 1925 von Paul Schmitthenner, Schottstraße 98

verzichten weitgehend auf Zitate vergangener Stilrichtungen. Das sogenannte „Neue Bauen" brach sich Bahn. Ornament wurde zum „Verbrechen" (Adolf Loos, vgl. S. 93) und die unendlich arrogante Forderung, „man muß alles bei Null beginnen" (Le Corbusier, vgl. S. 99), wurde zum kaum mehr hinterfragten Dogma der Architekten. Die Pioniere der Moderne hatten freilich noch eine solide Ausbildung genossen. Anders verhielt es sich mit den Schülern dieser Pioniere und mit deren Schülern wiederum. Heute wird der Mangel wenigstens mancherorts erkannt, auch gesehen, daß es das absolut Neue in der Architektur nie gegeben hat. „Es ist reine Blindheit", schreibt Rob Krier, „sich von dem geschichtlichen Erbe entbinden zu wollen. Damit beraubt man sich der Erfahrungsquelle von Jahrtausenden". Man wünschte dieser relativ einfachen Erkenntnis eine größere Verbreitung.

oben: Kapitell des Rundtempels im Park. *unten:* Blütenkorbtragender weiblicher Kopf in antikisierendem Stil – ein Beispiel der reichen und qualitativ hochstehenden Bauplastik

* * *

In mehrfacher Weise ist die Villa Reitzenstein ein Denkmal. Nicht nur ihrer dominierenden Lage über der Stadt und ihrer stattlichen, harmonischen Proportionen wegen. Sie ist auch ein Denkmal für den entschiedenen Wunsch des arrivierten Bürgertums, sich mit den Idealen und somit den Bauformen vergangener von Aristokratie und Kirche getragenen Kunstepochen zu identifizieren, wobei diese Beziehung keineswegs immer im Formalen stecken bleiben muss. Es handelt sich nicht nur um die „ästhetische Beschwörung der Vergangenheit", sondern auch um den Versuch, den schon damals beklagten Verfall der traditionellen Werte durch eine Orientierung an der Geschichte zu kompensieren, wobei die traditionelle Formensprache gemäß den individuellen Bauaufgaben flexibel gehandhabt wurde.

Der noch immer üblichen, primär auf Innovation fixierten kunsthistorischen Betrachtung ist dieses legitime Streben, sich mit dem Strom der Vergangenheit durch Einfühlung zu verbinden, weitgehend verschlossen geblieben. Dies ist einer der Gründe, daß die Villa Reitzenstein in der Literatur nur in Form gelegentlicher Kurzbeschreibungen auftaucht, gern gewürzt mit Äußerungen der vox populi: „Ond des älles om oi Bett rom!" Wer sich mit der Persönlichkeit der Bauherrin etwas näher befaßt hat weiß, daß derartige Bemerkungen gerade in ihrem Fall ganz besonders unpassend sind und wenig zur Erklärung des Bauwerkes beitragen.

Für den „freien Unternehmer" – und die Bauherrin entstammte einer Unternehmerfamilie – kam noch ein weiterer Aspekt hinzu, die seit der Antike tradierten Bauformen zu bevorzugen: Man sah im Helden der Antike, der sich und seine Fähigkeiten frei entfaltet, ein Vorbild für eigenes Existieren – für das Sichbehaupten im freien Spiel des Marktes im Vertrauen auf die eigene Tatkraft und Tüchtigkeit.

Schließlich ist diese Villa auch ein Denkmal für den außerordentlich hohen Stand des Bauhandwerks vor dem Ersten Weltkrieg, und die Freifrau von Reitzenstein mit ihrer „uneingeschränkten Lust am historischen Kostüm" (Bongartz) war ein Glücksfall für ihre Stadt, weil sie neben den nötigen finanziellen Mitteln auch den Mut hatte, bedingungslos Qualität zu fordern. Damit förderte sie auch Qualität und setzte Maßstäbe, die heute zwar noch gelten, deren höhere Stufen jedoch kaum mehr erreicht werden.

Was aber ist das angemessene Verhältnis, das wir zu einem derartigen Denkmal, einem solchen Zeugnis der Vergangenheit, entwickeln sollen? Kaum jemand sprach das besser aus als Benedetto Croce, dem hervorragenden Vertreter der neuidealistischen Philosophie in Italien (1866-1952), mit dessen Worten daher dieser Versuch, die Villa Reitzenstein aus ihrer Zeit heraus zu verstehen, abgeschlossen werden soll: „Wir sind das Produkt der Vergangenheit und leben in die Vergangenheit getaucht, die von allen Seiten auf uns lastet. Wie sollen wir die Vergangenheit überwinden, wenn wir in ihr sind und sie in uns ist? Nur ein Weg bleibt uns aus diesem Kreis: Der Weg des Denkens, das die Bindungen mit der Vergangenheit nicht zerreißt, sich aber geistig über sie erhebt und sie in Kenntnis verwandelt."

Erklärung der Fachausdrücke

Aufschiebling: Auf das untere Ende des Sparrens „aufgeschobener" Balken von 0,5 bis 1,5 m Länge, der einen geringeren Neigungswinkel als der Sparren hat. Die optische Wirkung des Aufschieblings ist, daß die Dachfläche zur Traufe hin ausschwingt.

Balustrade: Brüstungsgeländer mit kleinen gedrehten Säulchen, den Balustern.

Belvedere: Aussichtsterrasse auf dem Dach von Villen, Palästen oder Schlössern.

Eierstab: auch Kymation, von (griechisch) Kyma = Welle. Abschlußleiste zwischen den einzelnen Bauelementen. Sie ist mit plastischen ovalen Gebilden dekoriert, die durch schmale Hohlstege getrennt sind.

Eklektizismus: Formaler Anschluß an den Stil anderer Meister oder anderer Zeiten. Das Zurückgreifen auf die historischen Stile wird auch Historismus genannt.

Gaupe: auch Gaube – stehendes Dachfenster mit senkrechter Fensterfläche.

Kapitell: von lat. capitulum bzw. capitellum: Köpfchen. Ausladendes Kopfstück einer Stürze. Es vermittelt formal zwischen Stütze und Last.

Konsole: Ein aus der Mauer hervortretendes Tragelement zur Auflagerung von Stein- oder Holzkonstruktionen, häufig als Zierglied geformt.

Mezzanin: Niedriges Zwischengeschoss, meist zwischen EG und erstem OG, auch unter dem Dach.

Mittelrisalit: Vor die Flucht des Hauptbaukörpers vorspringender Bauteil, der auch höher sein kann und oft sein eigenes Dach hat. Je nach Lage des Risalits unterscheidet man Seiten-, Eck- und Mittelrisalit.

Pilaster: Aus der Wand mehr oder weniger flach hervortretender Pfeiler (Wandpfeiler), der wie eine Säule in Fuß, Schaft und Kapitell gegliedert ist. Er dient zur Verstärkung der Mauer, als Gebälkträger, oder zur Gliederung einer Wand und betont als Eckpilaster die Ecken des Gebäudes. Die Kolossalpilaster verbindet stockwerksübergreifend den Gebäudesockel mit dem Trauf- oder Kranzgesims.

Tempietto: Freistehendes, offenes Gartenhäuschen in der Form eines kleinen Tempels.

Traufgesims: Waagrecht vor die Gebäudeoberkante hervortretender Abschluss – auch Haupt- oder Kranzgesims genannt.

Die Villa Gemmingen

Feier von Ruth Tafels fünfundsiebzigstem Geburtstag
am Samstag, den 25. März 2006,
in der Villa Gemmingen

L iebes Geburtstagskind,
liebe Familie Tafel,
liebe Freunde der Familie Tafel!

„Den Tag, den die Götter einmal nur im Leben gewähren, feire jeder hoch!", meinte
Goethe. Schließlich wird man nur einmal im Leben 75 Jahre alt und dies ist ja schon in
sich eine ganz beachtliche Lebensleistung! Über Dich, liebe Ruth, will ich aber nicht
sprechen, sondern über den Ort, an dem wir uns jetzt befinden: Über die *Villa Gemmingen*. Dies ist naheliegend, denn diese Villa war 19 Jahre lang – von 1982 bis zu meiner
regulären Pensionierung im Jahr 2001 – mein Arbeitsplatz als Denkmalpfleger und ich
könnte mir vorstellen, dass Sie, die Sie hier versammelt sind, sich dafür interessieren, *wie*
diese Villa entstand, *was* sie als Gebäude vor anderen hervorhebt und in *welcher Weise*
sie genutzt wurde.

Versuchen wir also, uns in die Zeit hineinzudenken, in der die Villa Gemmingen errichtet wurde. Diese später „Gründerzeit" genannte Epoche vor den beiden Weltkriegen erhielt ihr Gepräge nicht mehr durch biedere Landwirtschaft und durch Weinbauern, sondern durch Persönlichkeiten wie Robert Bosch, Gottlieb Daimler und Steinbeis – auch
mein Großvater Erwin Behr gehörte zu den Menschen, die als Firmengründer einen „neuen Weltsinn verkörpern", um ein Wort von Theodor Heuß zu benutzen (vgl. S. 168).

Gustav Sigle, der Vater der Bauherrin, gehörte ebenfalls zu dieser Personengruppe. Er
übernahm nach Aufenthalten in Paris und London das Farbgeschäft seines Vaters und
entdeckte eine Möglichkeit, aus Anilin besonders haltbare Farben herzustellen. Mit einem
ehemaligen Konkurrenten zusammen gründete er die „Badischen Anilin- und Sodafabriken", kurz BASF genannt. Anilin oder Aminobenzol ist eine farblose Flüssigkeit von
urinartigem Geruch, brennendem Geschmack und großer Giftwirkung. 1826 wurde es
von einem Forscher entdeckt, der den passenden Namen „Unverdorben" trug.

Durch Anwendung dieser Substanz für die Farbherstellung wurde Sigle weithin berühmt und sehr wohlhabend. So konnte er den gesamten Südhang der damals noch mit
Weinstöcken bepflanzten Karlshöhe erwerben, die Mörikestraße ausbauen lassen und für
sich selbst an der Stelle der heutigen die Allianzverwaltung eine Villa errichten.

Für seine beiden Töchter war nun der gesellschaftliche Aufstieg erstrebenswert und so heiratete Tochter Margarethe einen Freiherrn von Tessin – der Name ist in diesem Hause nicht ganz unbekannt – Dora jedoch den Königlichen Kammerherren Fritz Freiherr von Gemmingen-Hornberg. Da beide Töchter auch „standesgemäß" wohnen sollten, ließ der Vater für Margarethe das Gebäude Mörikestraße 24 errichten, in dem heute das Lapidarium der Stadt Stuttgart untergebracht ist. Dora jedoch sollte an dem Ort, an dem wir uns heute befinden, eine dritte Villa erhalten.

Als Architekt für letztere wurde der 1866 geborene Albert Eitel gewählt, der mit dem um zwei Jahre jüngeren Steigleder eine Partnerschaft eingegangen war und der u. a. den Kursaal in Bad Cannstatt, das Alte Schauspielhaus und das Karl-Olga-Krankenhaus errichtete. In den Jahren 1910 – 1912 wurde nun die Villa Gemmingen erbaut – zeitgleich mit der Villa Reitzenstein auf der anderen Hangseite Stuttgarts (1910 – 1913 von Schlößer & Weirether – vgl. S. 171 f.).

Es sollte „ein Landschlößchen mit herrschaftlichem Charakter sein", wie es in der Aufgabenbeschreibung hieß. Man sieht an diesem Beispiel den Wunsch des gehobenen Bürgertums der „guten alten Zeit", sich an aristokratischen Vorbildern zu orientieren. Allgemein gesprochen, war dies die Vornehmheit der französischen Schlossbauten – insbesondere von Vaux-le-Vicomte, das bekanntermaßen seinerseits Vorbild für Versailles wurde. Doch ganz eindeutig ist auch der Bezug zu dem Seeschloss Monrepos (1758 – 1764) und insbesondere zu Schloss Solitude (1764 – 1775) – den beiden Schlossbauten von Herzog Carl Eugen. Das Herzstück der Villa – den ovalen Raum – finden wir in den erwähnten Schlössern und auch hier – ja, dieser Raum muss als bewusstes Zitat der herzoglichen Bauten betrachtet werden.

Der Ovalraum oder Salon ist im Baugesuch eindeutig als „Zimmer der Dame" gekennzeichnet. Wie es sich gehört, schließt an ihn ein „Boudoir" an, d.h. ein Raum, in dem die Dame „bouder", d.h. „schmollen" kann. Der Ovalraum hat seinerseits Geschichte. Vorbild für alle Räume mit kuppelförmiger Decke ist in der christlichen und der islamischen Baukunst natürlich das Pantheon in Rom. Die Kuppel wurde allerdings zunächst nur für sakrale Räume (Kirchen und Moscheen) genutzt. (Sie wissen, dass die „Hagia Sophia" in Istanbul ein ursprünglich römischer Bau ist.) Erst Palladio führte den überkuppelten Raum in die Profanarchitektur ein, wie z. B. die Villa Rotonda auf der „Terraferma" bei Venedig zeigt. In der Barockzeit wird nun der seither runde Raum gelängt und es entsteht so dessen elliptischer Grundriss, wie wir ihn hier vorfinden. Der Ovalraum ragt bei unserer Villa als Mittelrisalit nur wenig vor das im Grundriss rechteckige Gebäude vor. An ihn schließen zu beiden Seiten Baukörper an, die grundsätzlich einerseits der Dame und andrerseits dem Herrn des Hauses zugeordnet sind.

Man betritt die Villa durch einen überdeckten, von dreifachen Säulen getragenen Eingang. In das erste Obergeschoss – das „Piano nobile" – führt ein prächtiges Treppenhaus mit Stufen aus schwarzem Marmor und kunstvoll geschmiedetem Treppengeländer. In diesem Geschoss sind die Repräsentationsräume untergebracht – besonders der erwähnte ovale Saal, die Bibliothek mit dem wunderschönen wohl aus der italienischen Renaissancezeit stammenden und hierher translozierten Kamin und das Speisezimmer.

Im darüberliegenden Stockwerk befinden sich die Privaträume – rechts für die Dame, links für den Herren des Hauses. In der Mitte trifft man sich im Frühstückszimmer, zu dem einige Stufen hinaufführen, die notwendig sind, um in dem darunter liegenden Salon die großzügige Raumhöhe mit gerundetem, an die Kuppel des Vorbilds erinnernden Übergang von Wand zu Decke zu ermöglichen. Nebenbei: In der sehr verwandten, mit zwei übereinanderliegenden Ovalräumen („Empfangszimmer" und „Billardzimmer") ausgestatteten Villa Reitzenstein ist dieser Übergang weit weniger überzeugend gelöst. Dort bleibt die Deckenhöhe in allen Räumen durchgehend gleich und an die Kuppel des Pantheon erinnert nur noch eine Hohlkehle.

Das Untergeschoss des Gebäudes ist ganz aus Haustein, die darüberliegenden Geschosse aus verputztem Backstein gemauert. Die Fenster sind großzügig bemessen, die Arbeiten zeugen sämtlich von dem hohen Stand der Handwerkskunst vor dem Ersten Weltkrieg. Das schiefergedeckte Mansarddach (Mansardedach) hat seinen Namen von François Mansard (1598 – 1666), der es im Château de Blois erstmals anwandte. Es hat den Vorteil, dass das erste Dachgeschoss durch die Steilheit seiner Dach-Außenflächen noch für Wohnzwecke genutzt werden kann. Gekrönt wird die Villa durch ein „Belvedere", auf das ich mich manches Mal flüchtete, um dort eine Zigarette zu rauchen, wenn der Amtsärger allzu unerträglich zu werden drohte.

Geradezu genial ist allerdings die Drehung der Hauptachse der Villa um 90° gegenüber dem abfallenden Hang. Man erlebt dies am besten von dem erwähnten Belvedere aus. Durch die Drehung der Hauptachse des Gebäudes wird es ermöglicht, dass eine waagrechte Parterre-Fläche für den Garten mit abschließendem Bacchus-Brunnen und eine überdeckte Kollonaden-Wandelhalle geschaffen wird. So haben die Nutzer der Villa einen ebenen Garten vor sich, den sie vom Salon aus bequem über nur fünf dem Mittelrisalit angepasste Stufen begehen können. Zudem wirkt die Villa von der Stadt aus gesehen diskreter und weniger „protzig" als „der Reitzenstein".

Von den Festen, welche die Familie von Gemmingen dort gefeiert haben mag, ist nichts bekannt – zumindest mir nicht – auch nichts von deren Sorgen und Nöten. Jedenfalls wurde die Villa während des Zweiten Weltkrieges an die Stadt Stuttgart verkauft und bald darauf als Sitz der SS genutzt. Diese freute sich besonders über die weitläufigen Keller, die Schutz gewähren mochten. Der Dachstuhl wurde gegen Brandgefahr gekalkt – ist es auch heute noch – und man mag sich vorstellen, wie die genagelten Stiefel der deutschen Soldaten auf die marmornen Fließen knallten und den Teppich im Ovalsaal maltraitierten, der während der Erbauungszeit für diesen Raum gewebt worden war und der noch heute dort vorhandenen ist. Nachfolger der SS waren zunächst die gummibesohlten Amerikaner, deren Schuhe nun auf den Fließen knirschten. OB Klett residierte einige Zeit in der Villa, dann wurde sie der Kriminalpolizei zur Verfügung gestellt, was ein bezeichnendes Licht auf das Kulturverständnis der Stadtväter wirft.

Die Kripo war noch Nutzer der Villa, als ich Ende der siebziger Jahre des vergangenen Jahrhunderts die Idee hatte, den *Jagdschein* zu machen, weil ich ja von Wäldern umgeben und diese liebend aufgewachsen war und weil mir schien, dass der Jagdschein eben doch irgendwie „dazugehört" (vgl. S. 290). Zum Jagdschein gehört natürlich auch das Pistolenschießen und auf dem Schießstand traf ich Herrn Kötter vom MEK – dem „Mobilen Einsatzkommando" der Polizei – der mir sofort sympathisch war und der mir von seinem Amtssitz, einer „Villa Gemmingen", erzählte, die ich noch gar nicht kannte, obwohl ich mich doch für die Kulturdenkmale der Landeshauptstadt verantwortlich fühlte. (Es gab damals noch keine „Gebietsaufteilung" für die Konservatoren).

Ich frug Herrn Kötter, ob ich seine Diensträume einmal besichtigen dürfe. Das war damals nicht einfach, denn die Kripo ist allgemein nicht als besonders gastfreundliche Institution bekannt. Zudem war es die Zeit der Terroristen und der PUTZ-Truppen – der „Proletarischen Union für Terror und Zerstörung" deren Mitglied ein gewisser Politclown war, der später sieben Jahre lang als Außenminister unser Vaterland offiziell in der ganzen Welt vertrat ...

Irgendwie schaffte ich es jedenfalls, die Villa zu betreten, in deren Speisezimmer die Leichname der Terroristen Bader, Meinhof und Raspe aus Sicherheitsgründen einige Zeit aufbewahrt worden waren – nach Leibesvisitation und unter Bewachung. Natürlich war ich hingerissen von der Klarheit der architektonischen Konzeption und der Qualität der immobilen Ausstattung, die praktisch noch unverändert vorhanden war. Auch die blut-durchtränkten Kleidungsstücke und die Mikroskope interessierten mich freilich ...

Ich erfuhr bald, dass die Kripo aus der Villa ausziehen und in das alte Bosch-Krankenhaus auf dem Pragsattel verlegt werden soll. Meine Frage, was dann mit der Villa Gemmingen geschehen würde, konnte mir niemand beantworten. So suchte ich selbst nach einem Interessenten und glaubte zunächst, ihn in einer wohlhabenden Italienerin gefunden zu haben, die ihre Gemäldesammlung in das sicherere Deutschland auslagern wollte. Daraus wurde aber nichts und manche Jahre hing das Bild der verschneiten Villa Gemmingen an der Wand meines Stuttgarter Arbeitszimmers – und nichts rührte sich. Verschiedene Nutzungsmöglichkeiten wurde diskutiert, z.B. schlug der Bildhauer Herbert Hajek vor, hier einen Ableger der Galerie der Stadt Stuttgart zu installieren. Die Stadt-verwaltung winkte jedoch ab: Dazu fehle es an Geld. Dafür meinte der Kulturreferent der Stadt, Dr. Schumann, man könne hier ein kommunales Gästehaus einrichten. Doch auch dies und anderes ließ sich nicht realisieren.

So entwickelte ich recht einsam die Idee, dass die Villa von dem neugeschaffenen „Landesdenkmalamt" genutzt werden sollte, damit es – so argumentierte ich – „durch die Art seiner Unterbringung für seine Aufgabe werben" kann. Diesen Satz wiederholte ich bei allen passenden – wohl auch manchmal unpassenden – Gelegenheiten gegenüber meinen Vorgesetzten, bei Rundfunkinterviews und vor der Presse. Beispielsweise schrieb Michael Spohn am 18. Februar 1977 – dem Geburtstag meiner Mutter – in den „Stuttgarter Nachrichten": „Das Landesdenkmalamt, bislang dezentral und unzureichend unterge-bracht, könnte in der Villa Gemmingen Büros beziehen und an Ort und Stelle demonstrie-ren, wie Denkmalschutz betrieben werden muss." Bald darauf – am 21. März 1977 – befürwortete die CDU, zu der ich damals gute Beziehungen hatte, diesen Plan. Auch schrieb ich dem künftigen Präsidenten des Landesdenkmalamtes, Prof. Dr. Gebeßler, einen mehrseitigen, bis heute unbeantworteten Brief in diesem Sinn. Nur einmal sprach er mir gegenüber beiläufig von einem „denkmolpflegerischen Luuschtobjekt".

Bei einem Empfang der Dresdner Bank auf ihrer Dachterrasse allerdings, an einem schönen Maientag, traf ich auf Bürgermeister Hahn, dem für die Liegenschaften der Stadt zuständigen Vater des jetzigen Baubürgermeisters von Stuttgart, der mir einen Stoß in die Rippen gab und sagte – und das ist mir unvergesslich:

Sie wollten doch die Villa Gemmingen – könn' Se hab'n!

1978 zog die Kripo aus der Villa Gemmingen aus. Doch es dauerte noch vier Jahre – genau bis zum 3. Mai 1982 – bis das Landesdenkmalamt in die Villa einzog. Die Möglichkeiten, die sie geboten hätte, wurden allerdings so gut wie nicht genutzt: Keine Empfänge für die Denkmaleigentümer oder für die Behörden, mit denen wir zusammenarbeiten mussten. Kein Treffen der maßgebenden Politiker mit den Denkmaleigentümern oder den zuständigen Referenten für Denkmalpflege. Statt dessen nur große Furcht vor „ungenehmigter Akteneinsicht" ...

Dabei hätte es einer „Landesoberbehörde", wie dem Landesdenkmalamt wohl angestanden, derartige Empfänge durchzuführen, wie es das Landesmuseum, die Landeshauptstadt oder die Staatsgalerie selbstverständlich taten. Denn bei derartigen Gelegenheiten lässt sich das Verständnis für das Anliegen der Denkmalpflege, das grundsätzlich unabhängig von persönlichen Befindlichkeiten ist, stärken. Solche Treffen liegen also im wohlverstandenen Interesse kultureller Bemühungen.

Die Wirklichkeit sah jedoch anders aus: Es folgte die Kompetenzeinschränkung des Landesdenkmalamtes und die Zerschlagung desselben – seine Verlagerung heraus aus der Landeshauptstadt in ein Provinzgebäude, das nach Aussage ehemaliger Kollegen „durch Umbauten seine Denkmaleigenschaft verloren hat". So ist es freilich erschwert, „durch die Art seiner Unterbringung für seine Aufgabe zu werben".

Doch die alte Schule, in der die nunmehrige Zweigstelle des Regierungspräsidiums untergebracht ist – das Salier-Gymnasium in Esslingen – bietet immerhin Gelegenheit, zu lernen – wie es in einer Schule üblich ist. Insonderheit lässt sich dort lernen, welche Chancen nicht wahrgenommen und welche leichtsinnig verspielt wurden. Auch zeigt dieses Beispiel, wie wichtig es ist, über die Gewichtung von Argumenten nachzudenken: Dass man „alles unter einem Dach zusammenfassen" will, kann in der heutigen, vernetzten Zeit nur noch eine untergeordnete Rolle spielen. Von der Stadt Schorndorf, die ihre Verwaltung in mehreren Kulturdenkmalen untergebracht hat und sie hierdurch letztlich vor der Zerstörung bewahrte, lässt sich z.B. lernen, was auf diesem Gebiet möglich ist.

Schließlich lässt sich in einer Schule lernen, dass es eben nicht genügt, sich auf ein streng begrenztes „Fachgebiet" zu konzentrieren, denn dann verliert man leicht den lebendigen Zusammenhang mit dem Ganzen – man verliert dessen „geistiges Band". Und es bleibt dann das fatale Gefühl zurück, dass die Denkmalpflege ihren eigentlichen Gegenstand – das Kulturdenkmal – geistig nicht mehr zu erkennen vermag (Thema: „Materialfetischismus"). Dabei sollte sich doch Denkmalpflege nicht darauf beschränken, nur die materielle Hülle unserer Kultur zu erhalten, sondern die Kultur selbst. – Ich persönlich war von dieser Entwicklung nur noch am Rande betroffen. Die „Gnade der frühen Geburt", d.h. die reguläre Pensionierung, hat mich hiervor bewahrt.

Es galt freilich – nachdem das Elend nicht mehr aufzuhalten war – wiederum eine neue Nutzung für die Villa zu finden. Bei einem Empfang im Hause Tafel wurde ich durch Baron Michael von Hornstein der dort anwesenden Baronin Tessin vorgestellt, die Interesse an der Villa bekundete, mit der sie durch familiäre Bande verknüpft war (s.o.). Sie wollte die Villa zwar besichtigen, aber ungenannt bleiben. Ich sagte, ich wäre gerne bereit, ihr die Villa zu zeigen und würde einfach sagen, sie sei „meine Tante". „Nein, nein, nicht Tante – meine Cousine!", meinte sie. – So hatte ich die Ehre, meine neu erworbene Cousine als Erster durch die Villa Gemmingen zu führen, die sie noch nie betreten hatte.

Ich freute mich auch sehr, als sie schließlich deren Eigentümerin wurde und beim ersten offiziellen Empfang meine liebe Frau und mich als einzige „Vertreter des Landesdenkmalamtes" einlud.

Durch Baronin Tessin hat die Villa wieder den Zweck gefunden, für den sie errichtet wurde. Das Gebäude ist nun nicht mehr der Sitz einer leider doch letztlich nur bürokratischen Behörde, sondern es entspricht wieder dem Sinn, für den es einstens errichtet wurde, nämlich ein kultureller Treffpunkt zu sein.

Freuen wir uns also, hier zu sein – hier zu sein in einem *architektonischen Gesamtkunstwerk von besonderer Bedeutung.* Wir haben es nämlich mit einem Werk der angewandten Kunst zu tun, bei dem sich die *guten* Ideen der Erbauer mit der Forderung nach *wahrer* Vollkommenheit in *schönster* Weise verbinden.

Und wir freuen uns, dass unsere liebe Ruth hier einen angemessenen Rahmen zur Feier ihres 75. Geburtstages gefunden hat. Wir wollen nun alle unser Glas auf unser „Geburtstagskind" erheben und ihm Glück und Wohlergehen für viele künftige Lebensjahre wünschen!

Villa Gemmingen

Geschichte des Hauses Hohenlohe und seiner Schlösser

Vortrag für das Studienzentrum Weikersheim am
23. September 2003

Von 1977 bis 1989 war ich für Hohenlohe als Denkmalpfleger zuständig. Während dieser zwölf Jahre lernte ich die Region kennen und lieben, denn in ihr hat sich stärker als anderswo die magische Einheit des Lebens, das geheime Einvernehmen zwischen Mensch und Tier, zwischen Mensch und Natur erhalten – auch der romantische Zauber einer in Wahrheit historischen Landschaft.

Für die Veranstaltungen des eher wertkonservativen Studienzentrums Weikersheim scheint mir daher dieses „Land der Burgen und Schlösser", wie Hohenlohe gerne genannt wird, ein geradezu idealer Ort zu sein, denn Geschichte ist dort überall präsent. Schon um das Jahr 1300 saßen rund 250 hohenlohe'sche ritterbürtige Ministerialen auf ihren eigenen Burgen. Bei Kirchberg an der Jagst kommt fast auf jeden Quadratkilometer eine noch bestehende oder abgegangene Burg. Nirgendwo sonst sind wohl diese Zeugnisse feudalen Lebens in solcher Häufung zu finden, welche der Landschaft ihr besonderes und einmaliges Siegel aufgeprägt haben. Bei der Beschränkung meiner Ausführungen auf einige Burgen und Schlösser bin ich mir freilich durchaus einer gewissen Einseitigkeit der Blickrichtung bewusst – gibt es doch auch bedeutende Beispiele der Sakralkunst im hohenlohe'schen Raum, ebenso wertvolle, gut tradierte, bürgerliche und bäuerliche Anlagen aus historischer Zeit.

Neun Schlösser will ich nachfolgend vorstellen und dabei auch auf die Geologie und die Geschichte der Region eingehen, denn es ist hier wie auch sonst im Leben: „Bloßes Hinglotzen führt zu nichts."

Betrachtet man die Geologie der Region Hohenlohe, so fällt auf, dass es sich um eine Hochebene handelt, über der sich Keuperberge aufbauen, die oft steil nach drei Seiten hin abfallen. Diese sogenannten Geländesporne bilden eine ideale Grundlage für die Errichtung von Burgen und Festen Orten. Denken Sie an die Lage von Langenburg, Waldenburg, an die von der Jagst umflossene Berginsel Kirchberg, an Stetten, Tierberg, Krautheim und an Morstein, oder auch an Amlishagen. Der Vorzug dieser geographischen Lage besteht darin, dass man nicht mehr die allzu beschwerlichen Zugangswege überwinden muss, welche den mittelalterlichen Gipfelburgen eignen, die zudem durch Blitzschlag höchst gefährdet sind. Auch erleichtert das nach drei Himmelsrichtungen abfallende Gelände die Verteidigung erheblich, weil es erlaubt, die Schwerkraft zugunsten des Verteidigers auszunutzen. Von der vierten Himmelsrichtung her ist indessen eine bequeme Zu-

fahrt möglich, was sich schon in der Zeit der Renaissance und noch mehr in der Barockzeit für das stets wachsende Repräsentationsbedürfnis und den immer umfangreicher
werdenden Hofstaat der Regierenden als wichtiger Vorteil erwies. Zudem konnten sich
auf der Ebene hinter dem Schloss die gewerbetreibenden Bürger ansiedeln, die das vorgelagerte Schloss schützten und ebenso durch dasselbe geschützt wurden, denn es war der
Sitz der Herrschaft, welche alle wichtigen Verwaltungs- und Führungsaufgaben ausübte,
zudem Verteidigung und Angriff plante und auch anführte.

Bei der geschichtlichen Betrachtung der Region ist eine Vorbemerkung über den Sinn
der Geschichte und eine Definition der Begriffe Burg und Schloss hilfreich:

Sich mit *Geschichte* zu befassen, bedeutet, die Wege und Irrwege seiner Vorfahren
kennen zu lernen. Wer sie nicht kennt, oder nicht kennen will, wird auch kein rechtes
Maß für die eigene Entwicklung finden. Dessen Gedanken müssen notwendigerweise
ohne Bezug auf die Evolution sein und dessen Zukunftsplanungen geraten utopisch. Es
fehlt ihm der Maßstab, der eine aus der Evolution abgeleitete Hierarchie der Werte erkennen lässt. Der große deutsche Historiker Leopold von Ranke meinte schon im vor-
vergangenen Jahrhundert: „Ein Volk, das seine Geschichte nicht kennt, wird erleben, dass
ihm eine schlechte Geschichte gemacht wird." Der Denkanstoß Rankes könnte gerade in
unserer Zeit hilfreich sein, denn über das Niveau des allgemeinen Geschichtsbewusstseins
– auch über dasjenige derer, die Verantwortung tragen – und über dessen Ursachen wird
sich wohl jeder seine eigenen Gedanken machen und die Konsequenzen bedenken.

Wer sich indessen für Geschichte interessiert – und hier darf ich unseren Ehrenpräsi-
denten Prof. Dr. Hans Filbinger zitieren – „wird erkennen, dass sie Verhaltensweisen
lehrt, die in Jahrhunderten erprobt und gereift sind, so z.B. Weitsicht und Mut, Toleranz,
Vernunft und Verlässlichkeit – kurz all das, was der etwas aus der Welt geratene Begriff
‚Bürgertugenden' meint. Geschichte und Zukunft sind ja keine Gegensätze. Sie gehören
zusammen wie Wurzeln und Früchte, wie Halm und Korn, wie Stamm und Blatt. Und
ebenso wie Bäume ohne Wurzeln zumindest auf Dauer keine guten Früchte geben, sind
auch Menschen ohne geschichtliches Bewusstsein – ohne die lebendigen und stets zu
vergegenwärtigenden Kräfte des geistigen und materiellen Erbes – orientierungslos und
urteilsschwach, anfällig für die Manipulationen des Tages und des Marktes".

Die gleiche Idee steht hinter Sigmund Freuds Aussage: „Je weniger einer vom Vergangenen weiß, desto unsicherer muss sein Urteil über das Zukünftige ausfallen". Mit geschichtlichem Bewusstsein aber fördern wir die Gemeinschaft zwischen denen, die leben,
denen die gelebt haben und denen, die leben werden.

Geschichte wiederholt sich zwar nicht in Details, wohl aber in den Grundstrukturen und
so ist sie ein wunderbarer Lehrmeister. Sie lehrt, dass „Zeit" nicht in der Wiederholung
des Gleichen besteht, sondern in der Erneuerung des Ähnlichen, dem ein schöpferisches
Prinzip innewohnt: „Kein Frühling ist genau wie der andere, aber in jedem erneuert sich
das Lebendige und offenbart sich das Prinzip der Erneuerung selbst." (Baal Müller in
Junge Freiheit v. 11. XI. 2011) Das heißt auf der einen Seite, das Große, das Erhabene,
das Fortsetzungswürdige der eignen Geschichte zu erkennen und daran anzuknüpfen, auf
der anderen Seite aber, Fehlwege der eigenen Geschichte und ihre Ursachen zu erhellen,
um die Fehler der Vergangenheit nicht zu wiederholen. Carl Friedrich von Weizsäcker
hat den Sachverhalt folgendermaßen zusammengefasst: „Was den Menschen auszeichnet,
ist nicht, dass er Geschichte hat, sondern dass er etwas von seiner Geschichte begreift."

Arthur Bums ergänzt: „Ein Volk das die Stimmen seiner Ahnen nicht hört und die Rechte seiner Nachkommen nicht achtet, hat keine Zukunft". Prophetische Worte?

Nun zu den Burgen und Schlössern: Wer sich mit ihnen beschäftigt und nicht nur trockene historische Fakten, oder den ästhetischen und romantischen Reiz, den Hauch von Exklusivität und Luxus sucht (der selbstverständlich auch mit unseren Herrensitzen verbunden ist) wird erkennen, dass Burgen und Schlösser Resultate der geschichtlichen Entwicklung sind, zudem strategische und kulturelle Zentren, also Kristallisationspunkte der verschiedenen Führungsschichten. Sie sind ein sinnfälliges Gleichnis für das unaufhörliche Werden und Vergehen von Größe, Kraft und Geltung – auch eine Darstellung dessen, was sich ein Standesherr an Bedeutung zumisst und was er vermag. So repräsentieren sie sein „Vermögen", das durchaus „wahrgenommen" (für wahr genommen!) werden soll. Sie wirken als Symbol von Herrschaft und Macht, demonstrieren Stärke, Unantastbarkeit und Festigkeit. Man könnte sagen: sie sind *gebaute Sprache* oder auch *steingewordenes Gedächtnis* für früher geltende Aufgaben, Normen, Ziele und Ideale. Gleichzeitig fordern sie zu künftigen Aufgaben heraus.

Schlösser waren – wie ihre Vorläufer, die Burgen – Mittelpunkt adliger Herrschaft. Von ihnen aus wurde regiert. Von ihrem Wesen her entsprechen sie der Familie, die sie bewohnt, sie sind ihr Haus, mit dem sie sich identifizieren und mit dem sie identifiziert werden. Daher spricht man von *fürstlichen* oder *adeligen Häusern*, meint indessen damit die Familien. Und nur diejenigen gehörten zum Adel, die eine Burg oder ein Schloss besaßen. Nicht umsonst nannten sich die meisten Adelsfamilien nach ihrem Stammsitz, der auch für die Region namensgebend wirkt. Wir sehen dies am Beispiel der Burg Württemberg, nach der das Geschlecht und später auch das ganze Land benannt wurde, das noch heute diesen Namen trägt. Oft werden diese Zusammenhänge vergessen.

Die Mehrzahl der Schlösser ist aus Burgen hervorgegangen und Reste alter Burgmauern stecken daher oft in den Schlössern. Beide – Burg und Schloss – meinen freilich alles andere als „öffentlich zugänglich"! Vielmehr haben sie mit „verschließen", „bewahren", „abgrenzen", mit Verteidigung und gegebenenfalls auch mit Angriff zu tun – alles Tätigkeiten, die in der kriegerischen Auseinandersetzung ihren Höhepunkt finden.

Fragen wir zunächst , wie Menschen in einer Burg lebten. Authentische Informationen hierüber geben am besten Zeigenossen selbst. Daher soll hier – sozusagen als Momentaufnahme – ein Brief Ulrich von Huttens an den Nürnberger Patrizier Pirckheimer zitiert werden, der schildert, wie es auf einer Burg um 1500 zuging:

„Die Burg, ob sie auf dem Berg oder in der Ebene liegt, ist nicht als angenehmer Aufenthalt, sondern als Festung gebaut. Sie ist von Mauern und Gräben umgeben, innen ist sie eng und durch Stallungen für Vieh und Pferde zusammengedrängt. Daneben liegen dunkle Kammern, vollgepropft mit Geschützen, Pech, Schwefel und sonstiges Zubehör für Kriegsgerät. Überall stinkt es nach Schießpulver: und dann die Hunde und ihr Dreck, auch das – ich muss schon sagen – ein lieblicher Duft! Reiter kommen und gehen, darunter Räuber, Diebe und Wegelagerer ... Man hört das Blöken der Schafe, das Brüllen der Rinder, das Bellen der Hunde, das Rufen der auf dem Feld Arbeitenden, das Knarren und Rattern der Fuhrwerke und Karren: ja sogar das Bellen der Wölfe."

* * *

Nach diesen Vorbemerkungen nun zur historischen Entwicklung von Hohenlohe: Vor den Römern war die Gegend, in der wir uns befinden, von *Kelten* besiedelt, von denen hier die ersten menschlichen Spuren überhaupt stammen. Kelten haben schon in Hall Salz gewonnen und sie erwiesen sich als Meister in der Bearbeitung des Eisens. Unser Wort für dieses Metall kommt aus der keltischen Bezeichnung „isarnon". Später errichteten die *Römer* in unserer Region den Limes als Begrenzung ihres Reiches, der etwa 155 n. Chr. von Osterburken nach Öhringen und Welzheim vorgeschoben wurde. Es war der „Vicus Aurelianus". Dieser Limes ist kürzlich durch die UNESCO zum Weltkulturerbe erhoben worden.

Nach der Vertreibung der Römer aus unserem Raum wurden hier die *Alamannen* sesshaft, bis sie ihrerseits von den *Franken* vertrieben wurden. Vom siebten Jahrhundert an kultivierten und christianisierten die Franken das Land und bestimmten fortan dessen Geschichte. Es galt die fränkische Königsverfassung, fränkisches Bauernrecht und die Grundgesetze der alten „lex salica". Doch die Region diente sowohl in friedlichen als auch in kriegerischen Zeiten als ein Durchzugsgebiet. Daher hat sie Einflüsse aus allen Himmelsrichtungen aufgenommen und verarbeitet. „Die Franken" – so hat Theodor Heuß einmal launig doziert – „sitzen dort, wo der Wein wächst. Und der Wein hat auch die seelische Palette des Tauberfranken mit geprägt: Das Schicksal kann den Weinfranken beugen aber nicht brechen. So ernst nimmt er weder das Leben noch sich selbst."

In einer Schenkungsurkunde von Karl dem Großen aus dem Jahr 777 ist der Weinbau in Franken erwähnt. Dies ist das erste Dokument, das zugleich den Weinbau nördlich der Alpen und die Bezeichnung Franken belegt.

Die Hohenloher sind Franken und es ist wichtig, zu wissen, dass *Hohenlohe* ursprünglich kein geographischer, sondern ein dynastischer Begriff ist. Der Name eignet einem weit verzweigten, alten ostfränkischen Uradelsgeschlecht, das seit 900 Jahren und teils bis heute noch unversehrt auf seinen Schlössern und Burgen lebt. Zwar sind die Schlösser an der Loire, die Burgen am Rhein und die Kastelle an der Etsch berühmter als diejenigen von Hohenlohe. Dafür sind dort aber längst die „vieilles familles" verschwunden – Privatleute, Kommunen und Wirtschaftsverbände sind heute Eigentümer der alten Gebäude. Hier in Hohenlohe aber ist die soziologische Struktur weitgehend unverändert geblieben. Die vier fürstlichen Familien: Hohenlohe-Langenburg, Hohenlohe-Öhringen, Hohenlohe-Bartenstein und Hohenlohe-Jagstberg, die Grafen von Zeppelin, die Freiherren von Stetten, Crailsheim, Palm, Racknitz, Berlichingen und von Eyb besitzen noch ihr Erbe und wohnen als echte Nachkommen ihrer ritterlichen Vorfahren zwischen Schildmauer, Bergfried und umgebendem Wehrmantel. Auch die Bauern betreiben noch – wenn auch mit Mühe – ihre ererbten Höfe. Doch soll dieses etwas romantische Bild nicht die Tatsache verdecken, dass sowohl der Adel als auch die Bauern neue Wege suchen und die kleinen Mittelpunktstädtchen der Industrie sich öffnen, um durch die Ansiedlung von Spezialbetrieben das Land aus seinem Dornröschenschlaf zu erwecken. Die Familie Würth gibt in dieser Beziehung ein leuchtendes Beispiel. Im Ganzen aber wurde die ausgeprägte Kontinuität der regionalen Entwicklung gewahrt. Es lohnt sich also manchmal, sich antizyklisch zu verhalten, obwohl damit momentaner Machtverlust verbunden sein mag, wie später noch gezeigt werden soll.

Etwa um 1150 n. Chr. taucht das Haus Hohenlohe aus dem Dunkel der Geschichte auf. Der Aufstieg der Herren von Hohenlohe ist eng mit dem Staufischen Kaiserhaus verknüpft, dem sie in treuer Verbundenheit und an hervorragender Stelle dienten. Als Anfang des 12. Jahrhunderts die Staufer als Erben der Grafen von Rothenburg für die allgemeine Geschichte bedeutsam wurden, wählten sie Franken zum Mittelpunkt der Herrschaft. Aus der Zeit Friedrich Barbarossas – aus dem Jahr 1153 – stammt die erste bekannte Urkunde des Hauses Hohenlohe. Vermutlich waren die Hohenloher mit den Staufern durch eine illegitime Heirat verwandt. So waren sie „nützlich, aber nicht gefährlich" – um Fürst Hohenlohe-Waldenburg zu zitieren. Als treue Vasallen der Hohenstaufen zogen die Hohenloher von Feldzug zu Feldzug, weilten im Heiligen Land im Kampf gegen die Feinde der Christenheit, nahmen in der mittelalterlichen Reichsverwaltung hohe und höchste Stellen ein und wurden als Dank hierfür im 13. Jahrhundert in den Grafenstand erhoben.

In Weikersheim befand sich die Urburg der Familie Hohenlohe, doch wurde dieser Stammsitz bald verlassen und nach Hohenloch, nahe dem heute bayerischen Uffenheim, verlegt, weil die Familie an dieser wichtigen Handelsstraße von Frankfurt nach Augsburg das Geleitrecht besaß. Da der Name „von Hohenloch" wohl nicht als sonderlich attraktiv empfunden wurde, änderte man ihn bald in „von Hohenlohe" – und nun fand eine interessante Interpretation des neuen Namens statt, denn man spielte auf die einerseits wärmende, andrerseits aber auch verzehrende Flamme (die „Lohe") an. Es oblag also den Trägern dieses Namens, ihren Untertanen wärmenden Schutz zu gewähren und sie gleichermaßen zu verteidigen – ähnlich, wie es die römische Wölfin getan hatte: „defendere subiectis et debellare superbis" („den Untertanen Schutz gewähren und die Übermütigen bekämpfen").

Gleichzeitig wählte man als gestaltgewordene Devise den Phönix, dieses Wesen, das bei der Weltschöpfung auf dem Urhügel erschienen war und das sich selbst verbrennt, um aus der Asche wieder neu aufzuerstehen – ein Reinkarnationssymbol! Daher der Wahlspruch „ex flammis orior" („aus Flammen erstehe ich auf"). Dieser Wahlspruch kann freilich – wie mir Fürst Hohenlohe-Waldenburg selbst erklärte – auch anders übersetzt werden, nämlich: „der Hölle entsprungen"! (Eine Devise ist ein kurzer Wahlspruch des hohen und höchsten Adels, der besonders in der Heraldik vorkommt und mit einem Sinnbild zusammengehört. Andere Devisen sind „pro gloria et patria", verbunden mit dem Preußischen Adler oder der mit der Sonne verbundene Wahlspruch von Ludwig XIV: „nec pluribus impar", was etwa bedeutet: „auch Mehreren gewachsen".) Als Wappen führte die Familie Hohenlohe zwei übereinander angeordnete, nach rechts schreitende Leoparden, die sich von den drei Staufischen Löwen dadurch unterscheiden, dass ihre Körper zwar auch von der Seite, ihre Köpfe jedoch von vorn her dargestellt sind.

Betrachten wir nun zwei Burgen aus der *Stauferzeit* – Leofels und Krautheim – etwas näher:

Leofels

Schon der Name Leofels verweist auf eine Reichsburg der Staufer, die – wie erwähnt – drei Löwen im Wappen führten. Kaiser Friedrich II., den man den „puer apuliae" und „stupor mundi" (der „apulische Knabe" und „Staunen der Welt") nannte, ließ sie nach 1230 in der für Hohenlohe typischen Spornlage errichten.

Der Grundriss der Festung ist ein Querrechteck mit einer abgeschrägten Seite, die durch den Geländeverlauf bedingt ist. Mantelartig umzieht eine Mauer die gesamte Anlage, deren Äußeres mit staufischen Buckelquadern gestaltet ist. Der Innenraum der „Burg" kann ein ganzes Heerlager „bergen". Die Wände sind dort mit glattem Mauerwerk errichtet. Der Palas ist stumpf an die Umfassungsmauer angelehnt, weshalb man von einer „Randhausburg" spricht.

Der viereckige Bergfried steht separat im Burghof. Nicht nur die Gesamtanlage beeindruckt, sondern auch manches Detail, wie z.B. die Reste romanischer Palasfenster in der Form von reich geschmückten Biforien (gekuppelte, spitzbogige Doppelfenster). Die Kapitelle der Säulen sind in Kelchblockform gestaltet.

Grundriss von Leofels

Außenansicht Leofels

Biforien in Leofels

Burgschloss Leofels bis 1860

Bis 1860 war die Anlage noch gut erhalten, wie es unser Bild zeigt. 1864 wurde allerdings die Innenausstattung zum Verkauf angeboten, ebenso die Burgmauern als Baumaterial. Zurück blieb eine Ruine, die von vergangener Pracht kündet.

Krautheim

Dehio, dessen Handbuch jedem Kunstliebhaber bekannt ist, nannte Krautheim „eine der
vollendetsten Leistungen der Frühgotik in Deutschland". Auch hier handelt es sich, wie
bei Leofels, um eine „Randhausburg". Sie wurde in staufischer Zeit von Konrad von
Krautheim errichtet.

Burg Krautheim

Burgkapelle

Der schlanke Bergfried mit hochgelegenem Eingang hat nun schon einen runden Quer-schnitt. Dies ist militärtechnisch betrachtet ein Fortschritt, denn an ihm prallen die Geschosse der Schleudermaschinen und auch die Kanonenkugeln leichter ab als an der glatten Mauer des Bergfrieds mit seinem ursprünglich quadratischen Querschnitt (vgl. Leofels).

Die Kapelle von Krautheim ist ungewöhnlich groß. Ihre äußerst qualitätsvollen Stein-metzarbeiten weisen auf Meister aus Laon oder Soissons. Gottfried von Hohenlohe, einer der treuesten Gefolgsleute Friedrichs II., erwarb die Burg 1239. Es wird vermutet, dass Krautheim in der Zeit zwischen 1240 und 1246, als Gottfried von Hohenlohe die Funk-tion eines Reichskanzlers inne hatte, der Hort der Reichskleinodien war. Sicher ist dies zwar nicht, doch kann man bis auf die erwähnten Jahre lückenlos nachweisen, wo die Reichskleinodien aufbewahrt wurden. (Die Reichskleinodien sind Krone, Szepter und Reichsapfel, die äußerst kunstvoll gearbeitet und damit schwer zu fälschen waren. Ihr Besitz legitimierte die kaiserliche Macht.) Im Bauernkrieg wurde die Burg Krautheim teilweise zerstört. 1888 versuchte man, sie zu restaurieren.

Zugang zur Burg

Krautheim von oben

In der ersten Hälfte des 13. Jahrhunderts vollzog sich ein Ereignis, das für das Haus Hohenlohe von großer Bedeutung wurde: Von fünf Brüdern traten drei in den Deutschen Orden ein und schenkten ihr Erbteil – die Besitzungen in und um Mergentheim – dem Orden. Gottfried, der vierte Bruder, erhielt die Burg Langenburg und der fünfte Bruder, Konrad, die Burg Brauneck. Gottfried ist der Stammvater aller lebenden Hohenlohe, da die Linie Brauneck im 14. Jahrhundert ausstarb. Die Brüder Gottfried und Konrad waren enge Mitarbeiter von Friedrich II. von Hohenstaufen, was sich z.B. daran zeigt, dass sie am Brückentor von Capua als Berater des Kaisers in Stein verewigt worden sind. Dieses politisch höchst bedeutsame Denkmal wurde errichtet, um die Grenze zwischen dem Reich des Kaisers und demjenigen des Papstes zu markieren. Das Tor ist also ein Beleg für den Wettstreit zwischen Kaiser und Papst, der das gesamte Mittelalter durchzieht und bis in die Neuzeit hinein fortwirkte (vgl. „Stauferfreunde stiften Stauferstelen – www.stauferstelen.com).

Im Hause Hohenlohe wurde 1553 wieder ein wichtiger Teilungsschritt vollzogen, indem Graf Georg das Land unter seine beiden Söhne Ludwig Casimir und Eberhard aufteilte, welche die noch heute blühenden Linien Hohenlohe-Neuenstein und Hohenlohe-Waldenburg begründeten. Die namengebenden Burgen wurden unter Wahrung ihres wehrhaften Charakters zu Residenzen im Sinne der Renaissance ausgebaut. Aber erst die folgenden Generationen errichteten diejenigen Schlösser, mit denen sich bis heute die Vorstellung von der Glanzzeit des Hauses Hohenlohe verbindet.

Die geschilderten Erbfälle zeigen ein Phänomen, das die Geschichte von Hohenlohe nachhaltig bestimmt hat: Das Fehlen eines *Primogeniturgesetzes*. Ein solches Familiengesetz, das den Erstgeborenen zum Alleinerben macht und daher sowohl den Erblassern als auch den jüngeren Geschwistern als höchst ungerecht erscheinen mag, war in den meisten größeren Herrscherhäusern Europas üblich, denn nur hierdurch wurde die Gefahr der inneren Zersplitterung des Territoriums durch Erbteilung gebannt. Weil die Württemberger ebenso wie andere große Familien – etwa die Wittelsbacher, die Hohenzollern oder die Bourbonen – das Primogeniturgesetz eingeführt hatten, konnten die Vertreter dieser Häuser im Lauf der Geschichte von Grafen zu Herzögen und schließlich zu Königen aufsteigen und somit eigene Staaten bilden. Im Hause Hohenlohe hatte indessen – wie erwähnt – das Primogeniturgesetz ebenso wie in den meisten bürgerlichen Familien keine Gültigkeit, was neben anderen Ursachen dazu führte, dass im 18. Jahrhundert die Landkarte vom Südwesten Deutschlands eine fast beängstigende Vielfalt und Kleinteiligkeit aufweist und es auf dem Boden des heutigen Baden-Württemberg 350 winzige, aber selbständige („reichsunmittelbare") Territorien gab.

Hohenlohes Geschichte ist also gekennzeichnet von zahlreichen Erbteilungen, die zu Landesteilungen führten und damit à la longue die staatspolitische Ohnmacht des Fürstentums besiegelten. Auf der anderen Seite blieb dem Land der spezifische Charme erhalten, auf den eingangs hingewiesen wurde – und es ist lehrreich, dass genau die Tatsache, die zur politischen Zersplitterung des Landes beitrug, nämlich das Fehlen eines Primogeniturgesetzes, es indirekt ermöglichte, dass viele der Standesherren noch heute als Private auf ihren Schlössern wohnen können. Lehrreich ist es weiterhin, das Primogeniturgesetz als ein Beispiel dafür zu betrachten, dass die Dinge je nach dem eingenommenen Standpunkt sehr gerecht oder sehr ungerecht erscheinen mögen. Dies kommt in der Devise der Familie von Stetten zum Ausdruck: „Summum jus, summum saepe injuria" („Das höchste Recht ist oft die höchste Ungerechtigkeit"). Man sieht: Es gibt keinen Standpunkt außerhalb der eigenen Verstrickung!

Unter politischen Gesichtspunkten blieb das Land jedenfalls in gewisser Weise Provinz. Schließlich wurde Hohenlohe sogar durch den Reichsdeputationshauptschluss vom 25. Februar 1803, durch welchen Napoleon die „deutsche Kleinstaaterei" mit brutaler Hand beendete, dem neu gegründeten Königreich Württemberg zugeschlagen. Bis heute ist diese Wunde noch nicht ganz vernarbt, was sich z.B. daran zeigte, dass Fürst Hohenlohe-Öhringen geradezu empört war, als ich ihm seinerzeit mangels eines eindeutigen restauratorischen Befundes vorschlug, sein Verwaltungsgebäude in Öhringen mit „der gleichen Farbe wie das Stuttgarter Neue Schloss" zu streichen – nämlich gelb. Er entschied sich demonstrativ für grün. So ist es bis heute zu sehen – und dabei hatte ich es doch mit meinem Vorschlag besonders gut gemeint.

Zurück zur Geschichte: Das 16. Jahrhundert begann als eine Zeit der Krisen – bedingt durch die Bauernkriege und die Reformationswirren, doch die zweite Hälfte dieses Jahrhunderts führte nach der staufischen Blütezeit auch zu einem zweiten Höhepunkt des Hauses und der Region Hohenlohe. Der Aufruhr der Bauernkriege zu Beginn des Jahrhunderts, der von außen her ins Land getragen wurde, verursachte in Hohenlohe nur mäßige Schäden, denn es war seitens der Herrschaft nie ein besonderer Druck auf die Bauern ausgeübt worden und so hielt sich auch der Hass gegen die Obrigkeit in Grenzen. Anders als in anderen Landesteilen, wo käufliche Landsknechtscharen gegeneinander marschierten, die neu erfundenen Feuerwaffen nutzend, die Brand und Verderben spien, verliefen die Ausschreitungen in Hohenlohe glimpflich und die Zerstörungen waren mäßig. Immerhin wurden die beiden Burgen Schillingsfürst und Bartenstein niedergebrannt, doch das fränkische Bauernheer wurde von den Söldnern des Schwäbischen Bundes nach kurzen Kämpfen entscheidend geschlagen.

Es hätten wieder geordnete Verhältnisse eintreten können, wenn nicht die dramatischen, zunächst kirchlich-religiös, später politisch motivierten Wirren (sic!) neue Probleme geschaffen hätten: Martin Luther hatte 1517 seine Thesen an der Schlosskirche zu Wittenberg angeheftet und damit die Bewegung ausgelöst, die unter dem Namen *Reformation* in die Geschichte eingegangen ist. Die Reformationszeit war eine Zeit des Umbruchs. Die mittelalterliche Welt war aus den Fugen geraten. Ihre durch die christliche Religion bestimmte Basis begann in dem Maße zu bröckeln, als sich die Menschen aus „selbstverschuldeter Unmündigkeit zu befreien" suchten, wie Kant später formulierte. Habsburgs Kaiser standen vor übermenschlichen Aufgaben angesichts der Landesfürsten, die ihre Position auszubauen suchten, angesichts der Städte, die ihren eignen Aufstieg betrieben und angesichts der Bettelorden, die Armut, Keuschheit und Demut predigten – jene christlichen Tugenden, von denen weder die weltlichen Herren noch die hohe Geistlichkeit allzu viel hielten, wie sich an ihrem Verhalten zeigte.

Trotz all dieser und unendlich viel anderer gravierender Turbulenzen – oder gerade durch sie angeregt – blühte in den Städten der Humanismus; der Geist der Renaissance – der „Wiedergeburt der Antike" – breitete sich aus. Mehr Menschen als zuvor lernten Schreiben und Lesen, überall entstanden Schulen. Die Erfindung des Buchdrucks mit beweglichen Lettern trug in unvorstellbarer Weise zur Verbreitung des Wissens bei. Eine weltliche Gesinnung griff um sich. Die Unterdrückten setzten ihre Hoffnung auf Luthers Reformation, der auch alle deutschen fürstlichen Häuser – mit Ausnahme der Habsburger – wohlwollend gegenüberstanden, da sie sich auf Kosten der Kirche beträchtlichen Gewinn versprachen, den sie durch die Einverleibung des Kloster- und Kirchenbesitzes schließlich auch erhielten. Diese Territorialisierung förderte zugleich die Unabhängigkeit der Standesherren von Kaiser und Reich. Dass sich die Landesfürsten als Repräsentanten der weltlichen Macht vor allem im nordöstlichen Bereich der Christenheit auf die Seite der Protestanten schlugen, war entscheidend. So schützten sie Luther vor Inquisition und Scheiterhaufen, wo er ohne diesen Schutz ziemlich sicher gelandet wäre.

Besonders alle hohenlohe'schen Fürsten unterstützten zunächst die neue reformatorische Lehre. (1667 wurden die Häuser Hohenlohe-Waldenburg-Schillingsfürst und Hohenlohe-Bartenstein allerdings wieder katholisch). Den unmittelbaren lokalen Anlass zur Reformation in Hohenlohe lieferten die sehr unerfreulichen Verhältnisse im Chorherrenstift von Öhringen. Die Stadt erhob Protest und bat den Grafen, gegen den unhaltbaren Lebenswandel der Chorherren einzuschreiten. Dieser Bitte wurde stattgegeben und ein protestantischer Theologe als Stiftsprediger in Öhringen eingesetzt.

Am 21. I. 1530 wurde Kaiser Karl V. auf dem Reichstag die Augsburger Konfession überreicht – die von Melanchthon verfasste Bekenntnisschrift, welche das bis heute gültige Lehrbekenntnis des Luthertums enthält. 1553 war die Reformation in Hohenlohe vollendet. Die abwartende Haltung Albrechts und Georgs von Hohenlohe bewahrte das Land vor allzu großem Schaden. Ihre Regierungsweise zeigte den Geist treuer landesväterlicher Fürsorge. Man sieht auch: „small is beautiful!"

Zwei Jahre später (am 25. IX. 1555) kam es durch den Augsburger Religionsfrieden zur Gleichberechtigung der Konfessionen. Die protestantischen und katholischen Reichsstände erhielten also das Recht, selbständig festzulegen, welche Konfession in ihrem Gebiet gelten sollte. Die Untertanen wurden deren „Religionsbann" unterworfen. Dies bedeutete, dass sie die Religion ihrer Herren annehmen mussten: „cuius regio, eius religio" („wessen Regierung, dessen Religion"), war die Devise.

Zunächst musste die gestärkte landesherrliche Gewalt einerseits verteidigt und zum anderen befestigt werden. Zudem verlangte sie nach baulicher Repräsentation. So entstanden die architektonischen Werke, die Hohenlohes besondere Gestalt bis in unsere Zeit hinein prägen, besonders die Schlösser Weikersheim, Morstein, Stetten, Langenburg, Bartenstein, Friedrichsruhe und Neuenstein, auf die nachfolgend etwas näher eingegangen werden soll.

Weikersheim

Wie erwähnt, ist Weikersheim der Stammsitz der Familie Hohenlohe, die schon in der zweiten Hälfte des 12. Jahrhunderts dort eine eher bescheidene Wasserburg errichten ließ, welche durch die beiden Flüsse Tauber und Vorbach nach zwei Seiten hin geschützt war. Graf Wolfgang II., (1546 – 1610) der älteste Sohn von Ludwig Casimir, verlegte seine Residenz 1586 von Langenburg nach Weikersheim, dem alten Stammsitz seiner Familie. Dort begann er 1595 damit, die mittelalterliche Wasserburg zu einer Renaissance-Residenz umzubauen. Der nie ganz fertig gewordene Neubau wurde trotzdem zu dem wohl berühmtesten aller Hohenlohe-Schlösser, denn Wolfgang wollte dem Schloss den Grundriss eines gleichseitigen Dreiecks geben. Der Dreißigjährige Krieg verhinderte jedoch die komplette Realisierung dieser hochinteressanten Bauabsicht.

Schlossgrundrisse in der Form eines regelmäßigen Polygons gibt es mehrere: Man denke zunächst an die übliche Form der Vier-Flügel-Anlage, die in der Form eines Rechtecks oder Quadrats einen Hof umschließt. Das ist der klassische Grundriss einer mittelalterlichen Burg, der auf antike Vorbilder zurückgeht, die sich auch in der islamischen Welt wiederfinden. Man denke weiterhin an das Castel del Monte Friedrichs II. in Apulien, dem das Achteck in zehnfacher Form zugrunde liegt (vgl. S. 314) – außerdem an die siebeneckige Friedrichsburg bei Mannheim. Für das Schloss von Caprarola wählte Antonio di Sangallo 1521 erstmalig das Fünfeck als Grundrissform, das auch der fünfeckigen Wülzburg bei Ansbach zugrunde liegt. Weitere Fünfeckbauten finden sich z.B. in der Zitadelle von Amsterdam und in der Festung von Antwerpen, die beide von Francesco Pacciotto errichtet wurden.

Auch die Kreisform wurde als Schlossgrundriss verwendet – und zwar bei dem Castillo de Bellver, das Reinardo de Jaime II. durch den Architekten Pere Salva in Palma de Mallorca errichten ließ.

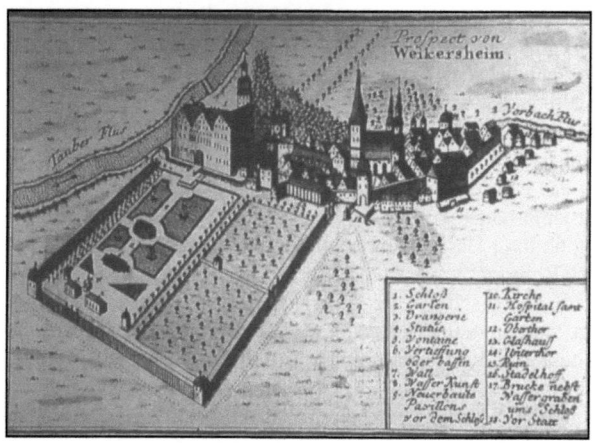

Weikersheim im 17. Jahrhundert

Das gleichseitige Dreieck aber, dessen Form in keiner Weise durch praktische Gründe bestimmt ist, erinnert offensichtlich an die Dreieinigkeit. Dass dem Weikersheimer Schlossneubau ein Dreieck als Grundrissform zugrunde liegt, ist ein Sachverhalt, auf den Dr. Fleck 1952 erstmalig in seiner Dissertation hingewiesen hat. Diese Tatsache ist nicht leicht zu erkennen, da das Schloss niemals vollendet wurde. Trotzdem hebt die Idee einer dreieckigen Grundriss-Gestaltung Weikersheim nicht nur aus dem deutschen Schlossbau des 16. Jahrhunderts, sondern aus der gesamten Entwicklung in Europa heraus.

Der planende Architekt Georg Stegle war gewiss ein befähigter Meister, der ebenbürtig neben den Großen seiner Zeit und Umgebung: Aberlin Tretsch, Georg Beer, Blasius Berwart und Heinrich Schickhardt, arbeitete. Der Bauherr Graf Wolfgang II. hat aber im wörtlichen Sinn „maßgeblichen" Einfluss auf die Gestaltung gehabt, indem er in einem Brief vom 18. Juni 1595 folgendes mitteilte:

„Wir geben euch hiermit günstig zu vernehmen, daß wir allhier an unserem Schloß einen großen Haubtbau zu dreyen Seitten, jede besonders ungever 250 Schuch lang zu füren vorhabens, darein einen Saal, 23 Schuch hoch, über 100 Schuch lang und 40 Schuch brait, alles ohne Seulen, und auf solchen Saal drey unterschiedliche Korn- schütten kommen sollen ..."

Wolfgangs früher Tod im Jahr 1610 und die folgenden Wirren des Dreißigjährgen Krieges setzten freilich der idealistischen Bauabsicht ein jähes Ende. Der südliche (zum Garten gekehrte) Bauteil mit seinem stattlichen Rittersaal und Rittertreppe wurde zwar weitgehend vollendet, wenn auch nicht in der gesamten Länge. Mit dem (westlichen) Küchenbau und dem (östlichen) Langenburger Bau wurde nur begonnen. Man hat danach offensichtlich den Mut und die Mittel zur Ausführung eines so singulären Planes verloren. Nicht einmal die Fassade an der zum Garten gekehrten Südseite wurde verputzt und ist es dank meiner seinerzeitigen Beratung bis heute noch nicht, denn ich argumentierte, dass gerade diese Unvollkommenheit auch schon eine historisch relevante Aussage darstellt.

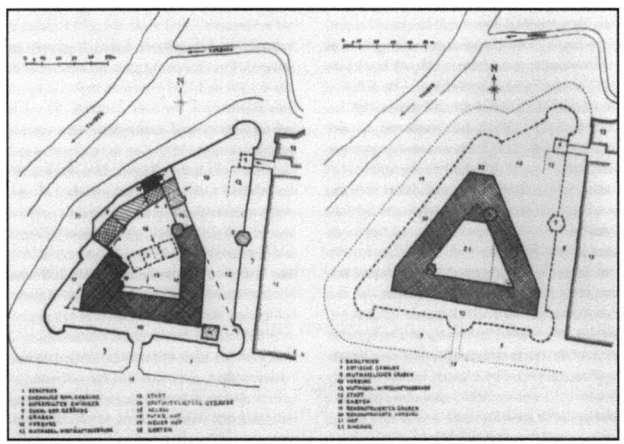

Schloss Weikersheim: *links:* der Bauzustand um 1610,
rechts: der von Georg Stegle geplante Bau

War es nun aber wirklich ein gleichseitiges Dreieck, wie es Graf Wolfgang gefordert hatte – oder ein „gleichschenkeliges, wobei der Saalbau die Grundseite bildete"? (vgl. Walther-Gerd Fleck, „Schloß Weikersheim", in: Tübinger Forschungen zur Kunstgeschichte, 1954, S. 11, 13 und 33). Diese Frage ließ mich nicht in Ruhe und oft stand ich im Schlosshof von Weikersheim, ohne dass ich diese interessante Grundriss-Idee erkennen konnte: Leicht war es, zu beobachten, dass an der Süd-West-Ecke ein unvollendeter Anbau mit spitzem Winkel ansetzte. Er ließ sich gedanklich nach Nordosten verlängern. Doch der südöstliche Winkel des sogenannten Langenburger Baues war gegenüber dem Saalbau doch offensichtlich annähernd ein rechter! Nie konnte so ein „gleichseitiges Dreieck" entstehen!

Schließlich begann ich zu zeichnen und verlängerte unter Zugrundelegung der von Fleck vorgelegten Grundriss-Zeichnungen, sowie seines Textes den nördlichen Teil des eigentümlich abgeknickten Langenburger Baues und den nördlichen Ansatz des Küchenbaues. Mit einem Winkelmaß, das mir als Segler zur Hand war, maß ich nun die Winkel, die sich ergaben, wenn man einerseits den südwestlichen Küchenbau und andererseits den nordöstlichen Teil des Langenburger Baues zeichnerisch verlängerte – und stellte fest, dass dann tatsächlich ein gleichseitiges Dreieck mit folgenden Winkeln entstand: Südwest: 58°, Südost: 57° und nördlich: 65°. Die kleine Differenz zu jeweils 60° konnte hingenommen werden. Jedenfalls ergaben alle drei Winkel zusammen 180°, wie es sich für jedes Dreieck gebührt: Die Zeichnung war also korrekt und ich hatte richtig gemessen.

Man kann freilich auch aufgrund dieser Differenz von einem „gleichschenkeligen Dreieck" sprechen. Dann bildet der südlich gelegene Trakt mit Rittersaal, Reitertreppe und Balustrade die Basis, während Langenburger Bau und Küchenbau die beiden Schenkel des Dreiecks sind. Jedenfalls kommt die grundlegende Bauidee nur unvollkommen zum Ausdruck, wie es ja oft im Leben ist – trotzdem ist sie erkennbar und man kann bewundernd zur Kenntnis nehmen, wie sich im Grundriss von Schloss Weikersheim – dem gleichseitigen Dreieck, das an den „Vater, Sohn und Heiligen Geist" erinnert – gebauter Glaube manifestiert. Hiervon sind wir heute freilich weit entfernt.

Nun mag sich jeder Besucher seine eigenen Gedanken bilden, wenn er den Schlosshof von Weikersheim betritt. Doch steht zu vermuten, dass dieser Besucher ihn „mit anderen Augen" sehen wird, wenn er die vorstehenden Gedanken berücksichtigt. Hierbei kann er erkennen, dass das Phänomen (res existans) das selbe bleibt, dass jedoch die Wahrnehmung desselben (res cogitans) recht verschieden ausfallen kann – ein Gedanke, der gerade bei der Beurteilung transzendentaler Fragen von großer Bedeutung ist, da er zu größerer Toleranz und zu der Erkenntnis führen kann, dass es „keinen Standpunkt außerhalb der eigenen Verstrickung gibt" (Gadamer).

Erlauben Sie mir, diesen wichtigen Gedanken anhand eines anderen Beispiels darzustellen: Betrachten wir einen Punkt, der sich auf einem Kreis bewegt, so beschreibt er von vorn her gesehen eine Kreisbahn – von der Seite betrachtet jedoch eine vertikale Auf- und Abwärtsbewegung. Verschiebt sich nun der Kreis mit seinem sich bewegenden Punkt zur Seite hin, so beschreibt der Punkt eine Sinuskurve, die sich auf dem Hintergrund, den man sich unbeweglich vorstellen muss, abbilden lässt. Welche Bewegung macht der Punkt nun wirklich? „Dies frage Du nur immerhin!" Es kommt eben immer auf das Zusammenwirken von Phänomen und Betrachter an. Das wussten schon die Lateiner: „Quidquid concipitur, in mentem concipientis concipitur." Leider wird dies oft nicht deutlich genug gesehen und der identitätsstiftende eigene Standpunkt unreflektiert als selbstverständlich vorausgesetzt!

Fahren wir nach diesen grundsätzlichen Gedanken in unseren Betrachtungen fort:

Nur ein Beispiel eines Schlosses mit Dreiecksgrundriss ist mir bekannt. Es befindet sich in einem Stundenbuch – den „Très Riches Heures" des Jean Duc de Berry (1340 – 1416). Dieses spätgotische Meisterwerk schufen die Brüder von Limburg in den Jahren 1410 – 1416 für den Bruder des Königs Charles V. Im Hintergrund des Bildes für den Monat Juli ist das Schloss von Poitiers dargestellt, das ganz offensichtlich ebenfalls auf dem Grundriss eines gleichseitigen Dreiecks aufgebaut ist. Dieses Schloss existiert heute nicht mehr und so ist das erwähnte „Stundenbuch" ein wertvolles Dokument für eines der 17 Schlösser, die sich im Besitz des Duc de Berry befanden.

Die Handschrift der „Très Riches Heures" wurden von Duc d'Aumâle auf Rat von Léopold Delisles 1881 erworben, der sie 1897 zusammen mit seinen anderen Sammlungen dem Musée Condé in Chantilly vermachte, wo sie noch heute zu sehen sind.

Die Form eines gleichseitigen Dreiecks musste Graf Wolfgang II. von Hohenlohe besonders beschäftigen, denn er war ein vielseitig interessierter, hoch gebildeter Fürst, der religiösen Fragen gegenüber sehr aufgeschlossen war. Er hat die kirchliche Ausrichtung in seinem Herrschaftsgebiet entscheidend geprägt. Mit seinem Hofprediger Johann Assum zusammen verfasste er eine Bekenntnisschrift, die hugenottische Züge trägt und von der er erklärte, er wolle sich „lieber so klein als ein grün Kraut hacken lassen", ehe er hiervon abweicht. Daher ist es naheliegend, dass er auch in seinen Bauten religiöse Bezüge zu verwirklichen suchte. Graf Wolfgang hat jedoch nicht nur gebaut, sondern auch Verwaltung, Schulwesen, Land- und Forstwirtschaft neu geordnet. So hat er viel zur Neuorganisation seines Landes beigetragen.

Der Rittersaal an der Südseite des Schlosses – dessen Herzstück – gehört neben den Sälen in Heiligenberg und Wolfegg zu den „besten Schöpfungen der deutschen Renaissance", wie es Dehio formulierte. Die Decken-

Weikersheim – Rittersaal

bilder auf Leinwand wurden Mitte der achtziger Jahre alle restauriert. Anlass hierfür war eine allgemeine Baubesprechung, die ich im Rittersaal des Schlosses mit Vertretern des Staatlichen Hochbauamtes durchführte. Zufällig betrat den Saal auch eine geführte Gruppe. Die Reiseleiterin sagte mit Emphase: „Und hier sehen Sie den schönsten Saal des Schlosses!". Ich blickte zur Decke und beobachtete zu meiner Überraschung, dass die Farbschichten der Deckengemälde zum Teil in Fetzen herunterhingen, dass also dringender Restaurierungsbedarf gegeben ist. Ich veranlasste die notwendigen restauratorischen Untersuchungen und Arbeiten umgehend und nach drei Jahren waren sie abgeschlossen. Die Restauratoren haben wunderbare Arbeit geleistet, wie man sich nun vor Ort überzeugen kann.

Die Zeit des Dreißigjährigen Krieges hat Fürst Hohenlohe-Waldenburg so eindrucksvoll beschrieben, dass ich ihn gerne selbst zu Wort kommen lassen möchte:

„Die Wucht, mit welcher der Dreißigjährige Krieg die blühenden Landschaften Hohenlohe's traf, ist heute kaum mehr vorstellbar. Hoch war der Wohlstand des Volkes, vor allem der Handwerker- und Beamtenschaft in den Residenzorten gestiegen. Auch der Bauer hatte so viel Vieh, wie nie zuvor.

Jäh stürzten die Menschen in eine Not, wie sie seit dem Schwarzen Tod des 14. Jahrhunderts nicht mehr da gewesen war. Zwar erhielt das Land zu Beginn des Krieges noch eine Gnadenfrist. Nur Angehörige des Hauses Hohenlohe wurden sofort vom Kriegsunglück betroffen. Das Verhältnis zu Wallenstein war gut; er bezeugte dem Grafen vielfach sein Wohlwollen. 1625 stellte er sogar einen Schutzbrief für die ganze Grafschaft aus, der leider praktisch keinerlei Wert hatte. In den nächsten zwanzig Jahren hatte das Land in furchtbarster Weise unter allen Schrecken, Gräueln und Plünderungen des Krieges zu leiden. Weder Kaiserliche noch Schweden haben die Grafschaft verschont. Zusammenfassend sei nur gesagt, dass in dieser Zeit die Schlösser Schillingsfürst und Bartenstein (letzteres zum zweiten Male – erstmals im Bauernkrieg 1525) verbrannt und die anderen Schlösser praktisch jeder Inneneinrichtung beraubt wurden. Schrozberg und die Stadt Öhringen wurden geplündert – die Pest hat zweimal das Hohenlohische heimgesucht. Das Land hatte sich beinahe zu Tode geblutet. Es ist schwer, die Verluste der Bevölkerung abzuschätzen, doch dürften sie den Durchschnitt Deutschlands erreichen, wonach ein Drittel der Bevölkerung sein Leben verlor. Zahlreiche Dörfer verödeten und wurden nicht mehr besiedelt."

Weikersheim, Georg-Friedrich-Zimmer

Man kann sich leicht vorstellen, dass unter diesen Umständen die Bautätigkeit stagnierte. Immerhin entstanden damals noch kurz vor Kriegsbeginn die „Georg-Friedrich-Zimmer", deren Instandsetzung ich ebenfalls zu betreuen hatte.

In der Barockzeit erholte sich auch unser Hohenlohe. Die neue Zeit verlangte nach Regenten neuen Stils und das Vorbild „Versailles" strahlte durch ganz Europa – auch bis nach Hohenlohe, das doch unter den Raubkriegen Ludwigs XIV. zu leiden hatte, der 1687 sogar Waldenburg beschießen und anschließend besetzen ließ. Doch nach 1700 hatten sich Wohlstand und Steueraufkommen der Bürger und Bauern so sehr konsolidiert und eine so solide Basis geschaffen, dass man nach der Staufer- und Renaissance-Zeit von einer dritten Blütezeit des Hauses Hohenlohe sprechen kann.

Hervorzuheben ist in dieser Epoche Graf Carl Ludwig von Hohenlohe-Weikersheim (1674 – 1754), der Baumeister, Handwerker und Gartengestalter an seinen Hof zog, die Innenräume des Schlosses prächtig ausgestaltete und den Schlossgarten mit dem berühmten Orangeriegarten anlegen ließ. Von ihm stammt auch der „Carlsberg", eine höchst reizvolle Anlage auf dem Gipfel eines nach allen Seiten gleichmäßig abfallenden Hügels: Auf den Diagonal-Achsen eines zentral errichteten Schlösschens gruppierten sich ursprünglich vier Kavaliershäuser. Leider steht an der Stelle des Schlösschens heute nur eine mächtige Eiche und zwei der Kavaliershäuser fehlen. Ich träume noch immer von einer Rekonstruktion dieser ummauerten, attraktiven und originellen Anlage, in der noch heute das m. W. letzte barocke Wildgehege unseres Landes mit Damwild- und Sauenbesatz existiert. Diese Sauen lauschten dann und wann meinen Par-Force-Horn-Bemühungen mit aufdringlichem Interesse.

Carl Ludwig förderte die von England ausgehende Reformbewegung der Landwirtschaft – aus fiskalischen, aber auch aus philanthropischen Beweggründen. So erleichterte er seinen Untertanen die Anpassung an den wirtschaftlichen Aufstiegsprozess im letzten

Drittel des 18. Jahrhunderts. Mit entscheidend hierfür war die jahrzehntelange Erziehungskampagne des tatkräftigen Pfarrers Johann Friedrich Mayer aus Kupferzell.

Dieser Mann war wirklich ein Aufklärer, ein leidenschaftlicher Verfechter der Vernunft und des gesunden Menschenverstandes, ein zugleich Lernender und Lehrender. Er wirkte in vielfältiger Weise befruchtend auf das bäuerliche Leben, indem er die Intensivierung der Masttierhaltung, die Austrocknung der verhältnismäßig großen Seen, und die Verbesserung des Obstbaus anregte. So verhalf er den Bauern zu Wohlstand und zu erhöhtem Selbstbewusstsein. Insbesondere schuf er einen neuen Haustyp – das sogenannte „Pfarrer-Mayer-Haus". Es ist dies ein gestelztes Wohn-Stall-Haus, traufseitig erschlossen, mit gemauertem Erdgeschoss und Fachwerk im Obergeschoss. Charakteristisch sind drei Zugangstüren an der Vorderseite des Gebäudes: Die mittlere kleinere Tür führt zum Hausflur, die beiden etwas breiteren Tore links und rechts in die Ställe für Rinder und Kleinvieh. Ein hohes Satteldach nimmt zwei Fruchtböden auf – ein weiterer Bergeraum ist der Gewölbekeller unter dem Gebäude.

Dass die Reformbewegung nicht wie in den angrenzenden Territorien durch Kriegswirren beeinträchtigt wurde, ist der strengen Neutralitätspolitik der Fürsten des Hauses Hohenlohe zu verdanken. So konnte 1791 ein Topograph feststellen: „Glücklicher Hohenloher! Deine Wirtschaft geht im richtigen Zirkel auf!"

Da es in barocker Zeit als besonderer Mangel empfunden wurde, dass eine repräsentative Schauseite des Schlosses zur Stadt hin fehlte, wurden 1679 – 84 geschwungene *Vorbauten* mit Arkaden vorgesetzt, in welchen die Marställe untergebracht werden konnten. 1708 – 1730 entstand unter Graf Carl Ludwig der dreigeteilte *Schlossgarten*, dessen Mittelteil mit einem klug und sinnvoll zusammengestellten Figurenprogramm geschmückt wurde, über das Hasso von Poser einen grundlegenden und gut recherchierten Aufsatz geschrieben hat.

Blick auf den Schlosskomplex
Weikersheim vom Kirchturm aus

Auch ich habe in dem Heft unseres Amtes einen Artikel über den Schlossgarten von Weikersheim und dessen Rekonstruktion publiziert, in dem ich die Grundidee der Gartenanlage darstellen wollte: Das Ganze symbolisiert unseren Lebenskampf, bei dem wir nicht alleine sind. Göttliche Kräfte begleiten uns dabei.

1719 schuf Johann Christian Lüttich durch die Errichtung *der Orangerie* einen Abschluss des Gartens nach Süden hin. Dieses architektonische Meisterwerk, das in seiner szenographischen Phantastik in der deutschen Gartenkunst der Zeit seinesgleichen sucht, wurde nach Beendigung meiner Zuständigkeit für Weikersheim durch Umbauten – insbesondere durch die Einbringung eines „Stahlverhaus" an der Südseite – erheblich beeinträchtigt. Mit demselben habe ich in keiner Weise zu schaffen und ich kritisierte ihn gegenüber den Kollegen und anderwärts schon in aller Form.

Zeichnung der Orangerie Weikersheim von Lüttich

Nach dem Brand von Langenburg in einer Winternacht des Jahres 1963 sah sich Fürst Hohenlohe-Langenburg zum Verkauf von Schloss Weikersheim genötigt, um die Beseitigung der Brandschäden in Langenburg finanzieren zu können. Daher erwarb im Jahr 1967 Filbinger als der damalige Ministerpräsident Baden-Württembergs das Schloss für das Land. Das seit dem 18. Jahrhundert kaum mehr veränderte Inventar wurde mit übernommen und so haben wir hier den Glücksfall eines Schlosses mit originaler Möblierung. Ich regte Filbinger gegenüber in einem persönlichen Gespräch seinerzeit an, dass er dort das von ihm geplante „Studienzentrum" einrichtet – eine Anregung, die aufgegriffen wurde und die nicht nur zu einer ersten Veranstaltung, sondern zur Schaffung einer ständigen Institution führte: Dem „Studienzentrum Weikersheim" (vgl. S. 219).

Morstein

Ein weiteres Schloss, das ebenso wie Weikersheim auf eine stauferzeitliche Gründung zurückgeht, möchte ich wenigstens kurz vorstellen: Es ist Morstein.

Das Schloss, das die Herren von Murestan errichteten, enthält mittelalterliche Grundmauern und einen Bergfried aus gleicher Zeit, doch verdankt es wie Weikersheim sein heutiges Erscheinungsbild weitgehend der Renaissance-Zeit. Der Name der Burg muss im Zusammenhang mit den Kreuzzügen gesehen werden, denn „Murestan" ist der persische Name für Hospiz und erinnert an das erste Hospiz der Johanniter in Jerusalem. „Morstein" ist also eine etwas verballhornte Bezeichnung.

Wiederum wurde für die Errichtung des Schlosses die „Spornlage" gewählt, von der aus man weit in die Landschaft hinausblicken kann. Sein heutiges Aussehen ist durch den stauferzeitlichen Bergfried mit Buckelquadern geprägt. Aus der Renaissance-Zeit stammt der Staffelgiebel als Hoheitszeichen und der Rundturm an der Südwestecke.

Seit dem 14. Jahrhundert befindet sich Morstein im Besitz der Familie von Crailsheim. Es ist mein Lieblingsschloss. Agnes Günther hat ihm in ihrem Roman „Die Heilige und ihr Narr" unter dem Namen „Thorstein" ein bleibendes Denkmal gesetzt.

Schloss Morstein

Schloss Stetten

Als drittes herrschaftliches Haus mit Renaissance-Gepräge sei Schloss Stetten erwähnt, das sich im Besitz des ehemaligen Präsidenten des „Studienzentrums Weikersheim", Prof. Dr. Wolfgang von Stetten, befindet. Er hat es während meiner Zuständigkeit für den Hohenlohe- und Main-Tauber-Kreis zu einer Seniorenresidenz umgebaut und wir haben seinerzeit in diesem Zusammenhang vielfältige denkmalpflegerische Kontakte gehabt.

Schloss Stetten nach einer Zeichnung von Bodo Ebhardt, 1898

211

Schloss Stetten ist im Kern eine stolze Ministerialienburg aus der Stauferzeit – wiederum in Spornlage. Sie wurde nie erobert und nie zerstört und wird seit ihrer Erbauung im Jahr 1098 in ununterbrochener Folge von der gleichen Familie bewohnt. Die Edelfreien von Stetten erscheinen erstmalig in einer Urkunde anlässlich einer Schenkung an Kloster Komburg. Die Anlage hat einen staufischen Kernbau, der direkt auf Fels gebaut ist. So war es unmöglich, dieses Gebäude durch Explosionen in unterirdisch angelegten Gängen in die Luft zu sprengen – ein wichtiges Sicherheitsargument! Die Schildmauer und der mächtige quadratische Bergfried sind in Buckelquader-Mauerwerk ausgeführt und erhalten hierdurch repräsentativen Charakter.

Es lässt sich genau verfolgen, wie die Burg gewachsen und schließlich zu einer Doppelburg geworden ist: Bergfried, Schildmauer und Palas sind romanischen Ursprungs, sie bilden den Anfang der Bebauung. Die äußere Burg entstand im 15. Jahrhundert. Der innere Burgplatz ist dreiseitig von Fachwerkgebäuden aus der Renaissance-Zeit umzogen. So entsteht ein enger, doch recht malerischer Hofraum, der möglichst nicht durch den Einbau eines Aufzugs beeinträchtigt werden sollte. Die Anlage findet ihre Abrundung im Zeitalter des Barock. Seit dieser Zeit darf man zu recht von „Schloss Stetten" sprechen. Damals entstand das sogenannte „Äußere Haus", denn dem Vernehmen nach bevorzugten die beiden Ehepartner getrenntes Wohnen: so kamen die Familie, die drei Barten (Streitäxte) im Wappen trägt und deren Devise „allzeit scharpff" ist, besser miteinander aus. Eine Besonderheit ist die Schlosskapelle, die einen der halbrunden Türme der Verteidigungsanlage als Chor nutzt.

Langenburg

Langenburg ist in seiner Mischung aus wehrhafter, burgenartiger Anlage und prächtigem Gebäude das Idealbild eines deutschen Renaissance-Schlosses.

Schloss Langenburg

Es ist ebenfalls in Spornlage über dem Jagsttal auf einem langgezogenen Bergrücken errichtet und vermittelt zusammen mit dem zugehörigen Ort den kaum verfälschten Eindruck eines ehemaligen hohenlohe'schen Residenzstädtchens. Seit 1237 und bis heute ist das Schloss im Besitz der fürstlichen Familie Hohenlohe-Langenburg.

Das Schloss von Langenburg entstand in der Blütezeit des deutschen Reiches unter den Stauferkaisern: 1201 wird ein Waltherus von Langenberc erwähnt. 1234 wurde das Schloss im Rahmen der Kriegswirren, die den Untergang des Stauferreiches einleiteten, zerstört und schon im darauffolgenden Jahr wieder aufgebaut. Dieser Wiederaufbau entspricht in seinem Umfang dem heutigen Schlosskomplex. In der Renaissance-Zeit wurde das Schloss nach Maßgabe des Möglichen dem Ideal der regulären Baugestaltung angenähert.

Schloss Langenburg verdankt seinen Ruf vor allem seinem schönen Innenhof. Man findet in der Tat in ganz Deutschland wenig Vergleichbares. Das Erscheinungsbild desselben ist durch eine umlaufende Balustrade im Obergeschoss geprägt, die an der Südseite auf romanischen Rundbögen aufsetzt. Der okotgonale Bergfried an der Südostseite des Innenhofes bestimmt dessen Erscheinungsbild entscheidend (vgl. S. 307 f.).

Schloss Langenburg, Innenhof

Bartenstein

Die *Barockzeit* möchte ich exemplarisch anhand einiger Photos von Bartenstein und Friedrichsruhe illustrieren:

Schloss Bartenstein

Bartenstein liegt hoch über dem Zusammenfluss der Ette und des Gütebachs – wiederum auf einem Bergsporn und lässt ebenso wie Langenburg den Charakter eines hohenlohe'schen Residenzstädtchens des 18. Jahrhunderts noch gut erkennen. Das im Bauernkrieg zerstörte Schloss wurde ab 1711 auf dem Grundriss einer trapezförmigen Dreiflügelanlage neu errichtet – mit einem sich zur Stadt hin öffnenden Ehrenhof, auf den die Hauptstraße bezogen ist. Der dreigeschossige massige Putzbau ist schlicht und schmucklos, die Flügel mit Satteldächern. Das Corps de logis mit Mittelpavillon ist durch Dreiecksgiebel, Allianzwappen und Mansarddach hervorgehoben. Schloss Bartenstein ist eines

der wenigen hohenlohe'schen Schlösser, dessen äußere Erscheinung völlig dem 18. Jahrhundert angehört und keinerlei ältere Reste erkennen lässt.

Das Amt Bartenstein war seit 1550 ganz evangelisch, der Graf aber und seine Gemahlin gehörten dem katholischen Glauben an. So wurde ab 1711 als erster Bauabschnitt die katholische Schlosskirche ausgeführt. (Auch Fürst Hohenlohe-Waldenburg, dessen Schloss im Zweiten Weltkrieg von den Amerikanern zerschossen wurde, weil sich dort eine SS-Kampftruppe festgesetzt hatte, ließ zuallererst die Schlosskapelle neu errichten. Hilfreich war hierbei vor allem eine Zeichnung, die er als Jüngling angefertigt hatte. Erst später widmete er sich dem Wiederaufbau des Schlosses!) Kapuzinerpatres übernahmen in Bartenstein den Gottesdienst in der Schlosskirche, dazuhin die Seelsorge. So bildete sich nach und nach eine katholische Gemeinde in Bartenstein (vgl. S. 217).

Schlosskirche

Friedrichsruhe

Schloss Friedrichsruhe befand sich bis vor kurzem im Besitz von Fürst Hohenlohe-Öhringen, der es zu einem Hotel umbauen ließ. Der neue Eigentümer, Reinhold Würth, verwandelte es kürzlich in ein Schlosshotel mit höchstem Niveau, in dem man „Sternstunden voll Eleganz und Charme" verbringen kann, wie der Hotelprospekt verheißt. Vermutlich ist es jetzt das schönste Hotel Deutschlands mit exquisiter Möblierung, die aus dem Besitz des Markgrafen von Baden stammt.

Das Hauptgebäude entstand 1712 bis 1717. Es entspricht dem klassischen barocken Typus: breit gelagert, verputzt, mit 13 Fensterachsen unter einem Mansarddach. Der dreiachsige Mittelteil ist durch ein Zwerchhaus mit volutengeschmücktem Giebel betont. Nordöstlich des Schlosses steht noch einer von zwei Marställen mit achteckigem Treppenturm unter einer Zwiebelhaube, der freilich nicht – wie Dehio meint – „rekonstruiert", sondern frei erfunden ist!

Schloss Friedrichsruhe heute

Der Treppenturm wurde Mitte der achtziger Jahre angefügt, weil man auch das erste Geschoss des Mansarddaches für Hotelzimmer nutzen wollte. Dieses Geschoss war seither nur über einfache Leitern zu erreichen, was ausreichte, um in den Bergeraum zu gelangen, in welchem Heu und Stroh für die Stallnutzung aufbewahrt worden war. Den damaligen Entscheidungsträgern war es durchaus bewusst, dass der historisierende Anbau nicht gerade der reinen Lehre der Denkmalpflege entspricht. Es gilt freilich stets zu bedenken, dass Nutzungsüberlegungen nicht ganz aus dem denkmalpflegerischen Bewusstsein verbannt werden können. Notwendige Einfügungen, die sich aus der Umnutzung eines Kulturdenkmals zu anderen Zwecken ergeben, sollten jedoch vor allem so gestaltet

Ehemaliger Pferdestall mit neuem Treppenturm

werden, dass sie das Gesamtbild so wenig wie möglich „beeinträchtigen" – ein Begriff aus dem Denkmalschutzgesetz, gegen den unter dem Hinweis auf „Ehrlichkeit" häufig verstoßen wird. Im vorliegenden Fall war die Beeinträchtigung gering, wie Dehio beweist! Denkmalpflege ist eben nicht nur eine Verwaltungsaufgabe, sondern auch eine Kunst – und ist nicht in der Kunst alles Lüge?

Am 25. Februar 1803 trat ein einschneidendes Ereignis ein: Der Reichsdeputationshauptschluss wurde verfasst, der das Ende des Heiligen Römischen Reiches Deutscher Nation bedeutete. Die Hohenloher Fürsten wurden ihrer Souveränität beraubt, indem sie mediatisiert wurden. Sie waren also nicht mehr „reichsunmittelbar", d.h. dem Kaiser nicht mehr direkt („ohne Mittel") unterstellt. Die Folge der Mediatisierung war, dass der größte

Teil der hohenlohe'schen Fürstentümer dem durch Napoleons „Gnade" neu gegründeten Königreich Württemberg einverleibt wurde, während die Herrschaft Hohenlohe-Schillingsfürst an das ebenfalls neu gegründete Königreich Bayern fiel. Es war unvermeidlich, dass durch diese Ereignisse starke Reibungen der Hohenloher mit ihren neuen Herren eintraten, da die württembergischen und bayerischen Könige glaubten, ihre neuen „Untertanen" durch eigens auferlegte Belastungen besonders zügeln zu müssen.

Napoleon hatte mit leichter Hand auch die vielen kleinen Konklaven der Reichsritterschaft an Württemberg gegeben – ohne selbst den Deutschen Orden zu schonen. Ein Aufstand der Ordensuntertanen von Mergentheim wurde 1809 blutig niedergeschlagen. Die württembergischen Könige hatten zunächst wenig Interesse an dem neuen hohenlohe'schen Besitz. Sie ließen zwar ihren Thronhimmel aus den brokatenen Priestergewändern des Deutschen Ordens aus Mergentheim zusammennähen (vgl. S. 235), doch es geschah praktisch nichts zur Erschließung des ländlichen Raumes. Das „Tal der kleinen Residenzen" (heute. Kreis Hohenlohe) wurde zum Hinterland der Rheinbundstaaten degradiert. Trotzdem ließ der Fürst von Hohenlohe-Öhringen ab 1906 das Renaissanceschloss Neuenstein von Bodo Eberhardt als ein Monument des Hauses Hohenlohe mit großem Aufwand renovieren, um ein Stockwerk erhöhen und die Dächer mit Zwerchhäusern versehen. Dieses Schloss, das sozusagen alle Bauperioden beinhaltet, soll am Ende unserer Betrachtungen stehen.

Neuenstein

Von der ursprünglichen Wasserburg Neuenstein aus dem frühen 13. Jahrhundert – einer der mächtigsten Deutschlands – sind noch Ringmauerreste in der nördlichen Umfassungswand erhalten, die Buckelquadermauerwerk aufweisen. Im 16. Jahrhundert wurde die Anlage im Sinn der französischen Renaissance zu einer regelmäßigen Viereckanlage von 40 x 50 Metern mit Ecktürmen und Innenhof erweitert.

Neuenstein mit seinem Schloss – Luftaufnahme

Architekten waren Schickhardt und Georg Kern. Reizvoll sind die offenen Säulentempelchen („Tempietti") auf den beiden Tortürmen, die 1670 angefügt wurden und das Portalwerk flankieren. In der Zeit meiner Zuständigkeit für Hohenlohe wurden sie neu verankert und restauriert.

Die Pflasterung des Hofes vor dem Schloss erfolgte ebenfalls während meiner Zeit – erfreulicherweise mit echtem Granitpflaster. Zunächst sollte der nur geschotterte Schloss-Vorplatz aus Kostengründen eine neue Teer-Decke erhalten, doch erfuhr ich zufällig davon, dass man in der Tschechei sehr günstig Granitpflastersteine erwerben kann. Erfreulicherweise ging Fürst Hohenlohe-Öhringen auf meinen Vorschlag ein, diese Steine zu erwerben und zu verwenden, wofür ich ihm noch heute richtig dankbar bin (vgl. S. 202).

Schloss Neuenstein

Mit dem Reichsdeputationshauptschluss war die politische Rolle des Hauses Hohenlohe ausgespielt, indessen traten einige ihm angehörige Persönlichkeiten aus dem allgemeinen geschichtlichen Dunkel hervor. Wenigstens zwei von ihnen seien erwähnt: Fürst Ludwig Aloys zu Hohenlohe-Bartenstein, (1765 – 1829) und Marie Prinzessin zu Hohenlohe-Waldenburg (1855 – 1934).

Fürst Ludwig Aloys ist zweifelsfrei eine der interessantesten Persönlichkeiten des Hauses Hohenlohe-Bartenstein. Seine militärische Karriere führte ihn in bayerische, österreichische und französische Dienste auf den Schlachtfeldern der Zeit. Besonders hatte er schon sehr früh freundschaftliche Beziehungen zu dem jüngeren Bruder des hingerichteten französischen Königs Louis XVI., Louis Stanislav Xavier – dem späteren Louis XVIII. – geknüpft. Für ihn gründete er die „Légion Hohenlohe", die er durch Aufnahme von Schweizern, Polen und Deutschen zu einem Garde-Infanterieregiment in Versailles umformte.

Nach der Julirevolution von 1830 verlegte König Louis Philippe diese Elitetruppe zur Konsolidierung der neuen afrikanischen Eroberungen nach Algier, wo sie den Namen „Légion Etrangère" erhielt. So wurde Ludwig Aloys zum mittelbaren Begründer der „Fremdenlegion".

In diesem Zusammenhang entstand auch das Militärmuseum in Bartenstein, das bis vor kurzem mit über 9.000 Einzelstücken, Uniformen, Waffen, Ausrüstungsgegenständen und

Bildern bestückt war. Als ich im September 2003 dort einen Besuch abstattete, erklärte mir die Fürstin, die mich recht ungnädig empfing: „Vom Militärmuseum ist nichts mehr da!" ...

Ein ganz anderer Menschentypus tritt uns in der musisch hochbegabten Prinzessin zu Hohenlohe-Waldenburg entgegen, die 1875 den Prinzen Alexander von Thurn und Taxis heiratete. Von ihren Eltern hatte sie das Schloss Duino bei Triest geerbt, wo schon in ihrer Kindheit bedeutende Persönlichkeiten zu Gast waren. Ihre besondere Gabe, Künstlern durch Gastfreundschaft und Korrespondenz vielfältigste Anregungen zu geben, machte Duino bis zu seiner Zerstörung im Ersten Weltkrieg zu einem kulturellen Zentrum von hoher Bedeutung. Franz List, Hugo von Hofmannsthal, Oskar Kokoschka und Eleonora Duse gehörten zum Kreis dieses Hauses. Mehr als einmal überließ die Prinzessin auch Rainer Maria Rilke ihr Schloss während der Winterzeit.

So entstanden dort die berühmten „Duineser Elegien", die nach dem Willen des Dichters die Widmung tragen: „Aus dem Besitz der Fürstin Marie von Thurn und Taxis-Hohenlohe."

„Ex flammis orior" – Schloss Neuenstein

Der Ausgang des Ersten Weltkriegs, die Abschaffung der Monarchie und der Verlust der letzten adligen Privilegien entzogen dem Schlossbau mehr und mehr jede gesellschaftliche Grundlage. Im allgemeinen sind die fürstlichen oder adligen Familien und andere Schlossbesitzer heute mit der Pflege und Erhaltung ihrer ererbten Häuser oft bis an die Grenze des finanziell Zumutbaren belastet – manchmal auch darüber hinaus, denn man hat ihnen die Vorrechte weggenommen und nur die Lasten belassen – insbesondere diejenigen der Bauunterhaltung. Von dieser Situation wurde ich als Denkmalpfleger oft genug Zeuge. Wenn sich die heutigen Eigentümer trotzdem der Aufgabe stellen, ihre Burgen und Schlösser zu unterhalten, so erfüllen sie nicht nur eine private, sondern auch eine öffentliche Aufgabe. Diese Gebäude sind ein wesentlicher Teil dessen, was man das „kulturelle Erbe" zu nennen pflegt, nämlich künstlerische und geschichtliche Zeugnisse von hohem Rang. Wer sie pflegt und erhält, verdient daher unser aller Dank.

Kloster Schöntal –
Perle des Jagsttals

Vortrag für das „Studienzentrum Weikersheim"
14. Juni 2010

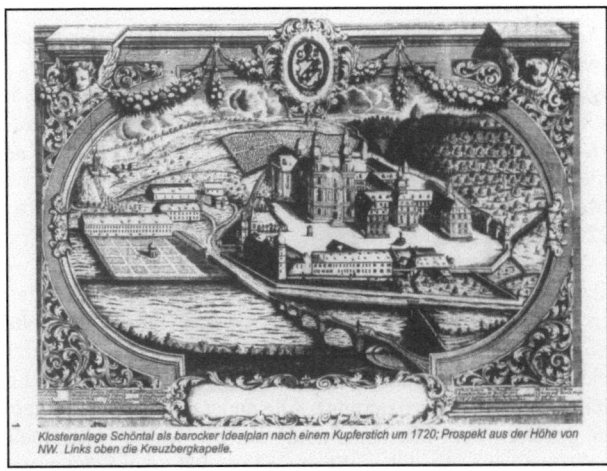

Klosteranlage Schöntal als barocker Idealplan nach einem Kupferstich um 1720; Prospekt aus der Höhe von NW. Links oben die Kreuzbergkapelle.

Kupferstich, 1720

Z u Beginn möchte ich ein Wort unseres Präsidenten Herrn von Diemer aufgreifen: „Wir sind alle von dem dumpfen Gefühl ergriffen, dass es so nicht weitergehen kann!" Wir müssen uns also auf grundlegenden Wandel gefasst machen. Gerade der Ort unserer Tagung, der es wahrlich verdient, dass man sich mit ihm beschäftigt, hat Aufstieg und Niedergang in mehrfacher Weise erlebt und weist hierdurch auf die zyklische Entwicklung hin, in der sich Lebensprozesse zu entfalten pflegen. Daher sind wir genau richtig hier. Orte und insbesondere die dortigen Gebäude sind ja stets Ausdruck geprägter Geschichte, ein „steinernes Gedächtnis", wie Schiller meinte und besonders für ein eher wertkonservatives „Studienzentrum" wie das unsrige sollte die Bedeutung dieser Orte nicht gering geachtet werden. Nicht umsonst hat ja unser unvergessener Ministerpräsident Filbinger auf meinen damaligen Rat als Denkmalpfleger hin gerade das Schloss Weikersheim als Sitz des von ihm gegründeten „Studienzentrums Weikersheim" gewählt – und heute befinden wir uns in einem ehemaligen Kloster (vgl. S. 210).

Kaiser und Papst

Zwei Orte mit ihren prägenden Gebäuden geben also den materiellen Rahmen für unsere Bemühungen: Ein Schloss und ein Kloster. Damit sind wir schon ganz mit den zentralen Kräften konfrontiert, die vom Mittelalter bis in die Neuzeit hinein die Gesellschaft prägten: Einerseits war es der weltliche Bereich, an dessen Spitze der Kaiser stand und zum anderen der geistliche Bereich, dessen höchster Vertreter der Papst war. Kaiser und Papst – das sind die beiden Pole der Macht, die man als die „beiden Schwerter" des Christentums verstand. Diese „Zwei Schwerter-Lehre" hat ihren Ursprung im Lukas-Evangelium. Dort wird berichtet, dass Jesus beim letzten Abendmahl meinte, zwei Schwerter reichten zur Verteidigung aus. Wörtlich heißt es dann im Kap. 22, Vers 38: *„Da sprach er zu ihnen: Denn was von mir geschrieben ist, das hat ein Ende. Sie sprachen aber: Herr, siehe, hier sind zwei Schwerter. Er aber sprach zu ihnen: Es ist genug."*

Dieser Passus wurde dahingehend ausgedeutet, dass das Christentum zu seiner Verteidigung „zwei Schwerter" benötige, nämlich eine weltliche und eine geistliche Macht, repräsentiert durch Kaiser und Papst. Nach dieser Auffassung empfingen beide Mächte ihr Schwert unmittelbar von Gott. *„ Und beide Schwerter sind füreinander da: dort das priesterliche Schwert, um zum Gehorsam gegen den König zu führen, hier das königliche Schwert, um draußen die Feinde Christi zu bekämpfen und drinnen alle zum Gehorsam gegen den Priester zu nötigen."* So steht es im „Sachsenspiegel" des Eike von Repgow aus dem Jahr 1220.

Entsprechend dieser Idee waren die christlichen Lande aufgeteilt in weltlichen und geistlichen Besitz und die Gesellschaft in den weltlichen und geistigen Stand gegliedert, denen die Farben *Rot* (für die weltliche Seite) und *Schwarz* (für die geistliche Seite) zugeordnet waren. Ein „Mann von Stand" hatte also bei der Gestaltung seiner Karriere zwischen diesen beiden Ständen zu wählen. (Stendhals berühmter Roman: „Le Rouge et le Noir" bezieht sich auf diese Differenzierung). Alle anderen Berufe wie Bauern, Handwerker und Händler gehörten dem „Dritten Stand" an. Sie waren Untertanen und an den politischen Entscheidungen nicht zu beteiligen (le tiers état – bei Städten war die Ständeordnung allerdings anders). Tatsächlich besaßen die Klöster im mittelalterlichen Württemberg etwa ebenso viele Ländereien wie dessen Grafen, und es deutet nichts darauf hin, dass die geistlichen Fürstentümer schlechter als die weltlichen Territorien vergleichbarer Größenordung regiert worden wären. Das Gegenteil war oft der Fall, wie beispielsweise aus einer Beschreibung gerade des Schöntaler Klosterapothekers Fortbach (1778 – 1850) hervorgeht:

„In jenem kleinen Gemeinwesen lebten die Menschen glücklich und zufrieden. Sie hatten wenig Sorgen, für alles sorgte das Kloster mit seinem reichen Vermögen – ja, unter 'm Krummstab ist gut leben! ... Das Kloster war autark, hatte sogar seine eigene Ziegelei, in der Arbeiter beschäftigt waren. Im 18. Jahrhundert hatte man eine Bierbrauerei eingerichtet ... Dem Abt stand ein Kutscher zur Verfügung und sonntags musste ein Klosterbediensteter in der Uniform eines österreichischen Grenadiers in dem Schilderhaus, bewaffnet und mit einer Bärenmütze geziert, dastehen", denn das Kloster war „reichsunmittelbar", unterstand also nur dem Kaiser. Ein reichsunmittelbares Kloster hat in allen weltlichen Angelegenheiten insbesondere keinen Klostervogt über sich, der es in der Theorie

nach außen hin beschützten sollte, es in der Praxis aber vor allem finanziell ausbeutete. König Sigmund bestätigte 1415 auf dem Konzil zu Konstanz dem Kloster Schöntal all seine alten Privilegien wie etwa Steuer- und Zollfreiheiten und verbot, dass es vor ein anderes als das Reichsgericht geladen wird. Das Kloster war also Gerichtsherr, in dessen Namen Recht gesprochen wurde; es war auch Lehensherr, der Güter an die Bauern verlieh, ebenso „Zehntherr", dem – wie der Begriff sagt – der zehnte Teil aus Land- und Viehwirtschaft überlassen werden musste. Schöntal war darüber hinaus in einigen Orten Patronatsherr der Pfarrkirche, wenn nicht die dortigen Kirchen dem Kloster gänzlich einverleibt waren.[1]

In anderen deutschen Gebieten lagen die Verhältnisse ähnlich. Die „Spänne und Irrungen" – wie man sagte – die sich hieraus ergeben mussten, beherrschten das ganze Mittelalter und reichten bis weit in die Neuzeit hinein: Es handelte sich um den *Kampf zwischen Kaiser und Papst*. Die weltliche Macht versuchte, die Klöster durch Übertragung der Reichslasten, durch Kauf und territoriale Umklammerung, ihrem Herrschaftsbereich einzuverleiben. Die Klöster aber waren bestrebt, sich hiergegen nach Kräften zur Wehr zu setzen.

Andrerseits brachte ihr weit verstreuter Besitz die Klöster in unlösbaren Kontakt zur weltlichen Macht, aus dem sich durchaus auch fruchtbares Zusammenwirken entwickeln konnte: Die Klöster brauchten den *Schutz und Schirm* der weltlichen Macht, gewährten aber ihrerseits den Beschützern *Rat und Hilfe*. Letzteres konnte z.B. dadurch erfolgen, dass die Prälaten bei der Rechtspflege mitwirkten, denn über den Weg des Gerichts und der Friedenswahrung ließ sich weitgehender Einfluss auf politische Entwicklungen nehmen. Außerdem konnten Mönche durch dauerhaftes Gebet Heil und Wohlergehen sowohl der Landschaft als auch der Herrschaft fördern, die Toten bestatten, sowie die unehelichen Sprösslinge der Herrschaft aufnehmen und versorgen. So war die Verquickung der Klöster mit der weltlichen Herrschaft – des Frommen mit dem Politischen – mittelalterliches Erbe und wirkte bis in die Epoche der Aufklärung fort. Dazu später einige Hinweise[2].

Zuvor sei eine zweite einleitende Bemerkung erlaubt: Der *Begriff der Geschichte* ist für uns Gegenwartsmenschen meist mit der Vorstellung des Vergangenen verbunden, was zeigt, dass wir in ganzheitlichem Denken noch recht ungeschult sind. Dabei hängen Vergangenheit, Gegenwart und Zukunft zusammen wie Wurzel und Stamm, wie Ast und Zweig, wie Frucht und Samen, aus dem von neuem Wurzeln sprießen können – und ein Korn genügt zu einer Ähre! Schon *Giordano Bruno* (1548 – 1600) war es bewusst, dass es eine *„Einheit gibt, die sich über den gesamten Kosmos erstreckt, ihn sozusagen überhaupt erst begründet; eine Einheit, die ewig und grenzenlos ist. Aus dieser Sicht spielen die gedachten Schranken von Zeit und Raum, von Leben und Tod überhaupt keine Rolle mehr, sind Vergangenheit und Zukunft nicht voneinander getrennt, sondern lediglich Veränderungen einer einzigen Substanz, also Innendimensionen der ewigen Einheit."[3]*

Den gleichen Gedanken formulierte der Naturwissenschaftler *Albert Einstein* lapidar folgendermaßen: *„Für uns gläubige Physiker hat die Scheidung zwischen Vergangenheit, Gegenwart und Zukunft nur die Bedeutung einer wenn auch hartnäckigen Illusion."[4]*

---

[1] Vgl. „Kloster Schöntal", 1991 herausgegeben vom Bildungshaus Kloster Schöntal, S. 80 – 83
[2] Vgl. S. 233 und S. 270
[3] Emil Schlee, Rittertum mit großer Zukunft, in: Festschrift des Tempelherren-Ordens 2004, S. 33
[4] In: Calaprice, A. (Hrsg.), Einstein sagt, München 1999, S. 85

Auch der französische Physiker Jean E. Charon betont in seinem 1979 vorgestellten Buch „Der Geist der Materie", dass die Naturgeschichte immer Geistesgeschichte ist und dass unser Ich in Vergangenheiten wurzelt, die bis zu den Anfängen unseres Universums reichen.[5] So gibt es auch kein „Ende der Geschichte", sondern nur eine Geschichte von Ewigkeit zu Ewigkeit. Etwas einfacher, wenn auch ebenso richtig, hat kürzlich unser neuer Ministerpräsident *Stefan Mappus* den gleichen Gedanken ausgedrückt: *„Tradition und Innovation, Vergangenheit und Zukunft, gehören bei uns zusammen".*[6] Dies zu betonen, ist gerade heute wichtig – zu einer Zeit, in der man den Eindruck gewinnt, dass *„verwirrte Lehre zu verwirrtem Handeln über der Welt lastet"*[7], dass *„unser Planet in Aufruhr ist und dass das Fünkchen, welches den Weltbrand auslösen kann, bedenklich glimmt".*[8]

In einer solchen Situation ist es von großer Bedeutung, sich daran zu erinnern, dass der Geist des Menschen über Raum und Zeit hinaus in eine andere Dimension hineinreicht, die besonders den Mönchen vertraut war. Es lohnt daher, sich gerade in einem Kloster mit derartigen Gedanken zu befassen. Zunächst wollen wir also einen Blick auf die Entwicklung des Klosterlebens unter allgemeinen Gesichtspunkten werfen:

Das Klosterleben

Ein Leben in der Hingabe an Gott nach dem Vorbild von Jesus und seinen Jüngern wird erstmals in der Gestalt des ägyptischen Einsiedlers Antonius historisch fassbar, der 356 Jahre nach Christi Geburt starb. Als eigentlicher Gesetzgeber des Mönchtums im abendländisch-christlichen Sinne aber gilt der heilige *Benedikt von Nursia* (geb. um 480 zu Nursia in Umbrien, gest. 550 auf dem Monte Casino). Das Kloster von Monte Casino – auf dem Gipfel eines Berges zwischen Rom und Neapel errichtet und weit ins Land hinausstrahlend – („Benedictus montes amabat") war nicht nur seine Gründung, sondern auch die Keimzelle des Ordens der *Benediktiner* und sogar das Vorbild für alle anderen nach ihm benannten Klöster. Der Ordenswahlspruch: *„ora et labora"* („bete und arbeite") wurde zur Antriebskraft der bedeutendsten kirchlich-mittelalterlichen Weltgestaltung und die Benediktiner die wichtigsten christlichen Träger des geistigen Lebens.

Die Regel des Heiligen Benedikt verlangt, dass nichts dem „opus dei", dem Gottesdienst, vorgezogen werde. Letzterer vollzieht sich in gemeinsamem, täglich acht mal wiederholtem Chorgebet, in der Messfeier, vor allem aber in der Lebensführung insgesamt. Die Benediktiner sahen ihre Aufgabe in der Verkündigung des Evangeliums in der noch heidnischen germanischen Welt und riefen später in ihren Predigten auch zu Kreuzzügen auf. In Deutschland gründeten sie im Jahr 724 das erste Kloster auf der Bodensee-Insel Reichenau.

Im Lauf der Zeit breitete sich der Benediktiner-Orden in ganz Europa aus. Dessen Klöster waren sehr reich geworden und man liebte dort auch mehr und mehr den Prunk –

---

[5] Schlee, l.c. S. 33
[6] Mappus, in: Denkmalstiftung Baden-Württemberg, Heft 2, 2010, S. 2
[7] Goethe zu Wilhelm von Humboldt kurz vor seinem Tod am 17.III.1832
[8] Adelheid Petersen am 4. Dez. 1950 in einem persönlichen Brief

sowohl in den Bauformen als auch im engeren kirchlich-religiösen Bereich. Dies führte zu gelegentlichen Exzessen und in deren Folge zu einer Reformbewegung, die insbesondere von *Robert de Molesme* getragen wurde. Er gründete 1075 im Tal der „schauerlichen Wildnis" von Citeaux bei Dijon einen neuen Orden, deren Mitglieder nach dem Ursprungsort den Namen *Zisterzienser* trugen. Die Zisterzienser vereinfachten im 12. Jahrhundert die bestehende Liturgie, prachtvolle Gottesdienste und Wiederholungen wurden gestrichen, Melodien gekürzt, ihr Tonumfang begrenzt. In Citeaux wollte man sich mit dem Landbesitz begnügen, der hinreiche, um durch eigene Arbeitskraft das Kloster und einige Arme zu ernähren. Man errichtete auch nur eine schmucklose Kirche ohne Türme und kostbare Ausstattung.

Es zeigte sich bald, dass die Lage im Tal und an Flüssen gegenüber der Berglage von Vorteil war, denn Landwirtschaft ließ sich in Talauen viel besser betreiben als auf steilen Bergeshängen. Auch ließen sich dort leichter Fischzuchtbecken anlegen als auf den von den Benediktinern bevorzugten Bergen mit ihren Böschungen. So machte das Beispiel von Citeaux Schule. Manche Benediktinermönche verließen sogar ihre angestammten Klöster, um nach den neuen, strengen Idealen der Zisterzienser zu leben. Man wollte sich bewusst nicht in falscher Berufung nur auf den „Geist" und das „Geistliche" über den „Leib" erheben, weil man die Bedeutung des Leiblichen für das Geistliche erkannt hatte. Die verpönte Handarbeit, die Feldarbeit zumal, wurde wieder zu Ehren gebracht. So folgten weitere Klostergründungen, die stets in Tälern vorgenommen wurden und die sich zu wahren Zentren bäuerlicher Musterwirtschaft entwickelten. Schon in der Namensgebung vieler Zisterzienserklöster kommt die Vorliebe für die Tal-Lage (im Gegensatz zur Berglage der Benediktinerklöster, s.o.) zum Ausdruck, so in Gnaden*tal*, Seligen*tal* und Heiligkreuz*tal*. Auch Schön*tal* hat seinen Namen an dem französischen Zisterzienserkloster Bellevaux (= „schönes Tal") orientiert.

Eine zisterziensische Klostergemeinschaft besteht nach alter Vorschrift aus einem Abt (von abbat oder apt = Vater, ein Lehnwort aus der althochdeutschen Kirchensprache), der in freier und geheimer Wahl auf Lebenszeit gewählt wird – und aus wenigstens zwölf Priester-Mönchen. Zusammen bilden sie den Konvent. Wer als Novize in das Kloster eintreten wollte, musste sein 15. Lebensjahr vollendet haben. Nach dem Noviziat hatte er den „profess" abzulegen, d.h. das feierliche Gelübde für Gehorsam, Armut und Keuschheit. (Man wird in diesem Zusammenhang an die Lebensumstände manch würdigen Ehemannes erinnert!) Zum Essen wurde Wein gereicht. In welcher Menge ist leider nicht überliefert.[9]

Großen Auftrieb erhielt die Bewegung der Zisterzienser durch *Bernhard von Clairvaux*, der 1112 in den Orden eintrat. Schon 1115 wurde er zum Abt dieses Klosters gewählt und zwanzig Jahre nach seinem Tod heiliggesprochen. Er gehört zu den bedeutendsten Persönlichkeiten des Mittelalters und hat das Klosterleben insgesamt außerordentlich befruchtet. Ohne Zweifel war er ein großer Menschenkenner. Das geht z.B. aus einer Predigt hervor, die er an einem Himmelfahrtsfest hielt.[10] Ich zitiere sie als Abschluss dieser einleitenden Betrachtungen, denn sie zeigt klösterliches Denken in seiner schönsten Form:

---

[9] S. u. S. 233
[10] „Zufällig" am Himmelfahrtstag 2010 geschrieben.

„Du kannst in fast allen Klostergemeinden Männer finden, die voll des Trostes sind, übersprudelnd an Freude, allzeit heiter und doch von glühender Begeisterung. Mönche, die Tag und Nacht das Gesetz des Herrn betrachten, häufig zum Himmel aufblicken, ihre reinen Hände zum Gebet erheben, ihr Gewissen sorgfältig bewahren und fromm nach guten Werken streben. Strenge Zucht erscheint ihnen lieb, das Fasten süß, der nächtliche Gottesdienst kurz, die Handarbeit angenehm; überhaupt kommt ihnen alle Strenge unserer Lebensweise wie Erquickung vor. – Auf der anderen Seite kann man kleinmütige und nachlässige Menschen treffen. Sie erliegen unter der Last, brauchen also Rute und Sporn. Ihre Freude ist ausgelassen, ihre Traurigkeit verzagt, ihre Zerknirschung kurz und selten, ihr Sinnen tierisch, ihr Lebenswandel lau, ihr Gehorsam ohne innere Ergebenheit, ihre Rede ohne Vorsicht, ihr Gebet ohne Herzensandacht, ihre Lesung ohne Erbauung. Kaum hält sie, wie wir sahen, die Furcht vor der Hölle zurück, kaum hält sie die Scham in Schrecken, kaum zügelt sie die Vernunft, kaum vermag die Zucht sie zu bezwingen. – Meinst du nicht, dass das Leben solcher Menschen sich ganz einem Höllenleben nähert? Ihr Verstand liegt im Kampf mit dem Herzen, ihr Herz mit dem Verstand. Dabei sind sie verpflichtet, ihre Hand an Werke der Starken zu legen, entbehren aber gänzlich der Speise der Starken. So werden sie zu Gefährten der Trübsal, nicht des Trostes. – Stehen wir auf, ich beschwöre euch, wenn wir so geartet sind, erneuern wir unsere Herzen!"[11]

Zur Geschichte des Klosters Schöntal

Das Kloster Schöntal liegt in eine weiten Schleife des Jagsttals und wird im Süden und Osten von sanft ansteigenden Hügeln gerahmt. Die ganze Anlage ist von einer Mauer umschlossen. Die Gründungsgeschichte des Klosters ist auf enge Weise mit den Kreuzzügen verbunden. Ottmar Schönhut hat sie 1860 folgendermaßen erzählt:

Eines Abends saß Wolfram von Bebenburg am Krankenlager seines Vaters Hugo. Dieser sagte zu seinem Sohn: Als der fromme Bernhard von Clairvaux zu Speyer das Kreuz predigte, war ich im Gefolge meines Herrn und Kaisers, und als dieser das Kreuz sich anheften ließ, nahm auch ich es mit tausenden von gläubigen Christen. Aber die Fahrt ins Heilige Land war keine glückliche gewesen – Krankheit und Missgeschick jeder Art verfolgten das Kreuzheer. Auch ich war unter den Erkrankten, die bereits die Hoffnung aufgaben, die Heimat wiederzusehen. Da tat ich das Gelübde, wenn der Herr mich erretten würde von meiner Krankheit, dass ich die Heimat wiedersähe, so wollte ich ihm zu seiner Ehre ein Kloster gründen. Der gute Gott hat mich wunderbar errettet und zurückgeführt in die Arme der Meinigen. In leichtsinniger Weise habe ich meines Gelübdes vergessen, und es anstehen lassen bis auf diese Stunde, da es nimmer in meiner Macht steht, es zu erfüllen. So erfülle du es, mein Sohn Wolfram, an meiner Statt, damit ich ruhig von hinnen scheiden kann. Das Kloster, das du bauen sollst, soll stehen im Tale der Jagst, auf einem Grund und Boden, der von Herrn Engelhard von Berlichingen, deinem Großvater selig, anererbt ist."[12]

---

[11]   Schöntaler Heimatbuch, S. 360
[12]   Schöntaler Heimatbuch, S. 360

Diese Klosterstiftung wurde am 15. März 1157 von Kaiser Barbarossa bestätigt. Doch Bischof Gebhard von Würzburg hatte zunächst Bedenken gegen die Klostergründung, da die Gemahlin Wolframs, Adelheid von Bebenburg, und andere Verwandte, welche den Gebietsverlust nicht akzeptieren wollten, Einspruch gegen den Gründungsplan eingelegt hatten. Nachdem Gebhard allerdings die kaiserliche Urkunde sah, stimmte auch er noch im gleichen Jahr der Klostergründung zu und verfasste eine große, mit Stifts-Sigill versehene Bestätigungs-Urkunde, in die er schrieb: „Wer die Stiftung behindern will, der wird mit dem Bann des Heiligen Petrus und mit ewiger Verdammnis bedroht."

Diese Drohung verfehlte ihre Wirkung nicht und so konnte mit dem Bau des Konventsgebäudes begonnen und dasselbe sogar noch im Jahr 1157 fertiggestellt werden. Leider musste Wolfram erleben, dass „das Herz seiner Gattin von ihm geschieden war". So beschloss er, sich selbst in die Zahl der dienenden Brüder aufnehmen zu lassen, denn „er wollte lieber Gott als der Welt dienen." In einer Urkunde vom 21. Dezember 1177 nannte der Papst das Kloster „constructum", womit dessen Fertigstellung belegt und somit die Gründungsphase abgeschlossen ist. Materielle Reste des gründerzeitlichen Baues sind allerdings bis jetzt nicht aufgefunden worden.

Die wirtschaftliche Entwicklung des Klosters verlief zunächst nicht günstig. 1282 stand es sogar vor dem völligen Ruin, was sicherlich mit den Auseinandersetzungen zwischen Kaiser und Papst zusammenhängt, die das 13. Jahrhundert prägten. Hierbei standen die Zisterzienser mehr oder weniger auf der Seite des Kaisers. Nachdem Konradin, der letzte Staufer, am 29. Oktober 1268 in Neapel in der Folge eines Scheinprozesses von Charles d'Anjou im Auftrag des Papstes enthauptet wurde, breitete sich in Deutschland das Interregnum aus. Es war „die kaiserlose, die schreckliche Zeit".

Doch zu Beginn des 15. Jahrhunderts erholte sich das Kloster so sehr, dass sein Abt Heinrich Rosenkaim (1407 – 1425) den Vorsitz der Zisterziensermönche auf dem Konstanzer Konzil führen und zum Beichtvater der Kaiserin werden konnte. 1418 wurde das Kloster in den Stand der Reichsunmittelbarkeit versetzt, war also „immediat". Zahlreiche Schenkungen schufen die wirtschaftliche Basis für den Erwerb von Grundbesitz, sodass bis zum Ende des 15. Jahrhunderts ein kleines Territorium entstand. Schließlich wurde sogar erreicht, dass das Kloster in geistlichen Dingen nur dem Papst unterstellt (exempt) war. So war Schöntal also „immediat und exempt". Der Schöntaler Abt hatte sich das Recht erwirkt, mit rotem Wachs zu siegeln und beim Ausritt goldene Sporen zu tragen. All dies zusammen war eine beachtliche Leistung.

1525 wurden die Klostergebäude im Bauernkrieg jedoch fast völlig zerstört. Auch haben die Bauern dort, wie ein zeitgenössischer Reimer feststellte,

> *groß gut erschnappt,*
> *das zusammengespart hat der apt.*
> *Davon da wär gar viel zu sagen,*
> *sie haben ihm die Fenster außgeschlagen.*
> *Sie ließen kein brief noch bücher ganz,*
> *sie täten's allesamt zerreißen.*

Götz von Berlichingen selbst, der mit Goethes Hilfe als Verfechter des offenen Wortes seinen Platz im kulturellen Gedächtnis der Nation gefunden hat, wurde nach einem wohl eher wilden Landknechtsleben sogar zeitweise der Führer der Bauern in der Region Hohenlohe. Doch hatte er kurz vor der entscheidenden Schlacht den Bauern aufgekündigt. Er wollte nicht mehr ihr erzwungener Anführer sein, nachdem er sie mehrfach hatte ermahnen müssen, *„dem Feind die Bäuch statt den Rücken zu zeigen"*. Schließlich wurde er im Kloster Schöntal bestattet.

Grabmal des Götz von Berlechingen

Das Ende des Bauernkrieges war furchtbar: Unter der Führung von Truchsess Georg von Waldburg – genannt der Bauernjörg – hatte der Schwäbische Bund ein Heer aufgeboten, das die „hellen Haufen" der Bauern am 12. Mai 1525 bei Böblingen vernichtend schlug. Zehntausende von Aufständischen ließen ihr Leben. Unter ihnen war beispielsweise Jörg Ratgeb, der Maler des Herrenberger Altars, der auf dem Marktplatz von Pforzheim geviertelt wurde. Danach blieb für die Bauern nicht nur alles beim alten – sie waren darüber hinaus für die kommenden Jahrhunderte mundtot gemacht.

Neues Unheil näherte sich in Form des *Dreißigjährigen Krieges,* der unvorstellbare Bedrängnisse über das Kloster brachte. Schon 1621 lagerte Franz Albert von Sachsen-Lauenburg mit 10.000 Mann auf dem Feld vor dem Kloster, das für das Heer die gesamte Verpflegung leisten musste. Karl Schumm hat in der „Hohenloher Chronik" den Fortgang des Krieges „nach handschriftlichen Quellen" beschrieben. Aus dieser Chronik sei nun auszugsweise zitiert:

„Als die Schweden unter dem siegreichen Gustav Adolf im Jahr 1631 bis in die gesegneten Gegenden des Frankenlandes vorgedrungen waren ... streiften am 15. Oktober 1640 schwedische Reiter durchs Jagsttal. Sie kamen in das Kloster und gaben sich für Kaiserliche aus, aber bald sah man mit Schrecken, wen man eingelassen hatte, denn sie drangen in das Abteigebäude und in die Sakristei, nahmen hier weg, was sie tragen konnten und machten noch Späße bei der Plünderung, indem die einen sich in Mönchskutten steckten, die anderen aber kostbare Chorröcke und Dalmatiken anlegten, in der einen Hand brennende Kerzen, in der anderen den Degen trugen, und so gleichsam in Progression wieder aus dem Kloster abzogen ... In dieser Zeit musste der Abt nicht weniger als sechsmal flüchten. Die Mönche versteckten sich zuweilen in Kellergewölben oder in den naheliegenden Wäldern. Schließlich wurden die Mönche alle vertrieben. Nur einer – der energische Pater Michael Diemer – vielleicht ein Vorfahre unseres Präsidenten? – blieb zurück. Gustav Adolf schenkte das Kloster nun dem Grafen Kraft von Hohenlohe, der den wertvolleren Klosterbesitz in das hohenlohische Schloss Neuenstein verbringen ließ und alsbald die Reformation einführte.

Das „lutherische Exercitium" wurde nun zum Maßstab der Dinge. Doch nach drei Jahren, am 6. Oktober 1643, erließ der Kaiser Ferdinand II. nach der von ihm gewonnenen

Schlacht bei Nördlingen ein Restitutionsedikt, in Folge dessen das Kloster dem Grafen von Hohenlohe wieder abgenommen und seinen früheren Besitzern zurückgegeben wurde.

Nach und nach war das Kloster fast unbewohnbar geworden und es herrschte dort *äußerster Mangel. Teuerung und Kriegsnot gingen Hand in Hand und brachten unendlichen Jammer über die Mönche. Sämtliche Vorräte waren aufgebraucht, die Weinfässer ausgetrunken, kein Tisch, kein Stuhl, kein einziges Hausgerät war noch zu finden. Mehrere Mönche wurden durch die Soldateska ihrer Kleider beraubt und am eigenen Gürtel aufgehenkt. Der Abt musste nach Heilbronn fliehen, wo er schließlich Sicherheit fand. So sauber hatten diese Weltbeglücker aufgeräumt, die schon damals lediglich Krieg führten in der humanen Absicht, die Zivilisation zu verbreiten".* Klingt das nicht ganz modern? Denken Sie an Afghanistan!

Auf die Zerstörungen des Dreißigjährigen Krieges folgten die sogenannten Franzosenkriege, insbesondere der „Pfälzische Erbfolgekrieg" (1688 – 1697), bei dem die Heerscharen Ludwigs XIV. versuchten, sich an dem kriegsgeschwächten Deutschland zu bereichern. Erinnern Sie sich an den Ausspruch: „Brûlez le Palatinat!" – auch an die Geschichte der „Schorndorfer Weiber", welche am 15. Dezember 1688 ihre Stadt vor dem „Mordbrenner Melac" schützten, der mit 600 Mann vor die Stadt gezogen war und sie zur Kapitulation aufforderte. Die Zerstörung des Schlosses von Heidelberg (1689), sowie des Klosters Hirsau (1692) gehören in diesen Zeitabschnitt. Auch das Kloster Schöntal musste erhebliche Kontributionen leisten und die Einquartierung von Général Hartcourt mit 1500 Mann ertragen.

Doch erstaunlich schnell erholte es sich sogar von diesen Kriegswirren und bald setzte eine Zeit der Bau- und Kunstblüte ein, die über Jahrzehnte anhielt. Schon unter Bischof *Julius Echter* (1573 – 1617) war im Bistum Würzburg, zu dem das Kloster Schöntal gehörte, die *Gegenreformation* eingeleitet worden, die sich insbesondere auf die Bautätigkeit der Kirchen befruchtend auswirkte. Hier liegen die geistigen Wurzeln für die prachtvollen kirchlichen Neubauten des 18. Jahrhunderts im süddeutschen Raum – auch für Schöntal. Man mag hierbei den Verlust des alten, gegenüber äußerlicher Prachtentfaltung zurückhaltenden Zisterziensergeistes bedauern, doch gerade in dieser „Verweltlichung" lag der unverzichtbare Nährboden für großzügiges Planen und es war ein Glück für das Kloster, dass in jener Zeit ein Abt regierte, der diesem Nährboden die schönsten Früchte zu entlocken wusste.

Dies war *Benedikt Knittel*, der Sohn eines Weingärtners aus Lauda (geb. 1650, Abt des Klosters Schöntal von 1683 bis zu seinem Tod im Jahr 1732). Sein großes Organisationstalent und seine barock geprägte Persönlichkeit konnte er zum Segen des Klosters einsetzen, indem er dessen *Reichsunmittelbarkeit* wahrte und vor allem, indem er Johann *Leonhard Dientzenhofer* (1655 – 1707), den Schöpfer der Bamberger Residenz und des Benediktinerklosters Banz, damit beauftragte, die Klosterkirche, die Abtei und das Konventgebäude gänzlich neu zu planen.

Von den alten Klostergebäuden blieben nur die Torkapelle, die Alte Abtei aus der Renaissancezeit, der Torturm, die Ringmauern und die alte Steinbrücke erhalten. So verdanken wir Dientzenhofer, der die Realisierung seiner Planung nicht mehr erleben durfte, die heutige Gestalt des Klosters in seinen wesentlichen Zügen.

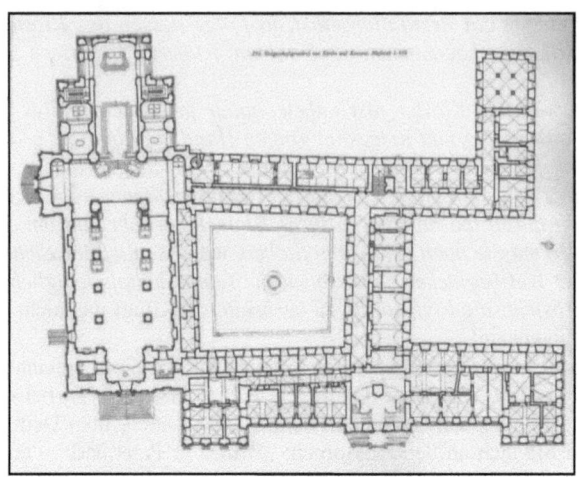

Schöntal, Doppelplan aus Himmelheber, S. 272 – 273

1716 wurde der Grundstein für den Neubau der Kirche gelegt und die Glocken vom alten Turm in die neuen Türme umgehängt. 1717 wurde der Chor der Kirche in den Bereich des alten Friedhofs hinein verlängert. Am 15. Mai des Jahres 1717 erfolgte die Einweihung des Langhauses durch den Abt, nachdem der Hochaltar in das Langhaus versetzt worden war. Der Innenausbau und die Ausstattung mit Stuck und Malerei zogen sich noch bis 1761 hin.

„Ein Kirchen bauen ist so viel als einen neuen Himmel erschaffen" meinte Abt Knittel bei der Einweihungsansprache der neuen Kirche. Die Oberamtsbeschreibung von 1804 berichtet über die Klosterkirche folgendes: *„Die Kirche ist prächtig. Sie besteht aus drei Abteilungen, welche sich durch Säulen von schönster Architektur unterscheiden. In dem mittleren Felde steht am Ende im Chor ein kostbarer Hochaltar, der mit einem kunstvoll gemalten Altarblatt und anderen Verzierungen von Golde versehen ist. In den beiden anderen Feldern sind zwei Orgeln, welche dem Hochaltar gleichsam zur Seite stehen."* Gemeint ist eine dreischiffige Pfeilerhalle mit Querschiff, überkuppelter Vierung, zwei Chororgeln und Zweiturmfassade.

Die nach Westen gerichtete Hauptfassade der Kirche ist in vertikaler Richtung durch die beiden Türme und einen wenig vorspringenden Mittelrisalit geprägt, dessen Breite dem Mittelschiff des Kirchenraumes entspricht. Dieser Mittelrisalit hat drei vertikale Achsen, wobei die mittlere Hauptachse durch Portal und Fenster, die Seitenachsen durch Figurennischen bestimmt sind. Die horizontale Gliederung der dreigeschossigen Fassade erfolgt durch wiederum drei umlaufende Gesimse, die von flachen Pilastern mit klassischem Wechsel der Kapitelle getragen werden (Erdgeschoss dorisch, Mittelgeschoss jonisch, Obergeschoss korinthisch. Vorbild ist das Kolosseum in Rom).

Es liegt also diesem Mittelrisalit (vgl. S. 186) eine strenge Gliederung zugrunde, bestimmt durch drei vertikale und drei horizontale Achsen. Die flankierenden beiden Seitenachsen, die auf die dahinterliegenden Seitenschiffe verweisen, sind in allen Stockwerken durchfenstert. Den oberen Abschluss der Fassade bildet eine Balustrade, die über den flachen Mittelgiebel geführt und von Vasen und Figuren gekrönt ist. Achteckig erheben sich die beiden Türme um ein weiteres Geschoss, die architektonischen Gliederungselemente aufnehmend (vgl. S. 307 f.). Ihr Kuppeldach mit hoher, schlanker Laterne wird von einem Mezzaningeschoss mit querovalen Öffnungen getragen.

Frontansicht

Portal insgesamt

Besondere Beachtung verdient das Hauptportal der Klosterkirche. Es ist durch seitlich gestellte Doppelsäulen und Pilaster mit korinthischen Kapitellen geschmückt. Diese Rahmenarchitektur ist als ein Zitat des Nikanor-Tores vom Herodianischen Tempel in Jerusalem zu verstehen, der zu Lebzeiten von Petrus noch stand und auf dessen Stufen sich die wundervolle Heilung des Lahmen vollzogen haben soll. Die Säulen tragen ein Gesims, auf dem ein von der Künstlerfamilie Sommer hergestellter, virtuos mit Akanthus-Motiven verzierter Rahmen steht, den rechts und links zwei Engel flankieren.

In dem Rahmen befindet sich ein Sandstein-Relief, auf das es sich lohnt, etwas näher einzugehen: Etwas mehr als die rechte Hälfte des Reliefs nimmt die Darstellung eines perspektivisch dargestellten Tempeleingangs mit einer vorgelagerten, über Eck gestellten Freitreppe ein. Sie ist in einer zunächst befremdlichen Weise von oben her gesehen, denn der Blick des Betrachters geht, wenn er nach oben blickt, ja von unten nach oben. Es soll also offenbar ein Blick „von höherer Warte aus" suggeriert werden. Weiterhin fällt auf, dass der als Relief gezeigte Tempeleingang genau den realen Haupteingang der Klosterkirche kopiert: Doppelsäulen – darüber das von Putten begleitete Medaillon. Die Beziehung zum eigentlichen Kirchenportal ist also eindeutig!

Auf der Treppe des Reliefs ist Heilung des Lahmen durch Petrus und Paulus dargestellt. Es wird hierdurch daran erinnert, dass die beiden Heiligen dem Kranken nicht die erwarteten Almosen gaben, sondern dass ihre Tat viel umfassendere Folgen hat: Sie heilen ihn von seinem angeborenen Gebrechen![13]

Portal Detail

Gleichzeitig wird das biblische Wunder transponiert ins Hier und Jetzt: Die Klosterkirche selbst wird zum Handlungsort der Heilung! Durch die „Frohe Botschaft", die dort verkündet wird, kann jeder, der den Sakralraum betritt, geheilt werden. Auf diesen Gedanken weist auch die Inschrift auf dem Türsturz des Portals hin:

Folg disem exempel des dankbaren Lahmen
Verehre im tempel den göttlichen nahmen. Amen!

Auf der kleineren linken Seite des Reliefs befindet sich eine Inschrift, die lautet: *„aD portaM qVae VoCatVr speCIosa"*. Dies ist ein Textfragment aus der Apostelgeschichte[14], das Luther folgendermaßen übersetzt: *„ Und es war ein Mann, lahm vom Mutterleibe, der ließ sich tragen; und sie setzten ihn täglich vor des Tempels Tür, die da heißt die schöne dass er bettelte das Almosen von denen, die in den Tempel gingen."* Hier wird die Assoziation zur Türe des Hauptportals von Schöntal schon offensichtlich. Doch was noch mehr überrascht, ist, dass der Halbsatz dieses in Schöntal überaus häufig anzutreffenden Chronogramms in sinnvoll verschlüsselter Form das Gründungsdatum der Kirche angibt: Wenn man die groß geschriebenen Buchstaben als römische Zahlen liest, ist ihre Reihenfolge: DMVVCVCI. Geordnet ergeben sie MDCCVVVI, d.h. 1716. Das ist das Gründungsdatum der neuen Kirche! (s.o., S. 228).

Portal und Portalschmuck, Apostelgeschichte und Datierung der Klosterkirche verschränken sich also zu einer sinnvollen Einheit, welche die Macht des Glaubens doku-

---

[13] Apostelgeschichte des Lukas 3, 1 – 10
[14] Apostelgeschichte, 3. 2. Vers

mentiert. Das Eingangsportal ist die „*porta coeli*", das Tor zum Paradies und zum Himmel – eine seit dem Mittelalter geläufige Assoziation. Und die *schöne Tür* passt natürlich in das *schöne Tal* (speciosa vallis) – und so entsteht vor dem geistigen Auge des Betrachters ein stimmiges Ganzes – und dies, meine Damen und Herren, ist barockes, ganzheitliches Denken in seiner schönsten Form!

Betritt man die Kirche durch dieses Portal – oder blickt man durch die zu diesem Zweck extra angebrachte ovale Öffnung über dem Schlüsselloch – so überzeugt der ruhige und ausgewogene Raumeindruck. Der Raum der Hallenkirche ist durch das klassische Schema mit dreischiffigem Längsschiff aus vier Jochen, sowie durch das Querschiff geprägt. Schlanke Pfeiler, die allseitig durch vorgelegte ornamentierte Pilaster verstärkt sind, tragen die gewölbte Decke des Kirchenschiffs. Die geschickt in das Satteldach integrierte Vierungskuppel, von der nur der Dachreiter über den First des Gebäudes herausragt, tritt als Höhenakzent kaum in Erscheinung. Hier mag man, wenn man will, noch Reste der eingangs erwähnten zisterziensischen Bescheidenheit erkennen. Vier in der Tiefe reduzierte Joche des Chorraumes setzen das Mittelschiff fort. Anstelle der Seiten-

Blick ins Langhaus

schiffe sind im Chorraum jedoch Treppenaufgänge angelegt, so dass der Altarraum zur Einschiffigkeit eingeengt ist. Im ganzen geht von dem Raum eine volltönende, strahlende, barocke Wirkung aus, die in den Chorjochen ihren Höhepunkt findet.

Entscheidenden Anteil an dieser Wirkung hat der Stuck von *Johann Bauer*, der den gesamten Kirchenraum durchzieht, außerdem die Deckenbilder besonders im Chorbereich, die von *Luca Antonio Columba* geschaffen wurden. Himmelheber beschreibt die 188 Darstellungen, welche im einzelnen den Innenraum zieren. Dazu kommen noch 112 weitere Bilder an Pfeilern und Pilastern, die dort ebenfalls erwähnt und erläutert sind.[15] Dies ist gut so, denn tatsächlich sind barocke Bildinhalte nicht immer einfach zu „lesen" und vor allem zu verstehen. Sie setzen vielmehr Betrachter mit besonderen ikonographischen Kenntnissen voraus, die es heute leider immer weniger gibt.

Wesentlich zum Schmuck des Raumes tragen auch die Altäre der Klosterkirche bei – zunächst der Hochaltar, der 1773 von *Johann Michael Fischer* aus Dillingen geschaffen wurde und der das letzte Halbjoch des Chores vollständig einnimmt. Dann auch eine Vielzahl von Seitenaltären aus edelstem Alabaster, die meist von *Michael Kern* gefertigt

---

[15] Himmelheber, Die Kunstdenkmäler in Württemberg, S. 293 – 305

wurden. Hinzu kommen bedeutende Denkmäler von Personen, die mit der Kloster geschichte verbunden sind, so z.B. dasjenige vom Stifter der Kirche, Wolfram von Bebenburg und das erwähnte Grabmal des Götz von Berlichingen. Einen besonderen Akzent erhält die ganze Anlage durch die vielfältig angebrachten „Knittelverse", verfasst von Abt Knittel, die stets zum Nachdenken anregen.

Gerne wurden auch auf den Grabmalen Chronogramme verwendet, welche in verschlüsselter Form das Sterbejahr angeben. Ein Beispiel, das besonders sprechend ist – das Grabmal des Bautz von Ödheim, das sich am Eingang der Kirche befindet – sei hier zitiert, weil es zum einen grundsätzliche Wahrheiten anspricht, zum anderen einen guten Einblick in barockes Denken gewährt und schließlich als schönes Beispiel dafür gelten kann, wie sich im klösterlichen Ambiente die deutsche mit der lateinischen Sprache verschränkt:

Der grimmig Tod /sit Quis Quae Quod,
Kein Pracht, kein Macht, / kein Menschen acht:
Droht auch schon dir; / Beatus Vir!
Der diß betracht / und allzeit wacht,
Schaut auf das End, / Quam multi flent,
Die nur gelacht / kein Zeit geacht.
Hier ist kein statt / Quae firma stat:
Nach jener tracht / die seelig macht.
All Augenblick / sic tecum dic:
Es ist vollbracht; / Adieu; gut Nacht!
Herr Bautz hat diß / prae Ceteris
Gar wohl bedacht / die Welt veracht.
Letzt starbe er / feliciter,
Sein Jahr Er bracht biß zehnmal acht.
HeVt an MIr: näChst an DIr;
ALLe ZeIt steh bereIt.

Die Majuskeln der beiden letzten Strophen – als römische Ziffern gelesen – ergeben 1709, das ist das Todesjahr des Bautz: VMICDILLII. Geordnet ist dies MDCLLVIIII, d.h. 1709!

Wir sehen: Dem Kloster eignete ein stattliches Gepräge – doch es trug schon den Keim des Niedergangs in sich, der besonders durch Abt Augustin Brunnquell (1761 – 1784) gelegt wurde. Er war auf nicht kanonische, sondern eher tumultuarische Weise mit nur wenigen Stimmen im Mai 1761 zum Abt gewählt worden, hatte sich danach aller Einnahmen des Klosters bemächtigt und dessen Kapitalbriefe an sich genommen.[16] Was damals geschah, können wir heute wieder eher begreifen, wo so manche Institution von tumultuarischen, oft linksradikalen Kräften unterwandert wird – doch denken Sie auch an die Börsenhaie und ihre Taten in den letzten Monaten und leider schließlich an das „Wildsau-Gurkentruppen-Rumpelstilzchen-Bündnis", von dem die Stuttgarter Zeitung in bezug auf unsere jetzige Regierung vor drei Tagen berichtete.

---

[16] Vgl. Hummel, Schöntal, 1980, S. 35 – 38

Mit autoritären Methoden wollte Brunnquell die Ordnung im Konvent wiederherstellen und reduzierte die Weinzuteilung, die nach unbestätigten Berichten bei drei Liter pro Tag lag. Das führte zu Meuterei, die Mönche erklärten die Wahl für nichtig und der Bischof sah sich veranlasst, von den Zuständen in Schöntal nach Rom zu berichten. Brunnquell floh nach Wien und es gelang ihm sogar, mit rein formalistischen Argumenten ein kaiserliches Dekret zu erwirken, das den Bischof rügte, weil ein *reichsunmittelbarer Abt* dem bischöflichen Beamten sämtliche Rechnungen habe vorlegen müssen.[17] Eine neue Kommission durfte das Kloster nicht betreten, ja sie wurde derart behandelt, dass der Bischof Schöntal „ein vom Haupt bis zu den Gliedern äußerst zerrüttetes Ordenshaus" nannte.[18]

Brunnquells Nachfolger Maurus Schreiner bemühte sich um die Hebung der Klosterdisziplin. Er war ein untadeliger Mann, der das Vermögen des Klosters wieder gewissenhaft verwaltete und der sich größte Mühe gab, Zucht und Ordnung wiederherzustellen. Um die aufgelaufenen Prozesskosten bei Bischof, Papst und Kaiser zu bezahlen, verkaufte er das Rittergut Ebersberg. Er war der letzte Abt Schöntals.

Säkularisation und Aufklärung

In den von Napoleon eroberten Gebieten Deutschlands brachte der *Reichsdeputationshauptschluss* vom 25. Februar 1803 die vollständige Aufhebung aller Klöster und Stifte, die den weltlichen Herren „zur Erleichterung ihrer Finanzen" überlassen wurden. Damit war den Fürsten die volle Verfügungsgewalt über das Kirchengut eingeräumt. Wer immer aus der Säkularisation Gewinn gezogen hatte, der benutzte die Umstände, die beispielhaft für das Kloster Schöntal geschildert wurden, als Rechtfertigung für die Aufhebung des Kirchenbesitzes im allgemeinen.

Diese Entwicklung wäre sicherlich ohne den Geist der Aufklärung nicht möglich gewesen, der eine seither unbekannte Bedrohung für die Macht der Kirche darstellte, denn der Ruf nach Freiheit, wie er insbesondere in Frankreich laut wurde,[19] verhallte auch in den Klöstern nicht ungehört. Auch dort ist somit die glaubensbedingte Daseins-Sicherheit, welche die Kirche im allgemeinen und die Klöster im besonderen zu vermitteln suchten, in Zweifel gezogen worden und oft auch gänzlich weggebrochen. Daher ging seit der Mitte des 18. Jahrhunderts die Säkularisationsfurcht in den geistlichen Staaten um und verstärkte sich mehr und mehr.

Der bedeutendste Wegbereiter der Aufklärung war ohne Zweifel *Immanuel Kant* (1724 – 1804), der deutsche Philosoph von Weltgeltung, welcher in seinem Werk „Metaphysische Anfangsgründe der Rechtslehre" folgendes schrieb: *Die Kirche ist ein bloß auf Glauben errichtetes Institut, und, wenn die Täuschung aus dieser Meinung durch Volksaufklärung verschwunden ist, so fällt auch die darauf gegründete furchtbare Gewalt des Klerus weg, und der Staat bemächtigt sich mit vollem Rechte des angemaßten Eigen-*

---

[17] Vgl. S. 227

[18] Vgl. E. Kemmer, „Materialien zur Geschichte der ehemaligen Zisterzienserabtei", S. 46 – 49

[19] „Liberté, égalité, fraternité – ou la mort!" – Die Alternative zwischen den drei Idealen und dem Tod, die vor allem in den frühen Revolutionsjahren gebraucht wurde, sollte nicht vergessen werden! Sie tauchte in der ehemaligen DDR wieder auf: „Du musst den Sozialismus so lieben, dass Du bereit bist, dessen Verräter zu töten!" – Zit. nach Matthias Kleinert – Vortrag am 4.VI.2010 bei Klaus von Maur in Stuttgart

tums der Kirche.[20] Sehr bewusst verwendet Kant hier den Begriff „Meinung", die dadurch gekennzeichnet ist, dass sie sich im Gegensatz zur „Erkenntnis" nicht begründen lässt. Es fehlt der Meinung also, um mit Sokrates zu reden, „die Anbindung durch Angabe über den Grund" (vgl. S. 15).

Ähnlich wie Kant äußerte sich auch *Georg Wilhelm Friedrich Hegel* (1770 – 1831). Er vertrat in seinen „Grundlinien der Philosophie des Rechts" die Auffassung, dass *„in der Gegenwart die Klöster ihren Sinn und ihr Recht verloren"* haben. *„Blinder Gehorsam, der nicht weiß, was er tut"* – so Hegel weiter – *„verkehrt und verunstaltet den wahren Gehorsam der Freiheit".*[21] In einem Satz spricht Hegel von „Freiheit" und „Gehorsam", weil er weiß, dass die Betonung der Freiheit alleine zur Willkür auszuarten droht, dass Bindungslosigkeit zur Isolation des Einzelnen führt und gedeihliches gesellschaftliches Zusammenleben unmöglich macht. Gerade unsere Zeit lässt dies leider an vielfältigen Beispielen erkennen.

Auch *Heinrich Treitschke* (1834 – 1896) meinte im Rückblick auf die Säkularisation in seiner „Deutschen Geschichte im 19. Jahrhundert": *„Der Umsturz war eine große Notwendigkeit; er begrub nur, was tot war, er zerstörte nur, was die Geschichte dreier Jahrhunderte gerichtet hatte ... die fratzenhafte Lüge der Theokratie war endlich beseitigt."* – Eine krasse, wenn auch nicht ganz abwegige Formulierung, zumal dann, wenn man sich in diesem Zusammenhang in groben Zügen an Inquisition und Hexenprozesse erinnert.

Tatsächlich passte die klösterliche Lebensform nicht mehr in die „aufgeklärte" Zeit, denn sie verband geistliche und weltliche Herrschaft miteinander; der moderne Staat aber ist auf *Gewaltenteilung* aufgebaut. Zudem wurden die drei klösterlichen Ideale des Gehorsams, der Armut und der Keuschheit nicht mehr als zeitgemäß empfunden, denn blinder *Gehorsam* galt schon damals als unmoralisch – die Aufgabe des eigenen Willens im Gehorsam als nicht zu vereinbaren mit dem Ideal des selbstbestimmten Individuums. Freiwillige *Armut* schien die bürgerlichen Tugenden des Strebens nach Eigentum zu diskreditieren, das doch gemehrt und zum Nutzen der Allgemeinheit gebraucht werden sollte. Die *Ehelosigkeit* aber schien den Aufklärern widernatürlich, zudem verhinderte sie das Wachstum der Bevölkerung[22].

Indessen sind sich die Geschichtswissenschaften einig: Die Durchführung der Säkularisation erfolgte vielfach mit grober Gewalt und rücksichtsloser Verletzung des religiösen Gefühls. Im Fall von Schöntal war es zunächst garnicht der württembergische Herzog Friedrich II., sondern der Fürstbischof von Mainz, der ein Auge auf das Kloster geworfen hatte. Er beauftragte einen vom Kloster Schöntal unehrenhaft entlassenen Klosteramtmann mit einem Bericht über die dortigen Schätze, der erhalten und sehr lesenswert ist, denn er zeigt den Reichtum der damaligen Abtei in detaillierter Weise auf.[23] Der Fürst-

---

[20] Zit. nach W. Weinschedel, Kant, Werke, Bd. 4, S. 494, Wiesbaden 1956
[21] Vgl. Ausstellung „Alte Klöster, neue Herren" von Schussenried, S. 36 – 48
[22] Auch steht die Forderung nach Keuschheit = Ehelosigkeit im Widerspruch zu dem biblischen: „Seid fruchtbar und mehret euch!" (1. Buch Moses, 1. Kap., Vers 28) – ganz abgesehen von deren diskriminierender Wirkung auf das „schönere Geschlecht". Letzteres ist allerdings ein eher auf die Jetztzeit bezogener Gesichtspunkt.
[23] Vgl. G.F. Kempter, Festschrift zum 38. Generalkapitel der Templer, 2004, S. 80

bischof kam jedoch nicht zum Zuge, denn Herzog Friedrich – seit 1803 König Friedrich I. von Napoleons Gnaden – war schneller:

„*Am 16. Oktober 1802 wurde Schöntal durch Württemberg militärisch in Besitz genommen. Sämtliche Konventualen waren an diesem Tag nach dem Abendessen vergnügt beim Spiel beisammen, als abends nach 8 Uhr ein Hörnerschall sich vernehmen ließ; alles im ganzen Kloster kam durch diesen Hörnerschall in Alarm, und was war es? Eine Compagnie württembergischer Schwarzer Jäger besetzte im Namen ihres Kurfürsten die Abtei. Am darauffolgenden Tag wurden sämtliche untere Dienerschaften, Knechte und Mägde, vor der Kellerstaffel vorm Mohrenbrunnen aufgestellt; hierauf verlas der Oberamtmann das Besitzergreifungspatent und entließ sämtliches niederes Dienstpersonal aller ihrer Pflichten gegen ihren Herrn, den Prälaten Maurus, Abt des Klosters, und mussten nach dem Entbindungseid sogleich den Huldigungseid ihrem nunmehrigen Herrn leisten.*"[24]

Die Besitzergreifung erfolgte ohne besondere Zwischenfälle. Der herzogliche Beamte wurde sogar vom Abt zum Essen gebeten. Letzterem wurde eröffnet, dass er sich nur noch gottesdienstlich betätigen dürfe. Als Wohnsitz wurde ihm das Schloss Aschhausen zugewiesen. 1811 verstarb er dort. Ein bescheidenes Grabmal wurde ihm auf dem Friedhof vor der Heiliggrabkapelle in Schöntal gesetzt. Es trägt die Inschrift: „*fato ultimus*" – „durch das Schicksal der Letzte".

Den Mönchen erging es schlechter. Einer von ihnen berichtet: „*Seit der Säkularisation befinden wir uns zum Theil verlassen und herumirrend in der kümmerlichsten und notdürftigsten Lage ... Niemand interessiert sich um unser Schicksal, niemand fiel es bey, zu fragen, wo wir von allen Hülfsmitteln entblößt unseren notdürftigsten Lebensunterhalt schöpften, gleichsam alls ob mit unserer Säkularisation auch unsre physische Existenz aufgehört hätte.*"

Das gesamte Klosterinventar wurde abtransportiert oder versteigert. Die Bibliothek, die nach einem Wort aus dem 12. Jahrhundert für ein Kloster ebenso wichtig ist, wie die Waffenkammer für eine Burg, bestand um 1800 aus 10.000 Bänden. Heute sind nur noch 1.500 Bände aus dieser Bibliothek an verschiedenen Orten nachweisbar. Die kunstvoll gestickten Messgewänder wurden zu Sesselbezügen umgearbeitet. Der neugekürte König Württembergs ließ es sogar geschehen, dass sein Thron mit Stoff ausgerechnet aus dem Kloster Schöntal bezogen wurde.[25]

Die heutige Nutzung des Klosters

Die Säkularisation hat vom Kloster nichts zurückgelassen als die stattlichen Baulichkeiten – also dessen äußere Hülle. Sie ist immer noch eindrucksvoll genug. Das Kloster wurde wenigstens nicht wie andere zu einem Gefängnis umgebaut oder gar „zurückgebaut", d.h. abgerissen, sondern es wurde dort schon 1810 ein Evangelisch-Theologisches Seminar der Landeskirche Württemberg eingerichtet. Bis 1816 wurden nur Söhne von Pfarrern und höheren Beamten aufgenommen. Nach vierjähriger kostenloser Ausbildung waren

---

[24] Vgl. Schöntaler Heimatbuch, S. 318
[25] S. Ausstellung im Alten Schloss von Stuttgart!, vgl. S. 216

die Zöglinge berechtigt, ins berühmte „Tübinger Stift" überzuwechseln. Nach 1816 war die Voraussetzung für eine Aufnahme in die Klosterschule Schöntal, dass man das „Landexamen" bestanden hatte. Das schaffte beispielsweise Max Eyth, ebenso Otto Borst, der eine launige Geschichte über seine Seminarzeit dort mit dem Titel: „Bei'm Stalin" verfasst hat.[26] Der Seminarbetrieb bestand trotz einer Unterbrechung während der nationalsozialistischen Herrschaft bis 1975 weiter – also insgesamt während 165 Jahren.

Nachdem 1974 die Evangelische Landeskirche aufgrund der Oberstufenreform den Seminarbetrieb aufgeben musste, war das Kloster zunächst verwaist. Die seit der Säkularisation im Besitz des Landes befindliche Domäne wurde von ihrem Pächter ebenfalls aufgegeben, der Betrieb der Brennerei eingestellt und die Klosterwirtschaft stillgelegt. Doch im gleichen Jahr entschloss sich das Bischöfliche Ordinariat Rottenburg, zu einer langfristigen Anmietung der Abtei für die Einrichtung einer Bildungsstätte. Am 23. Dezember 1975 wurde der Vertrag von Finanzminister Robert Gleichauf und Generalvikar Knaupp unterzeichnet. Im September 1976 erteilte das Landratsamt des Hohenlohekreises die Baugenehmigung für den Umbau der Neuen Abtei. In der folgenden Zeit ist es dem Land gelungen, ein Gesamtnutzungskonzept für das Klosterareal zu entwickeln und Schritt für Schritt umzusetzen[27]:

Im März 1977 begann der Umbau durch das Staatliche Hochbauamt unter der Leitung von Herrn Berkenhoff. Innenarchitektonische Fragen wurden durch Frau Prof. Herta Maria Witzemann gelöst, die fachliche Betreuung auf denkmalpflegerischem Gebiet erfolgte zunächst durch den Autor dieses Beitrags. Gerne erinnere ich mich an die damit verbundene Zusammenarbeit mit den Entscheidungsträgern, insbesondere an ein Beratungsgespräch mit Frau Witzemann, in dem sie vorschlug, die Kabel für die Deckenlampen aus den Schnäbeln der an der Decke des Raumes angebrachten Stuckvögel austreten zu lassen. Auf meinen heftigen Protest hin meinte sie: *„Gell, Herr Dogder, mir graust's vor nex!"*

Am 20. Oktober 1979 wurde der erste Bauabschnitt durch Finanzminister Gleichauf und Bischof Moser eingeweiht und seiner Bestimmung übergeben. Sehr schnell wurde das „Bildungshaus" von den Menschen der Umgebung, den Gruppen in den Gemeinden und kirchlichen Organisationen angenommen. 1984 folgte der Umzug des Rathauses der Gemeinde Schöntal in das ehemalige Klosterareal, was Bürgermeister Hehn mit seinem „Sinn für Historie und seinem Spürsinn für Zuschüsse des Landes" zu verdanken ist. In diesem Jahr beschloss auch die Forstverwaltung, in der ehemaligen Domäne ein Waldschulheim einzurichten. Weiterhin hat der evangelische Pfarrer dort inzwischen in der Form von Wohnung und Pfarramt einen Bleibe gefunden. Er nutzt sogar die evangelische Torkapelle St. Kilian, die aus der zweiten Bauphase des Klosters stammt (1310 – 1320), für den protestantischen Gottesdienst. Schließlich wurde 1994 ein Gästehaus des Bischöflichen Ordinariats eingerichtet und die Neugestaltung der Klosterhöfe fertiggestellt. Mit rund 21 Millionen DM vom Land und rund 14 Millionen DM von den beteiligten Institutionen wurde die anspruchvolle und interessante Bauaufgabe vollendet und nun blüht

---

[26] Vgl. Otto Borst, in: 20 Jahre Bauen in Kloster Schöntal, herausgegeben vom Finanzministerium BW, S. 29 f.

[27] dto., S. 5

„neues Leben" nach den stillen Jahren seit dem Auszug des Evangelischen Seminars wieder „aus den Ruinen".[28]

So konnte 1996 der damalige Finanzminister unseres Landes, Gerhard Mayer-Vorfelder, bei der Einweihung sagen: *„Der Staatlichen Liegenschaftsverwaltung gelang es vor nunmehr 20 Jahren, ... Partner zu finden, die den ganzen Komplex denkmalgerecht zu nutzen bereit waren und in engem Zusammenwirken mit der Staatlichen Hochbauverwaltung eine in Etappen umsetzbare Nutzungsdisposition zu entwerfen und vertraglich abzusichern ... Mit Sensibilität und hohem denkmalpflegerischem Sachverstand wurden die Gebäude saniert und ausgebaut. Damit ist das Kloster Schöntal wieder zu einer weithin ausstrahlenden kulturellen Einrichtung im Norden unseres Landes geworden. "* [29]

Es entstand also ein Ort, an dem man sich begegnen, Orientierung finden und miteinander planen kann – und es wiederholte sich hier die gleiche Entwicklung, die wir in der Natur beobachten können: *„Aus den rätselvollen Tiefen der Vergangenheit, aus den reichen historischen Quellen, die ihre Lebendigkeit nicht verloren haben, entsteht Neues, Zeitgemäßes. Es lässt sich nun auch der Weg in die Zukunft finden, denn „die Zukunft kann nur bewältigen, wer die Vergangenheit im Griff hat. "* [30] Möge diese Entwicklung, die das ehemalige Kloster Schöntal genommen hat, unserem Studienzentrum zum Vorbild dienen! Unsere Tagung wurde ja in diesem Sinn gestaltet.

Literaturhinweise

Hermann Baumhauer, Baden-Württemberg – Bilder einer Kulturlandschaft, Theiß-Verlag, 1983.

Martin Blümcke, Baden-Württemberg, DRW-Verlag, 1993.

Georg Himmelheber, Die Kunstdenkmäler des ehemaligen Oberamtes Künzelsau, Frankfurt a.M. 1963.

Volker Himmelein (Hrsg.), Alte Klöster, neue Herren. Die Säkularisation im deutschen Südwesten. Landesausstellung in Bad Schussenried, 2003, 3 Bd.

Heribert Hummel, Kloster Schöntal – Materialien zur Geschichte des ehemaligen Zisterzienserabtei, 1983.

Heribert Hummel, Kloster Schöntal, Bildungshaus Kloster Schöntal, 1991.

Fritz Kellermann, Die Künstlerfamilie Sommer – Neue Beiträge zum Leben und Werk, Thorbecke-Verlag, 1963.

Engelbert Kemmer, Die Klosterherrschaft und ihre Untertanen.

Hubert Krins, Barock in Süddeutschland, Theiß-Verlag, Stuttgart, 2001.

Wolfgang von Stetten, Die freie Reichsritterschaft.

---

[28] Vgl. Schiller, Tell, aus der Rede des Attinghausen, den ich im Abschluss-Spiel meiner Schulzeit spielen durfte.

[29] Festschrift Finanzministerium, 20 Jahre Bauen in Kloster Schöntal, S. 5

[30] Matthias Kleinert, vgl. Anm. Nr. 19

Burgen und Schlösser an Rems und Murr

Verfasst im Auftrag des Rems-Murr-Kreises im Jahr 2009

Einleitung

W er sich mit unserer Geschichte und deren Zeugnissen befasst, wozu in besonderer Weise Burgen und Schlösser gehören, lernt Verhaltensweisen und künstlerische Ausdrucksformen kennen, die in Jahrhunderten erprobt und gereift sind. Er erhält Anschauungsunterricht für *Ethik* (von griechisch: τό εθος = der Ethos: Gewohnheit, Sitte) und *Moral* (von lateinisch: mos, moris = Herkommen, Brauch, Vorschrift), indem er Handlungen und auch deren Folgen betrachtet, die sich – ähnlich wie die Windungen einer Spirale – in ihren Grundstrukturen stets wiederholen. Die Errungenschaften, Durststrecken und Fehler früherer Generationen sind nicht bedeutungslos, wenn auch besonders die jungen Nachwachsenden dazu neigen, zunächst die Herausforderungen der eigenen Zeit ernst zu nehmen und womöglich nur im Augenblick zu leben. Die Götzen unserer Spaß-Gesellschaft meinen zwar: „Yesterday is history, tomorrow is mystery – just live today!" und versuchen, entsprechend zu leben. So verirren sie sich freilich in immer wieder neue Unsicherheiten, was zu gefährlichen Konsequenzen führen kann. Indessen gibt die kulturelle Überlieferung Anhaltspunkte dafür, was sein sollte und was nicht sein sollte – und so erkennen wir, dass wir uns mit der Geschichte beschäftigen und deren wesentliche Überlieferung bewahren müssen, um aus Krisen rechtzeitig herauszufinden.

Geschichte und Zukunft sind keine Gegensätze, sondern sie sollten sich ergänzen, indem sich das eine sinnvoll aus dem anderen entwickelt. Werden indessen die kulturellen Wurzeln eines Menschen, einer Gesellschaft, oder einer Volksgemeinschaft abgeschnitten, so kann das nicht ohne Folgen bleiben, wie täglich zu beobachten ist: Jemand, der sich von ethischen und moralischen Normen leiten lässt, ist integer; man kann ihm vertrauen. Integrität und gegenseitiges Vertrauen sichern und erleichtern das Zusammenleben in Staat und Gesellschaft. Sie verkürzen die Arbeitswege. Welche Folgen es freilich hat, wenn Ethik und Moral missachtet werden, offenbart die gegenwärtige Finanzkrise nur allzu deutlich. Die Vertrauenserschütterung reicht jedoch weit über die Finanzwelt hinaus: Längst schon angeschlagen ist das Vertrauen in Manager großer Unternehmen und damit in „die Wirtschaft" – leider auch in Gerichte, in Medien und in „die Politiker". Zahlreiche Skandale haben dazu beigetragen, denen gemeinsam ist, dass sie ethischen und moralischen Normen widersprechen. Das Kernproblem der Krise in den extrem individualisierten Gesellschaften des Westens ist ja der Zusammenbruch der moralischen Vernunft und „ohne Einsicht in die Notwendigkeit, dass Moral und Sittlichkeit erneuert werden müssen, werden alle Rettungsmaßnahmen Stückwerk bleiben" (Hornung). Neu sind diese Betrachtungen freilich nicht: Schon Konfuzius meinte: „Wer nicht die Bräuche der Sitte kennt, hat keinen Grund, auf dem er stehen kann." Auch Homer lässt den greisen und weisen Nestor „zugleich nach vorwärts und nach rückwärts blicken".

Wir erleben im Weiterschreiten, wie Zukünftiges sich zögernd in Gegenwärtiges wandelt, das uns unmittelbar anspricht und herausfordert. Und dieses Gegenwärtige wird dann sehr rasch zu Vergangenem, das unveränderlich hinter uns liegt. Es handelt sich also bei dem Erleben der Zeit um ein(e) *Geschichte*, um eine Folge von Schichten, deren Entstehen noch gar nicht abgeschlossen ist – und wir sind sowohl Handelnde in dieser Entwicklung als auch deren Zeugen. Kurz: Nur wer die Vergangenheit kennt, kann die Gegenwart verstehen und die Zukunft erfolgreich gestalten.

Daher ist es beispielsweise lohnend, Burgen und Schlösser näher kennen zu lernen, denn sie stellen ein wichtiges Teil unseres Geschichtsbildes dar und fordern gleichzeitig zu künftigen Aufgaben heraus.

Die geologische Struktur des Rems-Murr-Kreises bietet zwar keine steilen, nach allen Seiten hin abfallenden Bergesgipfel als Bauplätze, jedoch haben Geländevorsprünge ähnliche Funktion, weshalb man beispielsweise den Reichenberg, die Burg von Auenwald-Ebersberg oder Winnenden-Bürg auf einem derartigen Geländesporn errichtete. Werden Burgen indessen in der Ebene angelegt, so können sie zu ihrem Schutz von einem Flusslauf umgeben oder durch einen Burggraben von ihrer Umgebung abgetrennt sein, wie wir dies beispielsweise in Schorndorf oder Oppelsbohm sehen.

* * *

Wenden wir uns nun den wichtigsten Burgen und Schlössern des Rems-Murr-Kreises zu, für dessen Kulturdenkmale ich von 1989 bis 2001 Verantwortung trug. Besonders soll dies unter architektonischen Gesichtspunkten erfolgen.

Alfdorf – Unteres Schloss, Untere Schlossstraße 54

Es wird berichtet, dass der Generalfeldzeugmeister Georg Friedrich vom Holtz 1628 eine über dem dort beginnenden Schweizerbachtal liegende „alte Burg" erwarb und an deren Stelle das jetzige „Untere Schloss" von Alfdorf errichtete. Noch heute wird es von dieser Familie bewohnt. Im Schlosshof steht eine uralte, vom Sturm zerrissene riesige Linde, deren Äste von Säulen gestützt werden.

Man betritt den Schlossbereich von Osten her durch einen vorgesetzten Torbau aus dem Jahr 1720. Das Schloss selbst ist ein klassischer, dreigeschossiger, massiver Rechteckbau unter Satteldach, dessen Giebelseiten zwölffach getreppte Stufen als Hoheitszeichen zieren. An der nach Osten gekehrten Hofseite sind an den Gebäude-Ecken zwei stockwerkübergreifende Erker angebracht, deren Konsolen etwa 3 m über dem Geländeniveau beginnen. Sie haben den Querschnitt eines halben Achtecks. Zudem befindet sich an der südöstlichen Gebäudeseite ein ehemaliger Aborterker mit rechteckigem Grundriss zwischen Erdgeschoss und Erstem Stock. Das Gebäude ist verputzt und hat hochrechteckige Sprossenfenster mit Klappläden.

Der etwa in der Gebäudemitte angeordnete Hauptzugang zum Schloss besteht aus einem profilierten Segmentbogentor mit vorragendem Schlussstein, über dem sich ein Allianzwappen derer vom Holtz und der Schenken von Geyern mit der Jahreszahl 1762 befindet. Links vom Hauptzugang ist eine Rundbogentür, die ursprünglich zu einer Kapelle mit Kreuzgratgewölben führte, welche 1950 einstürzte. Deren Gewölbe wurden durch eine Flachdecke über Pfeilern ersetzt. Rechts vom Hauptzugang befindet sich ein rundbogiges Kellertor, durch das man in einen stattlichen, tonnengewölbten Keller gelangt. Strenge Symmetrie wurde bei der Gestaltung dieser Hauptfassade jedoch nicht eingehalten, vielmehr entsteht eine gewisse Belebung durch unregelmäßige Abstände der Tore und durch verschieden große Fensteröffnungen.

Untere Schloss von Alfdorf

In das Erste Obergeschoss gelangt man über eine an Podesten abgewinkelte Holztreppe, die im 18. Jahrhundert erneuert wurde. Erwähnenswert ist in diesem „piano nobile" eine Stuckdecke des späten 18. Jahrhunderts. Die Kassettendecke der Bibliothek ist neuerer Herkunft. Die Fachwerk-Wände aus Pfosten, Riegeln und wandhohen Andreaskreuzen sind im Inneren des Gebäudes noch größtenteils sichtbar vorhanden und wenig verändert. Auch die Balkendecken der beiden Stockwerke in den Treppenvorplätzen sind unvergipst. Dies überrascht, denn üblicherweise wurde im Inneren von Schlössern die konstruktiven Gebäudeteile durch Putz, Tapeten, Teppiche, oder Vorhänge verkleidet.

Auenwald-Ebersberg / Schloss – ehemalige Burg

Auf der Spitze einer Bergzunge, oberhalb der Orte Ebersberg und Lippoldsweiler, liegt – von der Umgebung durch einen Burggraben getrennt – die Burganlage Ebersberg, die einen herrlichen Ausblick weit über die Backnanger Bucht bis ins Neckartal gewährt.

Sie ist die Stammburg des Hochadligen Sibeto von Ebersberg, der sie um 1225 gegründet hat. Die Familie verarmte im 14. Jahrhundert und verkaufte 1328 Burg und Herrschaft Ebersberg an Graf Ulrich III. von Württemberg, der sie jedoch bald wieder aufgab. Über verschiedene Besitzer gelangte die strategisch unwichtig gewordene Burg 1698 in den Besitz des Klosters Schöntal an der Jagst (vgl. S. 219 f.). 1714 zerstörte ein Brand fast die gesamte Schlossanlage. In seiner heutigen barocken Form wurde das Schloss um 1720 vom Zisterzienserkloster Schöntal neu erbaut. Die Kapelle zum Heiligen Michael wurde 1724 eingerichtet. 1786 verkaufte das Kloster Schöntal nach dem Wegzug der Mönche das Schloss wiederum an Herzog Karl Eugen. Eine Auflage für den Verkauf war, dass der Herzog die ungestörte Glaubensausübung der (katholischen) Untertanen anerkennen musste.

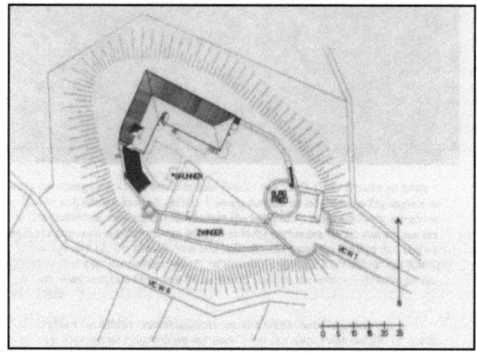

Ansicht und Grundriss des Ebersberg

Man betritt die Anlage von Osten her über eine *Brücke* von 1580. Diese Brücke ist heute großenteils von aufgefüllter Erde eingefasst. Danach durchschreitet man das Zugangstor und blickt auf den stattlichen, runden, mit staufischen Buckelquadern aufgemauerten Bergfried, von dem heute nur noch ein Stumpf von etwa 10 m Höhe vorhanden ist. Er stammt aus der ersten Burganlage des 12./13. Jahrhunderts und stellt den Schmuck der Anlage dar. Seinen vollständigen „Rückbau" (= Abbruch) konnte ich 1992 verhindern. Hofwärts befindet sich an ihm eine vermauerte, im 16. Jahrhundert angelegte Rechtecktür mit Karnies-Profil und dem Wappenschild derer von Massenbach, welches die letzten Erbhofträger des Ebersberg waren.

Von dem Bergfried aus führen Umfassungsmauern zum nördlichen Hauptbau mit kreuzgewölbten Räumen im Erdgeschoss, der noch Reste des alten Palas enthält. Er wurde nach der Übergabe der Burg an das Kloster Schöntal im Jahr 1698 von Matthias Wiedemann auf dem noch vorhandenen Erdgeschoss errichtet. Gegenüber, in nordwestlicher Richtung, liegt der Kapellenflügel mit rechteckigem Glockenturm. Die beiden Gebäude stoßen spitz zusammen, sodass ein sogenannter Winkelhakenbau entsteht. Die ehemalige Kapelle hat eine wertvolle Stuckdecke von 1725 mit geschweiften Rahmenfeldern, die herzähnliche einfache Motive und kleine Engelsköpfe einschließen. Ihr Barockportal trägt das Vollwappen des Klosters Schöntal mit dem Herzschild von Abt Benedikt Knittel, der 1725 die Kapelle weihte.

Vom Kapellenflügel ist die Umfassungsmauer in südlicher Richtung zu einem Wehrturm geführt. An der Innenseite der Ringmauer sind Spolien in Form von romanischen Doppelarkaden und Vierpassöffnungen befestigt, die von einem 1624 abgerissenen Ritterbau stammen. Sie wurden seinerzeit lediglich als Mauerfüllung verwendet, jedoch bei der Instandsetzung der Anlage um 1980 wiedergefunden und dekorativ aufgestellt. Der anschließenden Südseite ist eine Terrasse vorgelegt. Die Wirtschaftsgebäude des ehemaligen Schlossgutes sind nur noch in Schriftquellen nachweisbar. Grabungen könnten sicherlich Auskunft über deren Lage geben.

Seit 1963 wird die Anlage von der katholischen Pfadfinderschaft St. Georg als Jugendbildungsstätte genutzt, die mit viel Eigenarbeit in dem alten Gemäuer ein modernes Erholungs- und Familienheim eingerichtet hat. Das Haus verfügt nun über 64 Betten und ist ein sogenanntes Selbstversorgerhaus.

Backnang-Strümpfelbach – Schloss Katharinenhof

Einen guten Einblick in das höfische Leben – insofern es sich in baulichen Anlagen manifestiert – gewährt das zwischen Strümpfelbach und Oppenweiler gelegene Schlösschen Katharinenhof. Es wurde von Prinz Friedrich von Württemberg durch den Hofbaumeister Ludwig von Zanth im Jahr 1847 in klassizistischer Formensprache errichtet und nach Katharina, der Gemahlin des Prinzen, benannt. (Von Zanth stammt u. a. das Wilhelma-Theater in Stuttgart-Bad Cannstatt). 1916 wurde das Schloss durch den Oberhausener Industriemanager Paul Reusch erworben, der es als sein Landgut nutzte. Er starb dort am 21. Dezember 1956. Sein Erbe verkaufte es 1994 an den jetzigen Eigentümer.

Das Gebäude ist von einem 24 ha großen Park umgeben, der entsprechend dem damaligen Zeitgeist als Englischer Landschaftspark konzipiert wurde. Nachdem das Gebäude in Privatbesitz übergegangen war, erhielt es eine Parkmauer mit Pavillons und Gärtnerhaus, auch Plastiken großer Deutscher, z. B. von Bredow, Ulfert-Jansen, Behn und Kiefer. Hervorzuheben ist eine Reliefstele von Eduard Mörike, die von dem Münchner Bildhauer Josef Meiner nach einem Entwurf von Bernhard Bleeker ausgeführt wurde. Auch gibt es in dem Park ein großartig angelegtes Naturtheater und vielerlei andere Attraktionen.

Das Schlösschen hat die Form eines zweigeschossigen Rechteckbaus über einem Kniestock mit je zwei gepaarten Rundbogenfenstern im Mittelrisalit der beiden unteren Stockwerke. Im *ersten Obergeschoss*, dem „piano nobile", befinden sich die offiziellen Empfangsräume und zwischen den beiden Fensterpaaren eine Bildnische. Im *zweiten Obergeschoss* waren die eher privaten herrschaftlichen Wohn- und Schlafräume untergebracht. Das Dachgeschoss, das ursprünglich für die Wohnungen der Dienstboten vorgesehen war, ist als *Mezzanin* (niedriges Zwischen- oder Dachgeschoss) ausgebildet.

Schloss Katharinenhof

Ein *Belvedere* (Aussichts-Plattform auf dem Dach) krönt das Walmdach des Gebäudes, das von einer Lichtöffnung durchbrochen wird. Letztere erinnert an das nahegelegene barocke Oktogon-Schlösschen von Oppenweiler, das ebenfalls eine zentrale Lichtöffnung aufweist. Es unterscheidet sich indessen von Oppenweiler, weil im Katharinenhof das Treppenhaus nicht zentral in dieser Lichtöffnung untergebracht ist, sondern im nordwestlichen Eckbereich des Gebäudes. (Zum Vergleich: Der Innenraum des Pantheons in Rom hat als einzige Lichtquelle in der Kuppelmitte eine Öffnung von 5 m Durchmesser, durch welches das Himmelslicht direkt, d.h. ungebrochen einfallen kann. Die Lichtausbeute ist daher viel besser als an den beiden genannten Gebäuden.)

Im Inneren des Schlösschens wurden in den Jahren 1959/1960 weitgehende Umbauten im Stil der damaligen Zeit durchgeführt, die heute störend wirken, jedoch blieben das Prinzenzimmer mit Wand- und Deckenvertäfelungen, das Frühstückszimmer mit seinen hochwertigen Stuckaturen und der alten Möblierung, sowie im Erdgeschoss der Saal mit seiner aufwendig bemalten Decke weitgehend im Original erhalten. Diese Räume werden zur Zeit durch den jetzigen Eigentümer fachgerecht restauriert. Er ließ auch die gesamten Zu- und Ableitungen des Gebäudes, sowie die Elektroinstallation in vorbildlicher Weise in einen zentralen, begehbaren Kanal verlegen. Zudem ließ er maßgebliche Restaurierungsarbeiten im Schlosspark durchführen und das Zufahrtstor, sowie Teile der Umfassungsmauer weitgehend nach altem Vorbild sehr qualitätsvoll erneuern.

Kernen, Ortsteil Stetten – ehemaliges Schloss

„Stetten liegt gerade unter dem Himmel, aber ein wenig nebendraußen, zwischen Wald, Weinbergen und kostbaren Wiesen. Es hat einen Bach mit Regenbogenforellen und viel fleißiges Manns- und Weibervolk." So preist der Schriftsteller August Lämmle „Stetten im Remstal", das eigentlich im Haldenbachtal, einem Seitental der Rems, liegt. Dort errichtete Johann Friedrich Thumb von Neuburg, der Truchsess württembergischer Grafen, ab 1620 einen Gebäudekomplex von vier Steinhäusern um einen gemeinsamen Hof, wobei Teile einer im 16. Jahrhundert mehrfach erweiterten Burg mitverwendet wurden. Die Anlage wurde in den Jahren 1661 – 1666 von Herzog Eberhard III. erworben, der zunächst das „Lusttürmlein" mit achteckiger Glockenstube neu errichtete. In dessen Keller soll man 1855 ein an Ketten angeschmiedetes menschliches Skelett gefunden haben ... Unter Eberhard III. wurden auch die beiden nördlich gelegenen Gebäude mittels eines Zwischenbaus zu dem sogenannten Liebenstein'schen Bau vereinigt. Dieser erhielt an der nach Nordosten gerichteten Giebelseite das Hauptportal der Anlage, welches von korinthisierenden Kapitellen und akanthusverziertem Gebälk gerahmt ist. Darüber befindet sich eine profilierte Austrittsplattform, die von Volutenkonsolen getragen wird. Der Giebel selbst ist gemäß dem Zeitgeschmack des ausgehenden 17. Jahrhunderts mit dem herzoglichen Wappen, Voluten, einem zusätzlichen Dreiecksgiebel und einem Obelisk geschmückt.

Nach dem plötzlichen Tod des Erbprinzen Wilhelm Ludwig im Jahr 1673 diente die Anlage zunächst seiner Gemahlin Magdalena Sibylla als Witwensitz. Sie erweiterte 1679 – 1682 den südlichen Baukörper, den sogenannten Bonn'schen Bau, in welchem sich zuvor die Dürnitz befand und ließ dort als „Herzkammer des Schlosses" eine Kapelle mit einem nach Südosten gerichteten spätgotischen Kapellenchörlein einbauen. Ihr Schlafzimmer über der Kapelle wurde so eingerichtet, dass sie vom Bett aus den Prediger sehen konnte. Die Kapelle erhielt breite Spitzbogen-Maßwerkfenster mit Schräggewänden, die auch nach außen hin den sakralen Charakter des Raumes deutlich erkennen lassen. Ungewöhnlich ist im Inneren die prospekthafte Anordnung der Altarzone mit zwei Kanzeln zwischen Kolossal-Halbsäulen. Die emblematischen Grisaille-Malereien, welche die Altar-Kanzelwand und die Empore schmücken, stammen von Thomas Höpfer und dessen Mitarbeiter H.J. Kempter. Dargestellt sind volkskundliche Zeugnisse in der Form von illustrierten Sinnsprüchen. Sie sollten Wegweiser sein, um „auf rechter Straße durch das Leben gehen" zu können. Dargestellt ist beispielsweise eine Frau, die in einem Labyrinth kniet (vgl. S. 111 f.). Ihr wird aus einer Hand, die aus den Wolken kommt, ein kreuzgekrönter Stab gereicht. Dazu die Inschrift: „Ich halte fest an Gottes Wort. Das ist mein Stab und starker Hort". Auf der Deckenmalerei ist das „Jüngste Gericht" in drastischen Szenen dargestellt.

Magdalena Sibylla legte auch zwischen 1677 und 1712 einen großzügigen Schlossgarten an. Von ihm ist nur noch die dem Hauptflügel südwestlich vorgelagerte Terrasse und die ursprünglich in der Hauptachse der Gartenanlage stehende breite Treppe mit seitlichen Postamenten erhalten. Letztere weisen eine noch in der Tradition der Spätrenaissance stehende Beschlagwerks-Ornamentik auf.

Auch der sogenannte „Sommersaal" im Erdgeschoss des Liebenstein'schen Baues stammt von Magdalena Sibylla. Er entstand im Jahr 1692 und ist mit schweren Stuckaturen des Wessobrunners Andreas Schmuzer reich ausgestattet. In der Lambris-Zone befinden sich querelliptische Bilder, darüber in der Hauptfläche der Wand in Kartuschenform 37 hochovale Darstellungen aus der griechischen Mythologie von Paul Etschmann, der auch die reiche Deckenbemalung mit der Darstellung des Sturzes von Phaeton schuf. Erwähnt sei zudem wiederum eine Labyrinth-Darstellung von Theseus, dem Ariadne das

Fadenknäuel gibt, welches er während seines Ganges durch das Labyrinth zunächst abrollen, dann durch Wiederaufrollen seinen Rückweg finden kann (vgl. Kempter, „Erlebter Mythos", S. 41 – 46). So wird bildlich zum Ausdruck gebracht, dass die Beziehung zur Vergangenheit den rechten Weg in die Zukunft weist. Sowohl die Kapelle als auch der Sommersaal gehören zu den bemerkenswertesten Raumschöpfungen der Spätrenaissance im ehemals württembergischen Herzogtum.

Sommersaal Schloss Stetten

1712 erhielt die Maitresse Eberhard Ludwigs (des Sohnes von Magdalena Sibylla und Wilhelm Ludwig), die bekannte „Reichsverderberin" Wilhelmine von Graevenitz, Wohnrecht in der Schlossanlage von Stetten. Sie ließ 1722/23 vermutlich durch Giovanni Donato Frisoni den sogenannten Eberhardinischen Bau errichten. 1745 wurde auf Geheiß der Herzogin Johanna Elisabeth der Wintersaal angefügt, der vermutlich von Frisoni entworfen und mit Stuckaturen von Riccardo Retti ausgeschmückt wurde.

1831 – 1852 wurde das Schloss, nachdem es die königliche Familie nicht mehr bewohnen wollte, zur „Erziehungs- und Unterrichtsanstalt" umgenutzt. 1863 verkaufte König Wilhelm I. den einstigen Witwensitz an die „Schwachsinnigen-Anstalt" von Winterbach, die dort eine Dependance einrichtete. Seitdem ist das Schloss Heimat für Behinderte, zu denen man auch beispielsweise Hermann Hesse zählte, der 1892 fünfzehnjährig in Stetten aufgenommen wurde. Der Anstalt wurden mehrere Neubauten im alten Parkbereich angefügt. Die erwähnten wertvollen Räume blieben jedoch erhalten.

1930 übernahm Pfarrer Ludwig Schlaich die Leitung der Anstalt und führte sie mit großer Umsicht durch schwere Zeit. 1940 wurde sie „kriegsbedingt" beschlagnahmt und musste ganz geräumt werden. Gegen Ende des Krieges zwangen die Ereignisse zur Aufnahme von Kranken, die aus Stuttgarter Krankenhäusern ausgelagert werden mussten. Mitte 1952 wurde das Schloss wieder frei und konnte von neuem zur „Behinderten-Heimat Stetten" werden.

Kernen, Ortsteil Stetten – Ruine Yburg

Südöstlich von Stetten im Remstal, inmitten eines rebbesetzten Steilhangs liegt die Yburg, das Wahrzeichen des Ortes. Von dort aus hat man einen großartigen Blick auf die fruchtbare Remstallandschaft von Fellbach über Korb bis nach Großheppach. Der Name des Gebäudes dürfte von dem Wort *Eibe* abgeleitet sein, also eigentlich *Eibenburg* bedeuten.

Mit dem Bau der Yburg wurde im frühen 14. Jahrhundert von den Truchsessen von Stetten begonnen. Sie gehörten einer der wenigen staufischen Ministerialenfamilien an, denen es gelang, aus dem Lehen eine Herrschaft von Dauer zu schaffen. Heute steht von der Yburg nur noch ein hohler Steinkasten, welcher den Grundriss eines in nordwestlich – südöstlicher Richtung gestellten Rechtecks mit einer Seitenlänge von 13 x 11 m hat – ein steinernes Viereck mit hohen Fenstern. Ihre Halbhöhenlage auf abschüssigem Gelände ist fortifikatorisch wenig günstig, wozu erschwerend kommt, dass sie keinen Wasseranschluss hat, und dass daher das notwendige Trinkwasser aus dem Tal über 200 m mühsam steil bergauf geschleppt werden musste.

Offensichtlich stand bei der Yburg nicht der Verteidigungscharakter, sondern nur der Wohn- und Repräsentationswert in herrlichster Aussichtslage im Vordergrund. Es handelt sich also um einen *Wohnturm* – eine in unserer Gegend seltene Bauform. Nachdem allerdings 1443 – 1447 eine Wasserburg im Tal errichtet wurde (von der heute nichts mehr zu erkennen ist), verlor die Yburg an Bedeutung. So wurde sie an das Haus Württemberg verkauft, welches sie in den Kranz von Burgen aufnahm, die Beutelsbach umgeben, denn von dort aus hatte das Haus Württemberg seinen Aufstieg genommen.

Ruine Yburg

Die Außenwände des Steinhauses sind aus Bruchsteinen, die Gebäudekanten aus Quadersteinen gemauert, wobei die Wandstärke von unten nach oben abnimmt: Im Erdgeschoss sind die Wände noch 1,5 m stark, im nächsten Stockwerk 1,35 m, dann 1 m und im obersten Stockwerk haben sie nur noch eine Stärke von 55 cm.

Der nach Westen orientierte Zugang zum Gebäude besteht aus einem Spitzbogentor mit geschrägtem Gewände. Man gelangt zunächst in einen Vorraum, dann sieht man die Zugänge zu den beiden parallel liegenden Kellerräumen vor sich liegen, die nur teilweise in das Erdreich hineinragen. Die Form der Kellerzugänge ist ebenfalls durch Spitzbogen bestimmt. Das Erdgeschoss erhält sein Licht nur durch Lichtschlitze, die heute mit Erde überdeckt sind. Die über den Kellern liegenden Geschosse sind nur sparsam durchfenstert. Lediglich das oberste Geschoss verfügt über einige gekuppelte Rechteckfenster mit geschrägt ansetzenden Fasen und ein Kreuzstockfenster.

Schon 1598 wird berichtet, dass das „obere Schlößlein oder Hauß ob dem Dorf gar baufällig" ist, doch 1659 wird es erneuert und erhält ein viertes Stockwerk. In dieser Zeit wohnten fünf Familien in dem Gebäude. 1738 erfolgten letzte Reparaturen, aber damals war das Haus schon insgesamt so baufällig, dass Herzog Karl Eugen 1760 es bis auf die noch heute sichtbaren Außenwände abreißen ließ. Früher stand in dem spätgotischen Steinhaus eine mächtige Ulme, die das Kastengemäuer überragte – ein Gegenstück zur Hirsauer Ulme. Zur Sicherung der Kellerräume wurde im späten 19. Jahrhundert eine Betondecke eingezogen. Bis in unsere Zeit wurde dieser Zustand beibehalten und so macht nun das Gebäude den Eindruck eines eher spartanischen Rohbaus, dem das Dach fehlt.

Oppenweiler – ehemaliges Sturmfeder'sches Schloss

Am nordöstlichen Ortsrand von Oppenweiler stand zunächst eine mittelalterliche Wasserburg. Sie wurde von Franz Georg Freiherr von Sturmfeder, dem kaiserlichen Rat und Ritterrat des Kantons Kocher, erworben, der 1783 mit dem Bau eines Schlösschens begann. Den Entwurf hierfür mit dem recht originellen Grundriss eines etwas in die Breite gezogenen Oktogons lieferte der Architekten-Dilletant Johann Andreas Traitteur aus Heidelberg. So entstand ein reizvoller, frühklassizistischer Bau mit Laterne über dem Zeltdach, umgeben von einem See, der inmitten eines weitläufigen Parkes liegt. Nur eine einzige Brücke gewährt den Zugang zum Schlösschen. Überschreitet man sie, so wird man an der Eingangsseite des Gebäudes durch einen Portikus mit Architrav und Wappen der Erbauerfamilie empfangen.

Ehemaliges Sturmfeder'sches Schloss

Die Front- und Rückseite des achteckigen Gebäudes ist durch fünf Fensterachsen bestimmt, die beiden Seitenflächen indessen nur durch je vier Achsen. Die Schrägflächen des Oktogons sind zweiachsig. Der Baukörper ist verputzt, die drei Vollgeschosse sind durch umlaufende Gesimse gegliedert. Die Erschließung der beiden oberen Stockwerke und des Dachgeschosses erfolgt durch ein zentral im Gebäude angelegtes Treppenhaus, das sein Licht durch einen Schacht erhält, der in ein aufgesetztes Belvedere mündet. Dort befinden sich rundbogige Fenster, die allerdings das große Treppenhaus nur unzureichend belichten, weil das Licht nur gebrochen einfallen kann (vgl. Backnang-Strümpfelbach, Katharinenhof).

Das Schloss ist von einem Landschaftspark umgeben, der ab 1790 durch den berühmten Gartenarchitekten Friedrich Ludwig von Sckell angelegt wurde und bis heute in seinen Grundstrukturen noch erhalten ist. (Von Sckell stammt auch der Englische Garten in München, sowie derjenige von Schwetzingen und Hohenheim). Auch der Garten von Oppenweiler ist als „Englischer Garten" zu bezeichnen, dessen Charakteristikum es ist, die „natürliche Wirkung" zu betonen – also gerade nicht die strenge Geometrie, welche den barocken Garten charakterisiert. Es äußert sich hierin ein neues, romantisch zu nennendes Verständnis der Natur, das in ihr nicht mehr etwas sieht, das man sich „untertan" machen soll (vgl. 1 Mose 1, Vers 28), sondern liebevolles Einfühlen in Naturprozesse und deren sanftes Steuern zum Ziel hat. Eigentlich besteht die Bezeichnung „Englischer Garten" zu Unrecht, denn dessen Vorbild ist der „Chinesische Garten", den die Engländer als Seefahrer zuerst kennen lernten und daraufhin zunächst bei sich zuhause einführten. Später wurde diese Gartenform in ganz Europa übernommen.

Heute dient das Schlösschen den Zwecken der Gemeindeverwaltung. Bei den notwendigen statischen Sicherungs- und Umbaumaßnahmen in den achtziger Jahren des vergangenen Jahrhunderts wurde das Treppenhaus unter weitgehender Beibehaltung der alten Stufen saniert und in diskreter Weise ein Aufzug eingebaut.

Oppenweiler – Reichenberg / Burg

Zwischen Backnang und Oppenweiler erblickt man von der Bundesstraße aus die ehemals markgräfliche Burg Reichenberg, ein Musterbeispiel einer hochmittelalterlichen staufischen Burganlage. Sie wurde von 1225 bis 1230 als Ringgadenanlage durch Markgraf Hermann V. von Baden errichtet. Das Datum ist urkundlich erwähnt, was bei mittelalterlichen Burgen selten ist, denn konkrete Urkunden über die Gründungszeit fehlen meistens, weil der Bau einer Burg, der nur auf eigenem Boden erfolgen durfte, im Mittelalter keine Rechtshandlung hervorrief.

1420 kam der Reichenberg in württembergischen Besitz. Das dreigeschossige Schloss im Südwesten der Anlage wurde in den Jahren 1556 – 1562 in die Burganlage eingebaut und diente ebenso wie das Schloss auf dem Engelberg als Jagdschloss und Forstamt. Es bot dem Forstmeister einen dauernden Wohn- und Verwaltungssitz. Die Keller des Schlosses wurden teilweise aus dem gewachsenen Fels gehauen. Der berühmteste dort amtierende Förster war Karl Friedrich von Schiller (1793 – 1857), der Sohn des Dichters Friedrich Schiller. Alt ist der Raum links neben dem Zugang, in dem sich wohl ursprünglich eine Kapelle befand. Ebenso gehört der rechts vom Eingang gelegene Prinzenbau von 1730 noch zu dem alten, wenn auch stark veränderten Baubestand.

Burg Reichenberg

Die Geschlossenheit der Talrandburg über dem Murrtal beeindruckt noch heute. Es ist die besterhaltene Höhenburg des Rems-Murr-Kreises, die schon durch ihre Lage fasziniert. Sie ist von einer Ringmauer in der Form eines dem Gelände angepassten unregelmäßiges Fünfecks umschlossen, die noch zu guten Teilen erhalten ist. Diese Mauer weist Staufisches Buckelquader-Mauerwerk mit Zangenlöchern sowie eine mächtige Schildmauer auf, stammt also wohl von einem mittelalterlichen Vorgängerbau. Zwischen den Burgen Reichenberg und Ebersberg muss eine enge Beziehung bestanden haben, denn die Steinmetzzeichen beider stimmen überein. Der Ringmauer wurden im 16. bis 18. Jahrhundert mehrere Gebäude von innen her angelehnt, was erkennen lässt, dass diese Mauer damals ihre Defensivfunktion schon weitgehend eingebüßt hatte.

An der Südseite, von wo aus man die Anlage durch ein Rundbogentor betritt, befindet sich ein freistehender, stattlicher Bergfried. Ein solcher Bergfried stellte die letzte Zufluchtmöglichkeit für die Bewohner des Schlosses dar und war, wie andere Bergfriede auch, ursprünglich nur durch einen Zugang zu erreichen, zu dem man lediglich über eine Leiter gelangen konnte, die bei Bedarf eingezogen wurde. Der Grundriss dieses Bergfrieds ist rund. Dies ist die neuere Grundrissform, denn es wurde erkannt, daß die Kugeln von Wurfmaschinen und vor allem von Kanonen an einer zylindrischen Mauerfläche besser abprallen als an planen Wänden, die zuvor auch für Bergfriede üblich waren. In Oppenweiler hat der Bergfried vier übereinanderliegende kuppelgewölbte Innenräume. Der unterste Raum diente, wie andernorts auch, als Verließ (vgl. Kernen-Stetten).

Der Bergfried der Burg Reichenberg hat einen Durchmesser von 12,5 m bei einer Mauerstärke von stattlichen 4 m, sodass im Inneren nur ein freier Raum von 4,5 m verbleibt (vgl. Winnenden-Bürg). In dieser mächtigen Wand liegt eine Wendeltreppe, welche die Stockwerke des Turmes miteinander verbindet. Ursprünglich war der Bergfried wesentlich höher und trug, wie alte Abbildungen zeigen, ein Belvedere als Bekrönung und Ausguck. An der winterlichen Sonnenaufgangsseite im Südosten ist das Mauerwerk des

Bergfrieds aufgrund besonders heftiger Temperatur- und Feuchtigkeitsschwankungen, die gerade an dieser Gebäudeseite stattfinden, stark verwittert, doch dank seiner Materialfülle statisch nicht gefährdet. (Man denke in diesem Zusammenhang an die voraussichtliche Lebenszeit plattenverkleideter Neubauten, welche die Architektur unserer Zeit zu charakterisieren scheinen. Ihr indiskutabler „Vorteil" ist indessen, dass sie „billig" sind und leicht wieder „zurückgebaut" werden können).

1930 wurde die Anlage von der Evangelischen Gesellschaft erworben, die dort ein Altenheim einrichtete, das heute von der Paulinenpflege Winnenden geführt wird. Das Innere der Gebäude wurde 1970/71 für die Zwecke dieses Altenheims umgebaut und dabei so gravierend verändert, dass es unter konservatorischen Gesichtspunkten kaum mehr aussagekräftig ist.

Rudersberg, Ortsteil Waldenstein – ehemalige Burg

Burg Waldenstein

Die ehemalige Burg von Waldenstein, auf einem westwärts ins Wieslauftal hereinragenden Bergsporn in schöner Aussichtslage gelegen, ist ein lehrreiches Beispiel dafür, wie die Zeit ihre eigenen Kinder frisst. (So wurde bekanntlich der Titan Kronos immer wieder abgebildet – der jüngste Sohn von Uranos und Gaia, der seine eigenen Kinder verschlang). Zwar gehörte die Burg Waldenstein zu den ersten Zentren staufischer Macht in unserem Kreis, doch heute ist nichts mehr klar an der Anlage – weder die häufig wechselnden Besitzverhältnisse, noch die bauliche Grundstruktur des Hauptgebäudes, das schon 1535 als „baufällig" bezeichnet wurde. Auch ist der Halsgraben, der an der südöstlichen Bergseite liegt, heute zugeschüttet und somit nicht mehr erkennbar.

Die Burg wurde schon im 13. Jahrhundert von den Herren von Schlechtbach errichtet. 1251 wird sie erstmals erwähnt. Die Bauherren hatten zunächst den Rang von Reichsministerialen, später wurden sie zu „wirtembergischen" Lehensleuten. Nach mehreren Verpfändungen war die Burg von 1588 – 1620 im Besitz der Familie von Gaisberg (vgl. Großheppach und Schnait). Heutiger Besitzer ist die Familie Göppel, welche die Burg in dritter Generation als Ausflugsgaststätte bewirtschaftet.

„Die Grundstruktur der Anlage wird dadurch verunklärt, dass ein großer Teil überhaupt abgängig ist und der erhaltene Teil eine ausgebaute Ruine darstellt, welche die Spuren umfangreicher Ausbesserungen aufweist", schreibt Adolf Schahl in seiner Beschreibung der „Kunstdenkmäler des Rems-Murr-Kreises". Immerhin zeigt das drei Stockwerke hohe Hauptgebäude noch in Umrissen die Grundstruktur eines unregelmäßigen Sechsecks, das bei variierender Mauerstärke gut erhaltene Staufische Buckelquader mit Randschlag und Zangenlöchern erkennen lässt. Die Unterschiede der Quaderformen lassen verschiedene Bauperioden vermuten. Das potentiellen Angreifern zugewandte, stumpfwinklig gebrochene Mauerwerk ist bis zu 3,5 m dick, während die hofseitige Wand eine Dicke von „nur" etwa 1,5 m erreicht. Die Fenster sind heute in unpassender Weise vergrößert, was der beeindruckenden Geschlossenheit und Monumentalität des Gebäudes schadet, freilich den Benutzern zugute kommt. Auffällig ist ein schönes romanisches Rundbogenportal aus Sandsteinquadern an der Nordostseite des Hauptgebäudes. Hinter demselben erstreckt sich ein Burghof mit den Resten eines nach Westen orientierten kleinen Rundturmes, dessen Zweck unklar erscheint. Heute sind verschiedene Wirtschaftsgebäude aus späterer Zeit Teil der Anlage.

Schorndorf – Burgschloss

Ab 1538 wurde an der Stelle einer alten Wasserburg ein in die Festung Schorndorf integriertes Burgschloss errichtet, dessen Baumeister unbekannt ist. Es ist gleichsam das Hauptwerk der Festung und gehört zu den sieben großen Landesfestungen, die Herzog Ulrich VI. (1498 – 1550) errichten ließ. Die anderen Festungen sind: Kirchheim, Hohenasperg, Hohenneuffen, Hohenurach, Hohentübingen und Hohentwiel. Die Steine zur Errichtung dieser Festungen wurden vorzugsweise von Klöstern genommen, die im Bauernkrieg zerstört worden waren. Im Fall von Schorndorf waren es die Klöster Engelberg (vgl. S. 276), Adelberg und Lorch. Auch Steine von Winnenden-Bürg (s.d.) wurden für die Befestigung des Burgschlosses verwendet. Im 16. Jahrhundert war Schorndorf die stärkste Stadtfestung des ganzen Herzogtums, denn Gefahr drohte vor allem aus dem Osten: Man denke an „Die Türken vor Wien".

Der Grundriss des Schorndorfer Burgschlosses in der Form eines Trapezes orientiert sich an der typisch römischen Vierflügelanlage mit Innenhof und ist somit nach Tübingen ein frühes, für Renaissance-Anlagen später typisches Beispiel dieser Bauform in unserem Raum. Es ist auch nicht auszuschließen, dass hinter der gewählten Grundrissform Alberecht Dürer steht, der 1527 eine „Befestigungslehre" herausgegeben hat. In dieser Schrift wird als Prototyp eines Schlosses ein mit Wällen umgebener Viereckbau mit offenem Innenhof vorgestellt und das Schorndorfer Beispiel kommt Dürers Vorschlag recht nahe.

Da das Schorndorfer Schloss die Aufgabe einer Festung hatte, liegt es separat am südöstlich gelegenen Rande der Oberen Stadt. Der dreistöckige Baukörper ist auf Pfähle gegründet und zeigt einen rundum laufenden, abgeschrägten Sockel. An den vier Ecken des im Äußeren völlig schmucklosen Werksteinbaus sind mächtige Rundtürme angebracht, die für die Verteidigung wichtig waren, denn man konnte durch ihre Schießscharten mit

Bogen, Armbrust und Feuerwaffen die Außenwände des Schlosses bestreichen. Die Türme sind bis in die Kellerzone durchgemauert und dienten als Schießkammern. Alle vier Flügel des Schlosses tragen ineinandergezogene Satteldächer mit stehendem Dachstuhl, die vier Türme indessen haben Kegeldächer. Die zum Innenhof gekehrten Wände sind in sichtbarer Fachwerk-Konstruktion ausgeführt.

Burgschloss Schorndorf

Das Schloss kann man über zwei Brücken erreichen, die über einen ursprünglich mit Wasser gefüllten Burggraben führen. 1976 wurde er teilweise wieder freigelegt. Über der östlichen Durchfahrt ist wiederum ein in Stein gehauenes „wirtembergisches" Wappen zwischen korinthischen Säulen angebracht. Darüber befindet sich ein Außenerker mit Pechnase, der von zwei Konsolen gestützt wird.

Vielfach wurde das Burgschloss umgebaut: für die Zwecke einer Kasematte, eines Gefängnisses, einer Kaserne, eines Forstamtes (Verlegung der herzoglichen Forstverwaltung vom Engelberg nach Schorndorf im Jahr 1817, s.d.) eines Finanzamtes und Notariats. Einer der hiermit beauftragten Architekten war A. Kempter, der 1834 eine Kostenschätzung für den Umbau anfertigte. Heute ist dort das Amtsgericht Schorndorf untergebracht.

Das Schorndorfer Schloss verfügt über bedeutende *Keller* mit durchgehenden, segmentbogenförmigen Gewölben und Lichtschächten zu den Fenstern. Leider hat unsere Zeit noch keine adäquate Nutzung für diese prächtigen Kellerräume gefunden.

Sulzbach – Schloss Lautereck

Das Wappen der Stadt Sulzbach – ein Löwe und ein Fisch – verweist einerseits auf die Grafen von Löwenstein (später Fürsten von Löwenstein-Wertheim), zum anderen auf den Ortsnamen, der sich von „Sulz" ableitet, was in diesem Zusammenhang so viel wie „sulziges Wasser" oder „morastige Stelle" bedeutet. Das dortige *Wasserschloss Lautereck* wurde in einer wiesenreichen, von den hohen waldgrünen Löwensteiner Bergen umgebenen Talweitung der Murr errichtet und wird schon im Jahr 1559 als Eigentum der Grafen von Löwenstein genannt.

Über das genaue Baudatum des Schlosses herrscht noch Unklarheit. Eine dendrochronologische Datierung könnte hier weiter helfen. Die Grafen von Löwenstein regierten das Amt Sulzbach bis zum Jahr 1867. Dann gelangte das Schlösschen zunächst in den Besitz des Rothgerbers Lutz, der es jedoch schon 1868 an den Bauern Welz verkaufte.

Bekannt ist, dass das Wasserschloss schon Ende des 17. Jahrhunderts baufällig war, denn die Giebel des Hauptgebäudes mussten 1665 und 1713 erneuert werden. 1751 mussten wiederum größere Instandsetzungsarbeiten durchgeführt werden. Von 1844 bis 1939 befand sich das Schloss in privatem Besitz. Danach wurde es vom Reichsarbeitsdienst übernommen und diente nach 1945 als Unterkunft für Flüchtlinge, als Schule und für andere öffentliche Zwecke. Bei dem damit verbundenen Einbau neuer Fenster wurde das umliegende Fachwerk teils verändert, teils zerstört. Kürzlich wurde das Dach neu eingedeckt. Das Schlößchen soll künftig für kulturelle Zwecke genutzt werden. Es wurde schon ein Trauzimmer eingerichtet und die Schaffung neuer Räume für die Zwecke von Jugendmusikschule, Volkshochschule und sonstiger Vereine sind vorgesehen. Im ersten Obergeschoss des nordöstlichen Turmes wurde 2008 neben einigen Farbresten eine dekorative Fensterumrahmung aus der Renaissancezeit gefunden, die freigelegt und restauratorisch überarbeitet wurde.

Schloss Lautereck

Der zweistöckige Rechteckbau mit einer Grundfläche von 17 x 10 m unter Satteldach wird von zwei rund ansetzenden, darüber oktogonalen Ecktürmen flankiert, die sich an der östlichen Traufseite des Gebäudes befinden. Deren Fachwerkaufbau harmoniert mit dem 1959 wieder freigelegten Sichtfachwerk des Hauptgebäudes. Die Türme haben in den unteren beiden Stockwerken schlanke, zum Teil horizontal liegende Maueröffnungen, die als Schießscharten genutzt werden konnten. Der Hauptzugang zu dem Gebäude besteht aus einer Rundbogentür, welche die Jahreszahl 1628 trägt. Dieser Zugang stammt wohl nicht aus der Erbauungszeit, sondern ist Teil der vielfältigen Veränderungen, die in späteren Zeiten durchgeführt wurden.

Im Inneren ist das Gebäude in Längsrichtung zweizonig, in Querrichtung dreizonig unterteilt. Dies gilt mit leichten Abweichungen für alle Geschosse. Im Lauf der Zeit hat das „Schlösslin" eine stetige Minderung seiner Wirkung hinnehmen müssen. Durch die private Nutzung und der starken Abnutzung ab 1939 ist von der ehemaligen Ausstattung fast nichts mehr vorhanden. Es kann auch nicht mehr festgestellt werden, wo die Zugänge zu den Räumen ursprünglich lagen und ob im Bereich des heutigen Treppenantritts eine Wand existierte oder nur ein Unterzug. Im April 2006 wurde eine bauhistorische Untersuchung durchgeführt, die Grundlage für eine umfassende Sanierung und Neugliederung des Schlosses ist.

Ursprünglich war die Schlossanlage, zu der auch ein ansehnlicher Garten und eine Schafscheuer gehörte, „von einem sehr breiten, ausgemauerten Wassergraben im Viereck umgeben, der jetzt größtenteils trocken liegt und als Garten benützt wird" (Oberamtsbeschreibung von 1871). Über ihn führte an der Nordseite eine Brücke. Von diesem Wassergraben ist heute nur noch eine flache Vertiefung erhalten. Die den Hof einschließende Ringmauer mit gotischem Eingang und Brücke, die auf alten Plänen zu sehen ist, existiert nicht mehr.

Weinstadt – Großheppach / Schloss

Das Schloss der Familie von Gaisberg-Helfenberg, das am Rande des Dorfes an der Straße nach Gundelsbach liegt, wurde im Jahr 1593 von einem Dr. Martin Eichmann errichtet – vermutlich an der Stelle eines abgegangenen Burgstalls.

Schloss Großheppach

Es bestand damals aus einem Gebäude mit zwei Vollgeschossen, einem Dachgeschoss, einem quadratischen Gewölbekeller mit einer dem Hauptgebäude entsprechenden Grundfläche von 10 x 10 m und einer Mauer mit Torhaus unter Zeltdach. Dieses zweigeschossige Herrenhaus unter Satteldach, dessen Firstlinie etwa in west-östlicher Richtung verläuft, ist der Kern der Anlage. 1684 wurde der Schlossmauer ein Wächterhaus und später ein zweigeschossiges Gebäude mit Pferdestall und Kutscherwohnung, beides mit Zeltdächern, eingefügt. 1723 folgten ein Wirtschaftsgebäude mit Gewölbekeller und 1893 zusätzliche Erweiterungen. Der Hauptbau erhielt durch Johann Friedrich Stockmayer ab

1750 seine heutige Form. 1893 wurden im Südwesten ein turmartiger Aufsatz und nach Norden hin weitere Anbauten errichtet, sodass die ursprüngliche Gebäudegestalt und die innere Raumfolge von 1750 heute nur noch im Dachgeschoss zu erkennen ist. Seit 1918 befindet sich das Schloss im Besitz der Familie von Gaisberg.

Die Anlage ist in ihrer Gesamtheit durch Wirtschaftsgebäude im Süden und einem beide Gebäude verbindenden ehemaligen Stallbau bestimmt, sodass ein gemeinsamer Hof umschlossen wird. Der Zugang erfolgt durch eine Rechteckpforte neben dem Herrenhaus, daneben ist die Zufahrt zum Gebäude angeordnet, dessen schmiedeeisernes Tor durch hohe, kugeltragende Pfeiler flankiert ist. In einem der Pfeiler ist heute noch das Stockmayer'sche Wappen zu sehen. Im Inneren des Schlosses dominiert das 1893 im nördlichen Teil des Herrenhauses errichtete, reich mit Jagdtrophäen geschmückte Treppenhaus mit seinen durch Kehrplätze rechtwinklig gebrochenen Läufen. Der Grosse Salon, der Kleine Salon mit Deckengemälde und die im Stil der Renaissance holzgetäfelte Bibliothek sind schon 1947 unter Denkmalschutz gestellt worden, 1957 ebenso die gesamte Anlage, die sich heute durch umsichtige Verwaltung in gutem Zustand befindet.

Zu dem Anwesen gehört ein stattlicher Schlosspark, der heute noch die Größe von ca. 2 Hektar hat. Dieser Park ist von einer Mauer umschlossen, in welche um 1900 ein zweiachsiges gotisches Spitzbogen-Maßwerkfenster eingebaut wurde. Da diese Spolie von beachtlicher künstlerischer Qualität ist, wäre ihre fachgerechte Restaurierung sehr wünschenswert.

Ab 1980 wurden alle Gebäude einer grundlegenden Sanierung unterzogen, d.h. sie wurden an eine Zentralheizung angeschlossen, ihre Elektroinstallation auf zeitgemäßen Stand gebracht und die Dächer mit vielerorts zusammengesuchten, alten, handgestrichenen Biberschwänzen neu gedeckt.

1983 wurde die gemeinnützige Charlotte-von-Gaisberg-Stiftung gegründet. Stiftungszweck ist die Erhaltung des Schlossbesitzes samt der historischen Einrichtung im überkommenen Zustand und die Öffnung des Anwesens für die Öffentlichkeit.

Weinstadt-Schnait – Oberes Schloss

Das ehemalige Obere oder Neue Schloss ist ein stattliches, von einem traufständig zur Straße hin gekehrten Satteldach bedecktes Gebäude mit massiv gemauertem Erdgeschoss-Sockel und einem Obergeschoss, das aus heute verputztem Fachwerk ausgeführt wurde. Bauherr war Konrad von Gaisberg (vgl. Weinstadt-Großheppach).

Die zur Straße gekehrten Gebäudekanten waren ursprünglich auf beiden Seiten durch Erker verziert, die auf einer im Grundriss rechteckigen, diagonal vor die Kante des Erdgeschosses platzierten Erkerkonsole aufsitzen. Nur der rechte dieser beiden Erker ist erhalten, seine ursprünglich vorhandenen Fenster sind heute allerdings leider vermauert. Die Konsole dieses Erkers zeigt eine reichgegliederte, wenn auch verstümmelte Profilierung in der Formensprache der Renaissance. In der zur Straße hin gekehrten Erdgeschoss-Seite befinden sich zwei alte, vergitterte Fenster in Rechteck- und Kreisluken-Form.

Den Zugang zum Gebäude bildet ein Rundbogentor, in dem die Jahreszahl der Erbauung, 1609, eingehauen ist. Im Erdgeschoss befand sich ursprünglich eine Halle, die von dem neuen Eigentümer wieder hergestellt wurde, nachdem sie gründlich verbaut worden war.

Schloss Schnait

Auch der prächtige Keller wurde Ende der neunziger Jahre des vergangenen Jahrhunderts mustergültig renoviert, indem der vorhandene, später eingebaute Betonboden entfernt und durch einen Bodenbelag aus Naturstein ersetzt wurde. Heute dient dieser Keller als eindrucksvoller Ausstellungsraum. Das sehr große Dach des Gebäudes wurde mit alten Biberschwanz-Ziegeln neu gedeckt, die speziell für diesen Zweck in mühevoller Arbeit vielerorts gesammelt wurden. Die Fenster mit ihrer T-Teilung und ebenso die Klappläden wurden bei der Renovierung in alter Form erhalten – insgesamt unter denkmalpflegerischen Gesichtspunkten eine vorbildliche Renovierungsarbeit.

Winnenden – Schloss Winnental

Das zur Stadt Winnenden gehörige Areal, auf dem heute das Schloss Winnental steht, befand sich seit dem 13. Jahrhundert im Besitz einer Deutschordenskommende, die seit 1291 erwähnt wird. Die Kommende verkaufte das Grundstück 1665 an Herzog Eberhard III., welcher es umgehend der Familie Winnental, einer Nebenlinie des Hauses Württemberg, übergab. Der Herzogadministrator Friedrich Karl von Winnental (1652 – 1698) beauftragte daraufhin den Architekten Matthias Weiß mit der Errichtung eines Neubaus. So entstand das ungemein weitläufige Schloss Winnental, ein Renaissancebau von barocken Dimensionen, in der Form einer stattliche Dreiflügel-Anlage, die sich nach Süden hin zu einem Schlosspark öffnet. 1813 wurde das Schloss zur Kaserne umgenutzt – mit entsprechend traurigen Folgen für die Innenausstattung. Seit 1834 befindet sich dort ein Psychiatrisches Landeskrankenhaus.

Betrachten wir zunächst das nördlich gelegene dreigeschossige Hauptgebäude, das einstige Corps de logis. Es ist ein riesiger, fast schmuckloser Bau, dessen Fassade durch insgesamt 22 Achsen mit gekuppelten Fenstern in unregelmäßigen Abständen bestimmt wird. Die Geschosse sind von außen her durch stark vorkragende Gesimse voneinander getrennt. Im Inneren sind sämtliche Stuckarbeiten des 17. Jahrhunderts entfernt und die Raumaufteilung für die neuen Zwecke völlig verändert. Nur der Betsaal im zweiten Obergeschoss, der 1786 nach Plänen von A. Groß II. eingebaut wurde, blieb von den Umbaumaßnahmen verschont. Seine Stuckierung stammt allerdings wohl erst von 1898, dem Jahr, in dem auch das Deckengemälde entstand.

Innenhof von Schloss Winnental

An diesen Hauptbau schließt im Westen rechtwinklig und nach Süden gerichtet der Komturbau an, der ebenfalls im Inneren gänzlich erneuert wurde. Auch äußerlich wurde er durch den Verlust seines Treppenturms und die Verlängerung nach Süden hin verändert. Erhalten blieb nur das sogenannte „Komturhäusle". In dem östlichen Schlossflügel, Kavaliersbau genannt, verschied 1844 Nikolaus Lenau, der geisteskrank nach Winnental gebracht wurde. Sein Lager bedeckte dort der Mantel des gräflichen Freundes Alexander von Württemberg (vgl. S. 288) als „eine Decke voll Liebe", die ihm, wie er schrieb, „unsäglich wohltut". Dieser Baukörper wurde gänzlich abgerissen und neu aufgebaut.

In den ehemals weitläufigen Gartenanlagen, die heute durch Neubauten für unruhige Kranke und andere Zwecke eingeschränkt sind, ist ein Monumentalbrunnen aus der Erbauungszeit des Schlosses erhalten. Der „schön kostbare springprunnen" stammt aus dem Jahr 1678. Der achteckige, sehr geräumige Brunnentrog erhält seinen Zulauf durch Mäuler von Ungeheuern, Löwenköpfen und Masken, die aus einem dreigeschossigen Brunnenstock von 1878 hervorragen und dort mit reichgestalteten, schmiedeeisernen Bändern befestigt sind. Dieser Brunnen ist die Zierde der Anlage. Auch darf ein Gedenkstein aus dem Jahr 1733 mit einem sehr sinnreichen Gedicht auf den berühmten „Mops von Winnenden" nicht unerwähnt bleiben, der seinem Herren Herzog Carl Alexander auf Kriegspfaden bis ins ferne Belgrad gefolgt war und der ganz alleine in elf Tagen (!) den Rückweg fand. Da er vor seinem Herrn zu Hause ankam, konnte er diesen bei seiner Rückkehr freudig begrüßen.

Winnenden – Bürg

Adolf Schahl weist in seiner Beschreibung der „Kulturdenkmale des Rems-Murr-Kreises" darauf hin, dass der Name „Winnenden" gleichermaßen für die ehemalige Burg, wie für den Ort selbst benutzt wurde, was z.B. aus der folgende Formulierung aus dem Jahr

1334 hervorgeht: „Vf der Burg ze Winiden". Man erkennt hieraus die enge Beziehung zwischen der Herrschaft, die in ihrem Zuständigkeitsbereich Ordnung schafft und Schutz gewährt, und den in diesem Bereich lebenden Untertanen, welche die Herrschaft durch ihr Tun ernähren. Beide zusammen bildeten so eine sich gegenseitig stützende und ergänzende Einheit.

Bergfried von Schloss Bürg

Die ehemals stattliche Burganlage zu Bürg steht nordöstlich der heutigen Stadt Winnenden auf einer Sandsteinkuppe an der Stelle eines römischen Kastells der XXIV. Kohorte („castrum Winidum"). Dort wurde sie ab 1180 von dem Freien Herren Gottfried von Winnenden errichtet, der von 1181 – 1196 in den Urkunden erscheint. Sie ist weit über die Winnender Bucht hinaus zu sehen. Bauherr war Graf Gottfried von Schauenburg, dessen Schwiegersohn Heinrich von Neuffen die Befestigung zu einer mächtigen Burganlage ausbaute. Beide Männer waren enge Vertraute der Stauferkaiser, in deren Gefolge sie regelmäßig anzutreffen sind.

Der berühmteste Bewohner der Burg ist der Minnesänger Gottfried von Neuffen (genannt 1230 – 1255). Er gehörte der Generation an, die auf Walther von der Vogelweide folgte und fiel besonders durch seine vollendete Beherrschung der dichterischen und höfischen Formen auf. Später wurde die Burg von den Schenken von Winnenden erworben, die zunächst als Neuffener Dienstmannen agierten, bis sie 1350 durch die Niederadelsfamilie von Yburg (s.d. S. 247 f.), die württembergische Lehensleute waren, abgelöst wurden. 1499 übernahm das Haus Württemberg die unbewohnte und langsam zerfallende Burg. Sie war unattraktiv geworden, denn das neue Zeitalter der Renaissance verabscheute dicke Mauern und dunkle Gemächer mit kleinen Fenstern. Heute wird die ehemalige Burganlage gastronomisch genutzt. Die hierfür notwendigen Um- und Neubauten verunklären die ehemalige bauliche Situation außerordentlich. Die herrliche Aussicht weit hinaus in die umgebende Landschaft bleibt hiervon unberührt.

Der Bergfried oder Burgturm von Winnenden–Bürg liegt im Südosten der Anlage. Sein Buckelquader-Mauerwerk legt eine Datierung kurz nach 1200 nahe und zeugt noch heute von der einstigen Blüte und Standhaftigkeit dieser Burg. Ursprünglich waren es zwei derartige Türme, die beide zu einer vielleicht kastellartig umfassten Talrandburg gehörten. Dies geht aus der Landesbeschreibung Baurs von 1687 hervor, in der berichtet wird: „Seind vor Jahren der Thürm zween gewesen", doch einer der Türme wurde „zum Walpaw (Wallbau) gehn Schorndorf abgebrochen und verfüert". Dies muss nach 1536 gewesen sein, als Herzog Ulrich VI. aus Schorndorf die bestbefestigte, mit Wällen versehene Stadt seines Herzogtums machte und hierfür auch die Steine der im Bauernkrieg zerstörten Klöster Engelberg (s.d. S. 269 f.), Adelberg und Lorch verwandte.

Der jetzt vorhandene Turm an der Hangseite hat noch eine Höhe von 22 m und war ursprünglich sicherlich höher. Die Mauerdicke von 2,8 m ist mächtiger als der lichte Innenraum des Turmes, der nur 2 m beträgt. Der ursprüngliche Zugang in Leiterhöhe von Norden her ist noch vorhanden, was seine Bestimmung als *Bergfried* erkennen lässt (vgl. Oppenweiler-Reichenberg, S. 249 f.). Der heutige Zugang ist ein roher Durchbruch. Das unterste Stockwerk dieses Bergfrieds mit seiner gewölbten Decke diente, wie andernorts auch, als Verließ. Der Turmaufsatz mit Kegeldach stammt aus dem 18. Jahrhundert, ebenso der offene Glockenstuhl mit Geläut. An den Turm schließen Mauerreste an, die fast ohne Mörtel in durchgehenden Schichten erstellt wurden – ein Hinweis auf eine sehr solide Mauertechnik und vor allem ein Beweis von großem handwerklichem Können.

Im 1807 erbauten Nachbarhaus entstand die Gastwirtschaft, die 1929 von Joseph Reich in die heutigen Gebäude der „Schönen Aussicht" verlegt wurde.

Zusammenfassung

Der Überblick über die wichtigsten Burgen und Schlösser des Rems-Murr-Kreises lässt erkennen, dass die kleinteilige, „kleingekammerte" Natur des Landes gute Voraussetzungen für große Burgenvielfalt bot. Es gab hier auch kein Primogeniturgesetz, das die Zersplitterung des Besitzes durch Erbteilung vermieden hätte. Diese geologische und rechtliche Situation führte zu sehr kleinteiligen Verhältnissen. Ob beides zusammen auch für die typisch schwäbische „Kleinkariertheit" Ursache ist, mag im Moment dahingestellt bleiben. Jedenfalls findet sich in unserem Kreis eine auffallende Dichte von „Festen Häusern" und schon die Bauplatzbedingungen erforderten fast immer individuelle Lösungen.

Die Allgegenwart der Burgen und Schlösser in unserem Raum spiegelt auch unsere politische Geschichte wider: Vom 11. bis zum 19. Jahrhundert waren sie das wichtigste Instrument zur Durchgliederung und Verwaltung des Landes. Wohl und Wehe, Friede und Fehde hingen von Entscheidungen ab, die dort getroffen wurden. Erbaut von Adligen, Grafen, weltlichen und geistlichen Fürsten, die das „Recht der Zugbrücke" hatten, waren sie Ausdruck des Anspruchs auf Herrschaft über einen mehr oder weniger großen Raum. Dabei ist die Reformation von Bedeutung: Sie wurde von den adligen Standesherren zu guten Teilen deshalb gefördert, weil sie ihnen durch Einverleibung der Klöster und deren Besitz erheblichen Gebiets- und Machtzuwachs ermöglichte, der sich dann auch in mehr oder weniger prunkvollen Schlossbauten widerspiegelte.

Wir können schließlich beobachten, dass sich die Aufgaben von Burg und Schloss im Laufe der Zeit wandeln, denn sie mussten den veränderten Lebens- und Verteidigungsbedürfnissen angepasst werden. Hierbei zeigt es sich, dass Wohn- und Wehrfunktion mehr und mehr getrennt werden: Einerseits entsteht das Schloss, zum anderen aber die Festung, wobei zum Bau der letzteren schon herzogliche Potenz vonnöten war.

All dies soll zeigen, dass es lohnend sein kann, sich mit der gebauten Sprache unserer Burgen und Schlösser zu beschäftigen, denn sie spiegeln unsere gesellschaftlichen Wurzeln oder Fundamente, aus denen wir Kraft für zukünftige Aufgaben schöpfen können und sollen. Nur mit guten materiellen und geistigen Fundamenten kann man sich den Herausforderungen der Zukunft mit Aussicht auf Erfolg stellen. Die Sanierung der Fundamente ist freilich besonders aufwendig und es klingt hier die Klage von Schillers Tell an, der zu Beginn des Dramas seufzt: „Wohl steht das Haus gezimmert und gefügt – doch ach, es wankt der Grund auf dem wir bauten!"

Man kann die Denkmale unserer Kultur mit einem Feuer vergleichen, von dem nicht die Asche, sondern die Glut zu bewahren ist. Denkmale schaffen eine Rahmen, ein Umfeld, das mit neuem Leben erfüllt werden soll – und dies auch kann, wenn die ästhetischen und sozio-ökonomischen Bedingungen günstig sind. Es geht ja im Leben weniger darum, was man besitzt, als darum, wie und für was man seinen Besitz verwaltet und nutzt. Tun wir dies in angemessener Weise, so können wir dem Vergangenen durch Verstehen einen Sinn geben und es zeitgemäß fortentwickeln.

Vierhundert Jahre
Jagdschloss Engelberg

Im Jahr 1602 wurde der Bau eines herzoglichen Jagdschlosses auf dem Engelberg an der Stelle eines abgegangenen Augustiner-Eremiten-Klosters vollendet. Die Geschichte dieses Jagdschlosses, seine Vorgeschichte und seine spätere vielfältige Nutzung nach der Privatisierung im Jahr 1818 stellte ich im Rahmen eines „Festvortrags" vor, der am 27. Juli 2002 anlässlich seines vierhundertjährigen Bestehens im Auftrag der Gemeinde Winterbach gehalten wurde:

* * *

Versuchen wir, sehr geehrte Damen und Herren, uns für einen Moment, in die Zeit zwischen den beiden Weltkriegen hineinzudenken. Damals befand sich der junge Handwerksmeister Karl Nachtrieb – ein Sohn unseres Ortes – auf der Wanderschaft im Norden Deutschlands. Irgendwo auf einer Landstraße, wohl unter dem Eindruck der ungewohnten Umgebung, überkam ihn jenes seltsame Gefühl, das wir „Heimweh" nennen, und er beschloss damals, nach seiner Rückkehr nach Winterbach ein Heimatmuseum zu gründen. Diesen Beschluss setzte er in die Tat um. Eine rege, von Vielen unterstützte Sammlertätigkeit schloss sich an – und vor zwei Jahren wurde der „Heimatverein Winterbach" gegründet.

Wenn nun dieser Verein in dankenswerter Weise dazu anregt, das vierhundertjährige Bestehen des Jagdschlosses auf dem Engelberg zu feiern, scheint es mir angebracht, grundsätzliche Gedanken über den Begriff Heimat an den Anfang zu stellen, bevor wir uns unserem eigentlichen Thema zuwenden. Auch will ich einführend einige Anmerkungen zu der Frage vortragen, warum gerade der Engelberg zur Errichtung eines Jagdschlosses gewählt wurde. Hierbei werde ich etwas näher auf die geistlichen und weltlichen Traditionen eingehen, die diesen Ort geprägt haben. So hoffe ich, dass der Kreis derer, die den Engelberg lieben, durch das Verstehen der Zusammenhänge wachsen wird.

Der Begriff „Heimat" hat ja mit Heim, sich heimisch fühlen, zu tun. Heimat ist der Ort, mit dem wir uns auf natürliche oder vielleicht besser: schicksalhafte Weise verbunden sind, in dem wir Wurzeln haben, die uns Lebenskraft zu geben vermögen. Mundart, Sitte, Brauchtum und vor allem viele Lieder erlauben liebevolles Versenken in heimatliche Gefühle. Schön kommt dies zum Ausdruck in einer Inschrift, die ich einmal über einer Mühle im hohenloher Land fand: „Die Wälder, die Felder, die Heimat – mein Glück".

In der Fremde sehnen wir uns nach der Heimat, wie das eingangs angeführte Beispiel zeigt. Ebenso erging es dem dreißigjährigen Friedrich Hölderlin (1770 – 1843), der eine Ode mit dem Titel „Heimat" verfasste, aus der ich einige Strophen zitieren möchte:

Am kühlen Bache,
wo ich der Wellen Spiel,
am Strome,
wo ich gleiten die Schiffe sah,
Dort bin ich bald;
euch traute Berge,
Die mich behüteten einst,
der Heimat verehrte
sichre Grenzen,
der Mutter Haus
und liebender
Geschwister Umarmungen
Begrüß' ich bald
und ihr umschließt mich,
dass, wie in Banden,
das Herz mir heile.

Man empfindet es eben stets als beruhigend und tröstend, wieder in die Heimat zurückzukehren. Besonders Seefahrer wünschen sich aus guten Gründen häufig, wieder in den „Heimathafen" einzulaufen, wenn sie auch gelegentlich meinen, dass ihre Heimat das Meer sei und ihre einzigen Freunde die Sterne. Für den sagenhaften Odysseus jedenfalls, den in alle Fernen getriebenen und gelockten Seefahrer, gibt es „nichts Süßeres als den Anblick der Heimaterde". Heimgekehrt, küsst er sie.

Auch ein Blick in die Geschichte erhellt die Bedeutung der „Heimat": Nur Bürger einer Stadt durften die von den Zünften festgelegten Berufe wählen, nur Bürger durften Grundstücke erwerben, nur Bürger durften heiraten, nur wer Bürger einer Stadt war, hatte die „Bürgerrechte", zu denen auch der Anspruch auf öffentliche Unterstützung und auf öffentliches Begräbnis gehörte. Heimat, richtig verstanden, hat eben zu tun mit Lebensqualität, mit Orientierungssicherheit – mit verlässlichen menschlichen Beziehungen und ebensolchen Erfahrungen.

Caspar David Friedrich (1774 – 1840), Ludwig Richter (1803 – 1884), Adalbert Stifter (1805 – 1868) und Carl Spitzweg (1808 – 1885) verklärten die Heimat in ihren gemalten und geschriebenen Werken. Die Brüder Jacob und Wilhelm Grimm (1785 – 1863 und 1786 – 1859) erkannten in ihr ein sittliches Gut. Angesichts der um sich greifenden diffusen globalen Tendenzen, der aktuellen „transregionalen", „transnationalen" und „transdoktrinalen" Strömungen, besteht in der Form einer Gegenbewegung heute wieder neues Interesse an der Heimat. Die Menschen trachten eben doch mehr oder weniger bewusst danach, zu den Quellen zurückzukehren – „ad fontes", wie die Römer sagten – zu dem hohen Gut, das Heimat heißt.

Dabei ist es gerade für uns Schwaben wichtig, sich in der Welt umzusehen, sich in andere Umstände einzufügen, denn sonst besteht die Gefahr, dass die beengten Verhältnisse unserer Heimat auch zu einer Verengung des Charakters führen.[1] Die Fremde gibt den Maßstab für die Heimat – ebenso wie die Heimat der Maßstab für die Fremde ist. In der Heimat finden wir überschaubare, bergende und damit letztlich intakte Sozialbeziehungen. Wer aber seine Heimat verleugnet, wer vergisst, wo er herkommt, der wird meist auch in der Welt nicht glücklich, denn Heimat ist gegenüber dem Allgemeinen das Besondere und ermöglicht so die Bildung von Identität, von „Identitätsgewissheit" die immer in Differenz zu etwas erfolgt. Von letzterer sprach Ernst Jünger anlässlich seines hundertsten Geburtstags. Seine Ansprache endete mit dem Satz: „Dank an meine Freunde und meine Gegner auch. Beide gehören zum Karma. Ohne sie kein Profil."[2]

Wir sehen: Die Heimat kann Möglichkeiten der kollektiven Identität vorstrukturieren. Rückblickend mag sie so manchem als harmlose Idylle erscheinen – auch dann, wenn früher nicht alles ganz so harmlos war. Sie bietet jedenfalls gesellschaftliche Formen an, auf die gerade eine sich immer mehr individualisierende Gesellschaft nicht verzichten sollte. Diese Formen der Identität sollten nicht dazu führen, dass das Fremde desavouiert wird. Die Identität der anderen muss anerkannt werden, freilich auch ertragbar sein.

Dass wir uns heute mit dem Begriff „Heimat" schwer tun, hängt mit den beiden Weltkriegen zusammen, durch die vertraute Heimat absichtlich zerstört wurde („Baedekerbombing" – ganz bewusst!). Die Folge war eine „Heimat-Bewusstlosigkeit"[3], die sich in einer bis dahin unbekannten Modernisierungswut äußerte, noch gefördert durch den steigenden Wohlstand: Denkmale unserer Kultur wurden leichtfertig abgerissen, durch historisch gewachsene Ortstrukturen Verkehrsschneisen geschlagen, Straßen und Flüsse begradigt, Dialekte nicht mehr gesprochen. Insgesamt wurde und wird noch immer die Bundesrepublik Deutschland jährlich um die Größe des Bodensees überbaut.

Für Viele, die auswanderten, oder nach dem Zweiten Weltkrieg fliehen mussten, ging die Heimat endgültig verloren. Sehnsucht und Schmerz – eben Heim-Weh – blieb zurück. Einer von denen, die seinen angestammten Familiensitz verlassen mussten, war Christian Graf von Krokow, der in seinem Buch „Heimat" dieselbe geradezu definiert als „das, was man verloren hat". Mit 17 Jahren musste er aus Hinterpommern fliehen. Er schrieb: „In der Kindheit also und nirgendwo sonst ist das angelegt, was wir Heimat nennen." Sie bleibt nach seinen Worten die „Schatzkammer des Erinnerns bis ins hohe Alter".

Aus der Heimat vertrieben zu werden, heißt in's „Elend", d.h. ins „Ausland" gehen zu müssen. Beide Worte meinten ja ursprünglich das gleiche. Auch Nietzsche wusste zutiefst von der Unbehaustheit, der Heimatlosigkeit, wenn er schreibt:

Die Krähen ziehen zur Stadt.
Bald wird es kalt.
Weh dem, der keine Heimat hat.

---

[1] Vgl. Kapitel „Burgen und Schlösser an Rems und Murr", Schlussbetrachtungen, S. 260
[2] Zit. nach Heimo Schwilk, Ernst Jünger, ein Jahrhundertleben, S. 553
[3] Jost Bauch, in: „Junge Freiheit" vom 5. IX. 2005, S. 18

Heimatlosigkeit lässt sich geradezu als die Krankheit der modernen Seele definieren. „Ach, für des Menschen wilde Brust ist keine Heimat möglich", klagt Hölderlin an anderem Ort. Heimatlosigkeit kann auch zum Makel werden. Der (wohl von Bismarck stammende) Ausdruck „heimatlose Gesellen" ist ein Beispiel hierfür.

Freilich haben viele Auswanderer, Flüchtlinge oder die Menschen, welche aus dem einen oder anderen Grund freiwillig ihr Vaterland verließen, an einem neuen Ort auch eine „neue Heimat" gefunden und dort auch „neue Wurzeln geschlagen", wenn die Umstände günstig waren. „Ubi bene, ibi patria", meinten schon die Römer: „Wo es gut ist, dort ist die Heimat" – und die Kyniker, die das Wandern von Ort zu Ort zum Lebensprinzip erhoben, waren der Meinung, die Welt sei die wahre Heimat des Menschen. Neu ist diese – in der Zeit des „Turbokapitalismus" so aktuell klingende – Auffassung also keineswegs.

Heimat muss an keinen physischen Ort gebunden sein. Dies erkennt man z.B. daran, dass sich Heimat nicht vererben lässt. Und es gibt durchaus auch eine „geistige Heimat". Manch einer findet sie in bestimmten Kulturepochen, in ihm besonders ans Herz gewachsenen Dichtern und Denkern, in geliebten Musikern, oder auch in den verschiedenen Religionen. So verkündet das Christentum das Jenseits als die „wahre Heimat des Menschen" und erklärt diesen zum „Pilger auf Erden".

Noch ein letzter Aspekt sei dieser allgemeinen Betrachtung angefügt: Der Verlust der Heimat durch Umweltzerstörung. Vieles, was uns lieb war, ist nicht mehr da – seien es stille Täler und Auen, seien es bewunderte Tiere und Landschaften, seien es vertraute Stadtviertel und Plätze. Wo wir indessen unversehrte Heimat antreffen, ist es ein Gnadengeschenk.

Man sieht: In der Heimat vereinigen sich Natur und Mensch, Stoff und Geist, Vergangenheit und Gegenwart zu dem, was wir als „die Realität" bezeichnen. So ist's denn ein Geheimnis mit der Heimat, und man beobachtet erstaunt, dass beide Worte die gleiche Wurzel haben: Heim. Sollte es da heimliche Zusammenhänge geben? Die Frage mag im Moment so stehen bleiben.

* * *

Was nun in allgemeiner Form über den Begriff „Heimat" gesagt wurde, lässt sich ganz konkret an unserem Ort – dem *Engelberg* – belegen. Zwar ist es, wie so oft, auch in diesem Fall schwierig, den Finger auf den Anfang zu legen, weil sich der Anfang der Dinge stets im Ungewissen verliert. So auch in unserem Fall: Die Frage, wann Menschen den Engelberg entdeckten, besiedelten und welche Bedeutung sie diesem schon durch seine Geographie hervorgehobenen Ort gaben, verliert sich im Dunkel der Geschichte.

Von einer steinzeitlichen Besiedlung in unserem Raum künden zuerst grobe Faustkeile, später die sogenannten Mikrolithen – das sind Feuerstein-Werkzeuge, Pfeilspitzen und verwandte Artefakte. Letztere wurden auch auf den südwestlichen Hängen des Engelbergs gefunden. Sie stammen vom Ende der letzten Eiszeit, sind nun also etwa 10.000 Jahre alt und können im Heimatmuseum von Winterbach besichtigt werden.

Neue Impulse kamen zu uns aus dem Vorderen Orient, von wo aus Menschen zuwanderten, die nicht nur wildlebende Tiere bejagten, sondern auch Haustiere züchteten. In

Keramikgefäßen, die sich erhalten haben, bewahrten sie ihre Vorräte auf. Diese Menschen wurden sesshaft und bearbeiteten die Erde: Der Beruf des Bauern entstand. Dies war etwa 5.000 Jahre vor unserer Zeitrechnung. Dadurch, dass der Wald dem Vieh als Weide diente – was den Bauern die Rodung bewaldeter Gebiete erleichterte – erwies sich der Bauer von Anbeginn an als der Feind des Waldes. Wir werden später im Zusammenhang mit dem Jagdschloss hierauf zurückkommen.

Um 2.000 v. Chr. kann man das Aufkommen von Metallgegenständen beobachten, die aus Bronze – d.h. aus einer Legierung von Kupfer und Zinn – hergestellt wurden. Aus Bronze wurden Waffen, Handwerkszeug und Schmuck gefertigt. Diese neuen Gerätschaften führten zu einer allgemeinen Anhebung des Lebensstandards, vor allem förderten sie den Beruf des Händlers. Eisen wurde im 3. Jahrtausend v. Chr. als Material für Gebrauchsgegenstände im Vorderen Orient entdeckt, doch erst ab 1.200 v. Chr. nahm sein Bekanntheitsgrad mit den Völkerbewegungen zu. Vor allem Schwerter und Lanzen wurden immer häufiger aus Eisen geschmiedet, das in Form von Barren über weite Strecken transportiert werden konnte.

Gesamtanlage Engelberg – Lufbild von Südost

In der Eisenzeit treten die Kelten aus dem Dunkel der Geschichte und gestalten sie. Die Kelten, die aus Regionen westlich des Mittelrheins stammten, beherrschten den Gebrauch der Töpferscheibe virtuos und schufen keramische Gefäße von außerordentlicher Schönheit. Doch von Süden wurden sie von den Römern, von Norden her von den Germanen bedrängt und schließlich zerrieben. Übrig blieben Namen – so z. B. der Name Rems.

Luftbild von Nordwest

Die markante Lage des Engelbergs lässt die Vermutung zu, dass dort in vorgeschichtlicher Zeit ein Heiligtum war, an dem die germanischen Sueben ihrem Gott Ziu opferten. (Sein Name erinnert natürlich an den griechischen Göttervater Zeus. Die norddeutschen Germanenstämme verehrten indessen Wotan, Wuotan, Wodan oder Odin.) Ziu wurde in Gottes freier Natur gehuldigt – meist an Opferstätten, die auf der Höhe oder Halbhöhe lagen. Hier wurden weithin sichtbare Feuer angezündet. Eine derartige Kultstätte war stets zugleich Gerichtsstätte. Zu ihr gehörten eine Quelle und ein Heiliger Eichenhain. Die Quelle lässt sich auf dem Engelberg nachweisen, denn in einer Beschreibung dieses

Ortes aus dem 16. Jahrhundert wird eine solche besonders hervorgehoben. Ihr Wasser wurde später von der Engelberger Brauerei Frank zur Gewinnung eines „gesunden Tafelwassers" genutzt. Einen Hinweis – keinen Beweis – dafür, dass es auch einen „Heiligen Hain" gegeben hat, liefert wiederum ein Name: An der nordöstlichen Seite des Engelbergs liegt das Gewann „Eichenwäldle", das noch bis ins 18. Jahrhundert mit Eichen bewachsen war.

Geologisch betrachtet, ist der Engelberg ein Geländesporn auf halber Höhe. Über ihn führt der günstigste Übergang vom Remstal in das Neckar- und Filstal. Schon die Römer legten eine geradlinig über den Hang verlaufende steile Verbindungsstraße zwischen den beiden Tälern an, die über den Engelberg führt und noch heute zu erkennen ist: Sie verläuft von Winterbach über das „Pflaster" und das spätere Schlossgut in gerader Linie zur Höhe des Goldbodens und dann weiter durch den Schurwald zu den genannten Tälern. Auf der Kieser'schen Forstkarte von 1685 ist diese Römerstraße ersichtlich. Um den Höhenunterschied auf der vertikal zum Hang verlaufenden Alten Engelberger Landstraße zu überwinden, war der Vorspann von bis zu acht Pferden nötig. Die heutige Straße von Winterbach bis zum Goldboden, die in drei großen Kehren schräg zum Hang verläuft, wurde erst 1878/79 gebaut.

Nach den Römern siedelten hier die schon zum Christentum bekehrten Alamannen, die es liebten – wie allgemein die Christen – die Orte ihres neuen Kultus dort zu errichten, wo seither heidnische Gottheiten verehrt wurden, welche nun als „überwunden" betrachtet werden konnten. So mag auch auf dem Engelberg eine frühe alamannisch-christliche Kultstätte bestanden haben.

Abbildung aus der „Kieser'schen Forstkarte. Interessant ist das Doppelhaus.

Sicher ist jedenfalls, dass christliche Missionare geweihte Opferplätze, die den Menschen vertraut waren, als Ausgangspunkt für ihre Missionstätigkeit bevorzugten. Dass sich auch auf unserem Engelberg heidnische und christliche Traditionen verbinden, zeigt sich daran, dass dort Pfingstwallfahrten stattfanden. Das Pfingstfest ist mit vielen alten Bräuchen verknüpft, z.B. Flurumritten, Umzügen mit Pfingstochsen und Reiterspielen, bei denen sich Zeugnisse des alten, d.h. heidnischen Volksglaubens mit der neuen christlichen Lehre vermischten und sich so erhielten. Erstmalig wird von einer solchen Pfingstwallfahrt auf dem Engelberg um 1400 berichtet. Dies ist der älteste urkundliche Beweis für den Namen Engelberg – „mons angeli" – und auch für ein christliches Heiligtum hier. „Nomen est omen".

Der Kult des Drachentöters hat sein Vorbild in dem schon 4.000 Jahre v. Chr. verehrten babylonischen Gott Marduk und war ursprünglich besonders im Osten verbreitet, was sich aus der kriegerischen Auffassung des Christentums in Byzanz erklären mag, wo man in Michael sogar den Oberkommandeur der eigenen Truppen sah. Michael, der Engel des Kampfes zwischen Licht und Finsternis, kam auch dem Geist der germanischen Völker besonders entgegen, weshalb ihn Karl der Große zum Patron seines Reiches wählte.

Auch andere Orte tragen ja den gleichen Namen, so der „Engelberg" bei Großheubach in Unterfranken, der „Engelberg" in der Schweiz, der „Monte San Angelo" in Apulien, oder das „Castel San Angelo" in Rom, in das sich der Papst bei höchster Gefahr zurückziehen konnte. Immer ist hier mit „Engel" oder „angelo" der Engel schlechthin gemeint, also der siegreiche Michael, der Überwinder der Teufelsheere. Der „Engelberg" bei Leonberg hat indessen mit der Deutung des hiesigen Engelbergs nichts zu tun, weil die Urschreibweise des Leonberger Engelbergs nachweislich „Endelberg" oder „Endberg" lautete und im Lauf der Zeit vom Volk eben umgestellt wurde. Die Bezeichnung „Endelberg" ist indessen sinnvoll, weil er am Ende eines Höhenzuges liegt, der über die Solitude von Stuttgart her herabzieht, also am „Ende des Berges".

Die Alamannen nahmen von ihren Stammesbrüdern, den Langobarden, das Christentum an. Schon im Jahr 568 n. Chr. führten die Langobarden bei der Eroberung Pavias das Bild des Erzengels Michael auf ihrem Banner – waren also Christen. Michael – der „dux angelorum" – war ihr Heiliger, und so weist auch der Name Engelberg auf eine alamannische Gründung hin.

Da die Alamannen vor den Franken in unserer Region siedelten, erklärt es sich auch, dass wir in unserer Gegend viele Michaelskirchen haben: In Winterbach, Schorndorf, Waiblingen, Backnang, in Schwäbisch Hall, Neckarrems und Oberböblingen. Viele von ihnen haben Vorgängerbauten – oder, wenn Sie so wollen, Wurzeln – die bis ins 6. nachchristliche Jahrhundert zurückreichen. Zwar wurden die Alamannen von den Franken, deren Heiliger Sankt Martin von Tours war, bei dem „Blutbad von Cannstatt" im Jahr 746 geschlagen, aber die Namen, die blieben – und bleiben bis auf den heutigen Tag.

Das Kloster Engelberg

Versuchen wir nun, uns in die Zeit, in der auf dem Engelberg das Kloster gegründet wurde, hineinzuversetzen, obwohl die Überlieferung höchst fragmentarisch ist und das Bewusstsein der damals lebenden Menschen ganz anders strukturiert war als das unsrige. Denken und empfinden wir uns also in eine Zeit zurück, in der es außer den natürlichen Grenzen, die durch Berge, Meere und Flüsse gebildet wurden, lediglich Wallgräben, Mauern oder Zäune gab, um den Besitz abzugrenzen. Das Land war ja noch nicht vermessen. Die exakte Landesvermessung erfolgte in unserem Land erst 1824 unter Zugrundelegung der 13 km langen pfeilgeraden Achse zwischen Schloss Ludwigsburg und der Solitude, die bis heute als Basis der Landvermessung dient. Diese Achse oder „herzogliche Chaussee" wurde von Herzog Karl Eugen in den Jahren 1764 – 1765 als kürzestmögliche Verbindung zwischen den erwähnten Schlössern als Privatstraße angelegt.

Noch im 15. Jahrhundert, also zur Zeit der Klostergründung, gehörte alles, was sich außerhalb der befriedeten Areale befand, dem Kaiser, der es in Form von (nach und nach erblich gewordenen) Lehen an die Fürsten und Edelleute weitergab. Die Grundherrschaft bedeutete absolute Herrschaft nicht nur über Pflanzen und Tiere, sondern auch über die dort lebenden Menschen, die „Leibeigene" waren. Sie mussten von den Erträgen ihrer geliehenen Erde leben, vor allem aber Abgaben in Form des Zehnten abliefern und der Herrschaft Frondienste leisten. Die Klöster bildeten eine Ausnahme, denn sie unterstanden nur dem Papst.

„Leibeigenschaft" finden wir zuerst bei den germanischen und slawischen Völkern. Im Gegensatz zur „Sklaverei", die aus der Antike bekannt ist, wird der Leibeigene nicht (wie ein Tier) als „Sache" betrachtet, über die der Herr nach Belieben verfügen kann, jedoch lebte der Leibeigene in einem Zustand verminderter persönlicher Freiheit gegenüber seinem Strandesherren und galt als „Zubehör zum ländlichen Grundbesitz". Gegenüber der Gutsherrschaft befand er sich somit im Verhältnis eines Untertans. Es wurden im wesentlichen zwei Klassen der „Unfreien" unterschieden: Die zins- und dienstpflichtigen Leute und die sogenannten Ministerialen: Aus letzteren bildete sich im Lauf der Zeit der Stand der Ritter und des Niedrigen Adels, der nach und nach den eigentlichen Lehensmannen oder Vasallen gleich geachtet wurde. Sie sind die Vorfahren der „Freiherren" und „Barone". Mit den Grafen beginnt indessen der „Hochadel".

Kaiser und Papst – das sind die beiden Pole der Macht, die das Mittelalter dominierten. Man verstand sie als die „beiden Schwerter" des Christentums. Und diese „Zwei-Schwerter-Lehre" hat ihren Ursprung im Lukas-Evangelium. Dort wird berichtet, dass Jesus beim letzten Abendmahl meinte, zwei Schwerter reichten zur Verteidigung aus. Wörtlich heißt es im Kap. 22, Vers 38: „Da sprach er zu ihnen: Denn was von mir geschrieben ist, das hat ein Ende. Sie sprachen aber: Herr siehe, hier sind zwei Schwerter. Er aber sprach zu ihnen: Es ist genug."

Dieser Passus wurde dahingehend ausgedeutet, dass das Christentum zu seiner Verteidigung „zwei Schwerter" benötige, d. h. eine weltliche und eine geistliche Macht, also Kaiser und Papst oder auch – in Analogie zum menschlichen Körper – einen weltlichen und einen geistlichen „Arm". Nach dieser Auffassung empfingen Kaiser und Papst ihre Schwerter unmittelbar von Gott. „Und beide Schwerter sind füreinander da: dort das priesterliche Schwert, um zum Gehorsam gegen den König zu führen, hier das königliche Schwert, um draußen die Feinde Christi zu bekämpfen und drinnen alle zum Gehorsam gegen den Priester zu nötigen." So steht es im „Sachsenspiegel" des Eike von Repgow aus dem Jahr 1220 (vgl. S. 220).

Entsprechend dieser Idee waren die christlichen Lande aufgeteilt in weltlichen und geistlichen Besitz. Tatsächlich besaßen die Klöster im mittelalterlichen Württemberg etwa ebensoviel Ländereien, wie dessen Grafen. Auch in anderen deutschen Gebieten lagen die Verhältnisse ähnlich. Die „Spänne und Irrungen" – wie man sagte – die sich hieraus ergeben mussten, beherrschten das ganze Mittelalter: Es war der Kampf zwischen Kaiser und Papst. Die weltliche Macht versuchte, die Klöster durch Übertragung der Reichslasten, durch Kauf und territoriale Umklammerung ihrem Herrschaftsbereich einzuverleiben. Die Klöster aber waren bestrebt, sich hiergegen nach Kräften zur Wehr zu setzen.

Andererseits brachte ihr weit verstreuter Besitz die Klöster in unlösbaren Kontakt zur weltlichen Macht, aus dem sich durchaus auch ein fruchtbares Zusammenwirken entwickeln konnte: Die Klöster brauchten den „Schutz und Schirm" der weltlichen Macht, gewährten aber ihrerseits den Beschützern „Rat und Hilfe". Letzteres konnte z.b. dadurch erfolgen, dass die Prälaten bei der Rechtspflege mitwirkten, denn über den Weg des Gerichts und der Friedenswahrung ließ sich weitgehender Einfluss auf politische Entwicklungen nehmen. Außerdem konnten Mönche durch dauerhaftes Gebet Heil und Wohlergehen sowohl der Landschaft als auch der Herrschaft fördern, die Toten bestatten, sowie die unehelichen Sprösslinge der Herrschaft aufnehmen und versorgen. So war die Verquickung der Klöster mit der weltlichen Herrschaft – des Frommen mit dem Politischen – mittelalterliches Erbe.

Ein „Mann von Stand" hatte sich daher zwischen einer weltlichen und einer kirchlichen Laufbahn zu entscheiden: Er diente also entweder der Farbe Rot – oder der Farbe Schwarz. Dies sind – nebenbei bemerkt – die altwürttembergischen Farben! Wer nicht zu den beiden privilegierten Ständen gehörte, war eben Teil des „Dritten Standes". Er gehörte zum „Nährstand", der gewöhnlich von allen Entscheidungen mit allgemeiner Tragweite ausgeschlossen blieb. Anders lagen die Verhältnisse freilich in den Freien Reichsstädten und den Hansestädten, in denen die Bürger zu erheblichem Einfluss gelangten, wie sich an ihren Bauwerken ablesen lässt.

Die Zwei-Schwerter-Lehre wirkte fort. Sie steht im Hintergrund von Stendhals berühmten Entwicklungsroman „Le Rouge et le Noir" und Ernst Jünger wollte (ebenso wie De Gaulle's berühmter Kultusminister André Malraux) in seinem Leben diese beiden Kräfte bündeln, indem er „mit Buch und Schwert, mit Tinte und Blut" zu wirken suchte. Niemand wird bestreiten, dass dies zumindest große Aspekte sind.

* * *

Vor dem geschilderten Hintergrund ist auch die Entwicklung auf dem Engelberg zu sehen, wo Graf Ulrich V., „Ulrich der Vielgeliebte" oder lateinisch: Ulricus adamatus (von dem offensichtlich unser Bürgermeister seinen Namen hat) ein Augustiner-Eremiten-Kloster gründete.

„Der Eifer für Klostergründungen war ja Ende des 15. Jahrhunderts eigentlich schon ganz erkaltet", berichtet schon die Oberamtsbeschreibung von 1851 (später wird dieser Satz vielfach wiederholt). Was den vielgeliebten Ulrich in seinem bewegten Leben zu der Stiftung veranlasst hat, ist heute schwer nachzuvollziehen. Vermutlich bestanden gute Kontakte zu dem Augustiner-Eremiten-Kloster in Schwäbisch Gmünd, das dort schon seit 1251 existierte und das später das Patronat über das Kloster Engelberg übernahm. Sicherlich dachte er auch an sein Seelenheil, als er gerade den Augustiner-Eremiten, zu denen zunächst auch Luther gehörte, das Recht einräumte, ein Kloster zu errichten. Von der

Person Ulrichs gibt folgende Beschreibung des Historikers Sattler ein lebendiges Bild: „Seine Zeitgenossen gaben ihm den Beinamen des Vielgeliebten. Aber ihm fehlte dasjenige, ohne was ein Fürst bei der größten Herzensgüte nichts weniger als ein Segen seines Volkes seyn kann: ein selbständiger Wille. Jahr aus Jahr ein wurde bankettiert, gebaut, gejagt, die glänzendsten Dienstgelder wurden gegeben – und den unumschränktesten Einfluß an seinem Hof übten die Frauen und die Pfaffen aus. Zu den ersteren hatte er einen unüberwindlichen Hang, gegen die letzteren die demüthigste Verehrung."

Graf Ulrich der V.

Aus der Stiftungsurkunde des Klosters, dem „Schirmbrief", erfahren wir von einer Marienkapelle auf dem Engelberg, „die neu erbaut und zu Ehren der allerheiligsten Jungfrau und Mutter Maria geweiht ist, zu der die größte Volksmeng andachtshalber tagtäglich herbeizuströmen pflegt und dies noch fortwährend thut", wie Sattler berichtet. Neben dem Erzengel Michael bekam also auch Maria, die Königin der Engel, eine Verehrungsstätte auf dem Berg. Sattler berichtet weiter, dass Graf Ulrich seine Räte auf den Engelberg entsandte, um sich von der Glaubwürdigkeit der Wundertaten zu überzeugen. Nachdem sie „durch findige Nachforschung" herausgefunden hatten, dass die Berichte über Wundertaten des Marienbildes stimmten, beschloss Ulrich, „bei vorerwähnter Kapelle der hochgepriesenen Jungfrau uff dem Engelberg" die Gründung eines Klosters, „da wir nach Ausweitung der Andacht und Zunahme des Gottesdienstes zu des Allerhöchsten Ehre und seiner unbefleckten Jungfrau Lobpreis dürsten", wie formuliert wurde.

Das Kloster bei der Marienkapelle wurde versehen „mit genügendem Unterhalt samt Glockenturm, Glocke, Refektorium, Zellen, Gärten und anderen nötigen Baulichkeiten". Eine Kirche wird nicht erwähnt, und es ist eher fraglich, ob sie überhaupt jemals errichtet worden ist. Die Untergebenen wurden mit „ernstlichen und strengen Befehlen angewiesen, sich nach allem Vorstehenden, was so segensreich zur Mehrung des Gotteslobs verfügt und geschaffen wurde, beständig zu richten und für seine Beachtung zu sorgen, sofern sie den Unwillen des allmächtigen Gottes und Strafmaßnahmen der bischöflichen Gewalt vermeiden wollen". Am Ende des ausführlichen Textes der Gründungsurkunde steht folgender Satz: „Gegeben zu Konstanz im Jahr des Herrn dem tausendvierhundertsechsundsechzigsten, am Samstag, dem neunzehnten des Monats April". So wissen wir nun auch den Wochentag der Klostergründung: Samstag, den 19. April 1466. Es war also ein Samstag – wie heute – an dem das Kloster gegründet wurde.

Prior und Kloster hatten verschiedene Siegel: Im Siegel des Priors ist die Figur des Erzengels Michael und in dem des Konvents das Gnadenbild der heiligen Maria dargestellt. Maria und Michael wirkten also hier auf dem Engelberg zusammen – ähnlich, wie früher heidnisches und christliches Erbe zu einer Einheit verschmolz.

links: Siegel des Priors mit „Michael"
rechts: Siegel des Kloster mit „Gnadenbild der Heiligen Maria"

Der Stifter eines Klosters sah es als seine Aufgabe an, für die dauernde wirtschaftliche Sicherung seiner Gründung Sorge zu tragen. So wurden dem Engelberger Kloster die pfarrlichen Rechte der drei Weiler Kickishardt, Bicklinsweiler (die beide wohl schon im 16. Jahrhundert abgegangen sind) und Manolzweiler übertragen, außerdem hatte es noch Gefälle in mehreren Gemeinden des Rems- und Filstals und durfte „Bettelbriefe" verfassen, die „an alle Churfürsten, Fürsten, Grafen, Freien, Ritter und andere versandt wurden mit Ersuchen, reichliche Almosen einzusenden". Die reichen Gaben und Geschenke, die früher unter dem Marienbild niedergelegt worden waren, sollen aber bald ausgeblieben sein, da die Wundertätigkeit des Bildes plötzlich aufgehört habe.

Der erste Prior des Klosters war Bartholomäus Schrötter aus Schwäbisch Gmünd. Er starb im Jahr 1496. Sein Grabstein wurde von Heinrich Reiser beim Bau des Malzkellers unter der heutigen Kurhausterrasse entdeckt, was auf die Lage des klösterlichen Friedhofs schließen lässt. Heute ist er an der Südwand des Schlosses befestigt.

Grabstein des Priors Bartholomäus Schrötter

Die Umschrift ist fragmentarisch. Mit einiger Mühe lässt sich der folgende Text lesen: „Anno Domini MCCCCXCVI obiit ...“ Das heißt: „Im Jahre des Herrn 1496 verschied ...“ Mehr ist nicht zu erkennen. Doch die Jahreszahl ist identisch mit dem Tod des ersten Priors, sodass es sich höchstwahrscheinlich nicht um irgendeinen Grabstein, sondern um denjenigen des Bartholomäus Schrötter, dem ersten Prior des Klosters Engelberg, handeln wird.

Von dem Klosterleben erfahren wir wenig, nur ist bekannt, dass das Kloster von Anfang an in Geldnöten war, obwohl es von den umgebenden Orten den „Zehnt“ – also den zehnten Teil der Erträge – erheben durfte. Drei Arten von „Zehnt“ wurden hierbei unterschieden: Der „Große Zehnt“ bestand aus Wein und den vier Kornarten: Gerste, Hafer, Roggen und Weizen – der „Kleine Zehnt“ aus Kraut und Rüben, dazu Hirse, Erbsen Zwiebeln, Obst, Heu, Bohnen, Hanf und Flachs. (daher der Begriff: „Wie Kraut und Rüben“). Der „Blutzehnt“ war von geschlachteten Tieren zu entrichten. Bei Hochzeiten konnte die Herrschaft – also hier das Kloster Engelberg – zudem ein „Busen- oder Schürzengeld“ und ein „Busenhuhn“ und im Todesfall einen gewissen Teil des Nachlasses, namentlich die besten Stücke Vieh, für sich beanspruchen.

Außerdem musste von jeder Feuerstelle ein „Rauchhuhn“ abgegeben werden. Es bestand Kelter– und Mühlenzwang, was bedeutet, dass auch dort Abgaben zu entrichten waren. Die stärkste Belastung für die Vertreter des Dritten Standes aber war das Fronen oder die „Herrendienste“, die mit Pferden abzuleisten waren. Wer kein Pferd besaß, war zum „Handfronen“ verpflichtet. Unter den Frondiensten hatten natürlich die Bauern, die den weitaus größten Teil der Bevölkerung ausmachten, zu leiden. Die Belastung der Bauern war insgesamt so, dass sie etwa die Hälfte ihrer oft kargen Erträge abgeben mussten. Dies führte zu ersten Unruhen, welche das Kloster Engelberg 1512 veranlasste, schützende Mauern um seinen Besitz zu errichten. Offensichtlich waren die Zeiten unsicher geworden, und es zeichneten sich schon jene Unruhen ab, die schließlich im Bauernkrieg zur Zerstörung des Klosters führten.

Die Lage spitzte sich unter der Regierung von Ulrich VI., dem Sohn des geisteskranken Herzogs Heinrich, zu. Er war mit 16 Jahren für volljährig erklärt worden und hatte mit unbeschreiblichem Aufwand Sabine, die Nichte von Kaiser Maximilian, geheiratet. Seine Festlichkeiten wurden von Dichtern, die nach höfischen Ehren strebten, verherrlicht, doch in den Geschichtsbüchern wird er als zwielichtige Gestalt von hoher Begabung und großer politischer Wendigkeit geschildert, misstrauisch und leicht erregbar.

Da er riesige Schulden angehäuft hatte, wurde die Idee geboren, dass die Preise der Waren zwar gleich bleiben sollten, jedoch die Gewichte und Maße um 1/10 reduziert würden. Die Mehreinnahmen waren an die herzoglichen Kassen abzuführen. Doch mit dieser Maßnahme fühlten sich die Untertanen in ihrem Rechtsempfinden angegriffen: Es erschien ihnen als Betrug, dass sie nicht mehr den vollen Schoppen und nicht mehr das volle Pfund erhalten sollten.

In ernste Schwierigkeiten geriet das Kloster in der Zeit der Bauernkriege. Der Aufruhr begann 1514 mit einem „Schwabenstreich“: Das Mittelalter liebte „Gottesurteile“, die z.B. darin bestanden, dass sogenannte Ketzer mit Gewichten beschwert in den Fluss geworfen wurden. Gingen sie unter, waren sie unschuldig, wenn auch tot. Schwammen sie aber, war dies ein Zeichen dafür, dass die Delinquenten mit dem Teufel im Bunde waren und daher nun ihrer gerechten Strafe überführt werden mussten.

Dessen eingedenk, veranlasste der Gaispeter von Beutelsbach, der sich selbst den „Armen Conrad" nannte, ein Gottesurteil in seinem Sinn: Er organisierte eine Prozession zur Rems, bei der die neuen Gewichte mit Pauken und Trompeten mitgeführt wurden. An der Rems angekommen, sagte er, bevor er die Gewichte ins Wasser warf, sein Vers'chen auf:

Haben die Bauern recht, so fallet zu Boden,
Hat der Herzog recht, so schwimmet oben!

Und – oh Wunder – die Gewichte gingen unter! Der „Arme Conrad" wurde von seinen Zeitgenossen als ein „unnützer, verdorbener, übelhausender Tropf" beschrieben. Indessen muss er ein ganz helles Köpfchen gewesen sein. Jedenfalls versammelten sich – wieder unter seiner Führung – die um Gerechtigkeit kämpfenden Bauern auf dem Engelberg, was durchaus als Zeichen dafür gewertet werden darf, wie wichtig im Bewusstsein der Bevölkerung der seit langem geheiligte Ort war.

So wurden die Mönche in den ersten Maitagen des Jahres 1514 Zeugen eines Volksaufstandes. Ein starker Haufen von Bauern und Weingärtnern zog vom unteren Remstal her gegen Schorndorf und konnte nur mit Mühe beschwichtigt werden. Im Juli dieses Jahres musste Herzog Ulrich bei einer zweiten Revolte sogar nach Stuttgart fliehen, um sein Leben vor den Meuterern zu retten. Doch schließlich wurde der Aufruhr blutig niedergeschlagen. 16 „Rädelsführer" wurden enthauptet und der Kopf des Jacob Dautel auf dem Turm des mittleren Tores von Schorndorf gesteckt. Mit der gewaltsamen Unterdrückung waren die Probleme des Bauernstandes allerdings nicht gelöst, sondern eher verschärft worden.

Der Bauernaufstand des Armen Conrad wird die Mönche veranlasst haben, noch stärker an ihre eigene Sicherheit zu denken. Vermutlich legten sie damals die Fluchtgänge an, deren Existenz mündlich überliefert ist. Johannes Schneider, der an der Engelberger Waldorfschule unterrichtete, berichtet in Winterbacher Heimatbuch von 1972, dass ein Rutengänger versuchte, die verbleibenden Fundamente und die Fluchtgänge des ehemaligen Klosters aufzuspüren. Dieser entdeckte manches Überraschende, das sogar in geringem Umfang durch Nachgrabungen bestätigt werden konnte. Freilich ist es von einem Rutengänger zuviel verlangt, wenn er nicht nur die in der Erde verborgenen Reste von Mauern und Hohlräumen aufspüren, sondern sie auch noch datieren soll. So kam es zu Fehlinterpretationen, die nur durch exakte wissenschaftlich Analyse berichtigt werden könnten. Es wäre daher wünschenswert, dass die Untersuchungen fortgesetzt werden: Wenn Schüler der Waldorfschule unter der fachlichen Aufsicht des Landesdenkmalamtes die nötigen Grabarbeiten ausführen, können sie einerseits zum Verständnis des Ortes, an dem sie zur Schule gehen, wesentlich beitragen und sich hierdurch mit ihm verbunden fühlen, zum anderen gewinnen sie auf diese Weise erste Einblicke in das Berufsbild des Archäologen.

Zehn Jahre nach dem Aufstand des Armen Conrad – am 23. Juni 1524 – begann der große Bauernkrieg. Die Ursachen wurden schon angedeutet, doch der unmittelbare Anlass für den Aufstand war der Wunsch einer Gräfin von Lupfen, die mitten in der Ernte von ihren Untertanen verlangte, Schneckenhäuser zu sammeln, auf die sie Garn aufwickeln wollte. Der Aufstand weitete sich über ganz Süddeutschland aus und griff nach

Thüringen, Sachsen und Österreich über. Der „Gaildorfer Haufen" zerstörte die Klöster Lorch und Adelberg, stürmte den Hohenstaufen und äscherte ihn ein. Ebenso ging das Kloster Engelberg in Flammen auf. Über das Schicksal der Mönche ist nichts bekannt. In der Oberamtsbeschreibung von 1851 heißt es hierzu:

„Im Jahr 1525 brachte der Bauernkrieg die Zerstörung über das Kloster Engelberg und in deren Gefolge dessen gänzliche Aufhebung. Der letzte Prior, Johannes Bentz, übergab dasselbe am 22. Oktober 1538 an Herzog Ulrich VI. „gegen Übernahme der Schulden und lebenslänglichen Unterhalt im Kloster Maulbronn, wo er ein eigen Stüblein und Kammer, Essen und Trinken, Kleidung und Schuhe und 8 Gulden zu Badgeld erhielt. Sofort wurden die Steine der hiesigen Kirche zum Festungsbau in Schorndorf verwendet" (vgl. S. 252).

In gleicher Weise verfuhr man mit den Steinen der Klöster Adelberg, Ebersberg und des Stammschlosses der Hohenstaufen. Schorndorf – in der Talaue der Rems gelegen – wurde mit diesen Steinen zur bestbefestigten Stadt des Herzogtums ausgebaut, denn militärische Angriffe wurden vor allem von Osten her befürchtet. Die Stadt Schorndorf erhielt einen doppelten Bering mit Wassergraben und mächtigen Wehrtürmen. Heute ist die Schorndorfer Stadtmauer bis auf spärliche Reste, deren Erhalt nur dem Denkmalamt zu verdanken ist, geschleift. Bei Erdeingriffen stößt man noch auf die Kasematten der ehemals bedeutenden Wehranlage.

Das Ende des Bauernkrieges war furchtbar: Unter der Führung von Truchseß Georg von Waldburg – genannt der „Bauernjörg" – hatte der Schwäbische Bund ein Heer aufgeboten, das die „hellen Haufen" der Bauern am 12. Mai 1525 bei Böblingen vernichtend schlug. Zehntausende von Aufständischen ließen ihr Leben. Unter ihnen war beispielsweise Jörg Ratgeb, der Maler des Herrenberger Altars, der auf dem Marktplatz von Pforzheim geviertelt wurde. Danach blieb für die Bauern nicht nur alles beim alten – sie waren darüber hinaus für die kommenden Jahrhunderte mundtot gemacht.

Das herzogliche Jagdschloss

Das Kloster Engelberg bestand nur 59 Jahre: von 1466 bis 1525. Mit seiner Zerstörung im Bauernkrieg endet die *geistliche Tradition* des Ortes. Es gehört indessen zu den Besonderheiten des Engelbergs, dass dort, wo zuvor eine heidnische, dann eine christliche Kultstätte war, nun durch den Bau eines herzoglichen Jagdschlosses die *weltliche Tradition* einsetzte. Erinnern wir uns in diesem Zusammenhang an den „weltlichen und geistlichen Arm" des Christentums (vgl. S. 270 – 271).

279 Jahre lang – also bis zur Privatisierung des Jagdschlosses im Jahr 1817 (vgl. S. 292) oder während fast zehn Generationen – wurden nun herzogliche und seit 1805 königliche Jagden auf dem Engelberg veranstaltet.

Schon Herzog Ulrich VI., der die Schulden des Klosters ablöste und das Klosterareal in seinen Besitz übernahm, muss den exponierten Ort geschätzt haben, den der „Schurwald" – oder, wie er auch genannt wurde – der „Weite Wald" umgab. Dieser Wald sollte vor Freveltaten geschützt werden, und so saß schon früh ein Forstmeister auf dem Engelberg, der die Region zu überwachen hatte. Er nutzte bis 1602 die Teile des Klosters als Wohnung, welche unzerstört geblieben waren. Vor allem aber erfolgte hier „manch fröhliches

Jagen der Fürsten" der damaligen Zeit, deren Vorrecht und Hauptvergnügen ja die Jagd war, und manches Fest mag hier gefeiert worden sein.

Zunächst wurde ein großer Wildpark angelegt, der von Winterbach über Baach nach Baltmannsweiler reichte und somit eine Fläche von etwa 300 ha bedeckte. Er erhielt eine 7 Fuß hohe Ummauerung und war zeitweise mit 100 Stück Schwarzwild, 40 Stück Rotwild und 20 Stück Damwild besetzt. Bis 1844 war sogar ein sogenannter „Wildmauer-aufseher" von der Gemeinde gegen eine geringe jährliche Belohnung angestellt, um die Mauer in Ordnung zu halten. Noch heute finden sich auf der Winterbacher Markung Überreste der riesigen Wildmauer im Gelände, doch die meisten Steine wurden später zum Haus- und Wegebau wiederverwendet.

64 Jahre nach der Übernahme des Klosters in staatlichen Besitz – im Jahr 1602 – wurde von Herzog Friedrich I. das Jagdschloss errichtet, dessen 400jähriges Bestehen wir heute feiern.

Wer war Herzog Friedrich? Wer kommt als Baumeister des Jagdschlosses in Frage? Was ist die Besonderheit des Gebäudes? Wie wurden Jagden veranstaltet und Wilddiebe bestraft? Diese Fragen werden uns nun beschäftigen.

Herzog Friedrich wurde 1557 geboren, übernahm 1593 die Regierung des Herzogtums und starb im Jahr 1608. Er war eine groß angelegte Persönlichkeit. Sein Vater, Graf Georg, war Statthalter von Mömpelgard, das damals zum Herzogtum Württemberg gehörte. Karl Pfaff beschreibt Friedrich in seinem 1821 erstmalig erschienenen Buch „Württembergs geliebte Herren" folgendermaßen: „Seine Herrschaftstalente hatten ihn auf einen größeren Thron bestimmt,

Herzog Friedrich I.

für ihn war Wirtenberg zu klein und dieses, auch ihn drückende, Gefühl raubte dem Land größtenteils die Früchte seiner Klugheit und Thätigkeit, ihm aber den unbefleckten Ruhm eines großen, trefflichen Fürsten."

Er sollte in Tübingen an dem von seinem Vorgänger Herzog Christoph gegründeten „Collegium Illustre" Latein und Französisch lernen, zudem juristische und philosophische Vorlesungen hören, doch missfiel ihm die Enge des Studentenlebens gründlich. Viel lieber wollte er auf Reisen und auf Brautschau gehen. Diesen Wunsch setzte er gegen den Rat seiner Vormünder durch und reiste quer durch Europa. Am Hof des Fürsten Joachim Ernst von Anhalt fand er auch tatsächlich in dessen Tochter Sibylla seine zukünftige Frau, die er am 22. Mai 1581 in Stuttgart heiratete. Die alte Reiselust war indessen nicht erloschen. Sie trieb ihn 1592 nach England, wo ihm die Königin den erstrebten Hosenbandorden verlieh, den er mit Stolz trug.

Zusammen mit seinem Baumeister Heinrich Schickhardt, dem Nachfolger von Georg Beer (vgl. S. 115 f.), unternahm er 1599 eine ausgedehnte Italienreise, um die Bauten der Antike und der Renaissance zu besichtigen. Das Ergebnis dieser Reise war u.a. die Gründung von Bad Boll und – wie es heißt, in „schauerlicher Wildnis" – zudem die Gründung einer Stadt mit regelmäßigem, quadratischem Grundriss, die er „Friedrichs Freudenstadt" nannte. Daher der heutige Name.

Friedrich strebte die Reichsunmittelbarkeit an und beschenkte daher den Kaiser in Wien mit Pferden und Juwelen. Dass aber den Geschenken und Versprechen keine Taten folgten, beweist eine ärgerliche Randglosse auf einem diesbezüglichen Brief: „Der Effectus wäre einmal Zeit!"

Mit dem Kaiser verband ihn auch der Hang zur Alchimie – insbesondere der Wunsch, durch alchimistischen Zauber Gold herstellen zu können. Eine ganze Reihe von „Goldmachern" meldete sich, doch mussten sie es mit dem Leben büßen, wenn sich der Herzog hintergangen fühlte. Dieser ließ auf der Stuttgarter „Galgensteige" eigens einen eisernen Galgen errichten, an den solche Delinquenten gehenkt wurden. Mit den beharrlichen Versuchen, durch Alchimie zu Gold zu kommen, wurde allerdings auch ein erster noch unbewusster Schritt auf dem Weg zur wissenschaftlichen Erschließung der Natur getan.

Der Begriff „Alchimie" (oder auch „Alchymie") ist aus dem Wort „Chemie" und der arabischen Vorsilbe „al" zusammengesetzt und bedeutet eigentlich nur „die Chemie". Das Wort Chemie selbst stammt von dem ägyptischen Cham oder Chami, womit die „schwarze Erde", aber auch das Schwarze im Auge, das Symbol des Dunklen und Verborgenen, bezeichnet wurde. So bedeutet Chemie ursprünglich die ägyptische oder „geheime Wissenschaft", die später auch die „geheime oder schwarze Kunst" genannt wurde. Das alte Wissen ging aber größtenteils bei der Zerstörung der alexandrinischen Bibliothek im Jahr 640 n. Chr. verloren und wissenschaftliche Tätigkeit begann erst von neuem unter der Herrschaft der Araber. So weist die Wortbildung schon auf die Bedeutung hin, welche die Araber in mittelalterlicher Zeit auf diesem Feld hatten, auf dem man sich mit der künstlichen Herstellung edler und kostbarer Metalle, vor allem von Gold, befasste.

Die Geschichte der Alchimie ist mithin ein Teil der Geschichte der Chemie selbst, bis zu dem Punkt, wo Aberglaube und Betrügerei eine Pseudo-Wissenschaft schuf, die mit wissenschaftlichem Arbeiten im modernen Sinn nichts zu tun hat, besonders dann, wenn versucht wurde, einen Stoff herzustellen, der alle Körper in Gold verwandelt und womöglich zudem noch alle Krankheiten heilt. Man nannte diesen Stoff „Magisterium". Einer der Forscher auf diesem Gebiet war Raimundus Lullus, der Gold nur herstellen wollte, um damit einen Kreuzzug gegen die Ungläubigen zu finanzieren. Ein anderer war der Franzose Le Cor, der als Goldmacher von König von Frankreich zunächst zum Münzmeister, dann sogar zum Finanzminister ernannt wurde. Le Cor betrieb seine Goldmacherei einfach damit, dass er mit dem Stempel des Königs falsche Münzen schlug und in Umlauf setzte. Auch Böttger (1685 – 1719) war Alchimist. Er wurde von August dem Starken 1705 in Meißen in „honette Kustodie gesetzt" (d.h. in ehrenwerter Gefangenschaft gehalten) und damit beauftragt, Gold herzustellen. Dies gelang ihm zwar nicht, doch schuf er als erster Europäer das schon von China her bekannte „Weiße Gold", d.h. das Porzellan, das aus Kaolin, Quarz und Feldspat besteht. An den fürstlichen Höfen der Zeit wurde dieses Porzellan mit Gold aufgewogen, ja sogar gelegentlich für wertvoller als Gold erachtet.

Kehren wir nach diesem kleinen Ausflug in die Welt der Alchimie wieder nach Württemberg zurück: Robert Uhland fasst das Leben von Herzog Friedrich I. in dem Werk „900 Jahre Haus Württemberg" folgendermaßen zusammen: „Friedrich ist der früheste

Vertreter des fürstlichen Absolutismus in Württemberg und gehört zu seinen hervorragendsten Herrschern. Sein Verdienst liegt vor allem darin, dass er Württemberg dem Einfluss französischen Gedankenguts öffnete und so seinem Land den Anschluss an Geist und Kultur einer neuen Zeit ermöglichte".

Der Architekt unseres Schlosses ist bis jetzt noch nicht entdeckt worden. Georg Beer, der als herzoglicher Baumeister u.a. in Stuttgart das „Lusthaus" errichtet hatte, welches Dehio zu den bedeutendsten Profanbauten der deutschen Renaissance zählt (vgl. S. 115 f.) starb am 17. Juli 1600, also zwei Jahre vor der im östlichen Schlossgiebel eingeschlagenen Jahreszahl 1602, die wohl die Fertigstellung des Gebäudes markiert.

Den Nachweis zu erbringen, dass er mit der Planung des Engelberger Jagdschlosses befasst war, wäre nun recht reizvoll für mich, denn meine Mutter entstammt seiner Familie. Zumindest könnte Georg Beer die Pläne für das Gebäude begutachtet haben, die ja schon etliche Jahre vor dessen Ausführung entstanden sein müssen. Auch mag er mit der Platzierung des Gebäudes im Gelände, mit dessen klarer Grundriss-Disposition und den ansprechenden Proportionen beschäftigt gewesen sein, welche das ehemalige Jagdschloss auszeichnen. Ebenso denkbar ist es freilich, dass hierbei Heinrich Schickhardt, der 1596 das Amt des „herzoglichen Hof- und Landesbaumeisters" von Georg Beer übernahm und es bis zu seinem Tode im Jahr 1634 innehatte, hierbei mitgewirkt hat.

Die Grundstrukturen beider Gebäude sind verwandt: Bei dem Stuttgarter Lusthaus, ebenso wie bei unserem Jagdschloss handelt es sich um einen stattlichen, zweigeschossigen Bau auf dem Grundriss eines gestreckten Rechtecks mit Satteldach, dessen beide Giebel die Grundform eines gleichseitigen Dreiecks haben. Bei dem Engelberger Jagdschloss dienen Stufengiebel mit je 14 Stufen auf jeder Giebelseite als aus der Gotik übernommenes Hoheitszeichen, während der Stuttgarter Bau als Zierde der Giebel Voluten mit Fialen trug. Auch fehlen die Engelberger Schloss die an mittelalterliche Burganlagen erinnernden runden Ecktürme und die von Pfeilern getragene, vorgesetzte Loggia, die das Stuttgarter Lusthaus zieren (vgl. S. 115 f).

Schloss Engelberg um 1930

Dass aber unser Jagdschloss ganz unabhängig von den beiden herzoglichen Baumeistern entstand, ist eher unwahrscheinlich, denn beide trugen die fachliche Verantwortung für alle Bauten des Landesherren.

Betrachten wir nun den Grundriss des Gebäudes näher, so sehen wir, dass es sich um eine zweibündige Anlage mit fünf querliegenden, das Gebäude aussteifenden Zonen handelt. In der breiteren Mittelzone befand sich ein stattliches Treppenhaus, das vom Erdgeschoss ins erste Obergeschoss, dem „Piano nobile", führte. An beiden Seiten schließen je zwei schmälere Zonen an. Die Zweibündigkeit der Anlage, die durch einen durchlaufenden Flur bestimmt ist, wird im ersten Obergeschoss voll erlebbar. Ich erinnere mich noch daran, wie ich als Kind mit meiner Radelrutsch durch den langen Flur fahren konnte. Morgens sah ich die Sonne an der Ostseite des Hauses aufgehen, abends konnte ich den Sonnenuntergang an der Westseite bewundern (vgl. S. 301).

Der östliche Keller des Schlosses ist – wie bei Bauernhäusern üblich – von innen durch eine kleine Tür, von außen aber durch ein großes Tor an der Südseite des Gebäudes zu begehen, durch welches Fässer transportiert werden konnten. Diese Haupttreppe zeigt eine merkwürdige Stufenführung: Während ihr unterer Teil mit schöner Gleichmäßigkeit angelegt ist, sind die oberen Stufen höher und steiler. Dies lässt darauf schließen, dass der Keller vom dem Kloster übernommen wurde. Um aber auf das beim Schlossbau angehobene Geländeniveau zu gelangen, mussten die oberen Stufen steiler werden. Ursprünglich hat die Kellertreppe selbstverständlich eine regelmäßige Stufenführung gehabt.

Schlosspark

Adolf Schahl hat in seinem zweibändigen Werk „Die Kulturdenkmale des Rems-Murr-Kreises" nachgewiesen, dass der Terrassengarten, der zu dem Schloss gehört, unter Herzog Karl Eugen durch den Baumeister Christoph Friedrich Weyhing (1716 – 1784) angelegt wurde. Weyhing war auch beteiligt an den Vergrößerungsprojekten der Gärten von Ludwigsburg und der Solitude, bei denen in abgewandelter Form die französische Gartenkunst der „grande époque" rezipiert wird.

Der „Terrassengarten" ist eigentlich eine Architekturform der Renaissance, die im 18. Jahrhundert schon langsam aus der Mode kam und die im 19. Jahrhundert vom „Englischen Landschaftsgarten" abgelöst wurde. In unserem Raum sind Terrassengärten selten. Ich erinnere an den Terrassengarten von Leonberg. Andeutungsweise finden wir ihn auch bei dem Schlösschen Favorite in Ludwigsburg realisiert. Archivalisch konnten aber bis jetzt keine Details zur Entstehung des hiesigen Schlossgartens dingfest gemacht werden.

In einer historischen Gartenanlage spielt im Gegensatz zu anderen Denkmalen der Kunst und Architektur die vierte Dimension eine besondere Rolle: Die Zeit, die sich dort durch Werden und Vergehen anschaulich manifestiert. Wenn man nun den längsten Teil seines Lebens mit und in solch einem Garten gelebt hat, so beginnt er, zu einem von den Lebensprozessen zu sprechen – von Befruchtung, Geburt, Wachsen, Blühen und Gedeihen, von Krankheit und Tod – von Werden und Vergehen. Das Tierreich offenbart sich in Liebe und Hass und die geistige Gestaltungskraft des Menschen in den geometrischen Grundstrukturen der Anlage. Das Unvollendete und Ruinöse lässt sich als Sinnbild der Melancholie und Mahnung der Vergänglichkeit verstehen. So spiegelt der Garten die wesentlichen Lebensprozesse und verfügt doch gleichermaßen über eine gewisse Schutzfunktion vor der krassen Realität, vor allem dann, wenn man in ihm arbeitet, was stets eine harmonisierende Wirkung hat. Es sind Bilder, die Moral und Gewissen anzusprechen vermögen.

Jagschloss Engelberg

Der Engelberger Schlossgarten ist in einem Gelände angelegt, das in südöstlicher Richtung vom Schloss zum Remstal hin abfällt. Er ist durch sieben rechtwinklige, stufenförmig angeordnete Terrassen gegliedert, die durch zwei nach Süden und nach Osten hin verlaufende Treppenanlagen erschlossen werden. Die nach Osten orientierte Treppenanlage führte ursprünglich in gerader Linie vom Schloss bis zum Schlossteich. Dies ist die Hauptachse des Gartens, die sich über ein ehemals zentral platziertes Bassin und über den Springbrunnen des Schlossteiches bis zu einem kleinen Teehäuschen auf der Gartenmauer fortsetzt. Dieser Achse entspricht eine in nord-südlicher Richtung angelegte Querachse, die durch zwei hainbuchenumstandene Pavillons auf quadratischem Grundriss markiert war.

Zwar wurde der südliche Pavillon, in dem schon im Sommer 1945 die „Freie Waldorfschule Engelberg" gegründet wurde,[4] neuerdings restauriert, doch an der Stelle des entsprechenden nördlichen Pavillons, an der bis vor kurzer Zeit noch die umgebenden Hainbuchen standen, ist die Situation durch die neuen schulischen Bedürfnisse bis zur Unkenntlichkeit verändert.

Pfarrer Nuding beschrieb die Anlage: „Es muss etwas Wunderbares sein, wenn man hier zur Abendstunde dem Lied der Grillen lauschen kann; wenn die letzten Strahlen der Sonne sich in den Fenstern brechen und die Nacht im Sternenglanze ihren kühlen Hauch auf die Stätte hernieder träufeln lässt. Da mögen dann alle guten Geister lebendig werden, und man möchte sie beschwören, dieses Tusculums Beschützer zu sein."

---

[4] Vgl. S. 297 f.

Fällt dann in einer lauen Sommernacht das Mondlicht auf den terrassierten Garten, in dem prächtige Bäume mächtig in den sternenbesäten Himmel ragen, die ihre Schatten auf Wiesen und Beete werfen und murmelt dann „der Springbrunnen von der alten, vergangenen Zeit" – um mit Eichendorff zu reden – so werden die schönen und großen Verhältnisse des Gartens eindrucksvoll erlebbar. Es entsteht ein Bild voll eigentümlichen Lebens, voll bestrickenden Zaubers und voll poetischer Stimmung.

Im Laufe der Zeit wurde der Bedeutung der Anlage allerdings immer weniger Beachtung geschenkt. Meine Familie hat dazu beigetragen, indem sie den Neubau eines Schulhauses in dem nordöstlichen Bereich des Parks zuließ, wo zuvor ein Hühnerstall und noch früher ein Tennisplatz war. Auch unser Wohnhaus hätte nicht genehmigt werden dürfen, wenn man sich ausschließlich an den heute gültigen denkmalpflegerischen Kriterien orientiert hätte.

Doch ich weiß noch gut, dass eine denkmalpflegerische Betrachtungsweise in der Nachkriegszeit überhaupt nicht ins Bewusstsein der Entscheidungsträger vorgedrungen war, als es vor allem um notwendige Nutzungen ging – um Nutzungen, die eine „Not wenden" sollten. Das Schloss selbst wurde zwar schon am 26. Juli 1930 unter Denkmalschutz gestellt und gilt bis heute als „Kulturdenkmal von besonderer Bedeutung", doch musste ich erst selbst Denkmalpfleger werden und zufällig bei einem Kongress den Begriff „Terrassengarten" hören, bevor ich verstand, was mein elterlicher Besitz überhaupt darstellt. Nachdem ich nun alleiniger Eigentümer des meinen Eltern verbliebenen Anwesens wurde, beantragte ich, dass es unter Denkmal- und Naturschutz gestellt wird, um es auch über meine eigene Existenz hinaus bestmöglich erhalten zu wissen. Meine Kollegen gaben dem Antrag zögernd statt. Nun sind die „Reste des Schlossgartens" als „Kulturdenkmal" ausgewiesen.

See, Hainbuchenallee und die beiden Eiben – angeblich die größten Württembergs – sind zudem „Naturdenkmale", und ich bemühte mich im Sommer des Jahres 1991 mit hohem Aufwand um die dringend notwendige Entschlammung und Sanierung des Teiches – leider vergeblich. Statt eines versumpften Schnakenlochs, wie der See sich heute präsentiert, wäre mir eine stilvolle Bebauung des See-Areals unter Beibehaltung der vorgegebenen Symmetrieachse und eines kleinen zentralen Beckens lieber gewesen. Doch ich wurde sozusagen in meinem selbst gestellten Netz gefangen und mein Bauantrag von der Gemeinde unter Verweis auf Natur- und Denkmalschutz abgelehnt. – Ich war im Grunde nicht einmal sonderlich böse darüber. Selbst aber kann ich die Sanierung des Sees nicht noch einmal bezahlen. So hoffte ich – leider bis jetzt vergeblich – auf fühlbare Unterstützung der öffentlichen Hand bei der dringend notwendigen neuerlichen Instandsetzung des Sees, dessen Erhalt jetzt ja nun im „öffentlichen Interesse" liegt.

Hofjagden

Doch zurück zur historischen Betrachtung: Schon kurz nach der Errichtung des Jagdschlosses, nämlich im Jahr 1618, begann der Dreißigjährige Krieg. Quellen aus dieser Zeit fehlen fast vollständig, nur wird überliefert, dass nach 1648 (dem Ende des Krieges) sowohl das Forsthaus als auch die umliegenden Gebäude des Unterhofs menschenleer standen. Den Kriegsjahren folgten Not, Krankheit und Verelendung. Die Schlacht bei

Nördlingen und besonders die Belagerung von Schorndorf im Jahre 1688 durch die Franzosen (Melac) haben den Engelberg sicher in Mitleidenschaft gezogen. Die Verhältnisse besserten sich erst allmählich in der Barockzeit.

Besonders ragt hier eine Figur hervor, die den Gipfelpunkt des Absolutismus in unserem Lande verkörpert: Herzog Karl Eugen, der Erbauer des Neuen Schlosses in Stuttgart, der Solitude und des Schlosses von Hohenheim (1728 –1744 – 1793) – und zudem der Gründer der Hohen Karlsschule in Stuttgart. Von ihm wird berichtet, dass er Ende des 18. Jahrhunderts regelmäßig alle drei Jahre zwei Monate mit einem Gefolge von bis zu 500 Mann auf dem Engelberg verbrachte, nachdem sein Baumeister C.F. Weyhing das Engelberger Jagdschloss gründlich umgebaut und den Garten angelegt hatte. (Es gibt in den Herzoglichen Rentkammerakten im Staatsarchiv von Ludwigsburg, Abteilung „Forstmeisterei Schorndorf", eine „Baukostenkonsignation" über 3.890 Gulden mit dem Datum 30.VII.1750). Damals wurde vermutlich auch das stattliche obere Tor – später als das „Rote Tor" bekannt – errichtet, auf das wir später noch einmal eingehen werden (vgl. S. 302).

Herzog Karl Eugen

Bei seinen Jagden wurde der Herzog zunächst neben anderen von Mademoiselle Bonafine begleitet, später nur noch von Franziska von Hohenheim, dem „Engelsfranzele", die man zunächst für nichts anders als eine neue „maîtresse en titre" hielt, die aber rückblickend als eine ungewöhnlich kluge und taktvolle Frau erscheint, die es verstand, dem Herzog Ideale zu suggerieren, die er dann für seine höchstpersönlichen Ideen hielt:

Sie vermochte ihn von den käuflichen Freuden des Lebens wegzulenken, sodass nach und nach das ganze Serail mit den Sängerinnen und Tänzerinnen abgebaut wurde. Im Ehekontrakt hatte sie zwar noch versprechen müssen, sich nie in politische Angelegenheiten einzumischen, doch unter-

Franziska von Hohenheim

nehmen der Herzog als ihr Gatte nichts, was sie nicht gebilligt hätte. Sie setzte seinem rastlosen Tatendrang Ziele, die ihm als wirklichem Landesvater Ehre machten. Nachweislich hat sie den Herzog auch bei seinen Jagden auf den Engelberg begleitet.

Herzog Karl Eugen war – wie die meisten Fürsten seiner Zeit – ein großer Jäger. Das Wild wurde in verderblichem Übermaß gehegt. Herdenweise fiel es in die Äcker und Weinberge ein, die zu umzäunen strengstens verboten war. Die Bauern seufzten unter diesen Jagden, denn sie mussten Fron– und Treiberdienste leisten und über tausend Jagdhunde stellen, die sie in herzoglichen Zwingern zu verköstigen hatten. Oft wurde an einem Jagdtag die Arbeit eines ganzen Jahres zerstört. Jede Art von Selbsthilfe wurde den Bauern verboten und mit Zuchthausstrafe geahndet.

Angesichts des riesigen Wildbestandes der Zeit fehlte es nicht an Beute. Es gab so viel Wild, dass es fast unser Vorstellungsvermögen übersteigt: Aus dem Tagebuch des Freiherrn von Buwinghausen-Wallmerode, in dem über die „Land-Reisen" des Herzogs Karl Eugen in der Zeit von 1767 bis 1773 berichtet wird, geht hervor, dass man von einem Platz aus „rechter Hand 160 biss 180, linkerhand 50 biss 60, gerad vor dem Schloss auf der Frohnwiese 50 biss 70 Stük Rothwildprett sehen und zählen konnte" (S. 71). Entsprechend waren die Strecken: Am 21. Oktober 1767 wird berichtet: „der Herzog haben in der heurigen Hirschbrunst geschossen: 2 Hirsch von 16 Enden, 10 von 14, 19 von 12, 20 von 10, 3 von 8, 2 von 6 Enden = 56 Stück" (S. 11 des erwähnten Berichts). In diesem Zusammenhang ist es zu sehen, wenn an anderer Stelle berichtet wird, dass der Herzog „nur 4 Hirsche" an einem Tag geschossen hat. Wenn man aber – wie weiland der Oberforstmeister von Bose vom Engelberg – den ganzen Tag gar nichts geschossen hatte, musste man „nachts am Hasentisch speisen".

Jagdszene, 18. Jahrhundert

Wie so ein Jagdtag ablief, lässt folgender Bericht aus gleicher Quelle (S. 105) erahnen: „Winnenden, den 26. Nov. 1786. Da Ihro Königl. Hoheit, die Gemahlin des Printz Friderichs, noch keine Sauhatz gesehen haben, so liessen der Herzog ein Saujagen in dem Kuhneberg, Engelberger Forsts, einrichten. Man frühstückte dahero Morgens um 8 Uhr und fuhre auf der Rendés-vous bey der Wassen-Mühle, ohnweit Schorndorff; daselbst erwartete der Herzog, nebst dem Printz Friderich und denen Cavaliers, den Wagen von Ihro

Hoheit, in welchem noch die Printzessin v. Taxis und die beede Hof-Dames, Fräulein von Grollmann und v. Rommel sassen. Da auf den Berg gestellter Forstknecht das Zeichen mit einem Pistohlschuss gab, um die Ankunfft Ihro Hoheit anzuzeigen, so ritten der Herzog, der Printz und samtliche Cavaliers dem Wagen Ihro Hoheit entgegen und convoitirten sodann denselben biss zum Rendés-vous. Nachdeme die Fürstl. Dames den Caffée genommen hatten, so ritte man auf die Stände und der Wagen von Ihro Hoheit wurde unten am Kuhneberg, an der Rems, so postirt, daß dieselbe alle Hatzen völlig übersehen konnten. Das Jagen war zwar in Kammern eingerichtet, aber es war kein Lauf mit Tüchern gemacht, sondern wann die Säue vor das Ringeltuch heraus kamen, so waren sie auf dem freyen Felde und konnten hinlaufen, wo sie hin wollten und auf diese Weise fingen wir in 2 Stunden: 2 angehende Schweine, 5 Keuler, 32 Bachen, 8 Frischling = 47 Stück. Der Herzog beschenckte die Hussaren, so mit auf der Sauhatz waren, mit 8 Dukaten. Die Frau Obristcämmererin v. Üxküll kam heute wieder bey uns an, und hatte die Trauer von Ihren Herrn Schwiegervatter an. Abends spielten der Herzog mit Ihro Hoheit, der Printzessin v. Taxis und dem Printz Friderich ‚Tristesse'." So weit der Bericht des Zeitzeugen.

Wenn der Herzog zu den großen Hofjagden in den Wäldern des Schurwaldes blies und die Winterbacher Bauern als Treiber, Fuhrleute und Fackelhalter ihre sonstigen Geschäfte hintanstellen mussten, waren vielfältige Vorbereitungen zu treffen:

In einem Befehl vom Oktober 1765 wird angeordnet, dass die Engelberger Straße unverzüglich zu reparieren sei „und mit Stein zu überschlagen, wozu nicht nur die Commun Winterbach, sondern auch die Bauren von den beiden Engelberger Höfen die Hand anzulegen haben und deswegen die ungehorsame Bauren mit Strafen hieher zu vermögen sind, wann nicht die Verantwortung auf die Vorsteher kommen solle". Im November des gleichen Jahres wird angeordnet, daß alle 200 Schritt „Nachtfeuer" aufgestellt werden, „damit der Flecken gutt mit Fackeln beleuchtet ist". Schon nachts um 2 Uhr hatten die Vorbereitungen für die Jagd zu beginnen. Hierzu eine Anweisung vom 4. November 1768: „Auf oberforstamtlichen Befehl ist die halbe Jagensmannschaft bis morgen fruh um 2 Uhr nach Schornbach zu stellen, ohne alles Fehlen, sollen aber lauter tichtige Leuth zum Hundführen sein, daß solche richtig und sicher auf bestimmte Zeit nach Schornbach gestellt werden, mich ganz sicher verlasse."

Getafelt wurde nicht nur im Schloss, sondern durchaus auch in freier Natur, was den Transport von Nahrungsmitteln und Getränken im „Keller-Wagen" notwendig machte, ja sogar dazu führte, dass für diese Gelegenheit Keller im Gelände ausgehoben werden mussten. Eine kleine Passage aus Hans Friedrich von Flemmings „Der vollkommene teutsche Jäger" aus dem Jahr 1719 mag dies belegen:

„Nachdem sich nach dem gemeinen Sprichwort auf einen guten Bissen auch ein guter Trunck gehört, so wird es nicht undienlich seyn, wenn ich auch des Keller-Wagens gedencke. Der Keller-Schreiber und der Koch werden sich wohl mit einander vertragen. Denn bratet der Koch dem Keller-Schreiber eine Wurst, so löscht de Keller-Schreiber dem Koch davor zum Gratial seinen Durst. Es erfordert die Gebühr des Keller-Schreibers und des Küfers, dass er einige Tage vorher die großen, mittlern und kleinen Pocale oder Willkommen-Gläser von Bier und Wein bey Zeiten reine macht, und sie in die dazu gehörigen Flaschen-Futter und Reise-Kästen einpackt, damit nichts zerbreche. Die raren fremden Weine, als etwan der Ungarische; der Burgunder, der Champagne-Wein, u.s.w. muss der Weinküfer in die hierzu aptierten Fässgen oder in den Bouteillen mit Fleiß verwahren, und Acht haben, dass solcher nicht verfälschet, oder von andern benaschet werde. Der andere Wein hingegen, der nicht auf die fürstliche Tafel kommt, sondern auf die Marschalls-Tafel, und von den Cavalieren vom geringen Range getruncken wird, wird in Tonnen und halbe Tonnen auf dem Keller-Wagen gepackt, und müßen Weine von unterschiedlicher Güte seyn.

Es ist Sorge zu tragen, dass die Wägen mit dem Geträncke die Nacht im Kühlen fortfahren, wohl eingepackt, und mit grünem Reißig bedeckt werden, dass die Sonne nicht auf das Geträncke scheinen möge. Sind sie an Ort und Stelle angekommen, so muß der Keller-Schreiber nebst dem Jagd-Fourier einen Platz zu einem Keller aussuchen, und werden sodan alsbald ein Dutzend Bauern beordert, die mit Schippen und Spaten in kurzer Zeit einen Keller ausgraben müssen. So muss auch ein Fass mit reinem Wasser in Vorrath seyn, dass die Gläser, so offt sie eingeschenket werden, allezeit zuvor, um den Trinckenden einen desto bessern Appetit zu wege zu bringen, ausgeschwencket werden. So wird auch ein Fäßgen mit Eys mitgenommen, dass diejenigen, so Liebhaber davon sind, recht vom Frischen trincken mögen. Die übrigen Geträncke, als den Cafe, Thée und Chocolade pfleget der Conditor in seinem Verwahrsam zu haben."

Immerhin wurde auf die besondere Belastung der Bauern während der Erntezeit Rücksicht genommen, was sich durch folgende Anweisung vom Oktober 1768 belegen lässt: „Es solle nach dem Oberforstamtlichen Befehl die halbe Jagensmannschaft auf Morgen Donnerstag abends 4 Uhr in Uhingen erscheinen, wegen vorseiendem starken Herbsten aber sollen die, so abgelesen oder nicht viel mehr zu lesen haben, erstlich erscheinen, ob solche in der Rott seien oder nicht, oder aber verlangen seine Herzogliche Durchlaucht die erste zwei Tag aus den Weinorten gar keinen Mann, hingegen aber auf Samstag frueh die ganze Mannschaft aus sämtlichen Weinortschaften."

Man sieht: Gehetzt und gejagt wurde zuerst einmal der Fürst von seiner Jagdleidenschaft, dann aber alle ihm Untergeordneten, die ganze Stufenleiter hinunter über die Herren vom Oberamt, Oberforstamt, Forstknechte, Amtmänner, Schultheißen bis zu den jagdpflichtigen Mannschaften. Einer jagte immer den Nächstunteren. Dies drückt sich in den Befehlen aus, die immer wieder die Worte „pressant" oder „citissime" enthalten. Ein weiteres Wort aus dem Wortschatz der Jäger war „ohnfehlbar", was besagt, daß keiner fehlen durfte – ohne Rücksicht auf seinen Gesundheitszustand, oder seine sonstigen Verpflichtungen.

Eine Last waren die Jagden zweifellos wegen der damit verbundenen Jagdfronen – andererseits wurden sie begrüßt, weil hierdurch der Wildschaden begrenzt wurde, denn die Bauern waren sehr unglücklich sowohl über die überhandnehmenden Sauen, die ihre Äcker durchpflügten, als auch über die Rehe und Hirsche, die an den Obstbäumen ihre Gehörne und Geweihe fegten. Im Grunde aber wollten die Bauern lieber Äcker, Obstwiesen und Weinberge anlegen und hierzu die Wälder roden, als Frondienste bei den Standesherren leisten. So blieb der Bauer Feind des Waldes, und es ist vor allem der Jagdleidenschaft unserer Standesherren zu verdanken, dass wir hier auf dem Engelberg noch von Wäldern umgeben sind.

Wie erwähnt, war seit 1538 der Sitz des herzoglichen Oberforstamtes der Engelberg. Der Oberforst wurde von den folgenden Orten begrenzt: Welzheim, Lorch, Göppingen, Plochingen, Esslingen, Cannstatt, Waiblingen. Die Leiter dieser Oberforstamts wurden meist aus dem Adelsstand berufen. Vielfach waren es frühere Offiziere, die naturgemäß den Fürstlichkeiten besonders nahe standen. Ihre Namen sind in den Kirchenbüchern ab 1651 aufgeführt. Dort wird zunächst ein Hans Wild genannt. Ab 1624 folgen lauter Angehörige des württembergischen Adels, unter ihnen so bekannte Namen wie von Gaisberg, von Brandenstein, Graf Sponeck und Graf Üxküll. Der letzte Oberförster war Friedrich Albert von Plessen, dessen Frau der bekannten Familie Palm entstammte.

Die Herren Oberförster erhielten Amtsstühle in der Kirche. 1837 ist von einem „Forststuhl" die Rede, später von einem „Schlossstuhl". Um zu verhindern, dass die Kirchenbesucher während der Predigt einschliefen, gab es das Amt des „Kirchenduslers", welcher mit einer langen Klatsche den schlafenden Leuten auf die Köpfe schlagen musste – besonders dann, wenn sie zu schnarchen begannen. Der Kirchendusler hatte seinen Platz vorn auf der Empore – also an einer Stelle, die einen guten Überblick bot. – Ich hoffe, meine Ausführungen sind so interessant, dass wir auf dieses Amt, das immerhin mit jährlich 6 Gulden bezahlt wurde, heute Abend verzichten können.

Die Verwaltungstätigkeit beschränkte sich zunächst auf jagdliche Belange und die Überwachung des Jagdpersonals nach militär-ähnlichen Richtlinien. Die Holzwirtschaft war von untergeordneter Bedeutung. Besonders wichtig war daher die Ahndung des sogenannten „Waldfrevels": Wilddieberei war ein ganz schweres Verbrechen, das unverhältnismäßig streng geahndet wurde. Wilderer galten als „ruchlose Menschen, die aus zügelloser Bosheit handeln": Nach der „Wilderer-Ordnung" war es geboten, je nach Beschaffenheit der Umstände den Galgen, die Galeere oder wenigstens lebenslängliches Zuchthaus als Strafe auszusprechen. Sofern Wilderer nicht sofort dingfest gemacht werden konnten, wurde für ihre Festnahme und sogar für ihre Tötung ein Preis ausgesetzt.

Die Forstmeister durften die hier fällige „Inquisition" nicht alleine, sondern stets mit den Staatsbeamten oder Vögten führen und mussten dann dem Regierungsrat Bericht erstatten, wie ein Dekret von Herzog Eberhard Ludwig aus dem Jahr 1732 ausweist, das an dieser Stelle einen kleinen Einblick in die Rechtsgeschichte geben mag (zit. nach G.H. Bidermann, Städtle und Stadt, Steinach-Verlag, 2000, S. 178 – 9):

„Von Gottes Gnaden, Eberhard Ludwig, Hertzog zu Würtemberg und Teck etc. Der Römisch-Kayserl. Majestät, des Heil. Römischen Reichs, und des Löbl. Schwäbischen Crayses General-Feld-Marschall, auch Obrister, sowohl über Ein Kayserl. Dragoner – als zwey Schwäbisch Crayß-Regimenter zu Roß und Fuß etc. Unser Gruß zuvor, Lieber Getreuer.

Ob zwar nicht nur die in Unserm Herzogthum übliche Observanz biß daher mit sich gebracht, sondern auch ein und andere hierunter ergangene Gnädigste Special-Verordnungen es ausweisen, daß in Wilderey-Sachen die Cognition und Untersuchung von denen Forst-Beamten nicht einseitig, sondern mit denen Stabs-Beamten conjunctim und gemeinschafftlich tractirt und vorgenommen werden solle; So haben wir jedoch, da bey theils Forst-Ämtern dißfalls Zweiffel vorwalten, und die Stabs-Beamten nicht aller Orthen bey dergleichen Inquisition von denen Forstmeistern wollen admittirt werden, für nöthig befunden, mittelst Erlassung einer General-Verordnung Unsern so wohl Forst- als Stabs-Beamten eine beständige Norm und Regulativ hierunter vorzuschreiben, wornach sie sich bey Vornahm der Wilderer und anderer nicht blossen Forst-Sachen in Zukunfft sollen zu achten haben; Ist demnach Unser Gnädigster Befehl hiemit, du, der Forstmeister, sollest in Wilderer- und anderen Sachen, die nicht blosse Forst-Sachen, sondern solche Verbrechen anbetreffen, die etwa auf einen Process hinaus lauffen, mit dem Vogten jederzeit gehörige Communication pflegen, folglichen die Untersuchung mit und nebst demselben entweder auf dem Rathauß jeden Orths, oder in dem Fosthauß gemeinschafft-lich vornehmen, wobey von dir dem Stabs-Beamten jedesmahl das Protocoll zu führen, die Interrogatoria helffen mit zu formiren, auch nach vollendter Inquisition das Factum mit seinen Umständen, nebst allegirung des folii ex protocollo kürtzlich zu extrahiren; so dann von euch beeden mit Beyschluß Protocolli der gemeinsame unterthänigste Bericht zu Unserem Fürstl. Regierungs-Rath zu erstatten ist. Daran geschiehet Unsere Meynung, und Wir verbleiben euch in Gnaden gewogen. Ludwigsburg, den 15. Dezembr. Anno 1732. Ex speciali Resolutione Serenissime Domine Ducis."

Nach wie vor ließen die Bauern ihr Vieh zum Nahrungserwerb im Wald weiden. Sie hatten Weiderechte im Herrschaftswald. Die großen Weideflächen dort, die sich im Besitz der Gemeinde befanden, nannte man „Wasen". Dort durfte der Gemeindehirt mit dem „gehörnten und ungehörnten Vieh" weiden. Die Bezeichnungen „Schießwasen, Sie-chenwasen, Mühlwasen und Pfingstwasen" erinnern hieran. Es gab ständiges und begrenztes Weiderecht. All dies und vieles andere wurde in „Vertragsbriefen" festgelegt.

Erst zu Beginn des 19. Jahrhunderts vollzog sich der Übergang von der Weidewirt-schaft zur Stallfütterung. Gleichzeitig blieb jedoch das Privileg der Herrschenden die Jagd. „Reiten, jagen, beizen" war ihr vornehmster Zeitvertreib. Sie „weideten" dort selbst auf ihre Art, was aus dem altdeutschen Begriff „Weidmann" hervorgeht, der sich weid-männisch zu verhalten hat, der sich aber auch „weidlich" – d.h. zünftig, tüchtig – freuen kann. Auch die „Weihe" (Gabelweihe) hat hiervon ihren Namen, denn sie jagt ja ihre Beute und weidet sie aus.

Jagdscene auf Teetischplatte. Ansbacher Fayance, um 1740

Einer von den Jägern, die nach der Pirsch in unser Jagdschloss einkehrten, sich dort er-holten, gut tranken und aßen und wohl auch Jägerlatein erzählten, war Graf Alexander von Württemberg, der 1801 geboren wurde und schon mit 43 Jahren starb (vgl. S. 258). Er – ein leidenschaftlicher Jäger – war ein Freund Lenaus und Kerners. Emma von

Riendorf, die öfters Gelegenheit hatte, ihn auf der Jagd zu beobachten, beschreibt ihn folgendermaßen: „Den wohlbekannten grünen Alphut mit den Spielhahnfedern auf dem Kopf, auf seinem schlanken Araber galoppierend, war er die schönste ritterliche Gestalt, die man sich nicht vorstellen kann, wenn man sie nicht geschaut hat." Er dichtete auch, und so mag es sein, dass der eine oder andere Vers in seinen „Waldbildern" vom Schurwald inspiriert worden ist. Ein kleines Beispiel gebe ich:

Eichen

O unsere Eichen wanken nicht!
Ob auch die Wellen türmen;
Der alte Zeitenstrom, er bricht
Sie nicht mit seinen Stürmen.

Es horstet die Erinnerung
In den gewalt'gen Zweigen,
Wird nimmermehr sich vor dem Schwung
Der Sklavengeißel neigen.
An ferne Heldenzeiten mahnt
Das Rauschen ihrer Wipfel,
Und eine weite Aussicht lohnt
Der riesenhohe Gipfel.

Ob sich Graf Alexander bei diesem Gedicht an das „Eichenwäldle" und seinen germanischen Ursprung erinnerte?

König Wilhelm I.

Die Napoleonischen Kriege brachten zunächst Not und Elend über ganz Europa – auch über unsere Gegend. 1805 fand in Ludwigsburg ein Gespräch zwischen Herzog Friedrich III. und Napoleon statt, bei dem letzterer lakonisch die Alternative aufzeigte: „Für mich oder gegen mich!" Schnell wurde ein Bündnis zwischen Napoleon und Friedrich geschlossen.

Die württembergischen Truppen vereinigten sich mit den napoleonischen Heeren und nahmen an deren Siegen teil. Der Lohn war eine beträchtliche Gebietsvergrößerung, bedingt durch die Eingliederung von Hohenlohe in das württembergische Herzogtum, die Säkularisierung der hohenlohischen Klöster, dann die Erlangung der Kurfürsten – und schließlich der Königswürde. Sie blieb durch geschicktes Lavieren des Landesherrn erhalten – auch über den Sturz Napoleons hinaus.

Sein Sohn und Nachfolger Wilhelm I. wurde 1816 zum König gekrönt. Ihm verdankt Württemberg viel. Schon als Kronprinz erließ er eine Anordnung, wonach in allen Oberforsten der Wildbestand in ein solches Verhältnis zur Waldfläche gesetzt werden sollte, dass das Hochwild keinen Schaden auf den Feldern mehr anrichten konnte. Das Schwarzwild sollte sogar überhaupt ausgerottet werden, was bis heute nicht gelungen ist. In Befolgung dieser Anordnung wurden im Jahr 1815 im ganzen Land über 1.800 Stück Hochwild und 2.500 Sauen erlegt. Die „fröhlichen Hofjagden" allerdings, die früher zentraler Bestandteil des Hoflebens waren, und auch die Wildparks schaffte Wilhelm ab. Ab 1837 konnten die Jagdfronen abgelöst werden, und im Jahr 1839 wurde der große Engelberger Wildpark aufgehoben. Nicht ohne ein gewisses Bedauern berichtet die Oberamtsbeschreibung aus dem Jahr 1851 hiervon. Dort lesen wir: „Seitdem Hirsche und Dammwild ganz, das Schwarzwild und die Rehe fast ausgerottet sind und der ehemalige Park bei Hohengehren eingegangen ist, bestehen die wild vorkommenden Säugetiere nur noch in Hasen, Füchsen, wilden Katzen, Dachsen, Igeln, Mardern und dergleichen. Die Jagd ist beinahe auf Null herabgekommen, indes sie früher die schönste im Lande gewesen sein soll."

Kaiser Wilhelm I. (1781 – 1816 – 1864)

Dies hing damit zusammen, dass König Wilhelm I. das Jagdrecht grundsätzlich neu regelte, indem er es an den Grundbesitz band: Wer Land besaß, durfte darauf auch jagen. Selbstverständlich nutzten das die Bauern „weidlich" aus. Sie wurden hier ja schon einmal als die „Feinde des Waldes" bezeichnet. Später wurde zwischen „Jagdrecht" und „Jagdausübungsrecht" unterschieden, wobei letzteres zunächst automatisch gegeben war, wenn der Besitz über 30 Morgen betrug. Dies war beim Schlossgut Engelberg im späten 19. Jahrhundert der Fall. Um das „Jagdausübungsrecht" zu erlangen, musste später jedoch die „Jägerprüfung" abgelegt werden (vgl. S. 189). Das Jagdrecht wurde auch teilweise auf die Gemeinden übertragen, die es auf ihrem Markungsgebiet an Interessenten verpachten konnten. Es wird berichtet, dass die Herrschaft im Jahr 1820 den Distrikt Gläserhalde, also ein reines Staatswaldgebiet, der Kommune pachtweise übertrug. Die Pacht bestand in diesem Jahr aus einem Geldbetrag von 64 Gulden und einer Naturallieferung – ein Hirsch, ein Hirschkalb, ein Bock, sechs Hasen sechs Hühner, zwei Schnepfen und drei Enten.

König Wilhelm begann auch mit der planmäßigen Forstwirtschaft, die im wesentlichen auf der Idee der „Nachhaltigkeit" aufbaut: Es darf nur so viel Holz eingeschlagen werden, wie auf natürliche Weise wieder nachwächst. Während seiner 48jährigen Regierungszeit fielen die Grundlasten wie Zehnten und Gülten, aber auch die Jagdlasten, gänzlich weg. Er förderte die Landwirtschaft, indem er Waldstücke für Ackerland und Wiesen roden ließ, unterstützte das Gewerbe und ermöglichte so dem Land einen langsamen wirtschaftlichen Aufstieg.

Zur Erinnerung an sein 25jähriges Dienstjubiläum wurde auf dem Goldboden über dem Engelberg ein 6 m hoher Obelisk aus Schilfsandstein über einem dreistufigen Sockel errichtet. Er trägt an seiner vorderen Seite eine württembergische Hirschstange samt Krone, an den Nebenseiten sind Löwe und Hirsch, die beiden Wappentiere Württembergs, dargestellt. Es ist dies ein „sprechendes Wappen", das die Devise verkündet: „Furchtlos und trew". Furchtlos ist bekanntlich der Löwe. Der Hirsch aber, der immer zur gleichen Quelle zurückkehrt, ist Sinnbild der (Glaubens-) Treue, wie wir aus Psalm 42/2 wissen. Dort wird gesagt: „Wie der Hirsch schreit nach frischem Wasser, so schreit meine Seele, Gott, zu dir."

Es dürfte noch heute interessieren, was bei der Grundsteinlegung in der Schatulle kam: Alle während des 25-jährigen Regierungszeit Wilhelms I. geschlagenen Gedenkmünzen, eine große Anzahl Goldmünzen, eine Flasche Wein vom guten Jahrgang 1834, eine Flasche mit Waldsamen und eine Flasche mit Fruchtsamen. Eine Gedenktafel trägt die Inschrift:

Denkmal auf dem Goldboden

König Wilhelm I.
zur Erinnerung an den 30. Oktober 1841,
gewidmet von den Forstbeamten zu Schorndorf
und dem Engelberger Revier. Personal mit 1602 Insassen.
Den 24.6.1841.

Man sieht hieraus, wie umfangreich das Personal des Forstamtes war! Bei der Einweihung des Denkmals am Johannistag 1842 war König Wilhelm persönlich anwesend. Es war ein großes Fest, für das ein Graf Zeppelin das „Goldbodenlied" dichtete, das wir morgen vom Gesangverein Hohengehren hören werden. Die Melodie stammt von Silcher, der unsere schönsten Heimatlieder vertonte.

Eine Chronik berichtet (Quelle: In Reiser's großem Engelberg-Buch vorhandener Artikel): „Eine Masse von mehr als 4.000 fröhlichen Menschen bildete den äußeren Rahmen der Feier. Schon am frühesten Morgen strömten auf allen Fahr- und Fußwegen Fahrende, Reitende und Fußgänger herbei. In einer langen Reihe erbauter Hütten wurden den Ankommenden Speisen und Getränke dargeboten und hinter dieser Hütten waren Schießplätze für ein Preisschießen angelegt ... Um 9 Uhr in der Frühe setzte sich der Festzug von Hohengehren aus in Bewegung, Böllerschüsse begleiteten ihn. Den Festzug bildeten Holzhauer, Steinhauer, Trompeter, Herolde zu Pferd, junge Mädchen aus den besagten Orten, Trachtengruppen, Forstbeamte, ein weiblicher und ein männlicher Liederkranz, eine Schurwälder Musikkapelle, das große Festkomitee – während die Masse der Gäste Spalier stand. Die Festansprache hielt Revierförster Zaiser. Auch Oberforstmeister von Kahlden richtete einige Worte an die versammelte Menge. Er empfahl dann das Denkmal mit seiner Wilhelmseiche dem öffentlichen Schutz. Der Nachmittag führte die Menge zu dem Festschießen oder zu den vier errichteten Tanzböden, wo überall Fröhlichkeit herrschte. Ein Feuerwerk mit Beleuchtung des Denkmals durch bengalische Feuer schloss dieses schöne Volksfest."

Das herzogliche Jagdschloss wird privatisiert

Wilhelm I. wurde, wie erwähnt, 1816 zum König gekrönt. Er hob ein Jahr nach seinem Regierungsantritt die Leibeigenschaft auf. Ebenfalls in diesem Jahr, nämlich am 10. September 1817, wurde auch der Sitz des Oberforstmeistersamtes vom Engelberg nach Schorndorf verlegt. Damit hatte das Jagdschloss auf dem Engelberg, das 215 Jahre als solches genutzt wurde, seine eigentliche Bestimmung verloren, und es wurde beschlossen, es zu „privatisieren". Günstigere Verkehrsbedingungen von Stuttgart nach Schorndorf und Sicherheitsüberlegungen mögen bei dieser Entscheidung eine Rolle gespielt haben.

Engelberg mit Kastanien

So wurden das herzogliche Jagdschloss und die zugehörigen herrschaftlichen Güter „durch allerhöchstes Rescript der Königlichen Finanzkammer" am 29. Mai 1818 an den Handelsmann Lauppe aus Esslingen für 14.300 fl. verkauft. Doch schon ein Jahr später kommt derselbe in Konkurs. Von da an wechselt der Besitz mehrfach. Ein Titulararrat Weckerlin von Stuttgart erwirbt das Gut um 18.000 fl. und verkauft es 1829 an Karl Keller aus Kleinheppach. Dieser erweitert das Gut durch Zukauf von Grundstücken, gibt es jedoch bereits 1831 an Karl Redwitz weiter, der 1836 auf dem von jeher beliebten Ausflugsziel ein Gasthaus und eine Dampfbierbrauerei errichtet. Ein Müller namens Speidel aus Winterbach erscheint bereits am 23. September 1844 als neuer Besitzer und nach ihm ein Güterhändler Retter aus Stuttgart.

Im Jahr 1849 geht das Schlossgut Engelberg an Abraham Frank aus Schwäbisch Gmünd über. Er lässt den Brauereibetrieb durch seinen Sohn Gustav Frank führen, der dies gemäß einem Zeitzeugen „umtriebsam und gewandt tat". Er verstand es, einen großen Bekannten- und Freundeskreis zu erwerben und „die geistigen Voraussetzungen des Vaterlandes auszunutzen", wie berichtet wird. Gustav Frank ließ auch die herrlichen Kastanienbäume pflanzen, die das Erscheinungsbild „des Engelbergs" noch heute prägen.

292

Gustav Frank starb am 9.7.1867. Seine Witwe Sophie, die Tochter des Brauereibesitzers Dinkelaker aus Böblingen, verkaufte das Gut am 18. Februar 1868 an Wilhelm Link, den sie später heiratete. Schon neun Tage nach dem Verkauf, nämlich am 27. Februar 1868, brannte das alte Bierbrauereigebäude zumindest teilweise ab und wurde im gleichen Jahr durch das Gebäude des heutigen „Kurhauses" ersetzt. Link baute die Stallungen völlig neu und auch die weitläufigen Brauereikeller – die sogenannten „Geisterkeller" – mit den darüberliegenden Fasshallen. So hat er viel Geld in den Engelberg gesteckt. Diese Keller wurden durch den Heimatverein Winterbach vorläufig untersucht und im Heft 3 der Reihe „Winterbacher Heimat" darüber berichtet. Wesentlich ist die Aussage, dass die Nordwände der beiden Schlosskeller, die in einer Flucht liegen, von klösterlichen Vorgängerbauten stammen können, während die anderen ausgedehnten Kelleranlagen aus der Brauereizeit stammen. Ob sich in ihnen noch Relikte früherer Zeiten verbergen, muss noch näher erforscht werden.

Wegen seiner herrlichen Lage war dieses Kurhaus während vieler Jahre ein gern besuchtes Ausflugsziel, wo man kegeln, Boot fahren und vor allem das gute Engelberger Bier – hergestellt aus angeblich goldhaltigem Wasser – trinken konnte. Auch Familienfeiern und Tagungen konnten dort abgehalten werden.

Doch allmählich machten die mit großem Kapitaleinsatz arbeitenden Brauereien der Städte der etwas abgelegenen Landbrauerei Engelberg starke Konkurrenz. Auch wurde dort versäumt, die notwendigen technischen Erneuerungen – wie z.B. den Kauf von Eismaschinen – zu tätigen. Dazu kamen große Unstimmigkeiten zwischen Vater und Sohn Link sodass 1902 – also genau 300 Jahre nach der Errichtung des Jagdschlosses – die Stillegung des Brauereibetriebs wegen zu geringer Rentabilität erfolgte. Insgesamt bestand die Brauerei während 66 Jahren – also ähnlich lange wie das Kloster. Das Schicksal der Brauerei Engelberg entspricht so dem Schicksal unzähliger kleiner Brauereien, die am Ende des 19. bzw. am Beginn des 20. Jahrhunderts dem „Brauerei-Sterben" anheimgefallen sind, das bis heute nicht beendet ist.

1906 starb Wilhelm Link, und das „Schlossgut Engelberg" wurde in eine GmbH verwandelt, deren Gesellschafter u.a. Caroline Frank und Ernst Frank waren. So kam das Schlossgut wieder in den Besitz der Familie Frank. Sie fügte dem Kurhaus eine offene und eine verglaste Terrasse an und eröffnete es 1908 neu unter dem Namen „Schlossgut Engelberg GmbH".

Zu dieser GmbH gehörte auch der landwirtschaftliche Betrieb mit Viehzucht und Branntwein-Herstellung. Die Grundstücke auf dem „Hirschacker" (deren Verkauf an die Gemeinde mir schließlich die Übernahme des elterlichen Anwesens ermöglichte) wurden zur Arrondierung und zur Gewinnung eines eigenen Jagdrechtes dazugekauft. Seit 1912 wurde das gute Quellwasser für die Herstellung von „Engelberger Sprudel – ein äußerst wohlbekömmliches Tafelwasser", genutzt, wie es auf einem Werbeplakat der Zeit zu lesen war.

Von 1916 bis 1924 gab hier der sehr vermögende Jude Ernst Straus ein kurzes Gastspiel. Er legte den Kurbetrieb still und konzentriert sich auf Schloss und Schlossgarten, die er aufwendig umbauen und restaurieren ließ. So wurde die Schlossküche mit Delfter Kacheln ausgestattet. Ich erinnere mich noch daran, wie wir als Kinder die Meeresdarstellungen mit Fischerbooten und Seeschlachten an den Küchenwänden bewunderten. Vielleicht haben sie meine Sehnsucht nach dem Meer beeinflusst.

Straus ließ ein Schwimmbassin im Schlossgarten anlegen, dessen Leitungen aus massivem Messing angefertigt worden waren. Auch ließ er die Pferdeställe kacheln. An diese Ställe erinnere ich mich noch gut, denn wir hatten zu meinem schon als Kind geäußerten großen Bedauern keine Pferde mehr. Statt dessen waren in den ehemaligen Pferdeställen riesige Silage-Fässer aufgestellt, in denen sich der Trester aus der Mosterei (vgl. S. 97) langsam zu einem Kraftfutter für die Kühe wandelte. Ich weiß nicht, ob sie davon ein wenig beschwipst wurden.

Ehepaar Susi und Willy Frank

Am 16. Mai 1924 treten Nelly und Ernst Straus aus der „Schlossgut Engelberg GmbH" aus. An ihrer Stelle treten Willy Frank und Heinrich Reiser ein, die das Kurhaus wieder in Betrieb setzten. Damit war das Schlossgut von neuem ganz im Besitz von Angehörigen der früheren Eigentümer, denn Frau Reiser war eine geborene Frank. 1928 wird durch Zukauf von Wiesen ein Steinbruch eröffnet, in dem Pflaster- und Straßenfleinsteine gebrochen werden konnten.

Man sieht: Die Familie Frank war sehr mit dem Engelberg verbunden. Auch Frau Susi Frank – geborene Stockhausen – war es. Ihre Großmutter, die noch in der Goethezeit gelebt hat, schenkte der kleinen Susi für ihre erste Reise ein gut wattiertes Kaschmir-Mäntelchen mit zugehörigem Häubchen – dazu folgendes Gedicht, das sich zufällig erhalten hat:

> *„Gott lasse Dich an kalten Tagen*
> *Gesund hier diesen Mantel tragen.*
> *Bei jedem Stich, den ich gemacht,*
> *Hab' ich in Liebe Dein gedacht!*
> *Ein Häubchen für Dein süßes Köpfchen,*
> *So frierst Du nicht, Du kleines Böppchen. "*

Etwas von der Zärtlichkeit und Innigkeit einer lang versunkenen Zeit spricht aus diesen schlichten Zeilen.

Das Kurhaus blieb während des Krieges als solches bestehen. Während der letzten Kriegsjahre war es ein Ausweichlager einer Stuttgarter Lebensmittelgroßhandlung, und seine Fremdenzimmer waren erst mit bombengeschädigten Rheinländern, später mit Flüchtlingen belegt. Fast vier Jahre war das Haus Sitz der Elizabeth-Duncan-Schule. Dann wurde es an die Firma Breuninger vermietet, die dort unter der Leitung von Herrn Blombach ein hervorragendes Lokal installierte. Die offene Halle, von hellblau blühenden Glyzinien umwuchert, war die größte Pergola Süddeutschlands, und wurde zu einem Ort rauschender Sommernachtsfeste, an denen wir Kinder als Zaungäste gerne, wenn auch unerlaubter Weise, teilnahmen. Prominenteste Besucher waren im Jahr 1952 Bundespräsident Theodor Heuß und Ministerpräsident Reinhold Maier. „Mancher ist zu manchem dort gekommen", zitierte Heinrich Reiser gerne ein älteres Gedicht. Schließlich wurde das Kurhaus an eine Gesellschaft verkauft, die nach finanziellen Schwierigkeiten ihrerseits einzelne Wohnungen weiterverkaufte.

Familie Kempter und die Gründung der
Waldorfschule Engelberg

Eine neue Ära für den Engelberg begann mit dem Jahr 1932, als das Schlossgut – allerdings ohne Kurhaus, Scheune und Steinbruch – von meiner Großmutter Maria Kempter erworben wurde. Der Kaufvertrag wurde am 13. August – dem Geburtstag meines Vaters – abgeschlossen. Die Firma des Veräußerers hat danach ihren Namen in „Frank & Reiser GmbH" geändert.

Pferdeschlitten – Großmutter Kempter, Tante Elfriede und Kutscher Michel Rankl

Es war Notzeit damals. Sie hat sicherlich den Entschluss zum Verkauf befördert. Wie es kam, dass wir vor der Familie Voith aus Heidenheim, die sich ebenfalls für das Anwesen interessierte, den Zuschlag erhielten, weiß ich nicht, doch will ich zur Erläuterung kurz auf die damalige Situation der Familie Kempter eingehen: Mein Großvater, ein erfolgreicher Erfinder der Firma Werner & Pfleiderer, war schon mit 50 Jahren 1930 gestorben. Meine Großmutter Maria Kempter, geborene Schaeffer, blieb mit vier Kindern zurück. Eines davon – Margot – war lungenleidend, und man hielt es offensichtlich schon damals für gesundheitsfördernd, der Stadtluft zu entfliehen, um sich in der guten Landluft zu erholen, auf die der Name „Kurhaus" ja auch verwies.

Es war eher ein Zufall, dass meine Familie auf den Engelberg aufmerksam wurde: Während einer Ausfahrt im stattlichen Graham-Page entdeckte meine Tante Elfriede Kempter das schöne Anwesen und stellte fest, dass es verkäuflich war. So wurde der Kauf beschlossen, und für 230.000 Goldmark wurde die Familie Kempter neuer Eigentümer. Sie beschloss, Stuttgart zu verlassen und aufs Land zu ziehen. Ein etwas bedrückter, da sich dem Gemeinwohl verpflichtet fühlender Journalist schrieb damals: „Nach

Zeitungsnachrichten ist der beliebte Luftkurplatz Engelberg auf dem Schurwald – jenes reizvolle, ruhige Eckchen über'm Remstal – in Privathände übergegangen und hat seine Tore dem allgemeinen Verkehr als Kurplatz und Ausflugsziel im Sommer und Winter nunmehr geschlossen."

Mit diesen Gedanken fand er sicherlich die Zustimmung der Mehrheit, die stets dann besonders sozial eingestellt ist, wenn sie es „auf Kosten anderer" („a K a", wie meine Mutter sagte) sein kann.

Brautpaar Kempter

Mein Vater und meine Mutter betrachteten die Unternehmung meiner Großmutter zunächst wohl eher aus der Ferne, denn sie hatten die Absicht, in Dornach, dem Zentrum der anthroposophischen Gesellschaft, der sie angehörten, zu arbeiten: Meine Mutter als Mitglied der ersten Bühneneurythmie-Gruppe, welche die neue Bewegungskunst auf vielen Bühnen Europas präsentierte, und zudem als Komponistin, deren Werke u.a. vom Vater Roland Baldinis aufgeführt wurden – mein Vater als Mitglied der „Sektion für Schöne Wissenschaften" und vor allem als Verleger der Werke Albert Steffens.

Doch diesen Lebensplan vereitelten die neuen Machthaber, die schon 1935 den Devisenexport untersagten. Damit war meinen Eltern die Lebensgrundlage im Ausland weitgehend entzogen. So beschlossen sie, auf den Engelberg zu ziehen, wo ich am Sonntag, den 12. Juli 1936, geboren wurde. Das war gut so, denn nun konnten sie einen „Erbhofbauern" vorweisen, der gemäß der neuen, national- sozialistischen Gesetzgebung vorhanden sein musste, wenn man ein Gut – besonders das größte Gut des Remstals – übernehmen wollte.

Meine Eltern führten die Landwirtschaft während der Kriegsjahre weiter, und hier setzen nun meine persönlichen Erinnerungen ein, die ich Ihnen freilich im Moment vorenthalten muss. Immerhin sei erwähnt, dass das Erstaunen über die neue Tätigkeit meines Vaters als Landwirt in seinem anthroposophischen Freundeskreis nicht gering war: „Das sollt Ihr sehen: Kempter pflügt!" (Weissert).

In einem umfangreichen Gutachten vom 17. Dezember 1939 beschäftigte sich mein Vater mit der „Aufgabe, die der Engelberg stellt". Er beschreibt die geologische Situation, die Weg- und Wasserverhältnisse und geht dann auf den Obstbau ein, den er durch die Gründung einer Süßmosterei fördern wollte – zum Befremden aller alteingesessener Winterbächer, die doch nur vergorenen Most kannten und trinken wollten.

Er schrieb mit Datum vom 17.12.1939: „Ich habe mich entschlossen, das Schlossgut Engelberg nach einem auf Jahre hinaus vorgesehenen Plan zu einem Obstgut auszugestalten ... Jetzt können die Nebengebäude und die Kellerräume wieder zweckmäßig genutzt werden ... Hergestellt werden in der Hauptsache Apfel– und Birnensäfte. Meine ganzen Neuanlagen – neben geeigneten Apfel- Birnen- und Quittensorten rote und schwarze Johannisbeeren und Rhabarber – sind auf die Bedürfnisse meiner Früchteverwertung abgestimmt ... So sehe ich in der Ausgestaltung zu einem Obstgut (mit Schafweide) und in dem Aufbau einer gut eingerichteten, leistungsfähigen Früchteverwertung die gegebene Entwicklungsmöglichkeit für meinen Betrieb und meinen Beitrag zu einer gedeihlichen Entwicklung der Bewirtschaftungsverhältnisse auf dem Engelberg."

Der Zweite Weltkrieg und die damit zusammenhängenden Umstände vereitelten diese klare, zukunftsorientierte Planung. Staatliche Gängelung kam hinzu. Die Schriften von Albert Steffen wurden von den neuen Machthabern verboten. So musste auch die verlegerische Tätigkeit meines Vaters bis nach Kriegsende unterbleiben. Doch festzuhalten ist, dass uns die Landwirtschaft recht gut durch den Krieg gebracht hat. Mein Vater als Vertreter des „Nährstandes" – im Gegensatz zum „Wehrstand" – war „uk gestellt", d.h. „unabkömmlich", durfte also zu Hause bleiben und mit französischen Kriegsgefangenen, die er gut behandelte und zu denen wir Kinder ein geradezu liebevolles Verhältnis entwickelten, den Hof bewirtschaften. Wir waren „Selbstversorger", konnten also fast alles, was man zum Leben benötigte, selbst anpflanzen und züchten – wenn auch die „Abgaben" zu erfüllen waren.

Mein Vater war nicht „PG" – also „Parteigenosse" –, was in der Kriegszeit in seiner Position als Gutsbesitzer durchaus lebensgefährlich war, wie wir sogar direkt auf dem Engelberg erlebten: Der Oberhofbauer Funk – ebenfalls nicht „PG" – wurde von Polizisten in die Schorndorfer Ziegelei beordert und kehrte nie mehr zurück. Auf sein Gut wurde ein Herr Wüst eingesetzt. Wir aber hatten eine „Versicherung im Himmel": Jede Woche wurde vom Engelberg aus ein Kistchen mit Gemüse an Rudolf Hess – den „Stellvertreter des Führers" – nach Berlin geschickt, der sich schon damals für die biologisch-dynamische Wirtschaftsweise interessierte, die auf Anregungen von Rudolf Steiner zurückgeht und die bei uns sofort nach dem Kauf des Schlossgutes eingeführt worden war, also nicht erst „seit dem Kriegsende", wie es im Winterbacher Heimatbuch vermerkt ist.

Der national-sozialistischen Ideologie standen meine Eltern als Anthroposophen sehr fern. Mit manchen Juden waren sie befreundet, einen versteckten sie während mehrerer Monate. Sie waren zwar nicht in den „Widerstand" verwickelt, doch ahnten sie zumindest davon, denn ein Bekannter hatte ihnen gesagt: „Es ist schon die Axt an die Wurzel gelegt!" (Matthäus 3, Vers 10) Immerhin wurde mein Vater von der „Gestapo" verhört. Vorsichtshalber hatte er zuvor seine anthroposophischen Bücher in Umschläge unserer Klassiker gesteckt, was zu der Äußerung Anlass gab: „De Geede on de Nófalis, den henn se älle!"

Schon bei der Übernahme des Schlossgutes wollten meine Eltern die Idee Steiners verwirklichen, ein „Kulturzentrum auf dem Lande" zu schaffen. Dies war selbstverständlich während der Dauer des „Dritten Reiches", als das gesamte Schulwesen „gleichgeschaltet" wurde, nicht möglich, doch blieb der Plan unvergessen. Sofort nach Kriegsende konnte er in der Form einer Schulgründung realisiert werden, denn man ging davon aus, dass bei der Erziehung junger Menschen begonnen werden muss, wenn die allgemeine Situation verbessert werden soll. Erwachsene sind ja nur noch bedingt bildungsfähig.

Da traf es sich gut, dass ich gerade im schulpflichtigen Alter war. So wurde ich zum unschuldigen Anlass für die Gründung der „Freien Waldorfschule Engelberg" und deren erster Schüler. Weitere Flüchtlingskinder, (Bernd Altmeyer, Alexander Riesenkampff, Michael Kühlenthal Angelika Schulz-Mollwo, Eva Scheer, Bernhard Vogt, Ingrid und Klaus Strömer, Erda-Maria Schnell, Horst von Kleist, Helga, Marianne, Lieselotte und Horst Rannert), die Kinder der Verwalter (Roland und Brünhild Schmid-Dönges) und Nachbarskinder (Rosemarie Knorr, Elfriede Bauer-Stollwerck, Rolf Elsässer, Manfred und Margit Fischer, Rosemarie Felger, und Valerie Gönnenwein) kamen hinzu. Heute hat die Engelberger Waldorfschule annähernd 900 Schüler. Zwischen 0 und 900 gab es auch einmal „sieben Urschüler". Wie sie aber hießen, kann heute nicht mehr genau festgestellt werden.

Zuerst wurden wir in dem oben beschriebenen Pavillion von Felix Goll unterrichtet. Dieser war mit meinen Eltern befreundet und als Obdachloser mit seiner Familie von uns aufgenommen worden. Der Zufall wollte es, dass ich in der Stuttgarter Waldorfschule, die ich ab der 9. Klasse besuchte, wieder in die ehemalige „Goll-Klasse" kam, denn Herr Goll war nach seinem Gastspiel auf dem Engelberg Klassenlehrer in Stuttgart geworden. Auch meine Eltern unterrichteten von Anfang an: meine Mutter Eurythmie, Musik und Englisch – mein Vater Religion und Griechisch. Zunächst fand der Unterricht im Haus, dann in dem für Schulzwecke eher notdürftig umgebauten Gartenpavillon statt.[5]

Auch die Lehrer von der Elisabeth-Duncan-Schule (Fräulein Drück, Prof. März und Dr. Weren) unterrichteten uns zeitweise noch im Gartenpavillon und auf dem „Kuh-wiesle" in „rhythmischer Gymnastik". Dass Vertreter der Duncan-Schule zusammen mit Elisabeth Duncan zu uns auf den Engelberg kamen, hing mit zwei außergewöhnlichen Zufällen zusammen. Der erste: Als wir Kinder im Sommer 1945 in der Schlossküche beim Bohnenschneiden halfen, kam plötzlich ein aufgeregter, elegant gekleideter Herr ins Haus gestürmt, der erklärte, er habe eine höchst bekannte Persönlichkeit in seinem Auto, das leider gerade vor unserem Haus seinen Geist aufgegeben habe: Elisabeth Duncan. Der zweite Zufall: Als meine Mutter diesen Namen hörte, war sie begeistert: Sie hatte einmal in ihrem Leben als kleines Mädchen die berühmte Schwester Elisabeths: Isadora Duncan, als Tänzerin gesehen. Der Eindruck war damals so stark, dass sie beschloss, selbst Tänze-rin zu werden. Diesem kindlichen Leitbild blieb sie treu und studierte später in Hellerau bei Dresden rhythmische Gymnastik im Rahmen der Dalcroze-Methode, bevor sie Eurythmistin wurde.

Wir haben Elisabeth Duncan und die sie begleitende Gruppe von Lehrern zunächst not-dürftig bei uns im Schloss aufgenommen, bevor im „Kurhaus" ein dauerhafteres Quartier gefunden werden konnte.

Vierundzwanzig Jahre später fanden diese Ereignisse eine hübsche Spiegelung: Als ich 1969 in New York war, wollte ich zusammen mit einem Freund ein Wochenende im vielgerühmten East-Hampton verbringen. Da wir kein Nachtquartier fanden, empfahl uns Rabbi Goldberg, den wir in Shorts am Strand trafen, bei Mrs. Zahn nachzufragen, die eine Duncan-Schülerin sei. Wir folgten diesem Rat und ich erzählte Anita Zahn meine Geschichte von der Duncan-Schule und deren jahrelangem Aufenthalt auf dem Engel-

---

[5] Vgl. S. 281

berg. „O, for Elisabeth I would go to the moon!", meinte sie und nahm uns für die Nacht in ihr reizendes, geißblattumranktes Häuschen auf.

Schon im Herbst des Jahres 1945 kam auch Georg Hartmann – noch im Soldatenrock – aus der Gefangenschaft, der als erster unserer Lehrer über die für seinen Beruf vorgeschriebenen Examina verfügte. Er hatte schon vor dem Krieg die Zeichnungen für das „Akanthus-Buch" meines Vaters angefertigt, denn er konnte gut zeichnen. Durch seinen hervorragenden Unterricht und seine Vortragstätigkeit hat er sich sehr für die im Entstehen begriffene „Engelberger Waldorfschule" eingesetzt, und vor allem kommt ihm das Verdienst zu, diese Schule korrekt angemeldet zu haben. „Schulgründer" war er indessen wirklich nicht, wenn ihn auch manche gerne so nennen. Die Gründung der Freien Waldorfschule Engelberg ist das Lebenswerk von Friedrich Kempter und Margarethe Kempter, geb. Behr.

Die schon im Sommer 1945 gegründete Engelberger Waldorfschule ist die erste Neugründung dieses Typs nach dem Krieg in Deutschland – wahrscheinlich sogar die erste nach dem Zweiten Weltkrieg neu gegründete Waldorfschule in der ganzen Welt. Auch die 1923 gegründete „Urschule" in der Stuttgarter Haussmannstraße öffnete am 8. Oktober 1945 ihre Pforten erneut, also später als der Engelberg. Inzwischen gibt es weit über 800 Waldorfschulen weltweit.

Zunächst liefen auf dem Engelberg Landwirtschaft und Schule harmonisch nebeneinander her. Man speiste gemeinsam, feierte gemeinsam wunderschöne Feste, und die „Schlosskinder" halfen ganz selbstverständlich bei der Obst- und Getreideernte mit – besonders gern aber bei der Heuernte. Sie hatten ihre eigenen Beete und Tiere – ich z.B. einige Goldlohe-Hasen, einen Goldfasan und später ein im Wald gefundenes Rehlein, das ich sehr liebte.

1950 brannte der Dachstuhl des Schlossgebäudes ab.

Dachstuhlbrand

Der Nachbar, Herr Reiser, notierte die näheren Umstände in seinem Erinnerungsbuch handschriftlich: „Am 30.3.1950 entstand auf der Bühne des Schlossgebäudes, nachts 12 Uhr, am östlichen Giebel infolge unvorsichtiger Handhabung einer Kerze durch die

299

Besitzerin ein Dachstuhlbrand, der durch sofortiges und umsichtiges (?) Eingreifen der Nachbarn und Hinzukommen der Motorspritze von Schorndorf noch gelöscht werden konnte." Die Umstände waren folgende: Meine Eltern planten, nach Dornach zu fahren, und meine Mutter wollte abends die Koffer packen, die im sogenannten „Schachtelkämmerle" abgestellt waren. Dort gab es kein elektrisches Licht, weswegen sie eine Kerze benutzte, die in einem türkisblauen, schön taillierten Leuchter steckte. Ich sehe diesen Leuchter noch vor mir, dessen Konturen dem eleganten Schwung einer Hyperbel entsprachen. So konnte er für Kerzen von fast beliebigem Durchmesser verwendet werden. Der Nachteil war nur, dass der Leuchter an seiner engsten Stelle in der Mitte statt eines Zwischenbodens eine etwa fingerdicke Öffnung hatte, sodass eine abbrennende Kerze durchfallen konnte. Dies geschah, und sie entzündete den Karton, auf dem sie stand. Schnell brannte der ganze Dachstuhl unseres Schlosses.

Ich erinnere mich noch an den Ruf meiner Mutter: „Georg Friedrich, steh auf, es brennt!" Das tat ich in der gebotenen Eile und betrachtete mit Interesse das Geschehen – half auch nach Kräften bei den Löscharbeiten mit. Da niemand von der Familie mehr anwesend war, sagte ich, was zuerst entfernt – d.h. gerettet – werden sollte und was u.U. auch verbrennen könnte. Am nächsten Morgen legte der Dorfpolizist Rapp in durchaus angesäuseltem Zustand seine Riesenpranken auf meine beiden Schultern und sagte mir, dem 13jährigen Buben, dass mein Name „in die Annalen des Engelberg eingehen" werde. Man sieht eben deutlich: „In vino veritas".

Die Schule begann, sich auszudehnen. 1947 wurde ein großer Klassenraum im früheren Pferdestall angelegt, im folgenden Jahr entstanden in den ehemaligen Fasshallen (die von uns als Wagenhallen genutzt wurden) über dem „Geisterkeller" eine Bühne mit kleinem Zuschauerraum und zwei weitere Klassenräume. Schließlich wurde an der Stelle, an der zuvor ein Hühnerstall und noch früher ein Tennisplatz war, das erste selbständige Schulgebäude errichtet. (Erster Spatenstich am 7.9.1951, Grundsteinlegung am 24.10.1951, Eröffnungsfeier am 24.5.1952).

Ehepaar Kempter mit Sohn beim „1. Spatenstich"

So überwog gegenüber der Landwirtschaft nach und nach die Schule mit ihren Lehrern, die jahrelang unsere Gäste gewesen waren. Spannungen konnten nicht ausbleiben, und so beschlossen meine Eltern im Oktober 1961, ihrem „dritten Kind" – der Schule – die gesamte Altbausubstanz – also das Schloss und sämtliche Nebengebäude für DM 100.000 zu übertragen. Zudem schenkten sie der Schule unser schönstes – das Kikishardter Feld mit seiner Obstplantage. Wir selbst – die Familie Kempter – bauten uns im Garten 1962 ein neues Haus. Meine Mutter hat diese Entwicklung in ihrem Buch: „Friedrich Kempter – sein Lebensweg" beschrieben, sodass ein Verweis auf dieses Buch im Moment genügen mag. Nur auf die Gefahren, die dem Gebenden drohen, sei kurz verwiesen: Sie liegen darin, dass er dazu neigt, für seine Wohltaten Anerkennung oder gar Liebe zu erwarten.

Nun war die Schule Besitzerin des Schlosses, der zugehörigen Nebengebäude und eines wunderschönen Bauplatzes. Auf letzterem errichtete sie einen großzügigen Neubau, den Rex Raab plante und ausführte. Das Schloss baute die Schule für Wohnzwecke und eine Kantine um – ohne allzu viel Rücksicht auf den historischen Grundriss zu nehmen, der noch gut erhalten war.

Das herrschaftliche Treppenhaus wurde entfernt, statt dessen wurden zwei Treppenhäuser eingebaut, die dem Miethausbau der 50er Jahre des vergangenen Jahrhunderts zur Ehre gereichen würden. Ebenso wurden die alten Türen mit ihren profilierten Füllungen, die Lambrien unter den Fenstern und die Stuckdecken entfernt. Die Raumaufteilung wurde grundlegend geändert. Von dem langen Flur im Piano nobile – meiner Radelrutschstrecke – ist heute nichts mehr zu sehen. So verlor der Baukörper im Inneren seinen kunst- und kulturgeschichtlichen Wert durch völlige Erneuerung. Auch in seinem äußeren Erscheinungsbild wurde er durch stilwidrig in die Mauer der beiden Giebelseiten eingeschnittene rundbogige Zugangstüren beeinträchtigt.

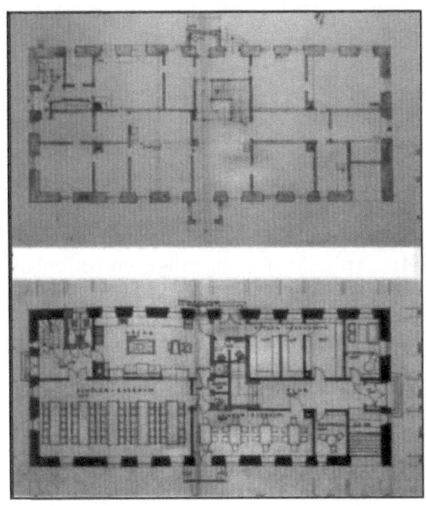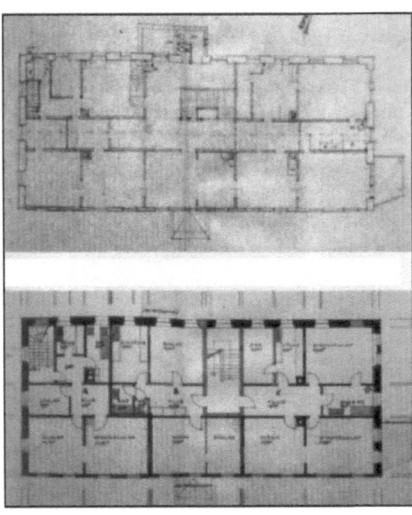

oben: Grundriss EG vor dem Umbau   OG vor dem Umbau
unten: Grundriss nach dem Umbau   OG nach dem Umbau

Im Dachgeschoss wurden übergroße Gaupen eingebaut, die entgegen denkmalpflegerischen Auflagen an den Seiten verbrettert wurden. Das Landratsamt als Denkmalschutzbehörde fasste mit Schreiben vom 7.8.1990 nach und verlangte ausdrücklich: „Die Dachgauben sind seitlich zu verputzen und die Verbretterung ist zu entfernen." Doch nichts erfolgte. Das Schloss wurde ohne Rücksicht auf Befunde neu verputzt. Die Turmuhr am Westgiebel des Schlosses mit komplettem Uhrwerk und Ziffernblatt wurde entfernt.

Die schöne Sonnenuhr aus Stein mit der eingehauenen Jahreszahl 1696 wanderte zusammen mit zwei Pferdeschlitten, einer mit blauer Seide ausgeschlagenen Kutsche und vielen anderen landwirtschaftlichen Gerätschaften (mehrere Heuwagen, eine Sammlung von Kuhglocken und Pferdezaumzeug etc.) auf den Müll. Nur gut, dass ich wenigstens die Sonnenuhr zuvor in Eichenholz kopiert hatte. Diese Kopie hängt jetzt vor unserem Haus.

All dies, was heute als eine Summe von groben Fehlern erscheint, mag noch mit dem Bewusstsein einer Zeit erklärt werden, die nun schon über eine Generation zurückliegt und in der, auch von Seiten des Denkmalamtes, noch nicht so strenge Maßstäbe wie heute angelegt wurden. Geradezu unbegreiflich ist allerdings die Art, wie die Schule das ehemalige „Rote Tor" behandelt hat. Dieses Tor, das den Hauptzugang zum gesamten Schlossareal bildete, und somit die Grenze zwischen äußerem Straßen- und innerem Hofraum markierte, stammt aus barocker Zeit und zeichnete sich durch stattliche Proportionen aus.

Die Pfeiler trugen über Postamenten mit ausladendem quadratischem Grundriss auf pyramidenförmigem Sockel schöne Steinkugeln als Abschluss, die ca. 4 m hohen Torflügel bestanden aus kassettiertem, rot bemaltem Holz mit stattlichen schmiedeeisernen Beschlägen, der Anschluss zum „Kurhaus" hin war aus schweren Gusseisengittern in harmonischen, dekorativen Proportionen gefertigt.

In einer Nacht- und Nebelaktion hat nun die Schule diesen stattlichen Zugang eingerissen und sogar dem armen Denkmalpfleger, meinem späteren Kollegen Dr. Supper, der fassungslos davor stand, glauben machen wollen, das Hoftor sei „von selbst eingefallen". So schrieb er am 1.10.1964: „Anstelle der abgetragenen (offenbar von selbst eingestürzten) Mauer muss aber eine optische Aequivalenz treten", und verwies auf eine Besprechung vom 25.9.1964, bei dem angeblich Einigkeit zwischen den Denkmalschutzbehörden und den Vertretern der Schule dahingehend

ehemalige Turmuhr

erreicht wurde, dass ein neuer Entwurf „unter Einbeziehung der barocken Pfeilerbekrönungen" (!) vorgelegt werde. Taten folgten freilich dieser Erklärung bis heute nicht.

Wer nun meint, dass hier keine Steigerung mehr möglich sei, der irrt: Als die Gemeinde Winterbach das Angebot machte, das Hoftor auf ihre Kosten – also ganz ohne finanzielle Beteiligung der Schule – wenigstens zu rekonstruieren, wurde dieser Vorschlag von der Freien Waldorfschule Engelberg – der neuen Besitzerin – abgelehnt.

Das Angebot wurde im Mitteilungsblatt der Gemeinde vom 15.6.1993 bekannt gegeben und die Kosten auf 73.000 DM geschätzt, die aus dem Dorfentwicklungsprogramm finanziert werden sollten. Das Landesdenkmalamt (Kempter) gab am 18.6.1993 folgende Stellungnahme ab: „Wenn nun die Hofeinfahrt verändert werden soll – was in Anbetracht der mutwilligen Zerstörung in den frühen sechziger Jahren durchaus angebracht scheint – so ist grundsätzlich darauf zu achten, dass die Veränderungen mit dem Ziel durchgeführt werden, das alte, gut dokumentierte Erscheinungsbild wieder erlebbar zu machen. Details der Planung sind mit den Denkmalschutzbehörden abzusprechen." Das Landratsamt kommentierte dieses Schreiben am 5.7.1993 folgendermaßen: „Die Untere Denkmalschutzbehörde schließt sich den Ausführungen des Landesdenkmalamtes vollinhaltlich an." Doch der Engelberger Schulverein als neuer Eigentümer weigerte sich, die Rückführung auch nur zu tolerieren! Schließlich wurde das bereitgestellte Geld anders verplant.

Schloss-Tor – *oben:* alter Zustand; *unten:* heutiger Zustand

Nach nunmehr fast vierzig Jahren ist es müßig, die Frage zu stellen, ob sich die Schule hierbei als „Kulturträgerin" qualifiziert hat. Ich glaube es kaum, doch soll ja in einer Schule nicht nur gelernt werden. Die Schule selbst kann – so hoffe ich – noch lernen – z.B., dass nicht nur der Mensch seine Würde hat. Ihre Würde kann auch eine Sache haben – vor allem dann, wenn es sich hierbei um ein Denkmal unserer Kultur „von besonderer Bedeutung" handelt. Der Mensch nützt nicht nur die Sache, sondern sie verlangt ihrerseits, ihrem Wert gemäß geschont und gepflegt, genützt und genossen – mit einem Wort: geliebt zu werden. – Im übrigen mag sich jeder hierzu seine eigenen Gedanken machen.

Ich habe es in der Form getan, dass ich mir die Frage vorlegte, ob ich nicht unser Fest zu kritischen Bemerkungen missbrauche und damit verderbe. Man kann dies so sehen, doch trifft diese Auffassung nicht den Kern. Dieser liegt einfach darin, dass ich anhand von Daten und Fakten darstellen wollte, was war, und vor allem den Glauben daran noch nicht verloren habe, dass eines Tages unser schönes Rotes Tor doch wieder entsteht. Die Kugeln, welche die Pfeiler des Schlosstores einst krönten, liegen noch heute in meinem Garten und warten darauf, dem rekonstruierten Tor als krönender Abschluss zu dienen.

Immerhin wurde ja das ehemals herzogliche Schloss durch die neue Nutzung mit den genannten und anderen Einschränkungen wenigstens äußerlich erhalten und so der Fortbestand des Gebäudes gesichert. Ähnliches gilt, wenn auch in abgeschwächtem Maß, für die Nebengebäude. Die stattlichen Proportionen des Baukörpers wirken auch heute noch auf den Betrachter und künden von einer Zeit, in der großzügiger gedacht und harmonischer gebaut wurde als heute. Diese Zeit liegt nun freilich schon 400 Jahre zurück.

* * *

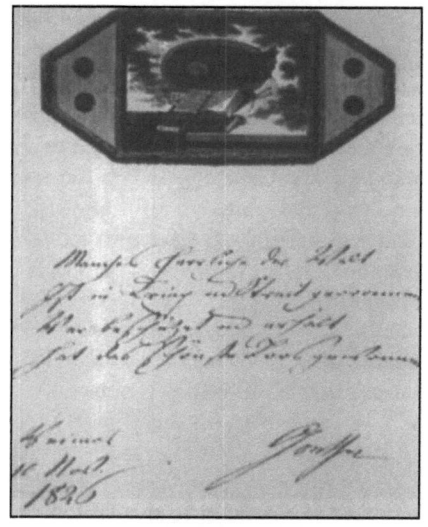

Goethe-Gedicht

Manches Herrliche der Welt
Ist in Krieg und Streit zerronnen;
Wer beschützet und erhält
Hat das schönste Los gewonnen.

Weimar, 10. Nov. 1826, Goethe

Abschließend möchte ich der Hoffnung Ausdruck geben, dass meine Darstellung die Bedeutung des Ortes, an dem wir uns befinden, etwas erhellen konnte. Er ist ja dadurch gekennzeichnet, dass dort heidnische, christliche und weltliche Mächte ihre Spuren hinterließen. Dieses Wissen weiterzugeben, ist insbesondere Aufgabe der Schule als Eigentümerin des ehemals herzoglichen Jagdschlosses, die zudem den engsten Kontakt zu den kommenden Generationen hat.

Indem die Schüler erfahren, dass an diesem Ort Mönche, Bauern und Jäger beteten, arbeiteten und feierten, können sie dazu erzogen werden, in ihrem eigenen Leben die Synthese dieser Tätigkeiten immer wieder neu zu versuchen und zu Verhaltensweisen geführt werden, die in Jahrhunderten erprobt und gereift sind: zu Mut und Weitsicht, zu Toleranz, Vernunft und Verlässlichkeit – kurz, zu all dem, was der aus der Welt geratene Begriff Bürgertugenden meint, dem geschichtliches Bewusstsein zugrunde liegt. Geschichte und Zukunft sind ja keine Gegensätze. Sie gehören zusammen wie Wurzeln und Früchte, wie Halm und Korn, wie Stamm und Blatt. Bäume ohne Wurzeln geben zumindest auf Dauer keine guten Früchte. Dieses Bild kann getrost auf das gesamte pädagogische (und auch politische!) Tun übertragen werden.

Geschichte wiederholt sich zwar nicht in Details, wohl aber in den Grundstrukturen und so ist sie ein wunderbarer Lehrmeister, der Fehler zu vermeiden hilft. „Ohne geschichtliches Bewusstsein, ohne die lebendigen und stets zu vergegenwärtigenden Kräfte des geistigen und materiellen Erbes sind wir orientierungslos und urteilsschwach; anfällig für die Manipulationen des Tages und des Marktes" (Filbinger). Mit geschichtlichem Bewusstsein aber fördern wir die Gemeinschaft zwischen denen, die leben, denen die gelebt haben, und denen, die leben werden. In negativer Form wurde dieser Gedanke so formuliert: „Ein Volk, das die Stimme seiner Ahnen nicht hört und die Rechte der Nachkommen nicht achtet, hat keine Zukunft." (Arthur Bums)

* * *

Ähnlich einem Winzer, der seine Trauben auswählend erntet, seine Ernte gären lässt, weiterbearbeitet und schließlich als Wein kredenzt, habe ich Ihnen heute Abend einen etwas berauschenden Trank vorgesetzt. Ich wollte Ihnen zeigen, dass in der Herkunft Keime für künftiges Wirken liegen können, denn Zukunft hat mit Herkunft viel zu tun.

Der Engelberg bietet hervorragende Möglichkeiten zur Förderung des geschichtlichen Bewusstseins. Wenn er sie wahrnimmt, kann er auch dem Anspruch gerecht werden, ein „Kulturzentrum auf dem Lande" zu sein – oder zumindest, es immer mehr zu werden.

Die Mühe, die eigentlich jeder von uns auf sich nehmen sollte, besteht nun darin, in der Heimat das Fremde und im Fremden die Heimat zu sehen. Mit diesen Betrachtungen, die uns wieder an den Anfang unserer Ausführungen zurückbringen, danke ich Ihnen für Ihre Aufmerksamkeit.

Das Oktogon als
architektonische Grundform –
Ein Netz von Stauferstelen in Europa

Als Mitglied des Komitees der Stauferfreunde
publizierte ich im Januar 2012 folgende Gedanken:

S eit dem Jahr 2000 erinnert in ganz Europa ein wachsendes Netz von Stauferstelen an
das „edelste Geschlecht, das je die deutsche Krone getragen" – an die Kaiser aus dem
Hause Hohenstaufen. Diese imposanten Stelen werden an Orten aufgestellt, die durch die
Staufer geprägt wurden. Sie sind in der Regel aus schwäbischem Jura-Travertin gefertigt
und haben stets die gleiche Grundriss-Form, nämlich ein *Oktogon*, also ein Achteck. Die
erste Stele wurde in der Einsamkeit des apulischen Fiorentino am 750. Todestag Kaiser
Friedrichs II. von Hohenstaufen errichtet. Bundespräsident Dr. Richard von Weizsäcker
schrieb damals in seinem Grußwort: „Von Ihrem Gedanken und der Kraft Ihrer Initiative
zu Ehren Kaiser Friedrichs II. bin ich tief beeindruckt. Etwas Schöneres und Lebendige-
res als eine solche Verbindung zwischen deutschen und italienischen Stauferstätten könnte ich mir nicht vorstellen." Kürzlich wurde die 13. Stele in Besigheim eingeweiht. Mindestens weitere drei Stelen sollen in diesem Jahr aufgestellt werden und über zwanzig
zusätzliche Stelen sind schon fest geplant.

Von alters her ist die oktogonale Grundrissform bedeutungsvoll, denn die Zahl „Acht"
verweist auf das morgenländische Urbild des achtstrahligen Sterns (vgl. letztes Bild). Die
vier Symmetrieachsen des Oktogons deuten gemäß alter Konvention auf Vollständigkeit,
Vollendung, Vollkommenheit und göttliche Perfektion. Die Achteckform symbolisiert
also die Idee des König- und Kaisertums und liegt folglich der deutschen Kaiserkrone, dem
Symbol der *weltlichen Macht*, zugrunde. Auch die Stützpfeiler unserer Kirchen, den Rep-
räsentationsbauten der *geistlichen Macht*, wurden gerne mit oktogonalem Querschnitt
ausgeführt, wie es beispielsweise die Kirche Sankt Dionysius in Esslingen oder die Klosterkirche von Lorch zeigen. Dies ist bedeutungsvoll, denn die Kirche als Gebäude wurde
im Mittelalter durchaus als das „Abbild des Himmlischen Jerusalem" verstanden und der
Symbolgehalt von geometrischen Grundformen war dieser Zeit (im Gegensatz zu der uns-
rigen) wohl bewusst.

Auf vielerlei Weise ist die Zahl Acht bedeutungsvoll: Schon das *Alte Testament* berichtet von der Arche Noahs, die von dem Vater, der Mutter, den drei Söhnen und drei
Schwiegertöchtern bestiegen wurde (1 Mos. 6 – 9, bes. Mos. 1/6/18). Diese acht Menschen bildeten den Grundstock der neuen Menschheit. Und in der Bergpredigt des *Neuen*

Testaments gibt es *acht Formen der Seligpreisung*: Selig sind, „die da geistlich arm sind, die Leid tragen, die Sanftmütigen, die nach Gerechtigkeit dürsten, die Barmherzigen, die reinen Herzens sind, die Friedfertigen und die um Gerechtigkeit willen verfolgt werden" (Matthäus 5, 1 – 16). Das weiße Johanniterkreuz auf rotem Grund symbolisiert mit seinen acht Spitzen die acht Seligpreisungen der Bergpredigt. Zudem erfahren wir, dass die Zeitspanne zwischen dem Einzug Christi in Jerusalem am Palmsonntag (fünf Tage vor dem Passah-Fest, vgl. Joh. 12, 12 – 19) bis zu seiner Auferstehung am Ostersonntag (am Tag nach dem Sabbat, vgl. Joh. 20, 1 – 10) *acht Tage* beträgt (von Sonntag zu Sonntag gezählt).

Für die Christen steht die Acht auch ganz klar im Zusammenhang mit der Weltschöpfung. Ich zitiere aus der Bibel: „Gott schuf die Welt in sechs Tagen – am siebenten Tage aber ruhte er von allen seinen Werken, die er machte und segnete den siebenten Tag und heiligte ihn." (Moses 1,2,2). Daher hat unsere Woche bekanntlich sieben Tage.

Am achten Tag jedoch beginnt alles wieder von Neuem! So wird für manchen die Zahl Acht zum Symbol für die *Wiederkunft* Christi, für die Neuschöpfung durch dessen *Auferstehung* – und steht somit für die Idee der *Reinkarnation,* die davon ausgeht, dass ein seelisch-geistiges Element den physischen Leib überdauert. Daher war der oktogonale Grundriss bis ins vierte nachchristliche Jahrhundert den *Tauf*becken, *Tauf*kapellen und auch den *Grab*kirchen vorbehalten. Dass Taufe und Tod für Christen keine Gegensätze sondern eine Einheit bilden, hat Paulus in seinem Brief an die Römer im 6. Kapitel, Verse 3 und 4 deutlich gemacht: „Wisset ihr nicht, dass alle, die wir in Jesum Christum getauft sind, die sind in seinen Tod getauft? So sind wir ja mit ihm begraben durch die Taufe in den Tod, auf dass, gleichwie Christus ist auferweckt von den Toten durch die Herrlichkeit des Vaters, also sollen auch wir in einem neuen Leben wandeln." So kann man erkennen, dass die Acht das Umfassende und gleichermaßen das Neue darstellt.

Diese Eigenschaften der Acht kommen auch in vielen anderen Religionen zum Ausdruck. Beispielsweise besitzt die *hinduistische Gottheit Vishnu* acht Arme, um die Welt zu tragen und der thailändische Königsthron ist achteckig. Auch *Buddha* lehrte den „vornehmen achtfachen Pfad", der zur Überwindung des Leidens führt: „Rechte Ansicht, rechter Gedanke (Entschluss), rechte Rede, rechte Tat, rechtes Leben, rechtes Sterben, rechte Besinnung und rechte Meditation". Das achtspeichige Dharma-Rad im Wappen Tibets und Sri Lankas, abgewandelt in der indischen Flagge, bringt diesen „Pfad" symbolisch zum Ausdruck. Er steht für das Versprechen einer anderen, höheren Welt. Und ein buddhistischer Mönch durfte ursprünglich nur acht Dinge besitzen: Eine Almosenschale, ein Wassersieb, ein Gewand, einen Mantel, einen Schulter-Schal, einen Gürtel, ein Rasiermesser und eine Nadel. Zudem hatte er acht Gebote einzuhalten: Nicht töten, nicht stehlen, keusch leben, nicht lügen, keinen Alkohol trinken, nachmittags nichts mehr essen, nicht tanzen und singen und keine luxuriösen Stühle oder Betten benutzen. Für den buddhistischen Laien gelten nur die ersten fünf Gebote. Insgesamt erinnert dies an die *Zehn Gebote*, die Moses gemäß biblischer Tradition drei Monate nach seinem Auszug aus Ägypten auf dem Berg Sinai von Gott selbst erhielt, der in eine „dicke Wolke" verhüllt war (vgl. 2 Mose 20, 1 – 17 und S. 30).

In der Vorstellung der *Antike* lag hinter der Welt der sieben Planeten eine achte Welt, diejenige der Fixsterne. Im *Mithras-Kult* taucht die Acht als Symbol der Vollendung auf: Dessen Mysterien waren so organisiert, dass der Suchende zunächst sieben Tore zu durchschreiten hatte, bevor er durch das achte Tor nach seinem Tode in die Lichtheimat eingehen konnte. Die Anhänger des *Islam* glauben, dass es sieben Höllen gibt, jedoch acht Paradiese, denn „die Barmherzigkeit Gottes ist größer als sein Zorn". Diese „acht Paradiese" (die „Hascht Bihischt") lassen sich wohl am besten mit „achtfacher Erlösung" übersetzen. Schließlich sei der berühmte Sonnenstein der *Maya* aus dem 6. nachchristlichen Jahrhundert erwähnt, auf dem die vier Zyklen der Schöpfung und der Zerstörung der Welt in reich dekorierter Form dargestellt sind und in dessen Mitte sich der Schädel des Gottes Tonatiuh befindet. Auch dieser prachtvollen Darstellung liegt ein achtstrahliger Stern zugrunde.

Maya-Sonnenstein

Mathematisch betrachtet, wird mit der Acht die Welt des Raumes ergriffen: Die Acht ist die erste Kubikzahl, denn 2 x 2 x 2 = 8. Dies zeigt der Oktaeder mit seinen acht dreieckigen Flächen als elementarster Ausdruck des Räumlichen, auch der Würfel mit seinen acht Ecken. Waagrecht gelegt, ist die Acht bekanntlich das Zeichen für *Unendlichkeit und der ehelichen Verbindung.*

Die Wiederholung auf höherem Niveau finden wir auch in der *Musik*. Dort wurde festgelegt, dass die „Oktave" acht Töne hat, wie es der Name zum Ausdruck bringt. Mit dem achten Ton der Tonleiter ist also die Oktave erreicht. Auf einer Saite entsteht der Klang einer Oktave, indem man deren Länge halbiert.

* * *

Ganz stichwortartig seien nun *sechs Beispiele aus dem Bereich der Architektur* erwähnt, die oktogonalen Grundriss haben. Sie alle sind weit davon entfernt, „Zweckbauten" zu sein. Vielmehr sind sie als echte Kunstwerke Träger eines hohen, vielschichtigen Bedeutungsgehaltes und somit Erziehungsmittel, die über alles Persönliche hinausragen.

a) Ein früher *Sakralbau* mit oktogonalem Grundriss in unserem westlich-christlichen Kulturkreis ist die *Taufkirche San Vitale in Ravenna,* die auch als das Baptisterium der Arianer bezeichnet wird. Sie wurde in spät-antik-byzantinischem Stil in den Jahren 493 – 526 errichtet und von Erzbischof Maximian geweiht. San Vitale ist ein Oktogonbau mit reicher, weltbekannter Mosaik-Ausstattung. Er entstand nach dem Sieg des oströmischen Kaisers Justinian I. über das ostgotische Königreich, dessen Hauptstadt zu dieser Zeit Ravenna war.

San Vitale Ravenna – Außenansicht

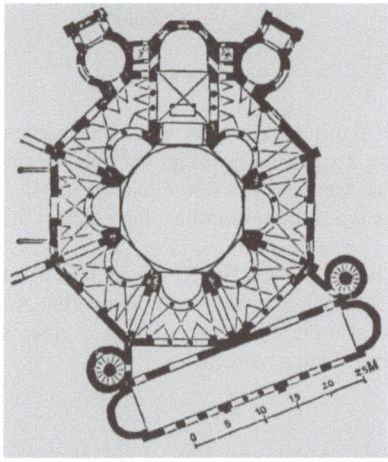

San Vitale Ravenna – Grundriss

b) Etwa 100 Jahre später – im Jahr 72 muslimischer Zeitrechnung oder 692 n. Chr. – entstand der *Felsendom von Jerusalem*. Dies ist der älteste Sakralbau des Islam und eines seiner Hauptheiligtümer, denn an diesem Ort soll die Himmelfahrt Mohammeds stattgefunden haben. Gleichzeitig wird dort die Stelle verehrt, an der Abraham, der Stammvater der Israeliten und der Araber, seinen Sohn Isaak zu opfern bereit war. Durch göttliche Fügung wurde Isaak jedoch durch einen Widder als Opfertier ersetzt. Genau hier ist also der Übergang vom Menschen- zum Tieropfer zu datieren (vgl. 1. Moses 22).

Felsendom Jerusalem – heutige Außenansicht

c) Auch die *Aachener Pfalzkapelle* hat einen oktogonalen Grundriss. Sie wurde von Kaiser Karl dem Großen errichtet, der San Vitale in Ravenna kannte, denn er hatte durch seine Eroberung des Langobarden-Reiches auch Ravenna unter seine Kontrolle gebracht und wollte durch den Rückgriff auf die spätrömisch-byzantinische Tradition seinem erst kürzlich errungenen Kaisertum die gebührende Legitimität verleihen. Diese Idee der Wiedererrichtung des „Heiligen Römischen Reiches Deutscher Nation" wurde 400 Jahre später von den Staufern aufgegriffen.

Dom zu Aachen mit Pfalzkapelle in der Mitte

Pfalzkapelle Aachen von innen

d) Dem Vorbild der Aachener Palastkapelle folgte die Abteikirche des Benediktinerklosters von *Ottmarsheim* im Elsass, bei der das Oktogon in doppelter Form – also sowohl bei der Gestaltung der Außenmauern des Zentralraumes als auch bei der Pfeilerstellung im Inneren – erscheint. Die zunächst der Gottesmutter geweihte Ottonische Abteikirche entstand zwischen 1020 und 1030 n. Chr. Schon die ältesten Teile des Gebäudes lassen die Oktogonform des Grundrisses klar erkennen. Vielerlei Veränderungen und Zerstörungen erlebte die Kirche, doch blieb die im wörtlichen Sinn grundlegende Oktogonform des Gebäudes bis heute gewahrt.[6]

---

[6] Hinweis von Rosemarie Knorr

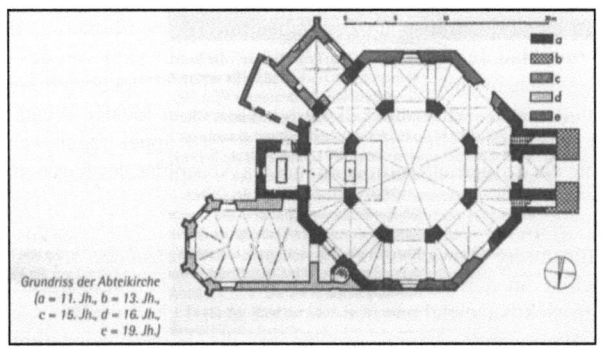

Grundriss der Abteikirche von Ottmarsheim

Der Gründer des Klosters, Rudolf von Altenburg, war Befehlshaber einer päpstlichen Armee. Er wollte in einem Sarkophag in der Mitte der Kirche beigesetzt werden. Doch Rudolf fiel bei Benevent im südlichen Italien, sodass sein Leichnam nicht in die Heimat zurücktransportiert werden konnte. Daher blieb der erst 1981 entdeckte Sarkophag im Zentrum des Oktogonbaues leer. Wir haben hier ähnliche Verhältnisse wie bei Friedrich II. von Hohenstaufen, dessen Sarkophag im Dom von Palermo ebenfalls nicht für den ursprünglich vorgesehenen Zweck genutzt worden ist.[7]

e) Der erste eigenständige protestantische Kirchenbau mit oktogonalem Grundriss mit der Konzentration von Altar, Kanzel und Orgel an der Mittelwand eines Emporengeviertes ist die Frauenkirche zu Dresden von George Bähr, errichtet 1726 – 1743[8].

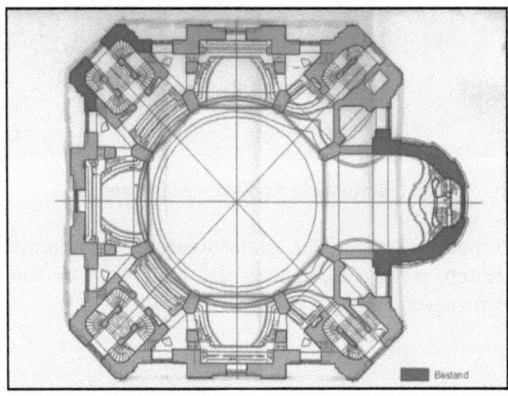

Grundriss der Frauenkirche von Dresden

---

[7] Vgl. das bedeutende Gedicht „Kaiser Friedrich der Zweite", in: Gedichte von Conrad Ferdinand Meyer, 7. Auflage, Leipzig 1895, S. 282 – 283

[8] Hinweis von Prof. Dr. Jörg Peter, dem Prüfstatiker der Frauenkirche von Dresden.

Sie bildet im Kern einen quadratischen Zentralbau mit Treppentürmen an den Ecken und Risaliten für die drei Haupteingänge an den Seiten. Von allen Plätzen des kreisförmigen Innenraumes mit seinen mehrstöckigen Emporen sind die Blickbeziehungen zum Chor mit der Kanzel unten, dem Altar und der Orgel darüber in idealer Weise gegeben. Die Frauenkirche hat acht Innenpfeiler, die die Hauptlast der Kuppel tragen, acht Hauptbögen und acht Segmente der ausgemalten Innenkuppel als Abschluss des Kirchenraumes.

f) Ganz zentral für unsere Betrachtungen ist jedoch das *Castel del Monte*, das der Stauferkaiser Friedrich II. in den Jahren 1240 bis 1250 als *Profanbau* und als „die Krone Apuliens" weithin sichtbar errichten ließ. An den acht Ecken des Baukörpers sind das Gebäude leicht überragende Türme angebracht, die jeweils wiederum oktogonalen Grundriss haben. Dieses mächtige und prächtige Gebäude, das voller Symbolismen steckt und dessen Zweck letztlich ungeklärt ist, hat kein Vorbild und fand auch keine Nachfolger. Es ist daher *einmalig* im wörtlichen Sinn. Man nannte es ebenfalls ein „Abbild des Himmlischen Jerusalem".

Castel del Monte in Apulien – Außenansicht

Diese Beispiele aus religiöser, imperialer, philosophischer und architektonischer Tradition können nur andeuten, welche Bedeutung der Zahl Acht beizumessen ist, die als Oktogon unseren Stelen zugrunde liegt.

Der achtstrahlige Stern lässt sich jedoch nicht nur in der Kunst, sondern auch in der Natur beobachten. Dies zeigt z.B. die meisterliche Luftaufnahme der untergehenden Sonne, mit der diese Betrachtungen über das Oktogon abgeschlossen wird.

Wolf Graf von Einsiedel – Sonnenuntergang

Der Autor über sich

Georg Friedrich Kempter wurde am 12. Juli 1936 auf dem Engelberg bei Stuttgart geboren, wo er noch heute lebt. Nach dem Abitur an der Waldorfschule Stuttgart absolvierte er zunächst eine Schreiner- und Kaufmannsgehilfenausbildung und studierte dann Philosophie, Kunstgeschichte und Archäologie in Hamburg, München und Paris. Sein Studium schloss er mit einer Arbeit über die „Malmethoden in Frankreich in der ersten Hälfte des 19. Jahrhunderts" ab. Seit 1970 bis zu seiner Pensionierung im Jahr 2001 war er beim Landesdenkmalamt in Stuttgart als Konservator tätig. Er ist Mitglied bei ICOMOS, beim ARCHITEKTUR-FORUM BADEN-WÜRTTEMBERG, beim KOMITEE DER STAUFERFREUNDE, war Mitglied des LIONS-CLUBS STUTTGART-SCHLOSS-GARTEN und ist Gründer der GESELL-SCHAFT FÜR NATUR UND KUNST.

Foto: Ernst Schulz, Winterbach

Ursprünglich fühlte er sich dazu berufen, die Exportabteilung der vom Großvater gegründeten Möbelfirma Erwin Behr zu übernehmen und ließ sich daher nach dem Abschluss seiner Studien von dieser Firma als „International Sales Representative" nach New York schicken. Während seiner achtmonatlichen Tätigkeit dort im Jahr 1969 gelang es ihm zwar, einige Aufträge von ungeahnter Höhe für seine Firma „hereinzuholen", auch bot man ihm das „management of the shop" in einem Einrichtungshaus in New York an, in dem er arbeitete, doch lernte er vor allem, dass „business throat-cutting" ist und war insgesamt von der nicht nur durch edle Motive bestimmten Geschäftswelt eher abgestoßen. Von zuhause her nicht unbegütert, hat er seine berufliche Tätigkeit nie unter dem Aspekt des Geldverdienens gesehen. Von Geld wusste er nur, was er von Talleyrand gelernt hatte: Es ist ein guter Diener – aber ein schlechter Herr. Es war ihm gerade durch seine kaufmännische Tätigkeit auch schmerzlich bewusst geworden, wie sehr die Vorherrschaft des Geldes die menschlichen Bindungen von Familie, Freundschaft und Religion zerstören und zum seelischen Tod der Gesellschaft führen kann, der die Voraussetzung für deren physisches Absterben ist.

So besann er sich auf die beruflichen Möglichkeiten, die ihm sein Studium eröffnet hatte und die es ihm erlaubten, sich auf dem Gebiet der Denkmalpflege mit fachlicher Beratung und mit hoheitlichen Aufgaben zu befassen. Daher bewarb er sich nach einem kurzen Einstellungsgespräch („Kommen Sie – wir brauchen Sie!") um eine dortige Stelle und begann 1970 seine berufliche Laufbahn als Denkmalpfleger des Landes Baden-Württemberg. Es gelangen ihm dort auch rasch wegweisende Erfolge, wie z. B. Rettung der Markthalle von Stuttgart vor dem Abbruch, der Ausweis der Calwer Straße als erster „Gesamtanlage" Nordwürttembergs, entscheidende Festsetzungen bei der Gestaltung des Schlossplatzes in der Landeshauptstadt, die Rettung von 37 Kulturdenkmalen im Stuttgarter Bohnenviertel und Eroberung der Villa Gemmingen als Sitz des Landesdenkmalamtes.

1971 nahm er in Rom während der Dauer eines halben Jahres an einem von der UNESCO organisierten Fortbildungskurs für Denkmalpfleger teil. Durch diesen Kurs wurde er in die konservatorischen, d.h. wissenschaftlichen, künstlerischen und technischen Probleme seines Berufes eingeführt, zu denen auch archivalische Studien und fachbezogene Öffentlichkeitsarbeit gehören. In Rom lernte er Supavadee Bhakdibutr – eine thailändische Archäologin buddhistischen Glaubens – kennen, die am National-Museum von Bangkok tätig war und die er 1974 heiratete.

Im Rahmen von ICOMOS, der Fachorganisation der UNESCO für Denkmalpflege, hat er bei internationalen Kongressen verschiedene Vorträge über seine Tätigkeit auch in englischer und französischer Sprache gehalten und in hier teilweise abgedruckten Publikationen über seine Arbeit berichtet. Durch Munir el Jundi, den Architekten der Kaaʻba Türe in Mekka, wurde er auf die großartige Welt des Islam aufmerksam, der er später als Tourist in Ägypten, als Segler an der türkischen Südküste und als Berater der Stadt Baghdad wiederbegegnet ist. In Baghdad war es seine Aufgabe, das Sanierungs-Projekt Haifa-Straße" unter konservatorischen Gesichtspunkten zu beraten. Daher erfüllt ihn die heutige Entwicklung dort mit besonderem Entsetzen.

Bei seiner beruflichen Tätigkeit wählte er stets einen ganzheitlichen Ansatz, da er überzeugt davon ist, dass die Parzellierung der Verantwortung ins Chaos führt. Spezialisierung ist notwendig, doch bedarf sie eines belastbaren humanistischen Fundamentes. Dieses Fundament zu stärken, betrachtet er seit seiner regulären Pensionierung als seine Hauptaufgabe. Er gründete 1993 die „GESELLSCHAFT FÜR NATUR UND KUNST" und organisierte dort Vorträge und themengebundene Ausstellungen – beispielsweise über „Das Einhorn", „Das Labyrinth" und „Die Säule". Diese jeweils mit einem ausführlichen Einleitungstext versehenen und gut dokumentierten Ausstellungen fanden vielfältige Beachtung und wurden an mehreren Orten gezeigt.

Er konnte und wollte sein Ich, für das er sich verantwortlich fühlte, nie irgendeiner Schule, Weltanschauung oder Lehre verschreiben, war jedoch gesellschaftlich verträglich, nur zeigte sich ein gelegentlicher Hang zu Tiefsinn und Einsamkeit. Die Bürger unter seinen Bekannten hielten ihn für künstlerisch infiziert, die Künstler aber hielten ihn für belächelnswert bürgerlich. So war er der Welt eher fremd, obwohl er ihr gerne zugehörte. Er zeigte wenig Neigung zum Skurrilen, dachte jedoch immer wieder über das Absurde nach. Im Grunde aber hält er das Einfache und Leichte für das Höchste und Letzte in der Kunst und auch im Leben.

Nervlich eher sensibel, blieb er doch von kräftiger, im ganzen gesunder Konstitution. Er fühlt sich wohl in seinem Körper, der ihm mancherlei sportliche Leistung erlaubt(e) – sei es als Bergsteiger, Reiter oder Segler. Auch andere Tätigkeiten, die er weniger intensiv betrieb, wie das Skifahren oder die Jagd, zeigen seine in der Kindheit geprägte Naturverbundenheit und förderten eine gewisse Härte gegen sich selbst. Bei Dingen, die ihm wichtig erschienen, bewies er durchaus eine gewisse Hartnäckigkeit und Zielstrebigkeit.

In seiner Freizeit kümmert er sich um seinen Garten, den er aus freien Stücken unter Denkmal- und Naturschutz stellen ließ, um ihn auch über seine eigene Lebensspanne hinaus bestmöglich erhalten zu wissen. Er freut sich darüber, wenn sich bei kleinen Festen, die er dort organisiert, auch andere über dieses schöne Stückchen Erde freuen. Einen Satz von Schiller hält seine Frau für sein Motto: „Lebe mit deinem Jahrhundert, aber sei nicht sein Geschöpf. Leiste Deinen Zeitgenossen, was sie bedürfen, nicht was sie loben."

Im Juli 2011

ENDE.

Abbildungsnachweis

Dehio, Georg, Handbuch der deutschen Kunstdenkmäler. Baden-Württemberg I. Regierungsbezirke Stuttgart und Karlsruhe, München 1993.

Förderverein Neues Lusthaus Stuttgart / Ostertag, Roland (Hrsg.), Das Neue Lusthaus im Schlossgarten Stuttgart, Stuttgart 2009.

Kempter, Friedrich, Das Stuttgarter Bohnenviertel, in: Landesdenkmalamt Baden-Württemberg (Hrsg.), Denkmalpflege in Baden-Württemberg. Nachrichtenblatt des Landesdenkmalamtes, Heft 2/1977, S. 86 f.

Kempter, Friedrich, Die Säule. Geschichtlicher Überblick über die Ausstellung für Natur und Kunst im November 2007, 2007.

Kempter, Friedrich, Kloster Schöntal – Perle des Jagsttales, in: Tempelherren-Orden/ Deutsches Priorat (Hrsg.), Festschrift zum 38. Generalkapitel vom 10. bis 12. September 2004 im Kloster Schöntal, Rhein-Neckar 2004, S. 55 f.

Kempter, Friedrich, Schloß Weikersheim, in: Weikersheimer Blätter, Heft 7/2004, S. 26.

Kempter, Friedrich, Vierhundert Jahre Jagdschloss Engelberg, Winterbacher Heimat, Heft 3.

Kempter, Friedrich, Zur Geschichte des Hauses Hohenlohe und seiner Schlösser, in: Weikersheimer Blätter, Heft 10/2007, S. 131 f.

Landesdenkmalamt Baden-Württemberg (Hrsg.), Inventur. Stuttgarter Wohnbauten 1865 – 1915, Stuttgart 1975.

Landratsamt Rems-Murr-Kreis (Hrsg.), Rems-Murr-Kreis. Burgen und Schlösser an Rems und Murr, Waiblingen.

Swaan, Wim, Die großen Kathedralen, Köln 1969.

Georg Friedrich Kempter

Die Erde – Ein lebendiges Wesen?

Ein Essay

Reihe Lebensformen, Bd. 57, 2010,
134 S., ISBN 978-3-86226-019-5
€ 14,80

Wir Menschen sind zwar ein Teil des Planeten Erde, verhalten uns aber ihr gegenüber undankbar und schädigend. Wir foltern sie, wollen ›ihr ihr Geheimnis entreißen‹, wie schon Descartes verlangte. Diese geistige Haltung führt zu alarmierenden Fehlentwicklungen – es ist festzustellen, dass die gegenwärtigen Krisen der Menschheit nichts anderes sind als der Ausdruck eines tiefgestörten Verhältnisses von Mensch und Natur. Wir sehen uns neuen ökologischen Herausforderungen und ethischen Fragen gegenüber, für die unsere alten Handlungsmaximen nicht mehr ausreichen. Es scheint daher an der Zeit, dass wir unser Verhältnis zu unserer Urmutter Erde überdenken, die vielleicht ein lebendiges Wesen ist.

Das Essay ist gegliedert in drei Hauptkapitel:

1) Warum ist etwas und nicht nichts?
2) Die heutige Situation
3) Was ist Leben?

Reihe Lebensformen

Georg Friedrich Kempter
Erlebter Mythos
Band 40, 2006, 190 S.,
ISBN 978-3-8255-0629-0, € **18,80**

Elke Regina Maurer
Der Geschmack des Heimweh
Biographische Gespräche über Heimweh und Esskultur
Band 64, 2011, 180 S.,
ISBN 978-3-86226-046-1, € **18,80**

Veronika Schlüter
Sommer in Sibirien
Spurenfunde in Rußland
Band 62, 2012, 130 S.,
ISBN 978-3-86226-031-7, € **15,90**

Eisenbacher Autorenstiftung (Hrsg.)
Der Kuckuck aus dem Uhrwerk
Festschrift anlässlich der Verleihung des Ulrich-Beer-Förderpreises an Deniz Utlu
Band. 61, 2011, 84 S., geb.,
ISBN 978-3-86226-049-2, € **15,80**

Veronika Schlüter
Memelland ist abgebrannt!
Gebliebene, Vertriebene, Übersiedler
Band. 59, 2010, 125 S.,
ISBN 978-3-8255-0774-9, € **15,90**

Klaus Otto Nass
Vermessung des Eisernen Vorhangs
Deutsch-deutsche Grenzkommission und Staatssicherheit der DDR
Band 56, 2010, 340 S.,
ISBN 978-3-8522-0766-4, € **24,90**

Walter Lobenstein
Die Stafette
Band 55, 2009, 200 S.,
ISBN 978-3-8255-0747-3, € **18,90**

Informationen und weitere Titel unter **www.centaurus-verlag.de**